世界水谷文库

战略协同理论和实践：
世界水谷和海外中国

张阳 田鸣 罗逾兰 / 编著

河海大学出版社
·南京·

图书在版编目(CIP)数据

战略协同理论和实践：世界水谷和海外中国 / 张阳，田鸣，罗逾兰编著. -- 南京：河海大学出版社，2019.10
（世界水谷文库 / 张阳，周海炜主编）
ISBN 978-7-5630-6153-2

Ⅰ.①战… Ⅱ.①张…②田…③罗… Ⅲ.①水利工程－科学园－研究－华东地区 Ⅳ.①F426.9

中国版本图书馆 CIP 数据核字(2019)第 235640 号

书　　名	战略协同理论和实践:世界水谷和海外中国
书　　号	ISBN 978-7-5630-6153-2
责任编辑	代江滨
特约编辑	陆　涛
特约校对	时亚兰
装帧设计	徐娟娟
出版发行	河海大学出版社
地　　址	南京市西康路 1 号(邮编:210098)
电　　话	(025)83737852(总编室)　(025)83722833(营销部)
经　　销	江苏省新华发行集团有限公司
排　　版	南京布克文化发展有限公司
印　　刷	虎彩印艺股份有限公司
开　　本	718 毫米×1000 毫米　1/16
印　　张	20.5
字　　数	377 千字
版　　次	2019 年 10 月第 1 版
印　　次	2019 年 10 月第 1 次印刷
定　　价	88.00 元

《世界水谷文库》编委会

顾　问　徐　辉　张建云　苏东水　费广泰　皇甫圆周
　　　　郑声安　刘春生　刘志彪　崔广柏　郑大俊
　　　　夏自强　蒋　明　吕　珍　游赞培　刘海洋
　　　　谢德逊(美国)　习沙瓦(老挝)　阿迪喀瑞(尼泊尔)
　　　　莫利(爱尔兰)　伊文(法国)　望月邦彦(日本)
主　任　张　阳　周海炜
副主任　李琼芳　黄德春　于　金
编　委　(按姓氏笔划)
　　　　丁　源　　于　金　　丰景春　　孔德安　　卢　健
　　　　田　鸣　　史安娜　　史　虹　　冯峻林
　　　　安东尼奥(巴西)　　孙金华　　孙拴国
　　　　劳　尔(美国)　　苏宗伟　　杨文斌　　李尚武
　　　　李　婕　　李琼芳　　李惠颖　　吴先满　　吴彦俊
　　　　佐　松(老挝)　　余菲菲　　汪　群　　张长征
　　　　张玉峰　　张　华(加拿大)　　张　阳　　张　斌
　　　　阿努沙湾(老挝)　　陈军冰　　纽儿衮(俄罗斯)
　　　　范新南　　金　旸　　周　勇　　周海炜
　　　　泽米尔(巴基斯坦)　　钟　勇　　顾宏斌
　　　　高久保丰(日本)　　郭　骅　　唐　震　　黄永春
　　　　黄德春　　康承业　　董　超　　曾建生　　戴长雷
　　　　鞠茂森　　魏曙辉
秘书长　张长征　史　虹

序　一

"治水兴利，永远的使命担当"

纵观历史，"水"书写着无尽的故事：兴水利、除水害，人治水，水利人；"水"影响着社会的生产发展与进步，是治国安邦的大事；上善若水，善利万物，普下利物沐群生；"水哲学"影响着千百代中国人的思维模式。河海大学因水而生、缘水而为、顺水而长，始终站在我国水利科技及教育前沿。100多年来，我校肩负着"治水兴邦"的历史使命，紧密围绕"水利特色、世界一流"的战略定位，以"引领水科学发展、保障国家水安全"为己任，扎根中国大地办大学，遵循"大项目产生大成果"的思路，基础研究与应用研究齐头并进，深度参与大江大河综合治理，参与三峡工程、小浪底、南水北调等水利水电工程及沿海开发、现代交通工程建设等重大科学问题与关键技术研究，为国家和世界的水利事业发展输送了大批高层次的专业人才，把成果书写在祖国乃至世界的各处山川河海。可以说"哪里有水，哪里就有河海人奋斗的身影；哪里有水，哪里就有河海大学做出的贡献"。

近年来，我校积极落实国家"双一流"建设，始终坚持"质量是生命线，特色是核心竞争力"的发展理念，以国家重大需求、世界一流水准为牵引，积极构建以一流学科为核心的学科体系，坚持和落实立德树人根本任务，围绕国家重大需求开展科学研究和社会服务，建设水教育、水科技、水论坛世界高地，以一流学科建设带动全校整体水平提升，各方面工作呈现出蓬勃向上的势头，在社会各界树立了良好的河海口碑。

治水兴利，是河海大学永远的使命担当，也是每个河海人奋斗的目标。

"世界水谷，打开世界的大门"

世界水谷是以"水"为核心的战略协同体、国家级水教育科研基地、世界性水文化活动平台，致力于"水"领域的社会、经济、文化、生态发展。河海大学世界水谷研究院由多家机构联合组建，秉持"上善若水、上德若谷"的宗旨，是定位于水特色的高端智库，以"学术研究、政府智囊、服务社会"为目标，致力于研究水安全、水资源、水环境、水生态、水文化与社会经济发展的重大理论和实践问题，为政府、企业和社会提供智力支撑。研究院致力于水生态文明建设、创意创新创业、企业国际化与"一带一路"倡议三大研究领域，多次与周边国家开展合作研究、跨境教育与人才培养等，承担国家社科基金重大项目等近百项，发表论文数百篇，获批省部级创新团队数支,提交的多项建议被国家和地方政府采纳,在水经济管理领域形成了较高话语权。

我国是名副其实的国际河流大国,而相关各国形势复杂多变,问题多样,迫切需要开展跨界河流研究。多年来,河海大学世界水谷研究院和商学院积极响应国家"一带一路"战略倡议,在金砖国家合作、澜湄国家合作、中非合作等重大国际合作中发出了河海声音,做出了河海贡献。由河海大学主办、世界水谷研究院和商学院承办的世界水谷论坛和海外中国论坛已开展了四届,2018年的第四届世界水谷论坛(万象)和第四届海外中国论坛(曼谷)聚焦了"澜湄合作"热点问题和战略机遇,促进中国与澜湄流域国家跨境协同,提出了"跨界协同、成果共享、文化交融"的水谷倡议。

世界水谷聚焦我国水领域,服务全球水建设,打造世界级高端智库。

"协同创新,拥抱未来的发展"

江苏高校协同创新中心(世界水谷与水生态文明)对推动河海大学文科类学科发展,驱动涉水人才、科技、创业、金融、产业、文化等诸多高端要素集聚,提升涉水要素协同创新,抢占全球新的治水制高点都将发挥着重要作用,为进一步形成"世界水谷"文化,确定涉水领域"话语权",打造成为世界性智库奠定了基础。中心会进一步明确战略定位及建设思路,"立足江苏、走向全国、面向世界",密切服务长江大保护、"一带一路"、河长制等重大国家战略,发挥协同创新的优势,体现协同体的特色。

世界水谷与水生态文明协同创新中心将结合协同单位在世界水谷建设中的优势和需求,进一步加强"世界水谷"建设,发扬"世界水谷"文化。

《世界水谷文库》体现了河海大学的战略定位和目标追求,承载了河海大学的百年水文化精神,以战略协同理论指导实践,将"水哲学"与"水科学"相融合,探索"政产学研金文"多主体、多要素的协同创新模式,将为我国以及世界更多地区的水治理与水发展提供理论方法指导与借鉴。

徐辉教授

河海大学校长、世界水谷研究院理事长

江苏高校协同创新中心(世界水谷与水生态文明)建设委员会主任

2019年10月27日

序 二

欣闻张阳教授和周海炜教授牵头的《世界水谷文库》第一批著作即将出版面世,其中作为引领的是张阳教授的《战略协同理论和实践:世界水谷和海外中国》一书,在此表示诚挚祝贺!

《战略协同理论和实践:世界水谷和海外中国》的"世界水谷"部分以"水文化"为主线,其主旨是打造世界性水文化创意、创新、创业平台。另一部分"海外中国"是以"一带一路"之水为媒,构建中国特色的海外协同体。现代管理之父彼得·德鲁克曾说过,管理者要做的是激发和释放人本身固有的潜能,创造价值,为他人谋福祉。那么,对整个管理学来说,也是激发全人类共同发展的创造性,创造共赢价值,为全人类谋福祉。而此书提出的"世界水谷和海外中国"很好地诠释了创新性思维与为世界创造价值的统一,以"水"为发展线索,通过创新发展模式,实现世界范围内的战略协同发展。以理论指导实践,实践结果又反作用于理论创新。可以说,这本书蕴含着东西方文化的大智慧,以"水特色"与"水文化"为脉络,实现理论与实践的有效契合。

东方管理文化是积蓄两千多年思想精华的、经过无数次实践检验的智慧结晶,是极具应用价值的宝贵精神文化财富。我自幼学习中国传统文化,在中华传统经典的熏染下成长,逐渐养成以中国优秀传统文化为代表的东方管理文化的思维方式。一方面感叹东方管理文化的博大深远、海纳百川;另一方面,又为东方管理文化不为世界更多国家、地区所知而感到可惜。不是叹惜东方管理文化得不到全世界的推崇,而是希望我们的东方管理文化也能够帮助更多国家、企业甚至个人找到更加适合的思维方式和行为模式。为此,我几十年致力于研究东方文化中的管理思想,力求将东方经典中的人文哲学与管理思想注入当代管理学的科研与应用当中,于是,众人齐心协力创立了一门新的学科——东方管理学,在学术界也形成东方管理学派。所谓东方管理学,并不是东方文化中的管理思想一家独大,而是在以东方管理思想为核心的基础上,积极吸纳西方优秀的管理思想而形成的一门融合东西方文化的新学科。数十年间,吾与张阳教授、周海炜教授等东方管理学的同仁共同举办了共23届的世界管理论坛、东方管理论坛、华商管理论坛等,为的就是推动东方管理学研究走向世界,其中张阳教授、周海炜教授对东方管理学之战略管理文化的形成和发展贡献功不可没。而此书中"世界水谷和海外中国"追求多主体多要素协同发展,也正体现了东方管理在"和合"的基础上寻求发展的思维模式,体现了"人为为人"的东方管理学的精神内核,也通过"水"作为桥梁,将东西方水文化进行了更加具体的发展运用。

我在东方管理学领域研究多年提炼出来的"三为思想"(以人为本,以德为先,人为为人)有着强大的生命力,世界水谷思想与东方管理学的"三为"思想是内在契合的。"世界水谷"以水为核心,其文化根基是中国传统水文化,使中国的传统思想又在一个新的领域发扬光大,体现了水奉献万物而不求索取的文化根基。上善若水,水为万物之源。水之包容,承载着其对人类社会的伟大贡献。水有人性,人亦有水性,水谷之"水",不仅在于水科学,还在于水哲学,名为水,实为人,追求"人水和谐",达到了"以人为本"的深度;上德若谷,谷为流水汇集之地。世界水谷之"水",被赋予人性化的品质,以水之灵动育人之创意,以水之包容育人之胸怀,以水之不竭育人之坚韧。世界水谷关于书院的想法,以修身为重,培养学生实现治国、平天下的理想与能力,亦让我感受到中国传统人文思想在大学兴起的星星之火正成燎原之势,不胜欣喜;世界水谷倡导的管理模式及其政、产、学、研、金、文六大主体协同发展的战略协同模式,以自身的发展带动整个产业系统的发展,亦让我看到"人为为人"对于一个产业、一个学科领域发展的重要意义。此书中的"海外中国"理论最初以东方管理学为思想根基,让我感到十分欣慰,对于中国企业来说,走出去并不容易,如何探寻走出去、走进去、走上去的可持续发展确实十分重要。此书基于中国管理实践,既有理论创新,又有中国特色。希望国内同仁能够借鉴此书智慧,立足中国特色,更加注重政、产、学、研、金、文的协同,这对于促进经济发展,增加世界福祉,提升中国在国际上的影响力都有着十分重大的意义。

创新是时代前进的必然要求,发展是时代进步的必然结果。以理论创新助力实践发展,是人类社会不断创造新辉煌的不竭动力。"世界水谷和海外中国"不是将眼光放在仅考虑部分区域、部分国家的发展,而是以独特的视角,从所处的文化环境中,提炼出"水文化"这一主线,立足本土文化,创新发展模式,助力世界范围的大发展、大繁荣。不仅仅用活了东方管理文化的精髓,也积极容纳世界上其他优秀管理理念,做到既包容又独特的战略协同理论与实践的共同发展。由此,理论与实践相互得到印证与升华,东方与西方协同得到发展,从而为人类命运共同体建设以及为全人类进步做出贡献!

上善若水,上德若谷。衷心祝愿《世界水谷文库》为吾国吾民和世界发展不断贡献新知!

苏东水,东方管理学派创始人
复旦大学首席教授、东方管理研究中心主任
2019年10月28日

序 三

古往今来曰"世",上下四方曰"界",上善若"水"、上德若"谷"是曰"世界水谷"。

河孕育文明,海凝聚智慧。世界水谷起源于百年河海大学,诞生于中国南京将军山与牛首山之谷。世界水谷以"水"为核心元素,秉持"上善若水、善利万物"的宗旨,遵循"政产学研金文"协同创新的基本模式和"智库、论坛、书院、三创"四轮驱动的发展模式,以战略协同为基本理论,以论坛为汇聚平台,构建水特色智库,设立水文化书院,推动世界性创意创新创业。

水润万物,谷纳百川。"海外中国"泛指中国在境外的战略协同体,海外中国模式是指驱动多主体多要素在海外特定空间和战略层面实现协同集聚,表现为在"一带一路"倡议下,为满足沿线国家社会经济发展中对技术、资本、人才、项目、文化的多重需求,以及我国产能合作、产业结构调整的内生发展需要,整合各界资源助力中国"走出去"和当地发展,构建中国特色海外战略协同体。

《世界水谷文库》的特色在于"知行合一":一是理论指导实践落地,以水哲学与水科学为出发点并提出"水学"思想,将战略协同提升到更高的理论层次,构建"政产学研金文"多主体、多要素的协同创新模式,以"世界水谷"和"海外中国"为实践对象;二是实践助力理论创新,从"智库、论坛、书院、三创"的实践中提炼经验,为运用战略协同思想解决其他复杂科学问题提供方法论支撑。

本文库的一个设想是提出建立"水学",即从战略层面整合现有关于水的哲学思想与科学理论的专门学问。水学的研究对象包括水哲学、水科学,以及水哲学与水科学协同的学问,即"水学＝水哲学＋水科学＋水哲学与水科学协同"。由此,水学以"人水和谐"为战略使命,以儒家、道家、法家等东方哲学思想与马克思主义等西方哲学体系为智慧源泉,以水文学、水资源、水环境、水安全、水工程、水经济、水法律、水文化、水信息、水教育等科学知识为科学基础,通过多思想、多学科、多主体、多要素的战略协同,引导人类世界追求"天人合一"的战略愿景。

本文库旨在实现三个目标:其一,以战略协同为理论基础并聚焦"水"问题和"一带一路"建设问题,为探索"如何实现战略协同"这一难题开展理论创新;其二,以"世界水谷"和"海外中国"为对象,构建富有特色的应用和实践方案;其三,梳理总结以往的研究成果和实践经验,为未来的理论和实践探索奠定基础。

张阳,世界水谷创始人

河海大学商学院教授　世界水谷研究院院长

江苏高校协同创新中心(世界水谷与水生态文明)主任

2019年10月26日于南京市将军山-牛首山之谷

序 四

　　中国的水问题始终与国家的兴衰联系在一起,治水与治国联系在一起。历史上我国以农业立国,水在农业发展以及国家发展中居于基础地位,洪旱灾害成为贯穿历史的水问题,因此,强调"治水兴邦"。新中国成立以来,我国进行了大规模的水利建设,从各流域的大规模水利工程建设到三峡、南水北调等大型水利工程的建设,中国的水行业取得了巨大的成就,同时,一套比较完整而富有特色的水行业管理体系也建立起来。然而进入 21 世纪后,我国社会经济高速发展,加上全球化挑战、科技革命、环境生态问题等一系列战略影响,社会经济发展与水资源关系变得高度复杂化,传统水问题没有得到彻底解决,新的水问题开始涌现或加剧,如突发性水污染事件频发、不同范围的洪旱灾害频发、水资源供需日益紧张、水生态安全受到威胁,水管理问题已经成为管理研究的重要问题。同时,与水资源保护与利用相关的社会经济活动发生了巨大变化,政府、企业以及其他各类社会组织在水治理方面形成了丰富多彩而又复杂的行业体系,水行业的概念已经从传统的水利行业拓展为水利、水电、水务、水港、水环境、水生态、海岸、海洋等一系列涉水行业,形成巨大的基础建设、科技创新、投融资、社会消费市场。技术创新、市场创新、企业创新层出不穷,呈现出巨大的发展活力。因此,从历史、全局的高度关注水行业面临的问题,基于宏观的政治、经济、社会与科技发展背景展开水行业的研究成为迫切任务。

　　河海大学商学院作为一个以水利为特色的大学商学院,充分利用河海大学多学科综合优势,长期以来扎根水行业开展经济与管理问题的教育和研究,已经形成了丰富的成果和自己的研究特色,培养了大批水行业管理人才,成为我国水经济与管理研究的重镇。河海大学商学院自 1983 年成立管理工程系以来获得了快速发展,是我国改革开放以来最早设立商学学科的高等院校之一。三十多年来,河海大学商学院以"河海特色、世界知名"为战略定位,以"国际化、高层次、入主流、有特色"为发展路径,励精图治、开拓创新,现已成为拥有管理学、经济学两大学科门类,融工商管理、管理科学与工程、应用经济学三个主干一级学科为一体,设有博士后流动站,拥有博士、硕士(含 MBA、MPAcc、工程管理硕士等)、学士等多层次、多类型人才培养能力和科学研究、社会服务、文化传承创新能力的高水平商学院。

　　河海大学商学院与水利管理部门、水利行业企业建立了长期合作的战略关系,深度参与到我国水行业的发展之中,对于我国水行业的发展有着深刻的理解。由此,河海大学商学院较早地开展了水行业的研究工作,具有"世界水谷"与水生态文明协同创新中心、国际河流研究中心等在内的近15个与水经济管理相关的省部级平台,承担了"十一五"科技支撑计划课题《南水北调工程建设与管理关键技术研究》、国家社科重大课题《中国与周边国家水资源合作开发机制研究》《中国与湄公河流域国家环境利益共同体建设研究》《跨境水资源确权与分配方法及保障体系研究》《保障经济、生态和国家安全的最严格水资源管理制度体系研究》以及各类国家和省级基金项目,拥有教育部创新团队《国际河流战略与情报监测研究》等国家及省部级团队,长期为水利部、流域机构、省市水利系统以及水利行业企业提供咨询服务,并涉及水电、水务、港口、交通、水环境、海洋等一系列水行业经济与管理问题的研究,同时拓展到水行业国际投资、国际经济、跨国经营等问题研究。基于这些成果积累,河海大学商学院推出系列研究著作,以期呼唤更多更好的水行业研究成果,为中国水行业的发展提供服务,推进中国水行业的健康发展。

河海大学商学院院长　周海炜教授

2019年10月28日

前　言

战略管理鼻祖伊戈尔·安索夫(Igor Ansoff)对于组织"1＋1＞2"现象的深刻洞察,战略管理大师们至今无不折服于"战略协同"的巨大威力。本书通过对世界水谷和海外中国战略协同理论的探索与实践总结,旨在实现以下三点目标:其一,以战略协同为理论基础,针对"水"问题和"一带一路"建设问题,为解决"如何实现战略协同"这一难题开展理论创新;其二,以世界水谷和海外中国为对象,构建富有特色的应用和实践方案;其三,梳理总结近十年来"战略协同理论"的研究成果和实践经验,为开启下一个十年的发展奠定基础。

世界水谷起源于河海大学,诞生于中国南京将军山与牛首山之谷。古往今来曰"世"、上下四方曰"界"、上善若"水"、上德若"谷",由此名曰"世界水谷"。世界水谷以"水"为核心元素,秉持"上善若水、善利万物"的宗旨,遵循"政产学研金文"协同创新的基本模式和"智库、论坛、书院、三创"四轮驱动的发展模式,打造世界性水文化创意创新创业平台。

海外中国泛指中国在境外的战略协同体。海外中国模式是指驱动多主体多要素在海外特定空间和战略层面实现协同集聚,表现为:"一带一路"倡议下,为满足沿线国家社会经济发展中对技术、资本、人才、项目、文化的多重需求以及我国产能合作、产业结构调整的内生发展需要,整合各界资源助力中国"走出去"和当地发展,构建中国特色海外协同体。

本书的写作脉络如下:以战略协同理论为起点,围绕"水"和建设"一带一路"的关键问题分别提出世界水谷和海外中国;阐述水文明、水文化启发下的思想内核,依此探求理论创新;提出"政产学研金文"协同创新的基本模式和"智库、论坛、书院、三创"四轮驱动的发展模式,并对两者如何共同推进世界水谷与海外中国战略协同进行分析;分别阐述智库、论坛、书院、三创的应用思路和实践经验。

本书以"知行合一"为特色:一是,理论指导实践落地,以水哲学与水科学为出发并提出"水学"思想,将战略协同提升到更高的理论层次,构建"政产学研金文"多主体、多要素的协同创新模式,以世界水谷和海外中国为实践对象;二是,实践助力理论创新,从"智库、论坛、书院、三创"的实践中提炼经验,为运用战略协同思想解决其他复杂科学问题提供方法论支撑。

本书由"世界水谷"创始人、河海大学世界水谷研究院院长张阳教授谋划整体思路，设计内容结构。第一章由河海大学世界水谷研究院副秘书长田鸣博士后、盐城师范学院商学院龚艳教授、河海大学商学院博士生于思远共同完成；第二、三章由南京师范大学党委研究生工作部部长罗逾兰副研究员与南京师范大学教育科学学院硕士研究生李春慧、苗双双、蒋松莉共同完成；第四章由河海大学商学院薛松副教授执笔、硕士研究生杨涛、黄国华、翟雨薇、李春华、朱海元负责资料收集整理工作；第五章由罗逾兰副研究员、田鸣博士后与河海大学商学院博士生王宏鹏合作而成；第六章由河海大学世界水谷研究院/商学院院长助理张长征副教授与硕士研究生王玮茜、湛娉婷、郑悦宁、胡一颗共同完成；第七章由田鸣博士后、罗逾兰副研究员、河海大学商学院博士生王振华、王宏鹏共同完成；第八章由河海大学世界水谷研究院/商学院院长助理李婕老师、河海大学世界水谷研究院院长助理/商学院实验管理中心副主任丁源副教授及姜宇老师合作完成；第九章由河海大学世界水谷研究院院长助理/商学院营销系主任余菲菲副教授、田鸣博士后、罗逾兰副研究员、博士生王振华共同完成；全书由张阳、田鸣协调和统稿。此外，还要感谢河海大学校长/世界水谷研究院理事长徐辉教授、世界水谷研究院执行院长/商学院院务委员黄德春教授、世界水谷研究院院务委员史虹副教授、商学院周彧老师和马克思主义学院郑大俊教授、王英教授及深圳湾游艇会刘德辉董事长等，他们的相关著述、工作和建议对本书的顺利成形有很重要的贡献。

  作者在编写中尽量将引用他人的成果加以标注，但也可能会有疏忽遗漏，恳请谅解！

  如对本书有任何建议，或者希望更多了解世界水谷、海外中国的发展进展，敬请登陆河海大学世界水谷研究院官网（http://www.worldwatervalley.org/）或关注微信公众号：世界水谷。

张　阳

2019年9月25日

于河海大学世界水谷研究院

目 录
Contents

第一章 战略协同:世界水谷和海外中国 ………………………… 001
 1.1 战略协同理论 ………………………………………… 001
  1.1.1 战略协同的内涵 ………………………………… 001
  1.1.2 战略协同理论的溯源 …………………………… 005
  1.1.3 战略协同理论的研究视角 ……………………… 008
  1.1.4 战略协同理论的演进特征 ……………………… 011
 1.2 世界水谷解读 ………………………………………… 014
  1.2.1 世界水谷的缘起 ………………………………… 014
  1.2.2 世界水谷的内涵 ………………………………… 019
  1.2.3 世界水谷的总体定位和战略体系 ……………… 020
  1.2.4 世界水谷的建设与运行 ………………………… 022
 1.3 海外中国解读 ………………………………………… 024
  1.3.1 海外中国的缘起 ………………………………… 025
  1.3.2 海外中国的内涵 ………………………………… 030
  1.3.3 海外中国的特征 ………………………………… 032
  1.3.4 海外中国的建设与运行 ………………………… 033

第二章 水的认知 ……………………………………………… 041
 2.1 水与地球 ……………………………………………… 041
  2.1.1 水与地球演变 …………………………………… 041
  2.1.2 水与生命孕育 …………………………………… 044
  2.1.3 水与生态循环 …………………………………… 046
 2.2 水与人类 ……………………………………………… 048
  2.2.1 水与科技 ………………………………………… 048
  2.2.2 水与经济 ………………………………………… 050
  2.2.3 水与政治 ………………………………………… 052

2.2.4　水与社会 …………………………………………… 054
　2.3　水与战略 ……………………………………………………… 058
　　　2.3.1　水与战略目标：水利万物 ………………………… 058
　　　2.3.2　水与战略愿景：人水和谐 ………………………… 060
　　　2.3.3　水与战略价值：上善若水 ………………………… 062
　　　2.3.4　水与战略协同："水学"设想 …………………… 064

第三章　水文化发展与水文明提升 ………………………………… 069
　3.1　水文化的发展 ………………………………………………… 069
　　　3.1.1　东方水文化 ………………………………………… 069
　　　3.1.2　西方水文化 ………………………………………… 074
　3.2　水文明的演进 ………………………………………………… 078
　　　3.2.1　水与原始文明 ……………………………………… 078
　　　3.2.2　水与农业文明 ……………………………………… 079
　　　3.2.3　水与工业文明 ……………………………………… 079
　3.3　水文明的提升 ………………………………………………… 080
　　　3.3.1　水生态文明 ………………………………………… 080
　　　3.3.2　水文明的发展模式困境 …………………………… 082
　　　3.3.3　水文明的提升路径 ………………………………… 088

第四章　水治理实践 ………………………………………………… 093
　4.1　水治理的内涵 ………………………………………………… 093
　　　4.1.1　治理的含义 ………………………………………… 093
　　　4.1.2　水治理的管理学解读 ……………………………… 095
　　　4.1.3　我国的治水思想 …………………………………… 097
　4.2　我国治水实践的演变 ………………………………………… 100
　　　4.2.1　农业文明阶段的治水实践 ………………………… 101
　　　4.2.2　工业文明阶段的治水实践 ………………………… 103
　　　4.2.3　生态文明阶段的治水探索 ………………………… 104
　4.3　水治理实践创新 ……………………………………………… 106
　　　4.3.1　治水实践转型的提出 ……………………………… 106
　　　4.3.2　治理理念创新 ……………………………………… 108
　　　4.3.3　治理制度创新 ……………………………………… 111
　　　4.3.4　治理模式创新 ……………………………………… 113
　　　4.3.5　治理手段创新 ……………………………………… 116

第五章 世界水谷战略协同模式 ·············· 120
5.1 基本模式 ·············· 120
5.1.1 主体 ·············· 120
5.1.2 要素 ·············· 122
5.1.3 协同体 ·············· 124
5.2 发展模式 ·············· 126
5.2.1 智库 ·············· 127
5.2.2 论坛 ·············· 130
5.2.3 书院 ·············· 134
5.2.4 三创 ·············· 136
5.3 协同模式 ·············· 139
5.3.1 模式关系 ·············· 139
5.3.2 战略协同 ·············· 139
5.3.3 模式协同 ·············· 142

第六章 战略协同视角的智库指数 ·············· 148
6.1 原则：战略协同和管理创新 ·············· 148
6.1.1 世界水谷智库指数内涵与宗旨 ·············· 148
6.1.2 世界水谷智库指数编制原则 ·············· 149
6.1.3 世界水谷智库指数体系结构与指标选取原则 ·············· 150
6.1.4 世界水谷智库指数指标权重法 ·············· 151
6.2 河长制战略协同指数 ·············· 153
6.2.1 河长制发展历程与建设实践 ·············· 153
6.2.2 河长制战略协同的影响因素 ·············· 155
6.2.3 河长制战略协同指标 ·············· 159
6.2.4 河长制战略协同指数体系 ·············· 161
6.3 水文化战略协同指数 ·············· 162
6.3.1 水文化战略协同的影响因素 ·············· 162
6.3.2 水文化战略协同指标 ·············· 164
6.3.3 水文化战略协同指数体系 ·············· 166
6.4 海外中国战略协同指数 ·············· 167
6.4.1 海外中国战略协同的影响因素 ·············· 167
6.4.2 海外中国战略协同指标 ·············· 171
6.4.3 海外中国战略协同指数体系 ·············· 172

  6.5 两山战略协同指数 ·· 173
    6.5.1 "两山"发展历程与建设实践 ··· 173
    6.5.2 两山战略协同的影响因素 ··· 175
    6.5.3 两山战略协同指标 ··· 179
    6.5.4 两山战略协同指数体系 ··· 179

第七章 "世界水谷"论坛与"海外中国"论坛 ··· 181
  7.1 论坛概述 ··· 181
    7.1.1 论坛概念、形式及分类 ··· 181
    7.1.2 论坛背景 ·· 182
    7.1.3 论坛功能定位 ·· 182
    7.1.4 论坛特征 ·· 183
    7.1.5 论坛模式 ·· 184
  7.2 论坛组织 ··· 184
    7.2.1 论坛模块划分 ·· 184
    7.2.2 论坛策划 ·· 185
    7.2.3 论坛宣传方案 ·· 186
    7.2.4 论坛筹备 ·· 187
  7.3 "世界水谷"论坛 ··· 189
    7.3.1 "世界水谷"论坛宗旨与发展愿景 ··· 189
    7.3.2 "世界水谷"论坛发展历程 ··· 189
    7.3.3 历届论坛简况 ·· 189
  7.4 "海外中国"论坛 ··· 223
    7.4.1 "海外中国"论坛宗旨与发展愿景 ··· 223
    7.4.2 "海外中国"论坛发展历程 ··· 223
    7.4.3 历届论坛简况 ·· 223

第八章 世界水谷书院 ·· 243
  8.1 世界水谷书院的文化渊源与战略 ··· 243
    8.1.1 书院的演变 ··· 243
    8.1.2 世界水谷书院的水文化渊源 ·· 247
    8.1.3 世界水谷书院的战略使命和定位 ··· 251
  8.2 世界水谷书院模式 ·· 253
    8.2.1 传承中华古典文明 ··· 254
    8.2.2 面向全球的网络连接 ·· 256

8.2.3　开发与孵化文创产业 ………………………………………… 257
　　　8.2.4　展示现代智慧科技 ……………………………………………… 260
　8.3　世界水谷书院(南京江宁)应用 …………………………………………… 262
　　　8.3.1　区位规划与基础设施 …………………………………………… 262
　　　8.3.2　讲学与自修体系 ………………………………………………… 267
　　　8.3.3　世界水谷书院(南京江宁)的运营模式 ………………………… 269

第九章　三创实践：澜湄流域的世界水谷与海外中国 …………………………… 272
　9.1　澜湄流域和国家 …………………………………………………………… 272
　　　9.1.1　澜湄自然特征 …………………………………………………… 272
　　　9.1.2　澜湄流域各国概况 ……………………………………………… 275
　　　9.1.3　澜湄流域的开发情况 …………………………………………… 284
　9.2　老挝沙湾水经济区 ………………………………………………………… 286
　　　9.2.1　基本情况 ………………………………………………………… 286
　　　9.2.2　总体规划 ………………………………………………………… 287
　　　9.2.3　发展状况 ………………………………………………………… 293
　9.3　柬埔寨西哈努克港经济特区 ……………………………………………… 295
　　　9.3.1　基本情况 ………………………………………………………… 295
　　　9.3.2　总体规划 ………………………………………………………… 296
　　　9.3.3　发展状况 ………………………………………………………… 298
　9.4　泰国中国智慧城 …………………………………………………………… 301
　　　9.4.1　基本情况 ………………………………………………………… 301
　　　9.4.2　功能规划 ………………………………………………………… 303

第一章
战略协同：世界水谷和海外中国

1.1 战略协同理论

战略协同自提出起就受到了管理者们的广泛关注，他们期望真正理解其内涵，并通过掌握有效的协同手段，在企业制定多元化发展战略、策划并购和重组、建立战略联盟、跨界合作等活动中获得最大化的协同效应。在过去的50年中，为深入认识战略协同的内涵、协同效应的产生机理，企业管理者、顾问、政策制定者以及专家学者进行了许多理论和实践的探索，战略协同理论的应用也从单纯的企业组织内的活动扩大至组织间、行业间、国家间等更为广泛的范畴。本节在梳理前人研究的基础上，阐述战略协同的内涵，厘清战略协同理论的溯源，并分析该理论的研究视角和演进特征，为更好地开展战略协同的实践奠定理论基础。

1.1.1 战略协同的内涵

（1）协同的内涵

"协同"一词古已有之，由"协"与"同"二字实现其词语构成。《说文》中"协"字本义为"众之同和也"，即众人共同合作；而"同"字本义为"合会也"，即聚合众人之力。因此，汉语"协同"的本义为合力同心、相互配合。西方"协同（Synergy）"一词源于古希腊语"Synergos"，牛津词典对其解释是协同作用、协同增效作用，即两个或两个以上的个体或组织协作后而获得的优于各自单独行动的效果。可见，西方"协同"的含义除突出合力同心外，更强调共同合作后产生的额外效用。

在学术界，最早对协同内涵进行较为全面阐述的是德国理论物理学家赫尔曼·哈肯（Hermann Haken），他从20世纪60年代开始对物理学、化学、生物学、社会学等系统结构进行研究，发现世间存在着诸多复杂、性质迥异的系统，其中任一系统都是由多个子系统组成,尽管这些子系统的运动演化轨迹和模式都是多样的,然而它们形成有序结构或功能的机理是相同的。当这些子系统彼此独立进行无规则活动时,整个非平衡的开放系统就处于一种"无序"的状态;而当各个子系统彼此关联、相互影响时,该系统在临界点上发生质变,本来"无序"的系统就会被卷入现存的"有序"状态,或由"有序"变为"更有序"。哈肯还认为协同能"使整个系统形成微观个体层次所不存在的物质结构和特征",在这个层面上,协同强调其所产生的效应。一方面,与传统"整体即为部分之和"的线性思维不同的是,复杂系统中非线性相互作用所产生的协同效应能使不同资源主体协同后竞争力增强,导致系统整体效益大于各独立组成部分总和的增值效应,呈现"1+1>2"的现象;另一方面,协同作用亦能产生新质或更好地实现目标,形成单一组成部分所不存在的结构、特征、功能或获得在离开此种方式时所难以取得的成效。

综上,协同内涵的研究揭示了协同作用的普遍适用性,探究了系统内组成部分间的协同机理,为解决复杂性系统问题奠定了理论基础。此外,由协同所发现和阐述的系统规律,在物理学、化学、生物学,甚至社会学、经济学、管理学等多个学科中已经或多或少地体现出来。

(2) 战略协同的内涵

战略协同是协同理念在管理学领域的发展。自美国战略规划专家伊戈尔·安索夫(Igor Ansoff)首次将协同的观点引入企业战略管理领域以来,战略协同一直是企业战略管理研究的热点之一。安索夫提出战略协同的背景是在20世纪企业频繁实施多元化发展战略的环境下,他认为战略协同与产品市场范围、发展方向、竞争优势共同构成了企业经营战略的四种要素,并能说明企业如何通过识别自身能力与机遇的匹配关系来成功地拓展新的事业。

与哈肯突出自然科学领域协同研究不同的是,安索夫对战略协同的解释比较强调其经济学含义,即企业获得各种利益的潜在机会以及这些机会与其能力之间的关系。尽管两位学者讨论的问题存在着类似之处,但由于他们研究视角的差异,两者之间并没有相互借鉴和参考。安索夫提出战略协同是"粘合剂",指"企业通过各业务单元的相互协作,可以使企业整体效益大于各独立组成部分总和的效应",通常被表述为"2+2=5"。此观点与哈肯提出的协同理念却有着异曲同工之处。

同时,安索夫借助数学符号和运算进一步阐述了战略协同的内涵,即为什么企业整体价值有可能大于各部分价值的总和,其对战略协同内涵的解释,为该理念的发展提供了基本研究思路,此后的研究者们在此基础上对协同的内涵作了进一步的探索。日本战略专家伊丹广之(Hiroyuki Itami)指出战略协同可视为"搭便车",是"企业将自身某一部分积累的资源同时且无成本地应用于其他部分而获得的协同效应"。相对安索夫对战略协同的广义研究,伊丹广之对战略协同内涵的阐述属于一种狭义的理解,但是两位学者都对战略协同的管理理念产生了重大影响。

大量战略协同内涵的研究跟随着以上两篇文献的研究思路而产生,主要是基于不同的研究情境,对其内涵进行表述(见表1-1所示)。

表1-1 已有文献对战略协同内涵的概括

作者(年份)	内涵及相关描述
Buzzell & Gale (1987)	相对于对各独立组成部分进行简单汇总而形成的业务表现而言的企业群整体的业务表现,作为组合中的任一企业比作为单独运作的企业所能取得的赢利能力更高,或所要承担的成本更低
Bartlett & Ghoshal (1988)	协同是通过对全球业务进行协调而获取显著的规模效益、较低的成本和有效率的运营,或是产生跨国企业对当地市场需求的迅速反应能力
Kanter(1989)	协同是多元化企业创造价值唯一途径,能有效地促进下属企业之间的相互配合,企业的整体价值因而远远超出了所有下属企业价值的总和
Badaracco(1991)	协同对象可以是供应商、政府、制造商甚至是竞争对手,这些外部关系能帮助企业学习新的能力并扩展已有技能
Brandenburger & Nalbuff(1996)	战略协同是一个供应商、顾客、竞争者和互补者的博弈框架,其核心思想是一个竞争与合作的妥协过程
Corning(1998)	系统中多个子系统要素之间产生的整体效应
Miotti & Sachwalsd (2003)	两个以上的企业分别投入资源而形成的"合作契约安排",目的是为了实现共同的研发目标
Kaplan & Norton (2006)	将企业、业务单元、支持单元、外部合作伙伴、董事会与企业战略进行联接,是企业经济价值的来源
Serrano & Fischer (2007)	在创新的过程中运用协同思想,各主体通过沟通、协调、合作、协同将思想、知识、技术和机会进行跨界共享,达到质变效果和创造价值的目的
杜栋(2008)	企业内部所有的机构、制度、信息化系统、人员等全部围绕这种协同合作思想进行组建,并能进行无障碍沟通,创造大于各部分简单加和的企业价值,真正在较高层次上成为一个整体
刘颖和陈继祥 (2009)	基于复杂的非线性作用,产生单个企业难以实现的整体创新效应的过程
Schwartz 等 (2012)	协同有利于企业技术、设备、专业知识、资本、商业网络和知识产权等资源的形成,产生知识溢出,并带来协同剩余
Edmondson (2012)	组织协同是一种积极接受他人一起工作的思维观念,也是一系列分享和合成知识的特定行为方式,它能为组织带来更卓越的绩效和更满意的工作环境

续表

作者(年份)	内涵及相关描述
汪传雷等 (2013)	以高校、企业、研究机构为核心要素,以政府、金融机构、中介组织、创新平台、非营利性组织等为辅助要素的多元主体协同互动的网络创新模式,通过知识创造主体和技术创新主体间的深入合作和资源整合,产生1+1+1>3的非线性效用
周晓阳和王钰云 (2014)	要求注重产学研三方的合作和协调,将企业、高校、科研机构的目标、组织、体制机制协同起来进行管理,进一步增强1+1+1>3的协同效应和集聚效应
解学梅和方良秀 (2015)	跨边界的技术、信息、组织、知识、管理等多个要素形成的复杂非线性开放系统,各跨界要素之间通过协同作用,形成了不同的协同模式,进而促使协同系统的整体效应得以放大
石海瑞和孙国强 (2015)	网络组织中企业间协同是通过共享关键流程中的人员、设备、渠道等资源,从而产生单个企业所无法实现的规模效益,并降低产品成本
张秀萍等 (2016)	大学、产业、政府通过协同交流和角色转换,原有的边界日渐模糊,两两之间的范围不断重叠并相互渗透,使各种功能有机结合,加强要素整合与资源共享,提高创新效率
吴卫红等 (2018)	可以通过组织之间结构性和制度性的协调机制,形成有效的互动模式,进而高效率、高效能地对科技资源进行运用,最终实现创新系统的演化和升级

资料来源:根据相关文献整理。

纵观以上研究脉络,战略协同是组织内或组织间为实现共同的目标,通过相互协作和配合,实现协同主体在战略层面上的共赢和互惠成长,进而促使协同系统的整体效应得以放大。尽管学者们对战略协同的界定角度存在一定差异,但其内涵至少包含以下3个核心特征:

首先,协同关系的一致性。这种特征是战略协同的基本内涵,指协同主体之间的相互协作,保持合作性、协调一致性的状态和趋势。它表征单个组织内独立部门或业务单元之间的关系属性,或是两个或两个以上各自独立组织间的关系属性。

其次,协同资源的共享性。参与协同的企业可以实行前向整合或后向整合的战略,通过共享原材料供应或销售渠道获取协同效应;也可以利用规模经济,通过使其他成员在生产设备、研究开发、服务等方面采取资源共享、降低成本的方式实现协同效应;各参与主体还可以通过交互协作与耦合进行技能、知识、信息等要素和资源的共享,进而提升自身的核心竞争力。

最后,协同结果的增效性。战略协同的魅力之处是作为协同系统中的任一组织能取得比其单独运作时更高赢利能力,或所要承担的更低成本,产生"1+1+1>3"的复杂非线性效用,并通过对各参与主体的资源优化配置,提高整个协同网络的效率。

尽管战略协同对管理者产生了巨大的吸引力,但由于协同的具体形式、实践操作、管理评价等方面的复杂性和多样性,要理解和应用该理念还存在着很大的挑战。对于组织而言,战略协同在实践中就是一把"双刃剑",即协同所产生的效应可正可负,错误地应用协同的后果可能是灾难性的,它不仅意味着"2+2≠5",还很可能出现"2+2<4"的现象,即企业整体价值小于各部分价值之和。这种协同理论与实践的悖论可以用"协同陷阱"[①]与"横向战略中的陷阱"[②]来解释。然而,这些协同陷阱并没有使学者们放弃对协同的信念,相反地,通过研究发现,许多战略协同陷阱主要源于企业"没能对协同给予足够的重视",或企业"不愿对别人产生依赖"[③],亦或企业"缺乏真正理解和正确实施协同的能力",是由管理和组织方面的缺陷造成的,而不是因为协同这个概念本身存在的问题。由此可见,学术界主流观点仍然认为战略协同存在着巨大的潜在效益,是通向成功的有力武器。因此,Porter 和 Kanter 等管理权威反复强调战略协同的重要性,并且认为管理者们的挑战就是识别协同机会,进而创造协同组织,以确保协同工作的有效推进和实施[⑤]。

1.1.2 战略协同理论的溯源

与其他理论类似,战略协同理论的发展也是建立在前人理论成果的基础之上。战略管理中协同观包含协作、协调等理念,因此,先前对协作和协调的相关研究对战略协同理论的产生和发展有着重要影响,主要包括:分工与协作的关系研究和管理中的协调研究。下面将依次对以上两个方面的研究进行简要介绍和讨论。

(1) 分工与协作的关系研究

关于分工与协作关系的思想最早可以追溯到古希腊,亚里士多德(Aristotle)在其《政治学》中从分工的角度,认为公民间的协作能达到"整体当然高于部分"的效果[⑥]。而最先对分工与协作关系进行较为系统阐述的是亚当·斯密(Adam Smith),他在《国富论》的开篇就阐述了分工带来的效率:"劳动生产力上最大的增进以及在劳动生产力指向或应用的任何地方所体现的技能、熟练性和判断力的大部分,似乎都是分工的结果",而在分工过程中"人类几乎随时随地都要结成一定的协作关系(或者说契约关系)",也即是"生产一种完全制造品所必要的劳动,也往往

---

① Sirower M L. The Synergy Trap[M]. New York:Free Press,1997.
②④ Porter M E. Competitive advantage[M]. New York:Free Press,1985.
③ Ansoff H I. Corporate Strategy[M]. New York:John Wiley and Sons,1965.
⑤ Kanter R M. When Giants Learn to Dance[M]. New York:Simon and Schuster,1989.
⑥ 彭新武. 西方管理名著赏析[M]. 北京:高等教育出版社,2008.

分由许多劳动者担任"。由此可见，分工更需要强调协作的重要性，也对协作提出了更高的要求。同时，斯密还提出分工协作可以使人均产量即劳动生产力提升，继而促进经济增长。

卡尔·马克思(Karl Marx)对斯密分工理论进行了继承和发展，他从分工经济提炼出"协作"范畴，把分工之效率源泉归结为协作创造的社会生产力，进而把人类生产当作协作网络自我演进的动态社会系统。马克思认为分工是一种特殊的协作，它的许多优越性是由协作的一般性质产生的。因此，在分工基础上的协作可以产生分工效应和协作力。同时，他指出通过协作不仅提高了个人生产力，而且创造了集体生产力，这种生产力是"劳动的社会生产力或社会劳动的生产力"。为了进一步阐述协作的重要性，马克思详细探究了协作提高生产力的原因，认为协作能提高劳动的机械力；协作可以扩大劳动的空间范围，同时又会相对地在空间上缩小生产领域；协作能在短时间内动用大量劳动；协作能激发个人的竞争心使其集中精力；协作使许多人的同种作业具有连续性和多面性；协作使劳动者共同使用生产资料而节约成本；协作也使得个人劳动具有社会平均劳动的性质。

分工与协作关系的研究对管理学的发展也起到了启发作用，成为诸多管理思想的直接来源。例如，被称为"科学管理之父"的弗雷得里克·泰罗(Frederick Taylor)明确提出了要按照分工的原则，明确"资方"和"工人们"的工作和职责，并使他们密切配合来保证工作按照科学的设计程序进行，从而提高劳动效率。现代组织理论的开创者切斯特·巴纳德(Chester Banard)把企业组织中成员间的相互关系看成是一个具备协作意愿、共同目标和信息交流的协作系统，指出"个人除非同其他人在一种相互作用的社会关系中连接起来，否则就不能发挥作用，正式组织的协作使团体力量能够扩大到个人能做的范围之外"。因此，协作是整个社会得以正常运转的基本而又重要的前提条件，可以被视为组织的本质及其最一般的规律。著名管理学大师彼得·德鲁克(Peter Drucker)在其目标管理的研究中，认为企业在分工的前提下，是一个协作体，为实现共同目标，要在组织内部形成紧密协作的团队。这种共同的责任感和对团队合作的依赖，构成了目标管理的精髓。

(2) 管理中的协调研究

"协调"的主要特征是将单个的劳动要素进行集合，并尽可能地实现这些要素在时间上、数量上的配合，进而达到资源利用效率最大化的目的。在管理学研究进程中，管理协调的研究源于法国著名管理思想家亨利·法约尔(Henri Fayol)，他从管理职能的角度对管理进行了界定，其中协调是管理的五项职能之一。法约尔认为"协调就是指连接、联合、调和所有的力量"，协调可以指导"企业各部门及各个员工的活动，使其走向一个共同的目标"。在法约尔看来，协调是一种平衡行动，使支出和收入相等,使设备适合于实现生产目标的需要以及确保销售和生产之间的协调一致。组织工作和计划工作通过规定任务、制定时间表以及实行目标管理等方法,来推进协调工作。

Gulick 在法约尔五要素思想的基础上,提出了 POSDCoRB"七环节"管理职能论,即管理者的工作归纳起来就是计划、组织、人事、指挥、协调、报告和预算等七个方面,而协调就是使工作各个部分相互联系起来,共同为实现企业目标而努力,是一种极为重要的职能[①]。Gulick 还强调协调不是自发的,而必须是依赖理智的、有生气的、持久的和有组织的努力,其实现途径主要通过组织的权力结构和思想支配这两种方式的互相配合。组织在行使协调职能时,特别要关注时间因素和习惯因素。Gulick 认为"人是一种习惯性动物",在时间充足时,习惯是协调的基础;而在时间不足时,习惯则变成了协调的障碍。

上述两位学者主要就管理职能中的协调问题进行了研究,此外,还有一些学者从其他视角来探究管理中的协调。例如,美国管理学家玛丽·派克·福利特(Mary Parker Follett)从企业哲学的视角来剖析如何通过协调控制使组织利益达到统一,并且得出了"协调和控制是重合的,协调的目的就是保证有控制地实现组织目标[②]。协调是为了达到统一,而统一就是控制"的结论。乔治·伊尔顿·梅奥(George Elton Mayo)从人际关系的视角来分析管理中的协调,他提出的"社会人"假设中强调对人群行为的激励与协调,指出协调好社会中的人际关系是文明世界的一个重大问题。他还认为处于管理系统中的"社会人"形成了正式组织和非正式组织,其中非正式组织对其成员具有很强的心理协调性,表现为组织成员的自愿结合、趋于一致看法、较强归属感以及情绪共振与行为的协调一致。由此可见,管理中的协调观点由于行为科学的兴起而受到关注,并在管理学研究进程中得到发展。

以上有关协作、协调的研究虽然并未明确提出"协同"一词,但均一定程度上体现了协同的基本思想。至此,我们可以发现,战略协同理论的研究并非无本之木,而是深深植根于政治学、经济学、社会学及管理学。这些理论支流经整合和修正发展成为现有的战略协同理论。

---

① Gulick L. Notes on the Theory of Organization[M]. In Papers on the Science of Administration, edited by Luther Gulick and Lyndall Urwick, New York: Institute of Public Administration, Columbia University, 1937.

② 李培挺. 回到管理学先知福利特:思想审读、评介和研究前景[J]. 社会科学管理与评论,2013(1):63-72+112.

1.1.3 战略协同理论的研究视角

（1）基于价值链的战略协同

基于价值链的战略协同是由 Porter 在进行价值链的相关研究时提出的,他认为与泛泛的职能领域划分方式(如研究开发、生产制造、市场营销等)相比,价值链可以使人们对企业的各种业务单元间的关联行为和竞争优势的来源有更好的认识和把握[①]。他指出,在协同效应的实现过程中价值链中业务单元间可能存在的关联包括:有形关联、竞争性关联和无形关联。这三种类型的关联虽然各不相同,但却并不相互排斥,并可能同时存在,都能对企业竞争优势的形成产生重要作用。与此同时,他也强调有形关联和竞争性关联与竞争优势的联系最为紧密并且易于实施;而无形关联可能是效果持续时间最为短暂的一种关联,尽管它潜力巨大,但在创造竞争优势方面的作用常常是不确定的且一般难以实施。

Porter 还提出,价值链中业务单元间的关联活动可能实现协同效应,但其协同过程的共享价值活动也存在着协调成本、妥协成本以及刚性成本,"这些成本将是业务单元在讨论关联时真正关心的事情,它们似乎比关联的优势更显而易见,因为关联的优势常常是理论性和推测性的"[②]。因此,价值链中业务单元间要开展一项关联活动而获得竞争优势时,需要与上述成本进行权衡,并以此来确定这类关联活动能产生的单个业务单元的净竞争优势和有关业务单元的净竞争优势之和。

此外,Buzzell 和 Gale 对企业群价值链中业务单元的协同行为进行了研究,他们得出与 Porter 一致的观点,即注重战略业务单元可以取得很好的协同效应[③]。进一步研究认为,如果价值链中市场营销和研发方面的成本所占比重较大,那么企业群通常可以取得高于一般水平的协同效应,并因此具有比各企业独立运行时更好的赢利能力。类似的,Bartlett 和 Ghoshal 也对战略业务单元的做法表示了赞同,并认为对价值链中战略业务单元的明确界定有助于形成清晰的协同意识,从而促进共享和联接的实现[④]。

由此可见,基于价值链的战略协同研究为准确识别协同机会提供了有效的方法,这将十分有助于企业管理者们对潜在的效益做出更好的判断。通过对价值链中每一种业务单元活动的剖析,企业管理者们就会明确协同是怎样使成本得到降

---

①② Porter M E. Competitive advantage[M]. New York: Free Press, 1985.
③ Buzzell R D, Gale B. The PIMS Principles: Linking Strategy to Performance[M]. New York: Free Press, 1987.
④ Bartlett C, Ghoshal S. Organizing for Worldwide Effectiveness: The Transnational Solution[J]. California Management Review, 1988, 31(1):54-74.

低,或是使差异化程度得到提高的。

(2) 基于资源观的战略协同

在战略协同研究领域中,最早发表关于协同与资源关系论著的当属日本的战略专家伊丹广之。这位战略家于1980年撰写了《启动隐形资产》一书,强调战略协同是一种发挥资源最大效能的方法,协同目标是以资源支撑战略,进而有效地使用企业的资源,并且积累充足的资源。伊丹广之将资源划分为两类,即实体资产和隐形资产,其中实体资产是指厂房、生产设备、原材料等有形资产,隐形资产则包括商标、品牌、企业文化、顾客认同度或技术专长等无形资产。伊丹广之认为企业的隐形资产经常是决定战略成败的最为关键的资源,同时也是一种非常难以预测的资源。因此,他将安索夫的协同概念区分为"互补效应"和"协同效应",源于实体资产的互补效应不是协同的真正来源,只有当企业有效使用它的独特资源——隐形资产时,才可能产生真正的协同效应。换言之,充分利用来自隐形资产的协同效应可以使企业产生实质性和持续性的竞争优势,是企业成长和繁荣的根本所在。同时,伊丹广之还强调企业在有效使用资源时,要注重新的隐形资产的积累。

随着时间的推移,企业积累的资源不断变化,其战略也相应地有所改变,资源和战略的动态匹配成为伊丹广之关注的另一重点,他认为动态的资源匹配就是在当前战略和未来战略之间创造最佳的配合效应。换言之,如果当前战略和未来战略能够有机地结合在一起,那么这种结合就可以产生动态的"互补效应"或/和动态的"协同效应",其中,动态"协同效应"获得的资源和能力是企业发展的关键。

资源基础观的研究者们认为企业获得和保持竞争优势就需要具备相应的资源和能力。在这样的思维导向下,企业被看作是由包括技能、知识、基础设施等有形和无形资源组成的集合。虽然每个企业都会拥有多种资源,但其中最为关键的是那些可以产生竞争优势的战略性资源,这些资源具备有价值、稀缺、难以模仿、不可替代的特征,是企业实现竞争优势的真正来源[1][2]。从这一点来看,资源基础观与伊丹广之的战略协同理论是一脉相承的,持资源基础观的学者们认为,当企业内部的战略性资源被应用于不同的经营活动时,协同就能产生作用。

此外,基于资源观的战略协同研究还得到了 Badaracco 的认同,他认为企业最重要的资源是它的知识和能力,而不是它的有形资产[3]。管理者们所要面对的挑

---

[1] Barney J B. Firm Resources and Sustained Competitive Advantage[J]. Journal of Management, 1991,17(1): 99-120.

[2] Peteraf M A. The Cornerstones of Competitive Advantage: A Resource-Based View [J]. Strategic Management Journal, 1993, 14(3): 179-191.

[3] Badaracco J L. The knowledge link[M]. Boston: Harvard Business School Press, 1991.

战是如何拓展企业的无形资源以在未来竞争中保持优势。安德鲁·坎贝尔(Andrew Campbell)和凯瑟琳·萨姆斯·卢克斯(Kathleen Sommers Luchs)也认为对从价值链分析中形成的战略业务单元的过分关注,容易产生对企业整体发展观念的忽视,从而减少协同的机会,并妨碍协同效益的正常发挥。因此,他们建议企业应主动进行协同机会的识别,尝试建立各种不同形式的相互依存关系,努力实现对业务行为、技能、信息、知识和形象等资源的共享,进而挖掘现有优势的潜力,并培育新的竞争优势。

由此可见,该视角下的战略协同强调协同效应主要源于企业隐形/战略性资源,具备这些资源的企业实施战略协同时,更能获得持续竞争优势。同时,企业资源在竞争中发生着动态的演变,故而企业在使用资源的时候,还应关注内部资源的积累、创造以及外部资源的共享。

(3) 基于系统观的战略协同

系统科学的共同演化、整体涌现等思想,为从战略层面分析各协同主体的合作共赢、资源的有效配置、系统的结构优化和性能提高,提供了新的思路。哈肯认为,协同是一个系统的过程,它是通过各参与主体的相互配合和协作,在内外部环境的共同作用下达到各主体既定目标的一种行为。因此,为了利用所有可能的战略协同机会,应该在组织之间建立起紧密联接、相互依赖的系统。而要实现这一点,则必须按照有利于促进相互依赖关系的方式来对资源和责任进行分配。在这样一种系统里,不同组织的资源、人员、技能和知识将可以自由地流动,它们的作用也将得到最大程度地发挥。

在系统观视角战略协同的研究过程中,鉴于协同参与主体的多元以及协同过程的动态性、复杂性,商业生态系统协同的研究成为考量协同主体间相互联系的重要趋势,逐渐引起了学界的关注[①]。通过借鉴自然界生态系统多样性以及共生和演化的规律,强调相互依赖和共生共赢,系统协同的研究从以往侧重于要素组合和资源共享问题的静态结构分析,发展到强调协同主体之间交互作用的演化分析,形成由具有互补性、彼此之间存在共生关系、产生共生效应的各类主体组成的商业生态系统协同网络[②]。该网络是一个可识别的多重联系和多重结构的系统,强调非线性的复杂、动态和自适应性,通过互利共存、优势互补而形成的具有共同利益和目标的利益共同体。系统特征在于协同主体间在结构、规模、技术水平、运作方式

---

① Adner R, Kapoor R. Innovation ecosystems and the pace of substitution: Re-examining technology S-curves[J]. Strategic Management Journal, 2016, 37(4):625-648.
② 吴金希. 创新生态体系的内涵、特征及其政策含义[J]. 科学学研究, 2014, 32(1):44-51.

和理念等方面存在相互适应性,而这种适应性可被视为协同主体获得竞争优势的能力,是组织和系统健康发展的潜能所在[1]。

此外,商业生态系统协同主体之间不仅存在竞争、互补或合作的关系,更重要的是系统内组织之间以及组织与其所处环境之间的相互影响、互动进化的关系,强调生态系统内组织在相互作用以及与外界交互的过程中达到共生和协同演化的结果[2]。因此,在这种意义上,组织获取商业生态系统的协同效应虽然是生态系统协同形成的根本原因,但其动力源泉在于通过生态系统改变自身的生存环境,并与其他主体形成共同生存和协同演化的"命运共同体"[3]。

由此可见,商业生态系统协同是指协同主体和协同环境因参与协同的要素和资源的流动而相互作用、进化、依存,从而形成具有生态系统特征的网络协同系统。在这样的系统中进行战略协同,会出现同样的投入产生明显不同的结果的现象,系统效应绝非个体成员投入的简单相加[4]。因此,为获取最大化的协同效应,商业生态系统应自行设计一套有效的管理规则、结构或秩序,并由每个参与主体向系统其他成员提供其核心资源和功能,形成一个互动协同与资源共享的活动集合,为产生协同效应创造条件[5]。

1.1.4 战略协同理论的演进特征

(1) 从静态协同到动态协同的发展演进

静态协同是来自同一时点上企业不同战略要素之间的组合,这种组合可以使资产的使用更有效果。而动态协同则是将不同时点的战略要素组合起来,这种组合可以为企业未来更有效率地积累隐形资产。相对于企业的资产使用,资产积累主要是为未来资源的使用奠定基础,并对未来战略的制定产生影响。

安索夫从投资收益率的公式 $ROI=(S-O)/I$ 出发,根据公式中的元素将协同分为销售协同、运营协同、投资协同和管理协同四种类型[6]。其中,前三种类型

---

[1] Fath B D, Grant W E. Ecosystems as evolutionary complex systems: Network analysis of fitness models[J]. Environmental Modelling & Software, 2007, 22(5):693-700.

[2] 邹晓东,王凯. 区域创新生态系统情境下的产学知识协同创新:现实问题、理论背景与研究议题[J]. 浙江大学学报(人文社会科学版),2016,46(6):5-18.

[3] 范建平,李景峰,梁嘉骅,等. 基于企业生态系统协同演化的管理研究[J]. 经济管理,2009,31(6):168-172.

[4] Gobble M A M. Charting the Innovation Ecosystem[J]. Research Technology Management, 2014, 57(4):55-59.

[5] 苏乐天,杜栋. 协同管理研究综述与展望[J]. 科技管理研究,2015(24):198-202.

[6] Ansoff H I. Corporate Strategy[M]. New York: John Wiley and Sons, 1965.

的协同可以使企业产生规模经济,从而带来协同效益,例如,通过提高设备使用率、共用销售人员或统一订货手段,有可能使协同的企业实现较高的销售收入和/或较低的运营成本;最后一种管理协同主要表现为企业管理者将积累的知识和经验应用于其他新的企业,有可能使该新企业的管理和决策得到改善。此外,安索夫还依据进入一个新的产品市场需要经过两个阶段,将战略协同分为起步协同和运营协同,并认为起步协同效应在时间领先和拥有必备的业务知识两个方面都可能有所体现,而运营协同效应则只限于销售管理和日常管理这两个职能领域内。由此可见,安索夫不管按类型还是按阶段区分的战略协同,都体现了同一时点上不同战略要素间的组合,故而应视为对现有资源有效使用的静态协同。

然而,随着企业面临的外部环境日益动荡和复杂,战略协同除表现为同一时点上不同要素的组合外,还更多地呈现为不同时点上两个或多个要素的组合。因此,原有那些从企业日常管理、业务结构、投资体系等有形资源角度来静态解析企业战略的观点逐渐显露出许多不足,从而需要探索一种动态的、能长期保持资源匹配的方法来剖析企业战略协同的发展过程。伊丹广之认为动态协同之所以重要,主要有两个原因:其一,只有通过动态协同效应,才能使隐形资产在比较长的时间里得以有效地积累和应用,并使企业拥有主动适应环境变化所需的资源;其二,两种产品或市场之间的动态协同效应也使金融资源等动态互补效应的实现变得简单。因此,为了产生动态协同效应,企业应该尽量选择那些可以创造隐形资产的业务进行发展,带着动态协同的意识去设计战略,并尽自己的最大努力去发展隐形资产。同时,动态协同战略要有整体演进意识,精心设计各种协同的操作时间、先后次序及实施步骤,从而保证其动态平衡和持续发展[①]。

战略协同从静态向动态的发展演进体现了企业除了对现有资源使用的关注外,还需重视对资源的有效积累,只有这样,才能满足现在战略和未来战略对资源、技能或竞争能力的需求,而这种资源、技能或竞争能力的效用在内部的传播和延伸是企业在动荡不定的经营环境中持续发展的支撑所在。

(2) 从内部协同向外部协同的发展演进

战略协同提出之初主要是为企业实行多元化经营、并购、重组等决策提供理论基础,因此,企业内部协同成为战略管理研究者们的关注点。内部协同是指企业系统中的业务单元、资源、文化等方面战略层面上的相互协调、配合。例如,安索夫强调企业管理者们要实施战略协同,首先要分析在生产、销售、管理等不同业务单元之间产生协同的可能性,然后再把这种可能性与企业自身各方面的资源和技能进

---

① 伊丹广之.启动隐形资产[M].北京:中国审计出版社,1992.

行对比分析①。Porter将企业价值链中的各项业务单元分为两类,即主体业务单元(导入型后勤、运营、输出型后勤、市场营销和销售、服务)和辅助业务单元(基础设施、人力资源管理、技术开发、采购),然后就这些业务单元的战略协同,或者说是业务单元间共享是如何产生竞争优势的,并且对与此相关的成本进行了分析。Kanter探讨了集团企业内部的战略协同,她认为协同是多元化企业创造价值的唯一途径,要保证这种创造价值的方式有效实施,下属企业间必须在业务上具有足够的相关性,并且要营造有利于协同的企业文化②。

随着全球化的深入发展、技术变革的日新月异以及竞争环境的日趋复杂,为降低经营风险与成本、吸收外部资源、获得更大的竞争优势,企业战略协同的活动也开始发生变化,呈现出从企业内走向企业外、从区域性走向全球化的趋势。Buzzell和Gale认为协同的目的不是向单个的企业进行投资,而应是发展结构合理的企业群,以便能够通过协同效应创造出远高于投资成本的收益,并为股东带来持久的价值③。为了实现这一目的,企业管理者必须研究适用于企业群的战略协同,而不是仅考虑个别企业。Badaracco从战略联盟的视角来探讨协同,他认为快速变化的节奏和层出不穷的技术创新使企业很难完全依靠自己的力量来建立所有必需的能力,而战略联盟以及其他类似的组织形式可以帮助企业获得新的能力或是学习新的技能,比如进入新市场的机会、超过企业财务承受能力的研究开发项目以及对新知识的学习等④。Bartlett和Ghoshal则认为不断变化的国际竞争环境给跨国企业带来的压力与日俱增,这种情况迫使它们去尝试不同的方法来开发全球化业务中存在的机会⑤。为了保持竞争力,它们不得不从国内和全球两个层面上开展战略协同,从而挖掘自己在资源、技能和知识方面的潜力。

在系统观的思维下,外部协同主体的范围不断扩大,由原来的不同企业间的协同发展为企业同系统内所有相关主体的商业生态系统协同。这些协同主体由具有一定利益关系的企业、政府、中介机构、客户、金融机构、高校、科研机构、竞争者等组成,他们相互作用而形成高度自组织、动态结构的协同系统。随着时间的推移,这些协同主体的生态位虽然可以发生动态改变,但是他们能自发、自主地进行系统

---

① Ansoff H I. Corporate Strategy[M]. New York: John Wiley and Sons, 1965.
② Kanter R M. When Giants Learn to Dance[M]. New York: Simon and Schuster, 1989.
③ Buzzell R D, Gale B. The PIMS Principles: Linking Strategy to Performance[M]. New York: Free Press, 1987.
④ Badaracco J L. The knowledge link[M]. Boston: Harvard Business School Press, 1991.
⑤ Bartlett C, Ghoshal S. Organizing for Worldwide Effectiveness: The Transnational Solution[J]. California Management Review, 1988, 31(1):54-74.

内物质和能量的转化循环,朝着共同的方向前进,发挥着互为支持的协同供给[1]。虽然战略协同呈现从内部向外部的发展演进,但组织内外部协同并不能完全隔离开,内部协同是外部协同发展的基础,而外部协同则是内部协同发展的保障,两者相辅相成,缺一不可。因此,组织在发展中应强调内部协同与外部协同在战略层面上的一致性,只有这样才能保证组织战略协同的有效实施。

战略协同自提出以来,理论上的日趋深化成为战略管理领域经久不衰的研究热点,在实践中也为后工业化时代的企业及其他类型组织提供可持续发展的思想指导。世界水谷与海外中国属于战略协同思想在复杂"水"问题和"国际化"问题上的有力实践,也是通过实操经验的总结对战略协同理论开展的应用创新。

1.2 世界水谷解读

世界水谷起源于河海大学,诞生于中国南京将军山与牛首山之谷,孕育文明、凝聚智慧、激发创新。世界水谷以"水"为核心元素,以战略协同为理论指导,通过"政产学研金文"协同创新的基本模式集聚高端要素、汇积高质主体,以"智库、论坛、书院、三创"四轮驱动为发展模式,立足江苏、面向全国、辐射海外,打造世界性水文化创意创新创业中心。

1.2.1 世界水谷的缘起

(1) 世界水谷的建设背景

① "水危机"严重影响人类社会的存续与发展

水,是人类生存不可或缺的生命元素,是国家和地区发展的生命线,是古今中外历代治国领袖高度关注的重中之重。从全球范围来看,随着时空变迁、气候变化,水问题变得愈加复杂多变,水资源紧缺、水灾害频发、水污染严重、水环境恶化以及干旱和暴雨等现实问题给人类的存续带来极大威胁。如何应对复杂环境下的"水危机",全人类必须携手共克时艰。

世界经济论坛将水危机定义为"淡水质量与数量显著下降,从而对人类健康和经济活动产生有害影响"。从2012年起,水危机被公认为全球影响最严重的五大危机之一。水问题的严重程度触目惊心:地球上的淡水占总水量的2.5%,而只有不到1%的淡水可以被人类直接利用。由于人口增长、经济发展和消费方式转变

---

[1] 张浩,崔丽,侯汉坡.基于协同学的企业战略协同机制的理论内涵[J].北京工商大学学报(社会科学版),2011,26(1):69-75.

等因素,全球对水资源的需求正在以每年1%的速度增长,而这一速度在未来二十年还将大幅加快。目前,约有36亿人口,相当于将近一半的全球人口居住在缺水地区,也就是说一年中至少有一个月的缺水时间,而这一人口数量到2050年可能增长到48亿至57亿之多①。最新的一项对全球189个国家的水资源情况、干旱及洪水风险的调查显示,全球17个国家,近1/4的人口处于"极度缺水"状态,并且这一状态随着气候变化正不断加剧。水资源压力无人问津是个重大危机,将直接关乎粮食安全、地区冲突、移民问题和金融稳定。当用水需求与供应基本持平时,小范围的干旱也将导致悲惨的后果②。无疑,应对"水危机"刻不容缓。

②"水资源"是中国腾飞的坚实保障

我国已被列为世界上十三个贫水国之一,人均占有水资源量仅为2 200立方米,人均水资源占有量仅为世界平均水平的28%,排在一百位之后;近2/3城市不同程度缺水;27.2%的河段水质、67.8%的湖泊水质为三类以下,无法饮用;全国约30万平方公里地下水超采;全国缺水量达500多亿立方米③……同时,我国的用水水平同样堪忧,我国单方水GDP产出仅为世界平均水平的1/3,农业灌溉水有效利用系数为0.51,而发达国家普遍超过0.7;工业水重复利用率约为50%—60%,而发达国家为75%—85%④;生活用水节水器具的使用率也普遍偏低于英德等国家。总体而言,中国面临着洪涝灾害频繁、水安全保障程度低、水资源供需矛盾突出、水资源开发利用率低、水质危机大于水量危机等复杂问题⑤,当前的水资源条件不但无法满足我国作为世界第二大经济体的健康发展,更难以承载世界第一人口大国的稳定安全。妥善地解决水问题是中国腾飞的关键所在⑥。

水管理方面,党和国家不遗余力确保水安全。我国自古以来便有国家重视兴修水利的传统,大禹治水、秦始皇修建灵渠、都江堰等。新中国成立以来我国更是将水资源安全放在了国家建设的重中之重。1988年《水法》的颁布标志着水战略上升到法制化的高度。2009年我国提出的《关于实行最严格水资源管理制度的意见》,标志着以"三条红线""水十条"等为代表的水安全要求有章可循。时至今日,

---

① 郭炘蔚.联合国报告:2050年全球将有50多亿人面临缺水[EB/OL].2018-03-21.http://news.eastday.com/w/20180321/u1ai11307180.html.
② 卞磊.全球再次响起"水警报"1/4人口遭受资源极度紧缺危机[EB/OL].2019-08-13.https://mil.chinanews.com/gj/2019/08-13/8924832.shtml.
③ 文静,王宇,熊争艳.重塑中国"水战略"——中国水安全形势调查[EB/OL].2016-01-19.http://www.xinhuanet.com/politics/2016-01/19/c_1117819822.htm.
④ 陈开琦.我国水资源安全法律问题研究[J].天府新论,2012(06):75-82.
⑤ 王腊春,史运良,曾春芬,等.水资源学[M].南京:东南大学出版社,2014.
⑥ 王金霞.资源节约型社会建设中的水资源管理问题[J].中国科学院院刊,2012,27(04):447-454.

我国治水的主要矛盾已转变为人民群众对水资源水生态水环境的需求与水利行业监管能力不足的矛盾,按照"水利工程补短板、水利行业强监管"的水利工作总基调,加快转变治水思路和方式,把坚持节水优先、强化水资源管理贯穿于治水的全过程,融入经济社会发展和生态文明建设的各方面,不断提高国家水安全保障能力,以水资源的可持续利用促进经济社会可持续发展。

水经济方面,扣住水资源安全与发展的牛鼻子是推进国家经济发展的关键所在。2016年9月随着《长江经济带发展规划纲要》的正式印发,我国确立了长江经济带"一轴、两翼、三极、多点"的发展新格局:以长江黄金水道为依托,发挥上海、武汉、重庆的核心作用,推动经济由沿海溯江而上梯度发展。2018年11月,中共中央、国务院明确要求充分发挥长江经济带横跨东中西三大板块的区位优势,以共抓大保护、不搞大开发为导向,以生态优先、绿色发展为引领,依托长江黄金水道,推动长江上中下游地区协调发展和沿江地区高质量发展。2014年,深圳市政府工作报告提出"打造湾区经济",2016年3月,《中华人民共和国国民经济和社会发展第十三个五年规划纲要》正式发布,明确提出"支持港澳在泛珠三角区域合作中发挥重要作用,推动粤港澳大湾区和跨省区重大合作平台建设"。2019年2月18日,中共中央、国务院印发《粤港澳大湾区发展规划纲要》。按照规划纲要,粤港澳大湾区不仅要建成充满活力的世界级城市群、国际科技创新中心、"一带一路"建设的重要支撑、内地与港澳深度合作示范区,还要打造成宜居宜业宜游的优质生活圈,成为高质量发展的典范。以香港、澳门、广州、深圳四大中心城市作为区域发展的核心引擎。

水文化方面,逐步突出水在塑造社会文化方面的核心角色。中国的水文化源远流长,京杭、隋唐和浙东大运河更是其中瑰宝。随着2014年6月中国大运河申遗成功,习近平总书记对此作出重要批示"保护好、传承好、利用好"大运河文化遗产是运河沿线所有地区之责。2019年2月印发《大运河文化保护传承利用规划》更是把大运河建设提升为国家战略。这一举措极大调动了沿线各地党委、政府和广大干部群众保护传承利用大运河文化的积极性。大运河沿线8省市都成立了大运河文化带建设专项工作组,由省(市)委书记或省(市)长担任组长;沿线省市县(区)制定了各自的大运河保护建设实施规划和行动计划,有力推进了大运河文化带建设,古老的运河正在展现喜人的新姿。

③ 思想、体制、技术的全面创新是解决水问题的必由之路

随着水问题从传统的洪涝与干旱,转变为水资源、水灾害、水环境、水生态、水土流失等复杂问题,中国治水包含了越来越丰富的内容。解决水问题面临着财政能力不足、专业知识缺乏、管理水平滞后、公众参与不足等多个层面的限制,客观要

求从全局性、复杂性出发改变传统治水思路、管理体制、实施模式、科学技术等[①],开展全面而系统的创新成为必由之路。

思想上,时至今日以"人类"为中心的思维始终占据主流。人们普遍存在"水取之不尽,用之不竭"的传统认识,"自来水"掩盖了水的稀缺性与资源性特征,进而误导了我们与水之间的相处方式。这就要求从思想上改变人与水资源、人与自然关系的认识,从忽视水转向尊重水,从无节制地向大自然索取转向人与自然和谐共处,从人水互斥、人水冲突走向人水共处、人水和谐。由此,树立全面系统的治水思路就显得尤为重要,一方面认清水的复杂性和系统性,把水问题治理与区域内社会经济发展、产业结构调整、基础设施建设、体制机制创新等紧密结合并共同谋划,统筹兼顾、综合治理;另一方面认清治水活动的长期性和艰巨性,以区域(流域)为整体,工程和非工程措施并举,统筹制定治理规划,分阶段实施抓住重点,以治本为主,标本兼治,系统治理、源头治理,精准施策[②]。遵循习总书记所提出的"节水优先、空间均衡、系统治理、两手发力"的新时代治水思想,不断发展创新、落到实处。

体制上,水危机看似是资源危机,实则为治理危机,是治水体制长期滞后于治水需求的累积结果[③]。水治理体制上的不完善和不健全,导致了不适当的管制激励和不合理的资源分配,形成水的"劣治"[④]。表现为水管理权责不明、条块分割、多龙治水,水分配市场失控、政府失灵和产权失效,水法制制度不完善、体系不健全、水价制度不适用等。这就要求治水体制机制上开拓创新,包括水资源一体化管理、水资源民主协商机制、流域生态补偿机制、水利基建融资体系、水行业战略联盟机制、"政府—市场—社会"三元治理体系、水权市场建设机制等多方面的不断探索。

科技上,科学技术始终是解决水问题的第一要义。每一次科技革命都昭示着更大规模的水利工程、更富创造力的水治理方案、更为广泛的受益人群以及更为复杂的利害关系,如何利用好昌明的科学技术带动水领域的突破与发展,让科学技术更有利于改善人水关系,同样是未来无法忽视的关键问题。随着全社会迈入第四次工业革命,以物联网、人工智能、新材料、量子技术等为代表的新科技,势必将水治理技术水平提升到前所未有的高度。世界经济论坛列举了若干技术应对水危机的突破方向,包括运用区块链改善水资源管理,促进信息透明和反腐;基于物联网(IoT)和人工智能(AI)技术与商业模式创新,搭建分散式的水资源再利用系统;运

---

① 时金松. 浅谈"水害"与"水利"[J]. 中国集体经济,2014(29):59-65.
② 孙金华,王思如,朱乾德,李明,陈静. 水问题及其治理模式的发展与启示[J]. 水科学进展,2018,29(05):607-613.
③ 王亚华. 中国治水转型:背景、挑战与前瞻[J]. 水利发展研究,2007(09):4-9.
④ 胡鞍钢. 探索中国水治理之道[J]. 河北水利,2015(10):14+23.

用石墨烯等新材料净化海水,促使干旱地区转型;通过传感器和无线网络加强卫生与节水器材的数字化、智能化,促进水资源高效利用和减少污染等。

(2)世界水谷发展历程

2009年夏,澳大利亚黄金海岸边的一场头脑风暴激发了世界水谷的诞生。"世界水谷"创始人张阳教授、联合创始人黄德春教授与深圳湾游艇会董事长刘德辉先生,关于全球越发复杂的水问题、河海大学作为水行业最高学府的价值实现以及硅谷对于水行业未来的启发展开了热烈的讨论。张阳教授创造性地提出:"水问题不只是水资源的问题,更是人的问题,需要协同好技术手段、管理手段、产业手段、经济手段。借鉴美国硅谷和中国光谷的发展模式,以河海大学为坚强后盾,建设以水为核心元素的世界水谷,大有可为。"

2010年底,河海大学牵头以《关于建设南京国际生态水利科技产业城暨世界水谷的建议》为题,在江苏省"两会"期间向省政协提出提案。提案指出,一个城市的发展,必须要有多个独特的引领性产业和支撑这个产业健康发展的人才、科技优势。通过建设与发展世界水谷,建成集水产业、水科教、水生态、水文化于一体的国际生态水利科技产业城,成为促进南京发展的新动力,生态提升的新品牌,文化兴城的新名片。

2011年,河海大学启动世界水谷全球总部规划,规划面积12—15平方千米。规划提出建设世界水谷的设想,以"水"为核心元素,形成研发集聚、教育集聚、资本集聚、创业集聚、产业集聚五大集聚,建设产业研发区、水业发展区、教育科研区、水文化博览区四大功能。

2012年,筹划河海大学水科技园建设,一期占地5.33万平方米,二期规划占地8万平方米,总建筑面积30万平方米。该园以水资源利用、水资源合理配置等研发为主导产业,利用河海大学水资源科教优势,建成水科技产业发展孵化器、水科技成果转化集聚地、水科技创新人才集聚地,打造世界水谷。2012年年底,科技园在江东软件城内的河海水资源研究中心(又名南京河海科技有限公司)科技研发大厦建成。该中心是以河海大学为技术依托,联合中国长江三峡工程开发总公司共同组建的国家级研究中心,是国家发改委在"水"方面批复建设的唯一国家级科技创新平台。

2014年,江苏省高校协同创新中心——"世界水谷"与水生态文明协同创新中心获批。"世界水谷"与水生态文明协同创新中心驱动涉水人才、科技、创业、金融、产业、文化等诸多高端要素集聚,对提升涉水要素协同创新,抢占全球新的治水制高点都将发挥着重要作用,为进一步形成世界水谷文化、确定涉水领域"话语权"、打造国家级智库,推进世界水谷实体落地奠定智慧基础。同期,为加强不同领域的交流合作,开创了"世界水谷"论坛。

2015年,首届"世界水谷"论坛在南京举办,会间成立了世界水谷老挝分谷,世界水谷开始布局海外分支。

2016年,第二届"世界水谷"论坛在四川阿坝举办,促成阿坝州政府与河海大学、水电水利规划设计总院开展州校(院)合作,推进水生态综合治理实践落地。同年10月,世界水谷研究院成立,为组织化、专业化推进世界水谷事业迈出坚实一步。

2017年,第三届"世界水谷"论坛在广东深圳举行。同年,"世界水谷"与水生态文明协同创新中心获得滚动资助,在建设世界水谷的实践中,不断总结提炼经验,提出以战略协同为理论指导,"政产学研金文"协同创新为基本模式,"智库、论坛、书院、三创"四轮驱动为发展模式的世界水谷体系。

2018年,在老挝万象成功举办第四届"世界水谷"论坛,海外水谷从有名到有实,开启海外合作元年。

1.2.2 世界水谷的内涵

(1) 世界水谷词源解读

古往今来曰"世",世在辞海中指时代,是时间维度上的发展延续。上下四方曰"界",界在辞海中指地域的间隔处,是空间维度上的边界拓展。"上善若水",语出老子《道德经》第八章:"上善若水,水善利万物而不争,处众人之所恶,故几于道。"水指至高的品性,滋养容纳万物而与人无争。"上德若谷",出自老子《道德经》第四十一章:"上德若谷,大白若辱,广德若不足,建德若偷,质真若渝。"谷指最高的道德,上仗大山之气象,下涌潺潺之流水,有川谷,才有山水,才有天下,才有情操与襟怀。"水谷"一词最早见于"凌山阮不待钩梯,历水谷不须舟",是指将士们行军时跨越山林沟壑不要钩索和扶梯助力,经过山间河溪无须舟船竹排助行。其中"水谷"即"狭长的山间河水溪流",并进一步延伸为"事物向某一地带汇聚、集聚"的万物之道之意。另外,秦代有一座城名为"谷城",故址在今山东省平阴县西南,属春秋齐地,位于齐国西境,是当时的交通兵塞要地,也是当时相邻各国经常汇聚激战交锋之地。这也说明"谷"字不仅含有事物"汇聚、集聚"的意蕴,更有"要害、关键"之意,而使得众人皆欲取之或关注之。

(2) 世界水谷的内涵解析

世界水谷是以"水"为核心元素,通过研发集聚、教育集聚、资本集聚、创业集聚、产业集聚以及社会服务保障体系的构建,汇聚世界知名的水利教育单位、顶级水科研机构、全球高端治水英才、高端水产业集群和金融实体进入,形成国家级、世界性、开放式的教育、人才、研发为一体的高端水事活动中心与水产业谷地,融教育、科研创新、技术开发、产业、国际合作、公众教育和居住为一体的现代生态水利科教城。

世界水谷以水为名,其文化根基是中国传统水文化。首先,世界水谷体现了水奉献万物而不求索取的文化根基。老子《道德经》中说"上善若水",水被赋予人性化的品质,达到臻于至善的道德化境。世界水谷集聚水科技创新驱动,同时发挥水人才优势,建成创新创业人才培养基地,进一步以"水"的灵动与活力映射智者的创新创造力,积极响应国家战略,蓄势而动,理性定位并谋求科学发展,方可水滴石穿、以柔克刚,这正是中国传统文化中庸之道、厚积薄发的价值观体现。水中还有着坚韧与包容。孟子曰:"原泉混混,不舍昼夜,盈科而后进,放乎四海。有本者如是,是之取尔。""有本者"就如有源之水,选择自我认同的目标,保有"不竭"之本,继而勤勉不辍,发展自身。世界水谷致力于聚集全球涉水研发机构、教育单位、治水精英共同研究水科学、解决水难题、应对水危机,这深刻寄托"心怀天下"的社会理想和高远眼界。

世界水谷奉行民生和谐的水行业宗旨。这里的水行业是包括水文研究、水利工程、水生态建设、水资源管理、水文化开发等所有涉"水"的行业圈。充分尊重"水"的自然规律,发挥科学研究的主观能动,履行除水害、兴水利的神圣职责,最大限度地发挥水的有利性、限制水的危害性;水利事业在乎"造福民生",作为深化水利体制创新的标志性平台,世界水谷激发广大涉水事业参与者的创新热情,形成多主体协同创新的机构集群。在此基础上,由"水谷、水城、水都"融合而成的世界水谷将水谷建设与地区的城市(镇)化建设、当地自然景观建设和谐统一,通过融入水科技、水教育、水产业、水文化等水元素,推进知行合一。

1.2.3 世界水谷的总体定位和战略体系

(1) 世界水谷总体定位

世界水谷的概念就是要在一定城市范围内形成教学、科研、水产业、水文化、资金、政府机构相结合的水利科技园区,其总体定位如下:

第一,强化牵头高校在水领域的人才培养和科技创新的优势。水是生命之源、生态之基、生产之要,但是水多、水少、水脏、水混是限制人类发展的大问题,水问题的核心是管理。河海大学是一所拥有百年办学历史、以水利为特色、工科为主、多学科协调发展的教育部直属全国重点大学,是实施国家"211工程"重点建设、国家优势学科创新平台建设、一流学科建设以及设立研究生院的高校。一百多年来,河海大学在治水兴邦的奋斗历程中发展壮大,被誉为"水利高层次创新创业人才培养的摇篮和水利科技创新的重要基地",因此坚持以河海大学为核心,牵头推进世界水谷建设,优势突出,符合现实需要。

第二，打造具有"高端要素集聚、高质主体汇积"的世界水谷品牌。河孕育文明，海凝聚智慧。世界水谷起源于河海大学，以"水"为核心，借鉴美国硅谷等世界上先进园区的成功经验，致力于开展"政产学研金文"协同，高端要素集聚、高质主体汇积，立足江苏、面向全国、辐射海外。其中强调"政产学研金文"多主体多要素间的协同一体，缺一不可。

第三，形成具有鲜明水特色的高端智库。世界水谷秉承"上善若水、善利万物"的价值观，牢牢把握"绿水青山就是金山银山"的生态文明理念，紧密围绕国家水战略和江苏"两聚一高"、水生态文明战略，依托一流水利大学、科研机构和企业，集聚人才、研发、资本、产业、文化等要素，开展创新创业，建设协同创新体，形成世界水谷文化和创意创新基地，打造水特色高端智库，实现水的价值提升。

（2）世界水谷战略体系

为促进世界水谷的切实落地，保障多主体、多要素的战略协同，避免协同陷阱，世界水谷搭建起完整的战略体系指导实践。具体而言，以"世界智库，三创天地"为战略愿景擘画远景方向，以"学术研究、政府智囊、服务社会"为战略目标引导世界水谷不断前行，以"河孕育文明，海凝聚智慧"为战略使命着力文化传承与智慧创新，以"上善若水，上德若谷"为战略价值指明世界水谷的价值取向，以"知行合一，经世致用"为战略路径描绘实操性的路线图，以"水为核心，协同创新"为战略模式保障实践有效落地。

① 世界水谷战略愿景——世界智库，三创天地

战略愿景是对未来的一种憧憬和期望，是组织努力经营想要达到的长期目标。战略愿景是要解决"我们希望成为什么"的问题。世界水谷建设之本是运用好河海大学水特色院校的智慧力量，服务全球水问题。以此为基础，世界水谷的战略愿景是打造世界级的高端智库，成为全球范围内水领域的智力高峰和由智力驱动的水创意、创新、创业的"三创"高地。

② 世界水谷战略目标——学术研究，政府智囊，服务社会

世界水谷以"学术研究、政府智囊、服务社会"为目标，致力于研究水安全、水资源、水环境、水生态与社会经济发展的重大理论和实践问题，为政府、企业和社会提供智力支撑。具体包括：人才目标，培养一支稳定的专门人才队伍，汇聚"一带一路"水协同创新精英，形成高水平创新团队群；科学研究目标，面向国家和全球水战略发展重大需求，在战略和管控、创新教育和科技研发、"金融、产业和文化"及示范应用方面承担更多的重大科研项目，进一步提升对水生态文明建设的服务水平和质量；学科目标，将工商管理培育为中国一流、国际知名学科，力争在水领域若干方向和领域达到世界知名；国际合作目标，协同管理学会国际联盟（IFSAM）、东亚管

理学会国际联盟(IFEAMA)等国际学术组织,建设世界水谷全球网络;社会服务与贡献目标,建设南京世界水谷总部,形成具有国际、国家、省部及行业有影响力的决策咨询基地和总部经济,建成水文化老子学院、世界水谷书院、水创意园,提出对接"一带一路"沿线国家的水问题解决方案。

③ 世界水谷战略使命——河孕育文明,海凝聚智慧

"河孕育文明,海凝聚智慧"是世界水谷的战略使命,继承发扬河海的意志是世界水谷存在的理由。以河海大学为根基,以河流自比,孕育传承水文明水文化为己任,以海洋自喻,凝聚水领域各方的智慧为指向,推进世界水谷事业不断前行。

④ 世界水谷战略价值——上善若水,上德若谷

"上善若水,上德若谷"是世界水谷战略价值的精华所在。上善若水取自"上善若水,水善利万物而不争,处众人之所恶,故几于道"。"水"是世界水谷的精神内核,以水的利他、谦逊、包容、无私为价值观,指导世界水谷内广泛的主体要素实现战略协同。上德若谷取自"上德若谷,大白若辱,广德若不足,建德若偷,质真若渝"。"谷"是世界水谷的精神归宿,继承谷的包容、豁达、内敛、求真的美德,指导世界水谷建设成为求同存异、融贯东西的智慧协同体。

⑤ 世界水谷战略路径——知行合一,经世致用

"治水兴邦,造福人民"是世界水谷的初心,探究水问题、破解水难题是人类刻不容缓的诉求。世界水谷始终秉持"知行合一,经世致用"原则指导战略落实。"知行合一",强调尊重科学,遵循客观规律应对实际问题,理论绝不能脱离实践;还强调尊重良知,激发广大人民共同为人水和谐做出努力。"经世致用",强调"实干兴邦、空谈误国"的务实精神,世界水谷始终以国家兴盛和人民福祉为己任,为中国和世界的发展做出实质贡献。

⑥ 世界水谷战略模式——水为核心,协同创新

世界水谷源于水、师从于水、建功立业于水,水始终是世界水谷的发展核心和精神内核。围绕人水和谐的终极目标,世界水谷协同多方力量、多维目标、多种要素,以科学创新、技术创新、管理创新、思维创新等全方位创新为模式,在继承传统哲学和科学精神的基础上,不断探索向前,为水领域的可持续发展做出贡献。

1.2.4 世界水谷的建设与运行

(1) 世界水谷的建设主体

建设世界水谷的历史价值和现实意义是毋庸置疑的,建设好世界水谷需要国家和地方各级政府的高度重视及其相关方面的大力支持和积极参与。其中,明确建设的主体至关重要。我们认为,建设世界水谷需要依靠"政产学研金文"多主体

的共同参与,表现为政府主导、产学研协同创新、金融推动、文化指引。

(2) 世界水谷运行模式

世界水谷按照相对独立的实体运行模式运行,打造各协同单位共商共建共享的改革特区。以世界水谷中心为载体,实现人、财、物的相对独立运行管理,整合与共享现有资源,建立科学合理的成果共享与利益分配机制,保障中心与协同单位相互促进、协调发展。运行与管理的基本组织形式为:创新中心—创新平台—创新团队。重大事项决策由建设管理委员会工作会议决定,建设管理委员会实行例会制。建设管理委员会全体会议的决议采取少数服从多数的原则,实行表决制。

学术方面,重大学术决策前由专家咨询委员会提出咨询意见,专家咨询委员会以会议形式开展工作。

日常工作由中心主任全面负责,建设管理委员会的各项决议由中心主任负责组织落实。中心设立的若干创新平台,实行团队负责人负责制,开展科学研究、人才培养和社会服务,实现人才、学科与科研三位一体。中心的创新任务和创新人才培养任务由创新团队负责实施。

资金财务方面,经费筹措和使用管理遵循"稳定支持、分类管理、追踪问效、单独核算、专款专用"的原则,经费由国家教育经费、国家科技经费、省财政专项经费、高校自筹经费等途径筹集,用于中心的建设、运营和发展,并遵守国家有关财务规章制度。

(3) 世界水谷的选址原则

选择好世界水谷的谷址,对建设好国家级的水科学研究基地和世界性的水事活动交流中心至关重要。鉴于世界水谷的本质特性,其谷址的选择应与优越的自然生态环境、深厚的历史文化底蕴、全面的科技政策和扎实的水科教研发基础结合起来,综合考虑才能产生独特的效果。通过理论分析和实地考察,世界水谷的选址应把握以下四项原则:

第一,自然生态环境优美。优美的自然生态环境是建设世界水谷的基础条件。一方面,它既可以为世界水谷的科学研究提供充足的实验对象,又可以为专家学者、工作人员创造良好的生活环境。另一方面,将水谷的建设与当地依山傍水的自然环境结合起来,并通过水科技、水教育、水产业、水文化的集聚,还可以使世界水谷的称谓实至名归。因此,世界水谷的谷址应优先选择在交通便利的城郊村镇、水源丰富的山丘地带。这样,有利于世界水谷的整体规划、合理布局及快速发展。

第二,历史文化底蕴深厚。深厚的历史文化底蕴不仅能够彰显地区的特色,展示地区的文化内涵,同时也表明该地区在文化保护、环境综合治理等方面的成效。世界水谷中的两大主要区域,即教育科研区和水文化博览区,具有鲜明的文化个性和丰富的文化内涵。如果将世界水谷的谷址与底蕴深厚的地区文化有机地结合起来,将水文化的特色融入地区文化之中,这不仅可以彰显世界水谷的鲜明特色,而且还能够丰富地区文化的个性发展,形成地区文化的特色品牌,提高地区文化的知名度和国际影响力。

第三,科技创新政策全面。世界水谷的建设与发展离不开科技创新政策的支持。《国家"十二五"科学和技术发展规划》对我国科技发展和自主创新的战略任务进行了全面部署。建设世界水谷不仅符合国家"提高自主创新能力、建设创新型国家"和"协同创新"的要求,而且也凸显了水科技的支撑和引领作用。因此,世界水谷选择在科技工作备受重视,科技创新政策全面,规章制度配套完备的地区建设,更能保障世界水谷的健康发展,更能加快推动水科技进步和水技术创新对地方经济建设的服务。

第四,水利科教基础雄厚。科研机构和人才支撑是现代科技创新基地建设的先决条件。纵观世界闻名的高新科技产业基地,无论是美国的"硅谷"还是中国的"光谷",都是以大专院校和科研机构为基础,以科技研发和人才培养为先导,并广泛吸纳世界各地专家学者加盟建设发展的。因此,水谷谷址的选择,也只有优先考虑水利科教单位比较集中且水利科教基础条件雄厚的地区,世界水谷的建设才有基础,未来的发展才有潜力,国家级世界性开放式的水科学研究基地和交流平台才有保障。

1.3 海外中国解读

全球一体化时代,国家利益越来越多地向本国领土以外延伸,也越来越多地取决于国际环境等外部因素,海外利益成为国家利益的支点[1]。为应对更为复杂多变的外部挑战,提升我国改革开放质量,加速 GDP 向 GNP 快速转型,推进经济结构优化调整,海外中国应运而生。以战略协同为理论基础,以整合"政产学研金文"为基本模式,海外中国开拓海外空间,搭建"走出去"协同网络,促进"走出去"。中国机构从"单打独斗、天女散花"向"抱团出海、定点开花"提升,为中国外向型经济塑造新的增长点,打造了一批以海外中国为品牌的海外科技园、海外产业园、海外文化园区及海外"产城融合"。现阶段,已运用海外中国理论模式指导实践,"知行合一"地促进中国企在老挝、泰国、柬埔寨、澳大利亚等国家"落地开花"。

---

[1] 张志.关于维护和拓展中国海外利益问题的思考[J].社会科学论坛(学术研究卷),2008(12):68-71.

1.3.1 海外中国的缘起

（1）海外中国提出的背景

改革开放四十年内的光辉历程中,从"引进来"到"走出去"再到"一带一路"倡议,中国正在全球范围内崛起。在中国共产党的正确领导下,对外开放围绕国内改革重点的转移不断升级转型,从重点促进国内改革的单一目标转变为促进国内改革与推进国际制度变革并重的双重目标[①],中国已经进入了加速开拓海外利益的新时代。

2013年9月,习近平总书记在对哈萨克斯坦进行国事访问时,首次提出"丝绸之路经济带"的概念,他强调"为了使各国经济联系更加紧密、相互合作更加深入、发展空间更加广阔,我们可以用创新的合作模式,共同建设'丝绸之路经济带',以点带面,从线到片,逐步形成区域大合作"。同年10月,习总书记在印度尼西亚国会发表演讲时,又进一步提出"中国愿同东盟国家加强海上合作,使用好中国政府设立的中国-东盟海上合作基金,发展好海洋合作伙伴关系,共同建设21世纪'海上丝绸之路'"。由此形成了"一带一路"倡议。得益于"一带一路"的战略视野,中国、中亚、东南亚、南亚、西亚乃至欧洲部分区域,东牵亚太经济圈,西系欧洲经济圈,都囊括于世界上跨度最长的经济大走廊中。根据"一带一路"走向,陆上依托国际大通道,以沿线中心城市为支撑,以重点经贸产业园区为合作平台,共同打造新亚欧大陆桥、中蒙俄、中国—中亚—西亚、中国—中南半岛等国际经济合作走廊;海上以重点港口为节点,共同建设通畅安全高效的运输大通道。中巴、孟中印缅两个经济走廊与推进"一带一路"建设关联紧密,将进一步推动合作。

截至第二届"一带一路"国际合作高峰论坛,已经有125个国家与29个国际组织同中国就共建"一带一路"签署合作文件。一系列部门间合作协议覆盖政策沟通、设施联通、贸易畅通、资金融通和民心相通的"五通"各领域。统计数据显示,"一带一路"倡议提出5年来,中国同沿线国家的贸易总额超过5万亿美元,对沿线国家投资累计超过700亿美元。我国企业在"一带一路"沿线24个国家建立境外经贸合作区82家,累计投资289亿美元,入区企业3 995家,上缴东道国税费20.1亿美元,为当地创造就业岗位24.4万个。此外,中国政府还成立了建设"一带一路"领导小组,相关部门也建立了规划和工作机制,形成一套有效的支撑保障体系。"一带一路"建设是在我国构建全方位开放新格局,深度融入世界经济体系背景下提出的重大倡议,旨在促进经济要素有序自由流动、资源高效配置和市场深度融

---

① 杨雪冬.从自我改造到相互改造:对外开放40年再审视[J].浙江社会科学,2018(08):4-15+155.

合,推动沿线各国实现经济政策协调,开展更大范围、更高水平、更深层次的区域合作,共同打造开放、包容、均衡、普惠的区域经济合作架构,维护全球自由贸易体系和开放型世界经济。

  然而,面对"百年未有之大变局","一带一路"建设仍旧承受着一系列挑战[①]。其一,海外风险复杂多变,进入东道国举步维艰。沿线国家经营环境存在风险,"一带一路"涉及60多个国家,各国意识形态、经济发展阶段、社会文化存在很大的差别,主要表现出如下困境:首先,沿线许多国家对"一带一路"的建设持有矛盾心态。一方面,这些国家希望从中国得到更多的资金、技术和无偿援助,同时利用中国庞大的消费市场,将产品出口到中国;另一方面,又对中国潜在的经济主导产生抵触,特别是近年来,由于全球经济增速放缓,各种形式的民粹主义和贸易保护主义抬头,使得一些国家参与"一带一路"建设的深度和力度往往有所保留。其二,国内产业结构不合理,低端的过剩产能难以匹配"一带一路"沿线国家的市场需求。粗放型增长方式使得中国在多个行业中始终徘徊在低端、粗加工的产业层次,而在高技术含量、高附加值的产能上仍然依赖进口。以钢铁行业为例,从2001年至2016年,中国粗钢产量从1.2亿吨猛增至8.08亿吨,生产总量占世界钢铁总产量比例超过50%。按现有产量,中国钢铁行业满负荷运行可满足全世界对粗钢的需求,但是,在特种钢市场中仍旧处于追赶阶段。较为低端的产能现状使得推进"一带一路"贸易和投资缺乏后劲,更存在为自己培养同质化竞争对手的问题。其三,市场主体的国际化能力明显不足,投资风险阻碍发展提速。早在1999年,中国政府便积极鼓励符合条件的企业"走出去",2016年起中国已经成为资本净输出国,投资对象也更加广泛。但是,中国企业的海外投资和经营能力仍十分匮乏,遭遇失败的情况比比皆是,无论是上汽折戟韩国双龙、中航油期货投资失败,还是中机新能源投资危地马拉被骗又或是中铝集团收购力拓被力拓单方面毁约,中国企业离"走得出去,扎得下来"还有很长的路要走。其四,中国政府维护海外经济利益的能力仍显薄弱。虽然我国在工程建设能力、科学技术水平等硬实力上与发达国家的差距逐渐缩小,但是在法律法规、文化传播、形象宣传等软实力上仍旧受制于发达国家,这不但造成了我国与东道国间"民心相通"受阻而抑制合作,更使得中国海外经济利益安全存在不确定性。

  鉴于上述问题,需要一套适用于中国特殊情境的理论指导我国全方位地走出国门,海外中国应运而生。

[①] 曲鹏飞."一带一路"倡议与中国海外经济利益拓展及风险规避[J].行政管理改革,2019(2):76-84

(2) 海外中国的发展历程

自 1996 年,河海大学战略管理研究所成立以来,张阳教授带领研究团队始终致力于跟踪中国改革开放中企业国际化战略的发展与演变,加之在研究国际河流的实际问题时发现国际河流的问题不在水而在经济发展,其中推进企业的跨境合作成为缓解国际河流问题的有效抓手,海外中国由此诞生。具体包括三个阶段历程:

① 河海大学商学院战略管理研究所阶段(2011 年之前)

以苏东水先生的东方管理学为思想根基,以战略协同为理论基础,旨在揭示中国改革开放大潮中企业"走出去"的发展脉络,分析成败经验、解释其中机理。该阶段,重点关注跨国公司在华的发展战略、国际技术转移、跨国研发、跨文化管理等的跨国企业发展问题,呈现出"吸收外资、外企发展、技术转移"的发展景象。部分研究主题见表 1-2 所示。

表 1-2　部分研究主题

年份	主题
2007	我国对外资在华研发活动的政策梳理以及国际比较
2007	我国企业跨国经营的非市场战略要素研究
2007	跨国文化战略:中国企业跨国经营的重要竞争力
2007	跨国公司在华研发区位分布的战略特征研究
2007	跨国公司海外研发的国外研究综述
2007	跨国公司海外研发区位选择的模糊综合评价方法研究
2007	跨国公司在华研发区位分布的产业特征分析
2008	跨国公司技术转移与我国产业升级
2009	关于跨国公司的理论范畴探讨
2009	基于文化视角下的跨国公司在华本土化战略研究
2009	跨国公司进入动机变化的实证研究
2009	跨国公司研发活动的空间组织与能力研究
2009	跨国公司在华战略要素变化研究
2009	跨国公司在华研发与江苏省对策研究
2010	国际技术转移的战略对策:以江苏为例
2010	跨国研发的战略对策:以江苏为例

②江苏省决策咨询研究基地(企业国际化发展)阶段(2011年—2016年)

2011年11月,团队获批江苏省决策咨询研究基地(企业国际化发展),成为江苏省委省政府领导下的专门智库。这一阶段,团队以江苏外向型企业的发展战略为主要研究对象,深度探究中国企业融入全球市场的发展之道,论证中国改革开放"必由之路"的模式与内核。

研究认为,纵观"走出去"的江苏企业,可以发现这样一个问题,江苏企业在走出去过程中大部分都是单打独斗、独自出海。大型企业即使具有较雄厚的综合实力,在外部复杂的国际化商业环境中,也要面临巨大风险和严峻考验。相对来讲,中小规模企业抵抗国际化风险能力更弱,在海外大多折戟沉沙。此外,在"走出去"的区域上,江苏企业也较为分散,没有形成合力而缺乏集聚效应,在海外呈现"一盘散沙"的局面。同时,"江苏品牌"在海外的缺失,这里的"江苏品牌"是指整个江苏省的企业在世界的品牌和声誉。每个走出去的江苏企业都往往关注自身品牌的推广,忽略在"走出去"时,为企业自身品牌提供支持的"江苏品牌"和"中国品牌"。不仅如此,虽然在国家宏观战略指导下,政府部分及金融机构已经着手鼓励支持企业"走出去",但是某些举措尚在起步阶段,对走出去企业的助力有限。基于此,为了协同政府、企业、高校等多主体,助力"一带一路"建设,需要开展国际化模式的中国探索,"海外中国江苏"雏形初显。部分研究成果见表1-3所示。

表1-3 部分研究成果一览

立项时间	课题名称
2011	江苏企业国际化发展绩效监测研究
2012	江苏企业走出去的国际战略环境监测研究
2012	水电工程技术标准"走出去"的商业生态系统服务功能定位研究
2013	中国企业海外风险情报监测的合作治理机制研究
2013	日本技术创新模式演化及对中国的启示
2014	江苏区域自由贸易港建设研究
2014	江苏加强与上海自由贸易区对接合作研究
2014	"十三五"江苏企业走出去发展战略研究
2014	中国企业东南亚水电投资风险与防控对策
2014	企业海外风险情报合作行为研究
2015	江苏全面融入一带一路重大战略的模式、重点及路径研究
2015	"海外江苏"与江苏金融走出去

续表

立项时间	课题名称
2015	海外风险情报认知能力建构中的知识活动研究
2015	企业海外情报工作治理的理论研究
2015	中国海外水电工程的社会责任投资机制研究

③世界水谷研究院阶段(2016年至今)

随着世界水谷研究院正式成立,海外中国研究进入新阶段。这一阶段表现出两大特点:一是,研究范畴从"海外中国江苏"扩展至海外中国。以第四届"海外中国"论坛为契机,正式提出中国企业走出去的海外中国模式。提出以战略协同为理论指导,重点将江苏改革开放的经验复制到"一带一路"的多项实践中。提出了贝加尔湖北水南调中蒙俄经济带建设建议、参与澜湄水资源合作和产学研协同平台建设、助力冰上丝绸之路建设等海外中国建议。二是,实体化运营推进理论与实践结合。以"理论指导实践、实践反哺理论"为出发点,协同红豆集团、中江国际、中电建昆明院等国内知名企业,与老挝国家电力公司、安美德集团等东道国企业合作,推进西哈努克港特区、沙湾拿吉水经济区、曼谷中国智慧城等海外中国实践落地;同时,以"政产学研金文"为基本模式强化多主体多要素的战略协同,包括举办多场"海外中国"论坛开展学术与文化交流,推广 MEM、MBA 的海外教育合作,开展中老、中泰的跨境金融与专利合作等。部分研究成果见表1-4 所示。

表1-4 部分研究成果一览

时间	活动名称
	论坛
2016	第二届中国"走出去"协同网络研讨会
2017	第三届中国"走出去"协同网络国际论坛
2018	第四届"海外中国"论坛
	科研
2016	中国与湄公河流域国家环境利益共同体建设研究
2016	中国水电工程技术标准"走出去"竞争模式、治理机制与对策研究
2016	基于共生理论的澜湄区域跨境协同合作模式及其在中国老挝的应用研究
2016	"一带一路"倡议下的"海外江苏"协同模式研究
2016	"一带一路"倡议下江苏的企业国际化成长风险评估及防范机制

续表

2017	"一带一路"中面向澜湄区域的海外中国江苏跨国集团培育战略研究
2017	江苏-暹罗湾区"产学研"协同平台建设研究
2017	"一带一路"倡议背景下澜湄合作创新与风险管控
2018	基于弱信号的江苏企业"走出去"风险预警研究
2018	江苏推进"一带一路"合作园区模式升级研究——"海外中国江苏"跨国产学研协同平台建设
2019	打造有影响力的全球化企业的堵点、痛点及对策建议
2019	"一带一路"框架下江苏高质量推进境外园区建设路径与机制研究
产业		
2016	老挝沙湾拿吉水经济区
2017	爱涛文化英国中心
2018	曼谷中国智慧城
教育		
2017	河海大学老挝 MBA 班
2018	河海大学老挝博士班

1.3.2 海外中国的内涵

（1）海外中国内涵解析

海外中国泛指中国在境外的战略协同体，海外中国模式是指驱动多主体多要素在海外特定空间和战略层面实现协同集聚。表现为，"一带一路"倡议下，为满足沿线国家社会经济发展中对技术、资本、人才、项目、文化的多重需求以及我国产能合作、产业结构调整的内生发展需要，整合各界资源助力中国"走出去"和当地发展，构建中国特色海外协同体。

海外中国模式的跨境协同由政府、产业、高校、研究机构、金融、文化传媒等多主体形成合作网络，遵循政府引导、产学研协同、金融加速、文化助推，集聚人才、研发、资本、产能、文化，重点推进中国企业"抱团出海"、开展海外创意创新创业，形成以海外中国为品牌的中国海外企业集群、中国海外科技园、中国海外产业园、中国海外文化园区、中国海外产学研协同平台、中国海外城区。

（2）基于战略协同的海外中国

协同，意指两个（或多个）主体通过资源共享实现共生互长。企业进行协同的根本目的是创造价值[①]。协同学认为协同即"协调合作",研究子系统如何通过相互作用产生协同效应,并构成具有一定功能的自组织机构和复合系统[②]。Corning基于对复杂系统的分析,将其定义为自然或社会系统中两个或多个子系统、要素间通过互为依赖所形成的联合效应[③]。此后,协同被定义为"各子系统通过非线性复杂相互作用以使整体实现个体单独不能实现的效果"。许庆瑞等基于合作方式不同,将其分为战略联盟、技术转让、技术许可、委托研究、联合攻关、内部一体化、共建科研基地、人才联合培养等[④]。传统"产学研合作"则意指产业、学校、科研机构等相互配合,发挥各自优势,形成强大的研究、开发、生产一体化的先进系统并在运行过程中发挥综合优势,进而在此基础上,向"政产学研金""政产学研用""政产学研金文"等协同发展。以美国为例,作为科技工业园区模式的成功实践代表,硅谷、波士顿128号公路高技术园区等为世界所熟知,其成功主要依赖于:一流大学为依托、高科技公司群为基础、前沿的战略为导向、成熟的资本为助力以及完善的法律体系和人力资源集聚。

鉴于上述理论,海外中国可以认为是一种跨国经营层面上的产学研合作的高级形态。以建设灵活而韧性十足的集群为目标,协调"政产学研金文"六大要素,以境外园区为载体,由政府搭台提供服务与支持,企业作为建设与运营的主角,把高校、研究机构、金融机构等引入系统中,统一多方战略目标、推进资源有效整合、促进良性相互竞合,在进入海外市场、扎根海外社会、保障海外利益方面"抱团出海",打破单个主体的能力限制,形成"1+1>2"的协同效应。

(3)基于共同体的海外中国

海外中国源于共同体思想,共同体是在特定的区域中,拥有相同或相近的生活习惯、文化传统、价值追求和目标愿景,集体认同感强,社会整合度高,为了追寻某种共同利益而集合在一起的政治经济有机依存体[⑤]。海外中国与共同体的内涵相契合,即依托经济合作,在海外某一特定区域打造利益高度融合,具有鲜明中国特色的"海外小镇",实现某种程度上的"同质"与"共生"。因此,海外中国模式具有典型的共生单元特点。由于海外中国的政、产、学、研、金、文等主体是以区域为边界,

---

[①] Ansoff H I. Corporate Strategy[M]. New York: John Wiley and Sons,1965.
[②] 哈肯. 高等协同学[M]. 郭治安,译. 北京:科学出版社,1989.
[③] Corning P A. "The synergism hypothesis":On the concept of synergy and its role in the evolution of complex systems[J]. Journal of social and evolutionary systems,1998,21,2:133-172.
[④] 许庆瑞,谢章澍,杨志蓉,等. 企业技术与制度创新协同的动态分析[J]. 科研管理,2006,27(4):116-120.
[⑤] 赵铁,林昆勇,何玉珍. 中国—东盟命运共同体的共同体诠释[J]. 广西民族研究,2016(01):150-155.

共生主体在海外中国模式中存在基本的能量交换与相互影响的关系,在行为方式上更是具备了寄生、偏利共生、对称的互惠共生和不对称的互惠共生的所有关系。海外中国作为共生界面,为以中国区域各行政区划为单位的多个协同体在跨境过程中提供了物质、信息和能量传导的媒介、通道或载体,维系跨境协同共生关系的形成和发展。为此,从跨境协同的共同体来看,海外中国是面向跨境协同的重要载体和要素整合机制。海外中国能从本质上规避以往中国企业"走出去"过程中的"单打独斗、天女散花"的问题,推动"走出去"企业与其他主体整合资源、协同成体,打造"政、产、学、研、金、文"的"走出去"协同网络,促进中国企业向"抱团出海、定点落地"转变。

1.3.3 海外中国的特征

(1)以我国各级行政区为单元,主动拓展海外新空间

海外中国是经济发展向海外拓展的新载体,是以省、市、县各级行政区为单位在海外建立机构的"走出去"集聚协同体,主要以产业园区为主要载体,聚集各种生产要素,突出各地区产业转移特色,优化功能布局,是主动拓展海外新空间的新形式和新路径。

(2)区域内进行科学整合,注重产业要素协同,突出跨境战略协同

科学规划和顶层设计是"走出去"的事前准备,根据各地区产业转移特点和自身经济发展的内在要求,通过政、产、学、研、金、文等多主体合作,进行科学整合,注重产业要素协同,规避企业"单打独斗",突出跨境战略协同,使之成为中国经济转型升级的新空间和新增长极。

(3)跨境战略协同为手段,也是建设国家"一带一路"的必由路径

跨境战略协同是一个新型经济合作模式,海外中国有效汇集跨境协同的资源和要素,充分释放活力,探索出一条新型国际化发展路径,成为推进"一带一路"建设的有效抓手。海外中国关注"主体—要素"在国家合作区内的战略匹配,强调国与国之间在互惠互利关系基础之上,充分驱动人才、资本、信息、技术、资源等主体要素跨境流动,通过发挥各自的比较优势,共商共建共享跨境合作区。

(4)搭建"走出去"协同网络,而不是海外资产的简单叠加

海外中国模式是一种新型"走出去"模式,既不同于"海外日本"的单行道模式,也不同于"海外美国""海外英国"的枢纽模式,其模式是中国"政、产、学、研、金、文"的"走出去"协同网络,能在缺乏世界资本支撑的情况下,跨境协同中国"走出去"的"主体—要素"在特定地点和区域进行战略协同。

(5) 跨境战略协同促进中国企业全球内优化资源配置,提升产业的国际竞争力

海外中国能够突破中国国内越发受限的市场空间、资源环境约束,通过产能合作将富余产能与东道国工业化能力建设相结合,一方面可以缓解国内产能过剩的问题,另一方面最大限度地降低生产成本,提高企业盈利能力,进一步增加产品的国际竞争力,盘活海内外两个市场、两个资产,高质量推动中国产业结构优化升级。

(6) 规避对外贸易的波动风险,破解我国对外贸易结构失衡问题

解决对外贸易结构失衡问题一直是中国经济转型重点领域,建设海外中国对缓解贸易失衡问题具有重要作用。在"一带一路"上开展海外中国建设可以改善中国对外贸易过于依赖美国、日本和欧盟市场的现象,从而推进多极化贸易格局,推动我国从"贸易立国""工业立国"向"投资立国""创新立国"转变。

1.3.4 海外中国的建设与运行

(1) 海外中国的动力来源

海外中国带有战略设计的烙印,其战略形成既有内在动力又有外在动力。利益的内驱力、科技的推动力、市场的拉动力、政府的引导力等构成其动力来源(如图1-1所示)。

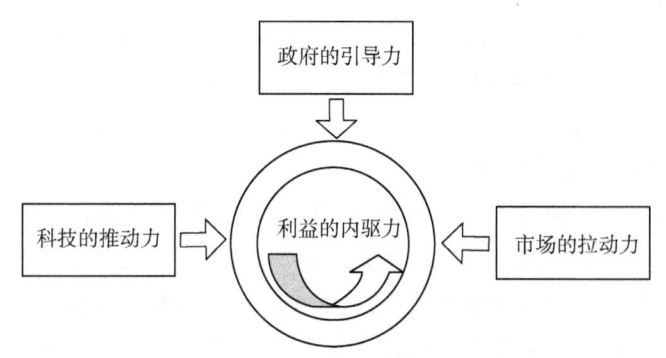

图 1-1 海外中国的动力来源

利益的内驱力。根据大小、动机强度及参与程度等,只有当主体真正意识到协同利益及价值时,才有驱动力理论(Drive Theory),当有机体需要在没得到满足情况下,会产生对有机体的刺激,进而驱使有机体形成满足需求的行为,在行为结果得到满足后,驱动力消失,当经过有机体消化后,驱动力得以重现[1]。海外中国各

---

[1] Taylor J A. Drive theory and manifest anxiety[J]. Psychological Bulletin, 1956, 53(4): 303.

参与主体,在其职能实现和角色发挥过程中,其社会行为都受到某种利益驱使。对利益的追求和实现是促进主体参与协同的内驱力,利益的内在驱动力,决定了主体参与协同的意愿会形成参与行为。同时,协同参与过程涉及多主体间利益交集,也要求主体在追求自身利益同时,适当让渡既得利益,维护整体的持续性。

科技的推动力。科学的昌明、新技术的萌发,促进了协同参与主体对协同活动的决策以及对协同合作转化为实际价值的意愿及行为。随着科学的推动及新技术的不断应用,基于经验的技术轨道,是主体之间持续合作的基础。同时,协同参与主体对技术的预期判断,也使得各协同合作决策者在意识到某种技术尚未进入衰退期时,提前开展技术商业化及合作的布局。

市场的拉动力。一方面,市场需求形成对协同创新方向的拉动,企业作为与顾客接触最为密切的经济主体,当预期到自身技术能力无法满足顾客需要时,就会与大学、研究机构等进行合作,开发新产品(服务)以应对市场变化。另一方面,市场竞争压力的存在,使单一主体很难依靠自身力量获得持续竞争优势,主体只有通过平台战略实施,开展致力于满足顾客需求的协同合作活动,才能构建新的竞争优势,以便在市场竞争中立于不败之地。

政府的引导力。一方面,政府作为海外中国参与主体间的合作连接纽带,通过发挥自身平台功能促进主体集聚。特别在当前国内一流高校、重要科研机构多属于公办性质背景下,政府对学、研机构和企业间的对接,具有重要的初始推动作用。另一方面,政府的相关政策,为各主体间协同的实施,营造积极的政策制度环境,在为协同合作提供机会的同时,也形成对各参与主体间的监督与约束。

(2) 海外中国的组织基础

仿照中国和新加坡两国政府在推动"苏州工业园区"战略合作的组织基础,即新加坡政府曾专门设立海外企业促进委员会、新加坡贸易发展局(后更名为新加坡国际企业发展局),以公司制的管理模式,为企业对外投资提供服务。

海外中国的建设可采取"一个窗口、分工管理"模式。首先,高层成立专门的海外中国建设委员会,全面统筹协调国内重要主体要素,推动境外投资与经济转型协调配合,并成立海外中国建设委员会办公室,常设于国家发改委,负责海外中国建设的具体事宜。其次,产业、学校和研究机构、金融、文化等可建立次一级委员会,负责专门工作。再次,设立促进对外投资的专门机构,实施市场化运作,为企业(尤其是中小企业)"走出去"提供全方位服务等。

(3) 海外中国的平台战略

海外中国被视为多种主体在境外集聚的要素平台。陈应龙将平台中价值活动定义为:为用户创造利益或节约成本的活动,同时还提出:创造(Creating)平台、运作(Operating)平台、治理(Governing)平台为内容的"平台模式 C-O-G 框架"[①]。冯小亮提出开展"问题解决者参与动机""发包方策略""平台方治理"等研究,分别对"平台模式 C-O-G 框架"内容进行逐一分析[②]。

参考"C-O-G 框架",海外中国作为一种平台战略,其协同绩效实现,主要从三个要点展开。其中,创造(Creating)平台是运作(Operating)平台的基本前提,而治理(Governing)平台则为创造(Creating)平台和运作(Operating)平台提供保障(如图 1-2 所示)。

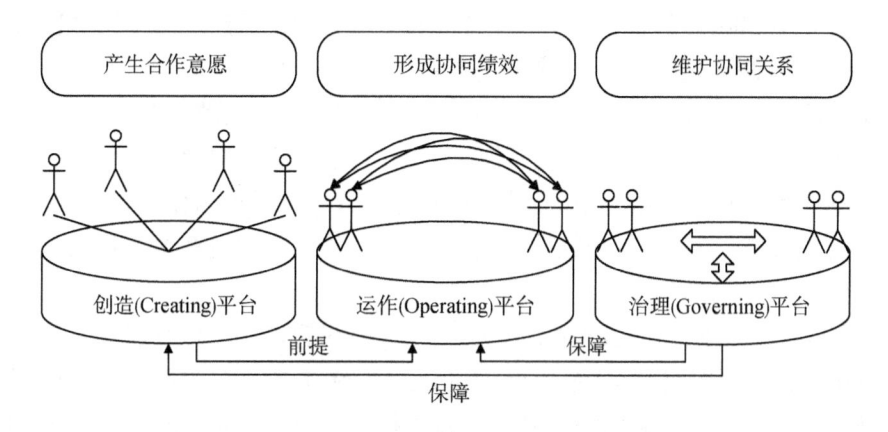

图 1-2　海外中国模式的"C-O-G"框架

创造(Creating)平台:产生合作意愿。海外中国战略实施只有少数主体参与时,参与主体很难寻找足够的合作资源及理想合作伙伴。只有当平台达到一定规模,才能形成对不同主体间互补性需求的连接,以及对新主体参与加入的吸引,从而不断发挥平台的网络外部性。创造平台的活动主要包括:平台如何召集双边用户、形成合作意愿等内容。围绕各类主体需求,通过政策引导、广告宣传、媒体推广、网络口碑、品牌塑造等一系列活动的开展,开拓与用户共同对话空间,对海外中国协同模式功能及价值进行宣传,扩大参与主体数量规模。进而,在吸引新用户加入并扩大参与主体数量规模同时,对现有平台参与者提供黏性服务,实施关系管理,提高现有主体参与忠诚度,发挥其重要的直接网络外部性作用。以双边市场的互动关系及网络效应的发挥,实现平台自组织化。

运作(Operating)平台:形成协同绩效。平台中互补性合作资源,作为主体参与协同活动的决定性因素,不仅弥补主体自身资源有限性,还能缓解对外部资源的

[①] 陈应龙.双边市场中平台企业的商业模式研究[D].武汉:武汉大学,2014.
[②] 冯小亮.基于双边市场的众包模式研究[D].武汉:武汉大学,2012.

依赖,激发创新活力。运作平台主要活动包括:平台帮助匹配合作需求、促进互动关系、实现协同绩效等内容,并要求平台运营方要提高自身与参与主体的交互能力。首先,结合对不同主体性质、行业特点、产业趋势、发展规模、生命周期等综合分析,对其协同合作需求进行平台细分,为平台目标客户的选择和平台服务定位奠定基础;其次,通过技术观察(Technology Watch)、技术评估(Technology Audi)等方法,协助并鼓励各主体对自身发展中"短板"进行审视,并对闲置可利用的资源进行平台范围内共享;使用信息自动匹配工具(Automatic Matching Tool)、知识产权工具箱(IP Toolkit)等,结合互补性合作资源对不同主体所产生的不同补偿效应、增强效应和抑制效应等分析,形成合作需求匹配。

治理(Governing)平台:维护协同关系。一般意义上,治理主要是对管理层行为的监控,以形成权力、责任、利益制衡。而海外中国模式中的平台治理,主要解决合作协调、资源共享、激励监督等问题,以确保平台成员对抱团合作和资源整合的参与。治理平台活动主要包括:如何制定规则、平衡权力利益等内容,主要通过正式治理和非正式治理实施。

第一,正式治理。首先,完善海外中国平台组织管理制度,形成权力、责任、利益分明的激励和约束机制,抑制平台中机会主义倾向,规范各参与主体合作行为,保障整体利益和长远利益;其次,结合平台规模阶段及发展定位,形成对平台组织架构的优化升级,以适应平台战略的升级转型;最后,通过身份鉴定、评分监督等方法,逐步建立"用户过滤机制",形成对海外中国平台组织内部合作主体之间关系的优化。

第二,非正式治理。首先,强化政策激励作用,形成良好的创新激励体系;其次,提升海外中国平台的公平性,形成平台用户的良好自律秩序;再次,打造兼容并包的开放式平台组织文化,形成良好的合作氛围,激发主体合作动力;最后,培育有效的沟通机制,减少主体间冲突与摩擦,形成主体间多层次沟通。

(4) 海外中国实现路径

新加坡、日本等外向型发达国家的成功经验表明,推进海外中国建设的落脚点在于发挥多主体多要素的协同创新效应、搭建全球协同网络、推动海外中国文化传承、加强与发达经济体的第三方市场合作。鉴于境外园区是海外中国的典型载体,本节以建设海外中国境外园区为例描绘海外中国现阶段的实现路径。

① 加强跨境"政产学研金文"协同

现阶段建设境外园区的成功源于"政府引导、企业主导"的开发格局,而所存问题也很大程度上受制于政府和企业两大主体的天然局限性。海外中国的基本出发点是境外园区在策划、建设、运营全过程中多主体、多要素的高度融合。通过"政产学研金文"六大主体的有机结合,形成合作"磁场",打造多赢的利益共享机制,推动跨境协同体的发展,表现为,通过政府的引导和支撑作用,逐步整合园区中各种资源,集聚包括企业、高校、科研机构、金融机构、文化机构在内的各类社会力量,促进合作意识的建立和形成。随着各要素不断进驻园区,园区的发展不再限于简单的单线式增长,如:企业进驻、扩大开发面积等,而是"政产学研金文"各个方面多点开花,多线发展,在此基础上形成进一步吸引企业、资本、人才等的良性循环,从而更好地集聚各类生产要素,发挥园区经济效益,提高园区的发展质量。在一个健康、有活力、丰富多彩的生态下,企业的发展不再仅仅依靠政府的政策驱动,市场"无形的手"作用越发显著,一旦对当地市场的敏感度增加,企业就注入了源源不断的活力,园区对政府的依赖程度降低,其自主发展空间也就不断增加。同时,境外园区不仅仅具备经济功能,更大程度上会促进当地经济、政治、文化共同繁荣而表现出社会职能,所以单纯依靠政府援建或者企业商业运作都难以达到既定目标。由此,境外园区应当树立兼顾政治、经济、社会等多重目标的基本认识,形成多主体多要素协同发展的生态思维。深刻理解园区嵌入当地社会结构的重要特征,通过母国与东道国多层面的交流合作以及构建多主体间共生共存的生态关系,推进园区的可持续发展。

在此基础上,通过以下四点来加强跨境"政产学研金文"协同:一是,促进开放包容,加强并购技术成果、跨国企业与集聚高端要素、高端人才相结合,以核心技术、优质企业、高端要素和特殊人才为吸引,促进更多利益相关者参与园区建设,通过联席会议、合作交流分享等形式,增强境外园区多主体协同;二是,树立一致目标,通过推进"建工厂"与"建市场"相结合,构建商业生态来包容不同主体的多重目标,同时加强园区参与者对创新、超理性动机的塑造,促进多主体在园区长期价值及非经济价值上达成一致;三是,推进相互信任,基石人物是促进多方沟通交流和加强信任的关键,为此应当寻找合适的组织和个人扮演基石作用(如所在地华侨华商),促进侨联、海外联谊会、经济发展促进会等非政府组织在"一带一路"建设和境外园区建设中发挥更为重要的作用,打破合作藩篱,加强跨境协同;四是,坚持本土化与国际化并重。在本土化发展方面,大量吸收当地劳动力就业,举办各类培训班,帮助当地人员提高素质,积极承担社会责任,主动融入当地社会。在国际化管理方面,创新经营管理架构,推进协同管理模式和组织形式。

② 搭建境外园区全球网络

境外园区是布局"一带一路"的关键环节。海外中国从点出发、以点带面、从线到片,以境外园区作为布局"一带一路"建设的发展节点和地缘"跳板",与境内园区企业相呼应,逐步形成跨区域大合作。当产业选择、培训、技术服务、资本、组织方式、人才等这些园区建设的产业要素通过物流形成地理空间的互联互通,并且通过信息技术形成全球网络的时候,跨境园区的发展就不仅限于在当地"自耕自收",更多地会依据平台的信息、市场的动向将触角延伸到世界各地,有利于长期发展规划的进一步开发;同时,网络资源的共享使得跨境园区的建设基础要素来源渠道变多,有利于境外园区形成网络效应进而提高抵御风险的能力,有利于提升跨境园区的管理能力,更好地解决生产要素基础薄弱的问题。

搭建境外园区全球网络,要求中国发挥好境外园区分布广、运营久的特点,促进境内境外园区互通互联、连点成线、以线带面,全面支撑"一带一路"各项目标的实现。由此,应着重打通资源联通、信息联通和体制联通三个关键环节。资源联通要求园区建设的资源要素实现流通,包括生产要素、人力资源、资本资源等,通过境外园区建设与物流基地建设相结合、建设海外特色人才库、打造专项建设基金等方式,实现园区特色资源的集聚与高效配置;信息联通,联网境外园区是搭建工业互联网、物联网的优选场景,也是5G技术实现商用突破的潜在空间,我国应以5G技术力量为手段,以工业互联网、物联网为引领,围绕境外园区协同发展搭建园区大数据中心和云平台,促进海内外园区在信息空间中实现相连;体制联通是指园区在建制、组织等管理模式上实现兼容,通过探索"两国双园""两国多园""多国多园"的境外园区建设模式,大力推进产能输出与模式输出相结合,建立境外园区管理体制标准,从而推进境外园区间的管理协同,一方面有助于园区间资源和信息的自由流动,另一方面促进了我国政府对园区的统一管理和支持。

③ 塑造境外园区的亚文化体系

"一带一路"作为文化交流的民心工程,境外园区始终扮演着重要的交流平台角色。但是,现阶段无论是民族和国家间的大文化交流,还是境外园区的亚文化建设都较为不足,中国的软实力还未能有效支撑海外发展。境外园区中蕴藏着母国文化、东道国文化、区域文化、企业文化等多种文化形式,这些文化形成了独特的亚文化,而其中的差异一方面可能作为创新和发展的无穷动力产生积极作用(如硅谷),另一方面也可能导致文化摩擦与矛盾的出现,轻则影响公司效率,重则影响国家间合作。文化服务经济、经济反哺文化,跨境园区在发展的过程中,如果能将与生俱来的文化与当地文化融合,创造出园区独有的亚文化体系,在园区产业发展过程中,文化作为粘着剂,有利于产业集聚,促进企业之间形成良好互动,夯实园区生产要素基础,提高园区发展速度,推动园区经济规模的扩大。同时,通过文化的渗透,影响当地民众行为规范、思想品德,让他们感受文化力量(如创新文化),而参与到园区的建设中来。通过文化的繁荣发展,增进双方人民心灵的沟通,为深化彼此务实合作奠定坚实的民意基础,民心一致,有利于跨境园区在开发扩大过程中减少阻碍与风险。

海外中国呼吁建设"互信、共赢、创业、人为"的境外园区文化体系。具体而言，互信是指提倡园区主体间的相互信任，避免由文化差异带来的交易成本；共赢是指提倡合作共创价值，避免"零和"文化产生的投机行为；创业是指提倡勤奋致富创造事业，避免消极怠工导致坐吃山空；人为是指提倡以人为本包容差异，避免以我为大，各行其是。园区要倡导兼容并包的文化，努力营造安全和谐的经营环境。以开放的眼光和谦虚的心态，学习和吸纳不同国家、不同民族、不同组织的先进文化理念与管理模式。尊重当地的文化习俗、宗教信仰和民族习惯。高度重视与东道国各级政府和当地宗教组织、工会等民间团体的联系，主动消除彼此间的隔膜，为自身发展创造和谐的环境。

实践中，境外园区建设亚文化体系可以从两方面入手：一是，加强文化融合、宣传和提升，首先通过文化博览、艺术交流、教育论坛、汉语培训等内涵丰富的文化活动提供多维度的文化交流场景，以加速多种文化结合；同时，设立专门的园区文化管理部门开展文化宣传工作，建立多渠道文宣格局，推进健康园区亚文化氛围的形成；最后，以传统中华文化为源头，兼容并蓄当地文化精华，结合园区领军企业的企业文化精神，通过不断创新园区亚文化将园区建设成为先进文化的牧场，进而以园区为中心辐射驱动区域文化提升。二是，基于优质文化促进非正式社会规范的再造，重点关注国家法律、合作条款、园区规则等正式规制之外的管理空白，充分认识园区发展诉求与现行规则的冲突之处，围绕"互信、共赢、创业、人为"亚文化内涵有针对性地促进园区社会规则的再造，以提高园区发展过程中的可预测性。具体包括，充分理解东道国文化中的非正式规范、关注未能通过正式制度解决的主体间矛盾得以消解的内在规则、积极吸纳园区意见领袖的合理化建议、引导园区利益相关者增强交流与合作等。

④ 以第三方市场合作提升产业层次

产业结构转型升级是新时期中国高质量发展的着力点，而第三方市场合作是中国提升境外园区产业层次的有效手段。现阶段，我国已与多个发达国家建立了长期友好的合作关系，借助发达国家力量共同开发第三方国家园区是推进高质量发展的有益创新。借力第三方合作，通过对园区提标改造加强其与多个国家企业、园区、产业在供应链、资金流、知识流上的有效对接，不但能够加强"一带一路"沿线国家产业共同体的建设，而且也可以成为发达国家有效融入"一带一路"、共建人类命运共同体的契机。以开放包容的胸怀积极携手发达国家、友好国家共建境外园区，这样不但可以弥补我国建设境外园区的短板，而且将这些国家作为合作"跳板"和"缓冲带"，有助于缓解由于历史遗留问题、文化差异等产生的合作阻碍；此外，加大与发达国家的深度合作还能够弥补我国在园区管理经验和技术技能方面的不足。对此,一方面我国应针对关键区域、关键领域全面了解东道国和第三方国家的技术、资源、社会、历史等因素,梳理可行的第三方合作方案;另一方面,以重点项目为契机,从国家间合作下沉到省、市、县、企多个层面合作,基于友好省(州)、友好市县、跨境合作联盟,全面开展次级的第三方合作,摸索出多层面、常态化的合作机制。

第二章 水的认知

2.1 水与地球

2.1.1 水与地球演变

水,化学式为 H_2O,是由氢、氧两种元素组成的无机物,无毒。在常温常压下为无色无味的透明液体。水是地球上最常见的物质之一,地球上所有生命体的存在都离不开水。从太空遥望地球,会发现地球因水的存在而呈现蓝色,因此,地球被称为蓝色星球。

(1) 神秘莫测的地球水来源

众所周知,地球表面71%的面积被水覆盖。然而,地球上的水是怎样来的呢?就目前而言,关于地球上水的来源有多种解释,其中,比较具有代表性的两种假说是"外源说"和"内源说"[1]。

① 外源说

外源说认为地球上的水来自地球外部。外来水源的提供者是彗星和富含水的小行星。一方面,被誉为"脏雪球"的彗星,其成分是水和星际尘埃,彗星撞击地球会带来大量的水;另一方面,一些富含水的小行星降落到地球上成为陨石,也为地球带来了一定量的水,这种陨石的含水量一般为0.5%~5%,有的可达10%以上,其中碳质球粒陨石含水更多。所谓球粒陨石,是太阳系中最常见的一种陨石,大约占所有陨石总数的86%。正因如此,一些科学家认为,彗星和小行星等地外天体撞击地球时,将其中冰封的水带入了地球。

---

[1] 姜靖. 地球上的水从哪儿来[J]. 人才资源开发,2017(11):90-91.

然而,科学研究发现,大多数彗星水的化学成分与地球水并不匹配。同时,《自然》杂志载文称,德国明斯特大学的科学家通过对来自加拿大不列颠哥伦比亚省塔吉胥湖陨石和地球地幔岩石样品的同位素进行分析,结果显示,水在地球上出现的时间比此前预期的要晚很多。这在很大程度上反驳了先前很多科学家所持有的"水是地球形成阶段时期由陨石表面的冰层转变而来"的说法,并不排除另一种情况,即水最开始是星际尘埃的组成部分,而地球则是由星际尘埃所组成的。

外来水源的另一可能渠道是太阳风。太阳风是指从太阳日冕向行星际空间辐射的连续的等离子体粒子流,是典型的电离原子,由大约90%的质子(氢核)、7%的α粒子(氦核)和极少量其他元素的原子核组成。

有科学家认为,地球上的水是太阳风带给地球的礼物。首先提出这一观点的科学家是托维利。他认为,太阳风到达地球大气圈上层,带来大量的氢核、碳核、氧核等原子核,这些原子核与地球大气圈中的电子结合成氢原子、碳原子、氧原子等。再通过一系列的化学反应变成水分子。据估计,在地球大气的高层,几乎每年以这种方式产生1.5吨"宇宙水"。这种水以雨、雪的形式降落到地球上。更重要的是,地球水中的氢与氘含量之比为6 700∶1,这与太阳表面的氢氘比也是十分接近的。因此,托维利认为,地球水来自太阳风。但太阳风形成的水是如此之少,在地球45亿年生命史中,也不过形成了67.5亿吨水,与现今地球表面的水贮量(包括液态水、固态冰雪和气态水汽)$1.386×10^{10}$亿吨相比,不过九牛一毛[1]。

② 自源说

自源说认为地球上的水来自地球本身。地球是由原始的太阳星云气体和尘埃经过分馏、坍缩、凝聚而形成的。凝聚后的这些星子继续聚集形成行星的胚胎,然后进一步增大生长形成原始地球。地球产生时,形成地球的物质里面就含有水。

地球形成时期温度很高,一部分水在高压下存在于地壳、地幔中,另一部分则以气态的形式存在于地球大气中。后来随着温度的降低,地球大气中的水冷凝落到了地面,岩浆中的水也随着火山爆发和地质活动不断释放到大气、降落到地表,汇集到地表低洼处的水就形成了河流、湖泊、海洋。地球内部蕴含的水量是巨大的。地下深处的岩浆中含有丰富的水。有人根据地球深处岩浆的数量推测,在地球存在的45亿年内,深部岩浆释放的水量可达现代全球大洋水的一半。

此外,还有一种说法认为在地球形成的最初阶段,其内部曾包含有非常丰富的氢元素,它们后来与地幔中的氧元素发生反应并最终形成了水。

关于地球上水的来源,地球科学家倾向于认为,地球上的水来源于地球自身演

---

[1] 姜靖.地球上的水从哪儿来[J].人才资源开发,2017(11):90-91.

化过程中的岩浆水等,天文学家更倾向于认为是彗星等撞击地球带来的水,迄今为止,两种观点并未得到统一。但无论地球上的水是来自地球外部,还是地球本身,目前地球上丰富的水资源表明,水这一物质出现在地球上绝非偶然。

(2) 地壳演变中不可缺少的元素

关于地壳变化动因的争论,在近代形成了不同的学派,有著名的水成论与火成论之争。

① 水成论

水成论是近代地质学第一个科学形态的学说,其创始人是德国的魏纳(1750—1817)。魏纳地质学体系的中心思想是:人类观察所及的地壳,其岩层组成并非杂乱无章的堆砌,而是井然有序的排列。他把这种组成单位叫"地层"。他认为,自原始海洋开始到诺亚洪水结束,水的力量营造了一切地质系统,自原始海洋到现在,水面在不断地下降,原始岩石露出水面后开始发生风化、堆积而形成新地层。他认为,一切地层都是世界洪水期沉积而成,水是地壳形成与变化的唯一动力因素,地下火的作用是次要的、局部的。但是这一学说难以回答原始海洋的存在、地层厚度不均及玄武岩的形成等问题。1805 年,他的学生布赫与洪堡论证玄武岩为火成成因,实际上宣布了水成论的破产。

② 火成论

反对水成论的地质学派被称为"火成论",其发祥地在苏格兰的爱丁堡。这个学派的领袖人物是英国的赫顿(1726—1797)等人。1795 年,赫顿发表了他的经典著作《地球的理论,证据和说明》。他认为,侵蚀过程的后续过程是沉积。有许多证据表明,现时看到的相当一部分固体岩层源于海底沉积,是古老岩层或火成岩残留物堆积而成。所以地壳是一种循环运转,一部分陆地毁灭,一部分陆地再造,循环就是抵消毁灭的再造。沉积物在海底固结,形成胶结物需要有压力(即物质与海水的重力),但根本因素是地内热,地内热在形成结晶片岩时起决定作用。同时他引用采矿经验,指出地球深部热量远超过地表热量。火山喷发的灼热岩浆就是例证。他接着论述,沉积过程之后,是地壳的隆起抬升过程。他用花岗岩脉切穿云母片岩来论证这一过程,表明花岗岩是触熔物质侵入形成的,而这种侵入有一股巨大的推挤力量,使沉积地层隆起抬升。这就是赫顿描绘的地壳演化过程,地内热是循环运转的动力,地球就是一部热机[①]。

虽然水成论与火成论在地壳变化的根本原因上存在争执,但二者都认为地壳变化的主要表现是地貌侵蚀和岩层沉积,而无论是液态水、气态水还是固态水在这

---

① 白思胜.科学技术发展概要[M].成都:西南交通大学出版社,2013.

两方面都扮演着十分重要的角色。

2.1.2 水与生命孕育

水是生物体最重要的组成部分。可以说,没有水就没有生命。

（1）作为生命摇篮的原始海洋

地球上的生命是由无生命物质转化来的,是地球发展到一定阶段的产物。现代生物学家普遍认为,生命最初是在原始海洋中产生的,可以说海洋哺育了生命。关于生命的起源假说很多,最有代表性的有"团聚体说""类蛋白微球体说""来自星际空间说"等,但在每种假说中,水都不可或缺。原始海洋为初期脆弱的生命提供了温暖、舒适、稳定的环境,它促进了生命的诞生,并为生物的进化提供了适宜的场所,因而可以毫不夸张地说,原始海洋是生命的摇篮。

约35亿年前,原始生命产生于原始海洋之中。在太阳的紫外线、大气的电击雷鸣、地下的火山熔岩等作用下,原始大气中存在的甲烷、氨、水和氢转化成简单的有机物。但简单的有机物还不是有生命的物质,从简单的有机物转化为有生命的物质,原始海洋是重要的条件。大气中的有机物随降水进入海洋,同时地壳上的无机盐随地面径流进入海洋。它们在海水中发生频繁的接触和密切的联系。这样简单的有机物就逐渐发展成多分子的有机物,并且逐步变成能够不断自我更新、自我再生的物质,从而形成了原始生命。

在此后大约30亿年的时间里,生命始终局限在海水中。没有海水的保护,生命就难于避免强烈的太阳紫外线的伤害。因此生命也是在水中发展的。最初出现的是异养细菌,靠水中有机物进行无氧呼吸;逐渐发展到自养生物,能够利用太阳光进行光合作用,吸收矿物质营养和二氧化碳放出氧气;逐渐出现浅海生活的动、植物,植物有低等的菌藻类植物,还有多种海水动物如珊瑚、水母等原始水生动物[①]。

原始海洋中诞生的植物与动物经过长年累月的发展与进化,终得以在陆地上存活。然而在陆地上生存的植物与动物依旧与被誉为"生命之源"的水联系密切。

（2）与水息息相关的植物

水在生长着的植物体中含量最大,原生质含水量为80%—90%,其中叶绿体和线粒体含水量在50%左右;液泡中的含水量则有90%以上。组织或器官的含水量随木质化程度增加而减少。如瓜果的肉质部分含水量可超过90%,幼嫩的叶子中含水量为80%—90%,根的含水量为70%—95%,树干的含水量则平均为50%,休眠芽的含水量约40%。含水量最少的是成熟的种子,一般仅10%—14%,或更

[①] 叶向东.人类未来的希望:蓝色星空[M].北京:中国经济出版社,2004.

少。植物体内代谢旺盛的器官或组织含水量都很高。原生质只有在含水量足够高时，才能进行各种生理活动。

植物体内各种生化反应都要以水为介质或溶剂来进行。水是光合作用的基本原料之一，它参加各种水解反应和呼吸作用中的多种反应。植物的生长，通常依靠吸水使细胞伸长或膨大。膨压降低，植物的生长就减缓或停止，如昙花一现，就是靠花瓣快速吸水膨大、张开，牵牛花清晨开放，日光曝晒后失水卷缩。某些植物分化出特殊的器官，水分进出造成膨压可逆地升降，使器官快速地运动，如水稻叶子在空气干旱、供水不足时，泡状细胞失水，使叶片卷成圆筒状，供水恢复后重新展开。气孔的运动是通过保卫细胞因水分情况变化而胀缩来实现的，从而调节水分散失速率，维持植株水分平衡。反之，有些器官只有失水时才能完成某些功能，如藤萝的果荚，只有干燥时才能爆裂，使种子从果荚中迸出；蒲公英的种子成熟、失水后才会脱离母体，随风飘荡。

水特有的理化性质为植物的生存与成长提供了条件。水的汽化热(20 ℃时为2 454 J/g)与比热[4.187 J(g℃)]特别高，有利于发散植株所吸收的辐射热，避免体温大幅度上升。水的表面张力、内聚力及与一些物质间的吸附力在植物体内运输中有重要意义。水能透过可见光和紫外光，使太阳光透射到叶绿体上供光合作用使用，或被光敏素等吸收，引起光形态发生效应。水分子的极性造成了多种化合物的水合状态，并使原生质亲水胶体得以稳定。此外，水对于有机物和矿物质而言是一种适合的溶剂。当水流经岩石，就会溶解一部分矿物质，这就可以为植物提供其所需的矿物质，让植物发芽抽条，满足植物生长过程中对各种矿物元素的需要。

（3）与水休戚与共的动物

人体中每个器官的含水量不同。水分占大脑的75%、心脏的75%、肺的86%、肝脏的86%、肾脏的83%、肌肉的75%、血液的94%、软骨的80%、结缔组织的50%。连脂肪细胞和脂肪分子的10%也是水分。人体器官中含水量最多的是脑灰质细胞、肾脏和心肌，由此可知大脑对水的高度需求。所以，在人体水的分配中，大脑也是绝对优先的，全部血液循环的18%—20%要流经大脑，而大脑仅占人体重量的1/50[①]。只要身体缺少1%—2%的水分，各个器官就得不到充足的水分和营养，而浸泡在脑脊髓液中的大脑只要失去1%的水分就将导致致命的后果。

人的胚胎初始形成就是在羊水中，从细胞的角度来看，可以说所有的生命都生存于水中。除了细胞邻接的侧面外，有生命的部分都是生活在含有盐类和蛋白溶液的水溶液之中。人体中的水分布在三个隔离的区间：血液、细胞内部以及介于血

---

① 朱万森.生命中的化学元素[M].上海：复旦大学出版社，2014.

管与细胞内部之间的空间。人体内的水,约 67% 是在细胞内,而仅有约 8% 在血液中,剩下的 25% 位于两者之间。

《红楼梦》中贾宝玉曾说过:女儿是水做的骨肉。其实真实的情况是成年男性的体液平均约占体重的 60%,而成年女性的体液平均仅占 50%,应该说男子是水做的骨肉才是。当然,婴儿的体液占比则更高,大约是其体重的 80%。

美国食品与营养学会曾建议每人每吸收 4.186 焦热量应补充 1 克水,也就是 1 卡热量 1 克水,而人平均每天需要吸收 2 000 卡热量,这就是说人每天需 2 升水,这还不包括食物中的水。婴儿和成人一样需要喝水,由于新陈代谢旺盛,婴儿对水的需求量要比成人多一些。

水的存在使生命的产生成为可能,并继而滋润着地球上的生命,为生命的存活与发展提供了必要条件。不同的生物对水的需求量不同,但其体内或多或少都含有一定量的水,正是生物体内的这些水,保证了生物体的新陈代谢,保证了生命在地球上繁衍生息,使得地球这颗蓝色星球别具一格,充盈着生命的灵动。

2.1.3 水与生态循环

生物圈是指地球上凡是出现并感受到生命活动影响的地区,是地表有机体包括微生物及其自下而上环境的总称,是行星地球特有的圈层,也是人类诞生和生存的空间。生物圈是地球上最大的生态系统,其范围包括:大气圈的底部、水圈大部、岩石圈表面。生物圈中时时刻刻都发生着物质交换,水在其中扮演着维持物质交换动态平衡的重要角色,这种动态平衡的物质交换状态使得生态循环可以一直维持并延续。

(1) 生态系统与生态循环

生态系统指地球上生命系统(动物、植物、微生物)与其所在的环境系统(光、热、空气、水、各种有机和无机元素)在特定空间的组合。例如,草原、森林、农田、湖泊、河流、水库等,都是独立的生态系统。小的简单的生态系统联合成大的、复杂的生态系统。任何一个生态系统均由生物成分和非生物成分两部分组成,但是为了分析的方便,常常又把这两大成分区分为无机物、有机化合物、气候因素、生产者(Producers)、消费者(Consumers)、分解者(Decomposers 或 Reducers)六个组成部分。

在每个生态系统中,生物群体和它所栖居的介质(土壤、水体、空气等)存在不同结构和不同运动形式的物质。它们不停地分解、组合,进行着物质流动和能量交换,在一定的时间和条件下,这种物质流动和能量交换周而复始地循环着,这就是所谓的"生态循环"。例如,植物借助于光合作用把二氧化碳和水合成有机物(生产),有机物又被动物所食(消费),植物、动物死后又被土壤中的微生物分解,它们就是这样由太阳光到植物,由植物到动物,再到微生物,不停地进行着生产、消费、分解的循环,也就是生态循环。

生态循环存在于生态系统中,水是绝大多数生物得以生存的基本元素之一,也是生态系统得以维持的基本元素之一。作为含水量最高的生态系统——水生态系统,更是凸显了水对于生态环境的重要意义。

(2) 水量充沛的水生态系统

水生态系统(Water Ecosystem)是淡水生态系统和海洋生态系统的总称。淡水生态系统包括静水生态系统、流水生态系统和湿地生态系统三种类型。海洋生态系统进一步可分为河口区、沿岸浅海区、沿岸上升流区和大洋区生态系统等类型。静水生态系统是指那些水的流动和更新很缓慢的水域,如湖泊、池塘、水库等,具有明显的成带现象。在水平方向上可划分为沿岸带、敞水带和深水带;流水生态系统是指那些水流流动湍急和流速较大的江河、溪涧和水渠等,具有水流不停、陆水交换多、氧气丰富的环境特征,其生物群落分急流生物群落和缓流生物群落两种类型;湿地生态系统是指地表过湿或常年积水,生长着湿地植物的地区。湿地是介于陆地和开放水域之间过渡性的生态系统,其水位通常会随着季节和年际变化而上下波动,它兼有陆地和水域生态系统的特点①。

水生态系统中个体很小的浮游动物,其种类组成和数量多少及分布状况又随浮游植物(藻类)而变动。藻类合成的食物几乎全部被浮游动物所消耗,周转速度很快。其他食性的浮游动物(底栖、鱼类等),处于食物链的不同环节,分布在水体的各个层次,其中有不少种类是杂食性的,并且有很大的活动范围。

水生态系统中,细菌、真菌等通常存在于水底沉积物的表面。在合适的水温条件下,水体中死亡的生物很快被它们分解,释放出简单的无机营养物质。与陆地生态系统相比,水生态系统中营养物质循环的速度更快②。

地球上的水资源不仅在水生态系中存在,还会以水循环的方式在海陆空三者间循环往复地流动,这就是水循环。

(3) 不舍昼夜的水循环

水循环是指地球上的水资源以气态、液态和固态三种形式在陆地、海洋和大气间不断循环往复的过程。水循环的动力是太阳能和水的重力作用,而大气是水循环的关键。

水循环的过程如下:阳光照射着水域和陆地,使一部分水变成了水蒸气进入大气;植物从土壤或水体中吸收的水,也有大部分通过蒸腾作用进入大气;动物体内

---

① 河海大学《水利大辞典》编辑修订委员会.水利大辞典[M].上海:上海辞书出版社,2015.
② 李祥麟,石玉洁.藻类与水生态环境修复[M].兰州:甘肃科学技术出版社,2014.

的一些水也会通过体表蒸发进入大气。大气中的水汽在高空变成了水珠或小的冰粒结晶,然后,又会以降水的形式回到地面。大气圈中部分的水循环主要表现为水汽和降水。陆地部分水的流动有两个分支:地表水的运动路线是沿着小溪、河流和湖泊进行的;地下水则是通过含水层缓缓地流动。这两条路线的终点通常是海洋。

完全闭合、循环往复的水循环对生态循环具有重要意义。水是一种良好的溶剂,许多化学物质都可以溶解在水中,而任何生态系统中都存在水,水循环使得各种化学物质在各生态系统内和地球上各生态系统间的流通成为可能。此外,生态系统中的六大组成部分中的五种成分都与水有关——生产者、消费者、分解者的生存都离不开水,水分会影响温度和湿度的变化,而且水本身就是一种重要的无机物。因此,水在生态循环中占有不可或缺的重要地位。

地球上的所有生命都生活在生态系统中,生态系统中每时每刻都在发生物质流动,即生态循环。水生态系统得益于其高含水量,其中的营养物质循环也就较陆地生态系统更快一些。灵动的水作为生命不可或缺的重要物质之一,时时刻刻在生物圈中流动,循环往复,推动生态循环的发生,使地球上的生态系统得以维持其生机勃勃、欣欣向荣的状态。

2.2 水与人类

2.2.1 水与科技

人类的力量来源于对自然和人类社会规律的认识和应用能力。在人类与水互动的过程中,科学技术是一种重要的手段。不论是对水特性认识的逐渐深化,还是水利工程建设的进步,科学与技术都起着重要的推动作用。

(1) 认识水的科学化进程

水具有自然特性、资源特性与环境特性,在对水认识和利用的需求中,人类产生了水文学。"水文学"有广义与狭义两种含义。广义的水文学指研究水圈的特性、水圈发生的过程和现象以及水圈同大气圈、岩石圈与生物圈的相互作用。狭义的水文学指研究水的循环这一最重要的水文过程。另外,随着新理论、新技术的引进,水文学又出现一些新的分支,如随机水文学、模糊水文学、灰色系统水文学、遥感水文学、同位素水文学等[1]。事实上,人类对水的认知是一个不断深化,走向理性的过程。

---

[1] 左其亭,王中根. 现代水文学[M]. 郑州:黄河水利出版社,2006.

在科学思维尚未形成的人类历史阶段,人类对水的认识主要体现在各地区原始神话传说、宗教中。如最早在两河流域的古巴比伦文明流传着《吉尔伽美什史诗》。尼罗河的埃及文明中流传着最初的男性神阿图姆的创世故事。埃及更将尼罗河视为神明,称尼罗河为哈比神,即"泛滥的洪水"。在远东的古印度,恒河以其清洁功能被赋予了净化人灵魂的功能。中国有崇拜治水英雄、创造水神河伯与管理水的龙王形象的传统。中国也将龙作为中华文明的图腾,是皇权的最高象征。在西方也流传着基督教洪水毁灭世界、清洗罪恶的创世传说,并认为水具有净化人类灵魂的功能。这些对水的原始认识都表明了人类对水力量和功能的崇敬。

随着近代科学的兴起和扩张,人类对于自然规律有了更全面而深刻的把握,能更理性地认识水资源。尤其是对水自然特性、资源特性认识的逐渐深化,增强了人们利用水和掌控水的能力。水不再神秘,并且人们在掌握水自然特性的基础上更多地认识到水的资源特性,并加以利用,这与最初的"水是从天而降,雨是年年都下"的认识形成了鲜明的对比。但是,长期以来,人们对于水资源的认识主要集中在水量方面,忽视了对水质的关注。事实上,水的使用功能体现在水质与水量两个方面,只有将水质和水量统一为一个完整的水资源概念,才能够客观、完整地评价、判断水的使用功能。改变以水量控制为中心的传统认识,建立对质、量统一的水资源概念,对于改革现有的水资源管理体制有着重要的意义[1]。

(2) 水科学技术的利用

如何利用水也是人与动物分界的标志。人类对水的利用主要集中于"灌溉、水运、水能"三个方面,且利用水的方式随着社会形态的变化而变化。

① 原始社会

原始社会处于科学尚未萌芽的时期,人类对水主要采取消极被动的应对态度,同时很少有利用工具治水兴水的历史记载。人们对水的利用得益于自身艰苦卓绝的努力,如《大禹治水》中大禹的"三过家门而不入"。从奴隶社会到封建社会,伴随着农业需求的发展,水利工具也获得了长足进步。

② 农业社会

农业社会利用水的工具主要是灌溉网络的开拓和简单水利工程的修建,较少涉及水能的转化。以辉煌悠久的农业文明著称的中国有较为完善的灌溉和水利工程。三国时期发明了翻车,唐朝有了新型的灌溉工具"筒车"。战国时期最著名的"都江堰工程"不仅治理了水患,也将成都平原打造成为"天府之国",这也从侧面凸显了中国水利建设的先进水平。西汉武帝时期,主要集中在治理黄河的事业上。

---

[1] 王显.重新认识水资源的概念[J].中国给水排水,1997(S1):39-41.

例如,疏通河道,修筑黄河大堤。魏晋南北朝时期水利的兴修为后来中国经济政治中心"由北到南"的转移提供了条件。隋炀帝开凿了具有极大历史意义的京杭大运河,造福后世。古代社会对水的利用中,也有简易的动力工程。埃及、中国、印度在灌溉系统中发明的水车就是其中之一,在古希腊和罗马有用水车带动水磨加工粮食的做法。随着工业社会的到来,人类开发出了更为先进和全面的水利用的方式。

③ 工业社会

工业社会中对水的利用除了改进、更新灌溉和水利设施外,更集中在将水能转化为工业发展所需的动力方面。从水车到水轮机的发明,就是一重大进步。水轮机中"竖轴"的装置使机器的转速达到每分钟 50—100 转,极大地提高了运行效率。水轮机利用水流能量驱动的科学原理也被沿用在现代更为先进的发电站上。发电站的发明与产生除了借助这一思维外,还有科学材料、化工技术等因素的支持,这些因素的产生和使用都离不开科学的普及和改造作用。水电站的发明也衍生出了一系列利用水能的其他技术。如潮汐发电站利用落差形成的势能充分转变为狭窄海湾的水能资源;通过水轮机提取地下热水、温泉的能量以获得电能;越来越普及的原子能发电站利用核燃料"燃烧"的原子反应加热水,结合水蒸气带动发电机叶轮的技术,产生电流。这些都是科学时代的璀璨成果。

2.2.2 水与经济

(1) 水是城市兴起发展的主要因素

城市是人类活动的中心舞台,水是城市生存发展的生命线。水对城市的生存与发展有巨大的作用:水可以使城市充满生命与活力,也可以使城市走向衰落与消亡。当水资源能够满足城市的建设规模和发展速度时,水对城市建设的规模和发展起促进作用,但当城市建设规模和发展速度超过了水资源的承受能力时,水对城市的建设和发展就起制约作用[1]。

水作为城市的命脉,保证了城市的持续发展。它不仅具有促进水循环、保持水土、蓄洪、保护水质等功能,还具有调节温湿度、净化空气、降尘降噪、有效改善城市小气候的作用。水在城市生态、景观、文化和娱乐中也发挥着积极作用,除了维持生活和用水需求外,人们还具有观看、近水、亲水和生活在水附近的天性。如广州市,地处珠江三角洲中北部,北依白云山,南有珠江干流贯穿市区,河涌众多,水网纵横,是一个山水相依、山水环抱的城市。对于一个选址在三江汇流之地的广州城来说,水道的变化以及水陆的变迁对于整个城市的用地布局和扩展起着重要的影

---

[1] 李耀庭,马万顺,张益民,等.水与城市的历史和发展[C].中国科协学术年会,2005.

响,甚至影响整个城市的物质形态景观变化;而对于生活在一个河涌众多、水网纵横的城市的居民来说,水影响了他们的生活方式和习惯,形成了以水为基础的习俗和文化景观[①]。

(2) 水是区域经济繁荣的关键资源

从古至今,水的经济价值一直都受到重视。水的主要消费者是居民、工业和热力工程、农业和水库。

① 水与农业发展

在农业领域,农业用水主要用于农田灌溉,目前来说,全世界范围内需要灌溉的面积超过2.3亿 hm^2。农业用水在各种类型用水中排第一位,全世界每年农业用水达到2 000 km^3(占全世界用水总量的70%)。[②] 灌溉种植业是农业的主要经济来源,农业效益是农业技术设施和水利综合运用的结果。在中国,灌溉水的有效利用系数为0.5,1 m^3 的灌溉水粮食产量为1.1 kg。国外也对灌溉水的经济价值进行了衡量。Speelman等基于南非西北省地区小规模灌溉农户的调研数据,使用剩余价值法研究发现蔬菜的灌溉水经济价值高于粮食作物;Mesajurado等使用生产函数法得到橄榄的灌溉水经济价值为0.6 €/m^3,高于同流域谷物作物;Ziolkowska对美国得克萨斯州5种粮食作物灌溉水经济价值的研究结果,成为当地稀缺水资源在作物间有效分配的依据。[③] 人们对于灌溉用水精确地量化趋势反映了人们对于灌溉用水经济价值的重视。

② 水与工业发展

在影响工业布局的主要因素中,是否有河流和水源分布是关键因素之一。水资源丰沛的地区较易产生集中的工业产业,如英国的泰晤士河为英国工业文明的产生提供了重要的自然资源,密西西比河促生了19世纪美国工业扩张过程中圣路易斯、孟菲斯、新奥尔良等重要港口城市的繁荣,可见,重大的工业产业大多依水而居。

除决定工业的选址、布局外,水直接为工业带来了明显的经济效益。黄硕俏、吴泽宁、狄丹阳在对黄河流域工业的产值与用水关系进行考察之后认为,"黄河流域水资源工业生产价值介于16.3~26.9元/m^3,流域中东部价值较高;黄河流域水

---

① 曹小曙,任泉香.水文化传统和广州城市的发展[C].城市规划面对面——2005城市规划年会论文集(上),2005.
② O. A. 斯宾格列尔.水与人类[M].赵抱力,等,译.石家庄:河北人民出版社,1981.
③ 刘维哲,唐溧,王西琴,王建浩.农业灌溉用水经济价值及其影响因素——基于剩余价值法和陕西关中地区农户调研数据[J].自然资源学报,2019,34(03):553-562.

资源工业生产价值全局 Moran(莫兰)指数为 0.327 1,呈显著的正向空间自相关特征①"。这说明,工业用水量与工业产值存在着明显的正相关关系。

③ 水与建筑业、第三产业发展

除了农业和工业外,水也在建筑业和第三产业的发展中起着关键作用。在建筑业中,平均每一平方米建筑面积就要用 1 立方米的水。且近年来,中国城镇化水平不断提高,建筑业用水量急剧增加。中国范围内,湖北、安徽、湖南、福建、江苏的建筑业位列全国前五。这些地区水资源都较为丰富,为城市的发展提供了很大的便利。建筑业直接能耗量超过 300 万吨标准煤②的省份包括山东、广东、浙江、河北、湖北、四川等六个地区,这些省份的建筑产值均位列全国前八名。其中,湖北、四川、浙江水力发电等一次电力资源较为丰富,山东、广东、河北则是我国典型的原煤或原油生产大省③。第三产业中,以 2016 年对北京市第三产业用水系数的调查结果为例,水利、环境和公共设施管理教育及住宿和餐饮业是北京市第三产业中的用水大户,无论是直接用水系数,还是完全用水系数的排名均处于前三名。其中,水利、环境和公共设施管理行业的直接用水系数和完全用水系数分别为 25.60 m³/万元和 26.71m³/万元,教育行业的系数分别为 8.23 m³/万元和 9.89 m³/万元,住宿和餐饮业的系数分别为 7.04 m³/万元和 7.96 m³/万元④。可以看出,第三产业的用水效益明显高于前两产业,经济产业的转型与用水效益的提高呈正相关关系。

2.2.3 水与政治

(1) 水对政治中心变迁的影响

水的分布与利用对于国家的政治中心等布局具有重要影响。总体上说,中国经济政治中心经历了由北向南迁移的过程。在魏晋南北朝之前,中国王朝常定都于黄河流域的关中地区,这一地区在政治经济上处于重要地位。后来,北方不断的战乱导致农业生产无法正常进行。南方的长江流域,由于自然条件的便利和灌溉技术、农具的使用,农业获得了长足的发展。自此,中国的政治经济中心就逐渐经历着由北到南、有西到东逐渐迁移的过程。后来的朝代一直将兴修水利作为重要

---

① 黄硕俏,吴泽宁,狄丹阳.水资源工业生产价值能值评估及空间分布[J/OL].南水北调与水利科技:1-9.[2019-08-25].http://kns.cnki.net/kcms/detail/13.1334.TV.20190717.1314.002.html.
② 标准煤是指热值为 7 000 千卡/kg(公斤)的煤炭,它是标准能源的一种表示方法,水电按历年火电标准煤消耗定额折合计算。以国家统计局每万度电折 0.404 kg 标准煤计算,300 万吨标准煤约相当于 7.43 * 10¹³度电。
③ 钟晓阳.中国建筑业虚拟水-隐含能核算及效率研究[D].重庆:重庆大学,2018.
④ 洪思扬,王红瑞,程涛,来文立,焦志倩.北京市第三产业用水特征及其发展策略[J].中国人口·资源与环境,2016,26(05):108-116.

事业,为解决"南粮北运"的问题,开辟了海运,并大力兴办漕运,南北经济开始了更为广泛全面的流通。

历史上,北方人口的南迁经历了三次高潮。第一次为两晋之际,第二次为唐朝中期,第三次则为两宋时期。人口迁移为南方带来了更多的政治人才,从魏晋南北朝开始的政治中心的转移,到元明时期逐渐完成。

(2) 维系政治的重要手段

从历史的角度来看,流域的社会变迁经历了从早期定居到前现代社会的过程,最终成为现代和当代民族国家领土的一部分。各国各地区对于各流域水资源的管理有着明显的政治色彩,由于水的资源特性,水利的建设和管理成为各国维系政治的手段之一。大坝这一常见水利设施的建设明显地说明了这一点。

对于许多发展中国家来说,修建大坝的举措有着特别的政治含义。印度学者德苏扎(RohanD Souza)将水坝修筑视为新兴民族国家权力建构的一种新的修辞范式。他考察了德干半岛东北部默哈讷迪河流域水坝,并指出,尼赫鲁的"碑铭主义"思想长期是印度实现国家独立后建设大型水坝的主要驱动力[1]。

自20世纪末以来,中国长江三峡大坝的建设引起了国际上的广泛关注。国际上普遍认为,三峡大坝是迄今为止人类水利工程史上最宏伟的工程,将对长江流域的生态环境、社会文化和经济产生深远的影响[2]。澳大利亚学者威尔姆森(BrookeWilmsen)将水坝修建视为一个民族国家内部不同主体展开博弈的过程,并以三峡大坝为例,在决策优先权的分析框架中,讨论了政府、投资者、决策者、规划者、大坝修建者展开博弈的7种策略[3]。

(3) 政治外交的重要议题

水资源的竞争正在变成世界范围内的政治问题之一,并被置于世界的政治议程中。水是人类生存所必需的稀缺资源。共享跨境河流的国家面临着如何分配和利用跨境河流水资源的问题,在决定水资源分配和利用的过程中,共享跨境河流的国家之间展开政治互动。这些政治互动便构成流域国家之间的水政治[4]。

在中东,提取的水量是影响区域和平与安全的重要问题。例如,以色列一直将水列为与国家安全有关的第一个战略资源区域。1967年,以色列和叙利亚争夺水

---

[1] D'Souza, Rohan. Damming the Mahanadi River: The Emergence of Multi-purpose River Valley Developmentin India(1943—1946)[J]. Indian Economic&SocialHistoryReview,2012,40(1):81-105.

[2] PiDawei. A Trial of Strength with the Yangtze River[J]. Beijing Review,1997,40:9-12.

[3] Brooke Wilmsen. Progress,Problems,and Prospects of Dam-induced Displacement and Resettlementin China[J]. China Information,2011,25(02):139-164.

[4] 张珼.尼罗河流域的水政治:历史与现实[J].阿拉伯世界研究,2019(02):62-75+119.

资源,以色列胜利之后,它获得了两个关键的水源:加利利海西海岸的水生植物和动物遗址以及戈兰高地。与此同时,以色列人摧毁了约旦人在约旦河流域雅穆克河上修建的水坝和运河。

土耳其的水资源开发严重影响了叙利亚和伊拉克的经济。伊拉克、叙利亚和土耳其动员自己的军队争取幼发拉底河和底格里斯河的水资源所有权。非洲地区的埃及、苏丹及埃塞俄比亚,都位于尼罗河流域。苏丹和埃塞俄比亚在上游,埃及在下游。对于埃及政府来讲,反对和防止苏丹和埃塞俄比亚人从尼罗河上游截取更多的水是一项重大国策。如果要增加截水,就意味着要发生战争。

1997年,纳米比亚和博茨瓦纳在水的问题上发生了争执,两国政府把状纸告到了海牙国际法庭,两国关系已经到了战争的边缘。现在,纳米比亚、博茨瓦纳和安哥拉已经成立了一个专门委员会来讨论解决边界的水权问题。

美洲的美国、墨西哥都位于科罗拉多河流域,两国之间经常出现矛盾。在19世纪,美国和墨西哥也使用实弹进行了战斗,直到1906年和1944年,两国才通过外交渠道达成了两国边境河流的水协议。欧洲地区的匈牙利、保加利亚及荷兰,也是一些缺水的国家,其进口水量要占到本国总用水量的90%以上,因此使水成为影响这些国家政治和外交的一个重要因素。

2.2.4 水与社会

(1) 各流域孕育的社会

① 东方流域

"缘水而居,不耕不稼。"(《列子·汤问》)这句话十分形象地展示了处于蒙昧阶段的人类选择居住场所的景象。

在气候干燥炎热、热带沙漠广布的非洲大陆上,流淌着六千六百公里的尼罗河。每年夏季,上游充足的降水使河水水量大、流速急,两岸大量的泥沙和有机物顺流而下进入平原地区,沉积在两岸的低地,形成了自开罗以下面积为两点四万平方公里的尼罗河三角洲。

在亚洲西部,发源于安那托利亚高原的底格里斯河和幼发拉底河沿途接受山泉、融雪和其他支流的补给,在深山峡谷中形成了湍流的河流。冲出高原以后,两河蜿蜒于广阔的平原之上,几经曲折注入波斯湾,给苏美尔人提供了扎根于此的条件。

亚洲南部的印度河发源于冈底斯山西部,向西南流经塔尔沙漠注入阿拉伯海。这条以水流变化显著为特征的大河,每年有两次涨水期,这两个时期有利于农作物的灌溉和生长。另一条发源于喜马拉雅山南坡的恒河,以水势平缓著称,"处处有出产,土不掺石头"的中游谷地尤其富饶。因此,印度河、恒河地区是大自然对人类的一次慷慨馈赠。

亚洲东部,发源于青藏高原的黄河,全长约5 464千米,中流流经黄土高原,向东流入渤海。黄河支流众多,湖泊密布,为旱地农业的发展提供了良好的自然条件。

上述四个地区的自然环境存在差异,但它们都奇迹般地创造了人类早期的文明。人类历史的画卷在这些大河的孕育下展开。

② 西方流域

a. 多瑙河与欧罗巴文明

多瑙河是欧洲第二大河,也是世界上流经国家最多的国际河流。多瑙河水孕育着独特的欧罗巴文明。多瑙河孕育了音乐之都维也纳,它被称为"多瑙河女神",素有"欧洲的心脏"之誉,是一座典雅清洁的花园城市。匈牙利首都的布达佩奇之城,被法国人称为世界上最安静的首都,赢得了"多瑙河女王""多瑙河玫瑰"的美誉。多瑙河在悠悠的历史长河中见证着欧洲文明的发展,并书写着历史的新篇章。

b. 莱茵河与欧洲大陆文明

莱茵河是欧洲第三大河,虽不是最长,但也是西方文明的重要源头之一。莱茵河不仅塑造了德意志和法兰西两个伟大的民族,并滋养了无数文化名人。莱茵河被德意志民族称为"父亲河",海涅、歌德、贝多芬都对莱茵河怀有无限深情,康德曾以一种浪漫的情怀感叹道:"静静的莱茵河蜿蜒地流淌着,仿佛岁月绵长的投影,在历史的乡愁里流浪"[1]。莱茵河映照着整个欧洲的历史,见证着欧洲社会的发展。

c. 泰晤士河与英国文明

在欧洲,多瑙河流经的国家最多,莱茵河的航运最繁忙,而在英国,泰晤士河虽不是最长,但是最重要的河流。它哺育了灿烂的英格兰文明。有美国人拿泰晤士河与密西西比河做对比时,伯恩斯回答道:"圣劳伦斯河是水,密西西比河是浑水,而泰晤士河则是流动的历史。"泰晤士河流域的斯万斯康地区在大约二十五万年前已有最早的人类居住,他们介于直立人与现代人之间。此外,这一流域经历过罗马、盎格鲁萨克逊、米特等部落的征服,是众多势力争相进入的地域,泰晤士河见证了英国从分裂到统一的过程,哺育了牛津、伊顿、温莎等著名城市。

d. 密西西比河与美洲文明

密西西比河位于北美大陆中南部,被誉为美国的"众水之父",是美国这一年轻国度的老人河。现代美国的崛起,离不开密西西比河的恩赐。它造就了美国除东部的阿巴拉契亚山脉、西部的科迪勒拉山系外的中部密西西比河平原,是北美大陆最早也是最重要的人类活动区域之一。美洲印第安人在此定居,创造了灿烂的印

---

[1] 姜守明.世界大河文明[M].济南:山东画报出版社.2011.

第安文明。其中玛雅人、阿斯特克人发展最快,玛雅人发明了象形文字。印第安人曾经从密西西比河河口溯源而上,向大陆北部迁移,足迹遍布水草丰美、土地肥沃的大平原。具有代表性的印第安史前文化遗迹散布于现今的美国东部,并以密西西比河及其支流地区为中心。18世纪末期,美国人在密西西比河建立起稳定的生存基础后,兴起了向密西西比河以西地区扩张的西进运动。密西西比河促生了19世纪工业扩张过程中圣路易斯、孟菲斯、新奥尔良等重要港口城市的繁荣。密西西比河,这条美国名副其实的老人河,见证了美国社会的诞生和发展历程。

(2) 海洋文明与人类社会

海洋文明的诞生以邻近大海的一些西方国家为主体。以雅典和罗马为代表的海洋文明是人类文明的里程碑。人类对海洋的探索也扩大了人类社会的范围,促成了人类社会的全球化进程。

① 地中海、爱琴海与希腊罗马文明

位于地中海的爱琴海是"内海中的内海",为在古老的爱琴文化基础上发育的古希腊罗马文化打上了深深的海洋文化的烙印。

a. 海洋资源与商业社会的形成

与之前的任何文明不同,希腊用来做早餐的粮食来自遥远的里海、黑海沿岸的地方。希腊地区没有包括水在内的丰富的自然资源,也找不到肥沃的大河流域与广阔的平原。为了解决这一短缺,渴望土地的农民不得不到海上去当海盗、商人或殖民者。古典时代的雅典城邦的全部繁荣都维系在皮里尤斯港内几百艘昂首待发的商船上。为了达到商业和新市场开拓的目的,公元前11世纪至前6世纪左右,古希腊人向地中海沿岸进行了长达几百年的海外移民运动,建立了几十个海外殖民地,非洲摩洛哥到埃及的土地成为罗马的粮仓。希腊、罗马人向海洋的开拓扩展了他们的活动空间,同时创造了以交换为中介的生产财富的活动。商业文明的一些重要理念,如诚信、契约也随之成了人们的重要共识。

b. 重心转移后的文明重建

古代大河文明发展的重心立足于对农业的掌握上,而摆脱了对土地河流绝对依赖的古希腊文明的重心则在于民主思想,由此诞生了影响世界文明进程的民主政治文明。同时,在哲学、宗教、艺术领域,希腊、罗马文化也大放光彩。

希腊文化。希腊民族是一个哲学的民族,最早有自然哲学的三杰——泰勒斯阿纳克、西曼德阿拉克、西米尼。同时,在哲学方面,希腊三哲"苏格拉底、柏拉图、亚里士多德"开创了希腊的哲学时代。民主政治方面,雅典被视为希腊民主制的典范。历史方面,有希罗多德的著名历史著作《历史》、修昔底德的《伯罗奔尼撒战争史》。在自然科学领域中,有欧几里得的《几何学原本》等。

罗马文化。"光荣属于希腊,伟大归于罗马"。正是希腊和罗马的联手,西方文明才以稳健的身姿傲立于世界。在政治和法律方面,罗马人的共和制是古代史上政体的一个有效范例。罗马法从《十二铜表法》到《民法大全》,确立了一些基本原则,如平等契约原则和私有权,这些是现代文明的基础。罗马也有自己的文学,拉丁文是当今三种最具影响力的文字符号之一。

恩格斯说:"没有希腊文化和罗马帝国所奠定的基础,也就没有现代的欧洲①。"他们的辉煌至今仍被无限回溯与纪念。

② 海洋文明和人类社会的扩展

人类对于海洋和河流的探险和利用,促使人类历史迈向新阶段。人类活动伴随着海、水事活动的扩张走向了世界。

15世纪末—16世纪末被称为地理大发现的时代,具有探险精神的航海家们在欧洲众国的支持下,向东方寻找新的通商路线。哥伦布于1492年,穿过大西洋发现了新大陆——美洲;达伽马发现了通向印度的海路;麦哲伦于1519—1521年完成了人类历史上第一次环球航行。挪威民族志学者兼旅行家国尔·赫耶尔确信,在古代,文化传播的过程主要发生在海上,而不是在陆地。海洋与庞大的河流经过人类的探索成为各文明组成部分沟通与交流的枢纽,人类逐渐描绘出一幅相互影响的全球性的历史图景。

(3) 生态文明与生态社会建设

① 生态文明的提出

中共中央国务院印发了《关于加快生态文明建设的意见》,指出推动生态文明建设的紧迫性。要充分认识加快推进生态文明建设的极端重要性和紧迫性,切实增强责任感和使命感,牢固树立尊重自然、顺应自然、保护自然的理念,坚持绿水青山就是金山银山,动员全党、全社会积极行动,深入持久地推进生态文明建设,加快形成人与自然和谐发展的现代化建设新格局,开创社会主义生态文明新时代②。从人类源于水,到人类文明的产生和发展,从农业文明到工业文明,再到生态文明,其生产方式的每一次进步,都表明了人类对水资源认识的不断深化以及对人与水关系的更深刻的理解。这也是社会进入更高文明形态的标志。

② 生态文明建设

科学技术在人类社会的生态文明建设中发挥着重要作用。目前人类对科学技

---

① 恩格斯.反杜林论[M].中共中央马克思恩格斯列宁斯大林著作编译局,译.北京:人民出版社,1971.

② 中共中央国务院.关于加快推进生态文明建设的意见[J].水资源开发与管理,2015(03):1-7.

术的利用应努力实现信息化、制度化、组织化的基本布局,实现技术对水资源的综合治理和监控目标,预测并减少水危机的发生,实现人类社会的可持续发展。

在水资源信息化建设方面,在科技发展的带动下,已有的科学技术如 IT、GPS、GIS 和 RS 技术等,都有利于提高水资源利用的效率和水平,是水利信息化的技术支撑。水利信息化可以提高水利信息采集、传输的时效性、高效性和自动化水平,全面提升水利事业活动效率和效能[1]。

在水资源制度化方面,中国在长期的水资源治理实践中制定了一系列与水资源相关的法律法规、部门规章,形成了较为完备的水利制度体系,推动中国水利事业迈入了科学化、法治化轨道。

在水资源组织化方面,中国立足于国情和自然规律,建立了以国务院水行政主管部门——流域机构——地方水行政主管部门为主的水资源管理架构,除此之外,还形成了包括水利外事组织、水利科研组织、水利救灾组织、水利企业等各种具有不同功能和类型的水利组织[2]。

2.3 水与战略

"水对人而言,不仅用于饮用、洗涤、灌溉、滋养生命和净化环境,还用于灵魂之净化或精神之圣礼,用于文明之策源或文化之哺育[3]。"如孔子回答子贡时所言:"夫水,大遍与诸生而无为也,似德。其流也埤下,裾拘必循其理,似义。其洸洸乎不淈尽,似道[4]。"(《荀子·宥坐》)水的功能价值和精神内涵正是水战略的建构基础。以水为用,将水利万物的功能价值作为战略目标,以水为媒,将人水和谐的文化传统作为战略愿景,以水为体,将"上善若水"的精神作为追求的战略价值;以水为师,将"水学"的知识体系作为战略协同的根基。

2.3.1 水与战略目标:水利万物

无论是自然界还是人类社会,都以水利万物为目标,任何战略的终极目标都以善利万物为旨归。

---

[1] 毛艳凤.加强 IT 技术在水利信息化建设中的应用[J].水利科技与经济,2012,18(11):73-74.
[2] 肖阳.中国水资源与周边"水外交"——基于国际政治资源的视角[J].国际展望,2018,10(03):89-110+156-157.
[3] 田海平."水"伦理的道德形态学论纲[J].江海学刊,2012(04):5-14.
[4] 荀子.荀子[M].方勇,李波,译.北京:中华书局,2015.

(1)"水利万物"的思想溯源

古希腊的先贤们关于世界的本原有不同的猜想。米利都学派创始人泰勒斯认为"万物是由水做成的"[1],他将水视为万物的始基,试图寻找万物的统一性。水激发了泰勒斯的思考,并开启了先贤对世界本原的探讨。水不仅对万物的形成、发展具有重要意义,其蕴含的丰富内涵同样激发人类对世界的思考。水不仅在西方文化中占据重要位置,在中国文化中亦是如此。在《尚书·洪范》曾提及:"一曰水,二曰火,三曰木,四曰金,五曰土"[2],将水列于五行之首。《管子·水地》中谈道:"是故具者何也?水是也。万物莫不以生,唯知其托者能为之正……水者何也?具材也,万物之本源也,诸生之宗室也[3]。"

庄子曾言:"夫道,渊乎其居也,漻乎其清也。"(《庄子·天地》)道在静止时既是幽深静默的,又是澄澈透明的。《道德经》第八章也提及:"水善利万物而不争,处众人之所恶,故几于道[4]。"水善于滋养万物,而不与万物争高下,停留在大家所厌弃的地方,所以接近于道了。幽静清澈、善利万物的水才能与道相提并论,以水喻道是对水极高的赞誉。水利万物的思想成为人们的共识,其中蕴含的道德精神也使我们受益无穷。

(2)"水利万物"的内涵

① 水纯净,洗涤万物仍清白

水对人类的生活十分重要,人类需要发挥水的清洁功能以维持生命健康。在生活中,水来淘米、洗菜,用水来清洗身体和衣物,通过清洗路面或进行洒水作业;在现代工业中,工厂用水冷却设备或产品,同时,水用作洗涤剂,清洗设备或地面。水具有自然净化功能,辅之人类的净水技术,从而实现了水资源的循环利用。水不仅可以美化我们的生活,同时可以净化我们的心灵。"夫水淖弱以清,而好洒人之恶,仁也。视之黑而白,精也。"(《管子·水地》)水虽柔弱但十分清白,善于洗涤人的秽恶,这是它的仁。

② 水无私,福泽万物不求回报

地球表面大约70%的面积都被水覆盖,孕育了千姿百态的生命。水参与生命的运动,帮助人体排除有害物质,辅助人体进行新陈代谢,维持人类有氧呼吸。同时,水对于植物也是不可或缺的。植物进行光合作用、呼吸作用都离不开水的参与,此外,水还可以为植物的营养物质提供载体和溶剂。植物通过叶片的蒸腾作

---

[1] 罗素.西方哲学史上卷[M].何兆武,李约瑟,译.北京:商务印书馆,2018.
[2] 姜建设.尚书[M].开封:河南大学出版社,2008.
[3] 管仲.管子[M].吴文涛,张善良,译.北京:北京燕山出版社,1995.
[4] 任法融.道德经释义[M].北京:东方出版社,2012.

用可以带走热量,保持植株的正常温度,维持生命活动的正常运行。此外,水能维持细胞的形状,从而使枝条挺立、花瓣伸展。水是一切生物体的根本,生命的形成、演变都离不开水。良性的水循环对调节气候,维护生态系统的稳定具有重要意义。水循环是地球上最活跃的能量交换和物质转移过程之一,不仅将地球上的各种水体组成一个大水圈,同时也将大气圈、岩石圈与生物圈联系在一起。水循环的过程中巨大的物质和能量会产生流动,使不同纬度热量收支不平衡现象得到缓解。正是由于水循环的存在,水资源才能周而复始地补充更新,成为可再生资源,满足人类的生产、生活的需要。水对大千世界不可或缺,却不张扬、不炫耀。

③ 水包容,包罗万物仍宁静

"是以水者,万物之准也,诸生之淡也,违非得失之质也。是以无不满,无不居也。集于天地,而藏于万物。"(《管子·水地》)水是万物的根据,是一切生命的中心,也是得与失的基础。它分散于天地,又集合在一切生命之中。种子得到水,能生根发芽,成长为参天大树。鸟兽得到水,能自然成长、毛色鲜亮。人类得到水,能繁衍生息。水毫不吝惜地将生命恩泽于万物,包容天地万象,为生命的形成、演进助力;如水包容,包容如水,社会中的方方面面都需要如水般的包容精神。古语言:"海不择细流,故能成其大。"江海从不挑选溪流,以广博的胸襟容纳百川,所以也成就了自己的浩瀚。如水般包容是我们为人处世的道德准则之一,应渗透在社会政治、经济、文化的方方面面,且需要传承和发扬。人类应对水保持敬畏之心,以构建和谐的人水关系。

2.3.2 水与战略愿景:人水和谐

战略愿景的本质是和谐,与人、组织、社会、国家相关的战略也应追求人与自然的和谐。

(1) "人水和谐"的形成与内涵

"和谐"是中华民族的优良传统,"政通人和""以和为贵""家和万事兴"等无不彰显着"和"的重要意义。中国传统文化中强调"天人合一",倡导尊重自然规律,实现人与自然和平共处。水是生命之源,水作为重要的自然资源之一,实现人水和谐,不仅是现实的要求、时代的要求、尊重自然规律的要求,也是"天人合一"的要旨所在。

我国古代人从某种程度上遵守着"天人合一"的思想。古语曾言:"天有其时,地有其财,人有其治,夫是之谓能参。"(《荀子·天伦》)人能治理并利用天时地利,就能与天地配合。人后于天地而存在,自然人的治理方法要"顺天命",讲求人与天地的匹配。在治水历史上,禹吸取了鲧的教训,变"堵"为"疏",采用了"治水须顺水性,水性就下,导之入海。高处就凿通,低处就疏导"的治水思想。"水无有不下",(《孟子·告子上》)禹利用水往低处流的自然属性,因势利导,有效地疏通了洪水,减少了洪水的泛滥,使得人们安居乐业。禹治水有方,"三过家门而不入"的故事广为流传。禹深谙治水之道,顺应自然规律,最终名垂青史,其所采用的方法直至今日也值得我们借鉴。

（2）"人水和谐"的现实背景

现代,随着人类对自然认知程度与能力的不断提升,人类对水的认识突破了原始文化的桎梏,走向了另一极端,人定胜天、征服自然的观念逐渐成为主流。工业革命以来,人类违背自然规律,恣意妄为,破坏水循环系统,盲目改造生态环境,导致水污染、水资源短缺、水土流失、干旱、洪涝等一系列问题接踵而至,人水关系日益尖锐,人水矛盾越发突出。如,日本氮肥生产公司违规排放废水,导致日本水俣湾的水体被汞污染的水污染事件,被称为世界八大公害事件之一。咸海位于哈萨克斯坦和乌兹别克斯坦两国交界处,曾占地近7万平方千米,为世界第4大湖。但是由于人类的过度利用,导致湖泊急剧萎缩,咸海大面积干涸,沙尘暴频繁发生,农田盐碱化十分严重,生物物种锐减。由于不合理利用湖泊水,打破了生态平衡,也直接威胁到了人类的生存。近些年来,长江中下游经常发生较为严重的洪涝灾害,除了季风、台风等自然因素外,人为原因不容忽视。例如,长江中上游地区森林被大量砍伐,水土流失严重,河水含沙量剧增,加大了因暴雨而酿成洪灾的可能性;此外,水土流失导致泥沙淤积和人们大量围湖造田,使湖泊面积缩小,进而使其调洪、蓄洪能力大大减弱,加重了洪涝灾害的程度。不管国内还是国外,都有大量因人为因素导致的水问题。促进人水和谐,人类需要主动作出改变。

（3）"人水和谐"与水生态伦理构建

人类的生存和发展都离不开水,水作为重要的自然资源,与政治、经济、文化密切相关。因此,我们更应该尊重自然规律,珍惜水资源,与自然和谐相处。只有在尊重自然、保护自然的前提下,才能充分利用自然,进而实现社会的可持续发展。"水伦理"属于环境伦理学、生态伦理学和应用伦理学的范畴。对其理解包括两个方面:"一是指水自身的伦理,即把湖泊、河流和其他水体当作与人一样的主体,研究其权利和价值;二是指人类伦理体系中与水事活动相关的部分,特别是水利工程、水资源管理和水生态系统保护等工作中需要考虑的伦理主题[①]。"通过探讨水

---

① 楚行军.西方水伦理研究的新进展——《水伦理:用价值的方法解决水危机》述评[J].国外社会科学,2015(02):155-159.

的价值,从道德的角度出发,改变人统治、占有水的观念,赋予水以同等的生命和权利,以构建平等、和谐的人水关系,解决水危机。

在新的人水伦理观的指导下,人类应当追求和践行和谐的人水关系。"从生态文明的视角宣扬伦理道德,重新认识人与河流的新型关系,唤醒人们自觉呵护河流、关爱河流的意识,实现人与河流和谐相处、共生共存共繁荣"[①]。

2.3.3 水与战略价值:上善若水

战略谋划需要价值引导,需要基于特定的价值观来应对复杂问题。上善若水的价值观有利于水问题的治理。

(1)"水"的精神品性

水历来受到文人墨客的青睐,儒家和道家善以水德喻圣贤之德。以水施教,福泽后世。《论语·雍也》中提及"智者乐水,仁者乐山;智者动,仁者静;智者乐,仁者寿[②]。"又以山的沉稳来比喻仁者稳重不迁,以水的灵动来比喻智者才思敏捷。水拥有"智慧""德性"等美好的精神品性。

"水善利万物而不争",是无私,是谦逊。水孕育了地球上的所有生命,并为一切生物的进化、发展提供可能。自高山奔流入海,或通过蒸发在空中集聚成云尔后形成降水,它将大气圈、岩石圈与生物圈联系在一起。生命所到之处无不享受着水给予的恩泽,水具有无私、谦逊的品格。

水"处众人之所恶",是顽强,是坚毅。"人往高处走",是社会规律,是追求发展的表现。自然界中的树木、花草无不遵循着同样的规律。但"水往低处流",甘于向下。《道德经》第六十六章中说:"江海所以能为百谷王者,以其善下,故能为百谷王。是以欲上民,必以言下之,欲先民,必以身后之。是以圣人处上而民不重,处前而民不害。"江海居于百川峡谷之下,甘于处在别人不愿停留的地方,所以才能收纳百川。《道德经》第七十八章中写道:"天下莫柔弱于水,而攻坚强者莫之能胜,以其无以易之。弱之胜强,柔之胜刚,天下莫不知,莫能行。"天下没有东西比水更柔弱,但攻坚克强没有什么事物可以胜过水。弱胜强,柔胜刚。

(2)"上善若水"的思想内涵

"上善若水"出自老子的《道德经》第八章,其原文如下:"上善若水。水善利万物而不争,处众人之所恶,故几于道。居善地,心善渊,与善仁,言善信,政善治,事善能,动善时。夫唯不争,故无尤。"最高的善像水那样。水善于帮助万物而不与万

---

① 余谋昌.生态文明时代的河流伦理[J].南京林业大学学报(人文社会科学版),2009,9(04):1-5.
② 杨伯峻.论语译注[M].北京:中华书局,2017.

物争名利。老子认为万物皆因道而生,道既存于万物之外,也内化于万物之中。《道德经》第八章将水的性质与道家之"道"联系起来,深刻地描述了水的深层内涵,同时也向人类阐明了达到"上善若水"的方法。老子以水喻道,将道溶于水,能更好地帮助人类理解水之"道"。

"上善若水"中的"善"是伦理学中的一个重要概念,"上善"也可理解为"至善"。亚里士多德认为"至善"是我们追寻的最高目的,它是指向幸福的。老子在《道德经》中提及"上善若水",用水的德行来比拟"至善",与之有异曲同工之妙。"水善利万物而不争,处众人之所恶,故几于道。"至善就像水一样,滋养万物却不求回报,成千上万的物种也因此而繁衍生息。

(3)"上善若水"的战略价值

"上善若水",水无私、水谦逊、水顽强又坚毅,人类应学习水的精神品质。老子《道德经》中对水精神内涵的解释具有极高的战略价值。

"居善地"。水往低处流。既符合水性,也符合水的自然规律。君子也应选择利于自己修养身心的地方,以减少不良环境对自己的影响。"孟母三迁",选择适合孟子生长的环境,最终成就了一代儒学大师。"心善渊",我们的心要像水一样澄静,"德操然后能定,能定然后能应,夫是之谓成人。天见其明,地见其光,君子贵其全也。"(《荀子·劝学》)想成为君子,就要专一地做一件事,不受外界叨扰,还应有定力不断完善自己;"与善仁",是说与人交往要心存仁爱之心,即所谓"泛爱众而亲仁"。此外还应做到"己所不欲,勿施于人",自己不想做的,就不应强加给别人。"言善信",是指我们说话要讲诚信,做到"一言既出,驷马难追"。"政善治",是指从政管理要柔和有序,大公无私。此外,还应做到"事善能,动善时"。也就是说要根据自己的能力办事,善于发挥自己所长,行动要善于把握时机。"夫唯不争,故无尤。"(《道德经·第八章》)做到以上几点,像水一样不与万物争名夺利,才能把小善积成大德,从而不断接近"上善"。

无论从水的自然属性,还是水的道德属性来看,水对人类都有重要意义。人要与水保持和谐关系,切实用"水伦理"指导实践。摒弃传统的人类主宰、人定胜天的人类中心主义,以构建和谐的人水关系。水是人类感悟自然、理解天地万物和自身的纽带。通过肉眼可见的水形象,儒道文化传统将抽象的道、上善、纯净、无私、包容、谦逊、顽强、坚毅等概念,通过形态多姿的水展现出来,从而促进人类对自身以及天地万物的理解。以水为师,不断靠近"上善",成为一个有德性的人,助力文明、和谐的现代化社会的构建。

2.3.4 水与战略协同:"水学"设想

(1) 水学的由来

"水,具材也"(《管子·水地》),即是说,水具备一切的东西。水的历史悠久,水的来源可以追溯到宇宙中氢元素与氧元素的结合,其历史可能要远于地球的形成;水的形态复杂,孔子有云"其流也,则卑下倨拘必循其理,此似义"是说水随物赋形,形态万千,赋形于万物;水意义重大,水被认为是一切生命活动所必需的物质基础。面对如此悠久、复杂而意义重大的水,任何单一的学科知识、单独的治理主体、单调的思想逻辑,都不足以认识水、理解水,更无法解决好水的问题而实现人与水的和谐共生。所以,必须从人类发展的全局高度审视、协同一切我们所能掌握的资源、学科、知识、工具和思想,与水开展全面的对话,以战略协同为思想原点来更好地解决水问题。这实质上是基于水的哲学思想、结合水的科学知识、协调水的多种主体,通过全方位的战略协同,为更好地响应人类对水的根本诉求,向人水和谐、天人合一不断前行。

由此,客观呼唤一门能够系统整合现有关于水的哲学思想与科学理论的专门学问,"水学"应运而生。"水学"以"人水和谐"为战略使命,以儒家、道家、法家等东方哲学思想和马克思主义等西方哲学体系为智慧源泉,以水文学、水资源、水环境、水安全、水工程、水经济、水法律、水文化、水信息、水教育等科学知识为科学基础,通过多主义、多学科、多主体、多要素的战略协同,指引人类向"天人合一"不断前进。

(2) 水学的内涵

人类文明的演进伴随着对水学问孜孜不倦的追求,无论是东方文明中的都江堰、明渠的巧夺天工、"水利万物"哲学思想的博大精深,还是西方文明中的美利斯水库的润泽大地、"诺亚方舟"宗教故事的教化世人,水学问表现为水哲学与水科学蕴藏在人类文明中传承千年。同时,哲学与科学两者间存在相互转化、渗透、融合、协同统一的特点,水学问也包含了如何协调水哲学与水科学的知识。由此,为实现"人水和谐"的终极目标,水哲学、水科学、水哲学与科学间协同统一的学问共同形成了水学,以帮助人类更好地理解水、理解人、理解人与水的关系。在此基础上,建设水学需要进一步明晰两大问题:一是,水学研究的对象是什么? 水学的研究对象包括水哲学、水科学以及水哲学与水科学协同的学问,即"水学=水哲学+水科学+水哲学与水科学协同"。人类认知世界的学问由哲学和科学共同构成,哲学是关于世界的本质规律以及认识世界的根本方法的学问,科学是关于各种细化分类知识和体系的学问。就水学而言,水哲学的研究对象是水的基本规律和理解水的思维方法;水科学由多种学科交叉形成,其研究对象是水的物理、化学、地理、生物、社会等多种性质,或者是帮助人类理解并处理好人水关系的基本条件;两者相互协同是研究关系的学问,是水哲学与水科学如何相互作用以实现"人水和谐",表现为水哲学如何更好地指导水科学发展,水科学如何有力地推进水哲学进步。二是,为什么要研究水学,任何学问都有其与生俱来的价值取向,东方儒学、道学是追求"圣人之道"的学问,更有"为天地立心,为生民立命,为往圣继绝学,为万世开太平"的终极目标;西方的科学世界中由科学伦理指引价值取向,爱因斯坦曾经说过"我一生之中犯了一个巨大的错误,我签署了那封要求罗斯福总统制造核武器的信。但犯这错误是有原因的,德国人制造核武器是存在危险的。"这说明作为科学价值取向的科学伦理是不容碰触和挑战的底线。水学作为一门"知行合一"的学问,其价值取向表现为物质上理解水、精神上敬畏水、行为上促进人水和谐。在如此价值取向的基础上,研究水的由来与发展,研究人与水的相互作用关系,研究水的人性和人的水性等哲学和科学问题才能称之为水学。

(3) 水学的构成

① 水哲学

恩格斯将哲学的基本问题界定为物质与精神的关系,即物质世界的哲学和精神世界的哲学。前者是精炼客观知识的思想方法论,包括事物存在的逻辑和因果,后者是人类主观具有的指导人性发展健全的道德、价值观和伦理。由此,水的哲学包含了作为物质之水的哲学视界和作为精神之水的哲学视界。作为物质之水,古希腊哲学家泰勒斯认为"万物的本原是水",《尚书·洪范》有云"五行:一曰水",这些都表现出朴素唯物主义对物质之水的理解。马克思主义物质观认为,物质是标志着客观实在的哲学范畴,它的唯一特性是客观实在性,说明了物质之水的内在规律不随人的主观意志而改变。作为精神之水,《管子·水地》有云"人,水也",强调人与生俱来的"水性";《大水荒》中指出,"谈论水的时候往往反映出自己的焦虑、希望与自我,水的精神与人的精神同根同源"[1],水反映出的人性。即是说,水的精神哲学本质上是以水为载体的独特世界观与价值观。

② 水科学

水科学是一切研究有关自然界水的科学(尽管到目前有关的科学或学科大多都已发展成为独立系统)[2],或者说,是研究水家族成员(H_2O 与 H、O 同位素)与

---

[1] 查尔斯·费什曼. 大水荒:水资源大战与动荡未来[M]. 王小龙,袁陇珍,译. 北京:中信出版社,2014.

[2] 陈家琦. 水科学的内涵及其发展动力[J]. 水科学进展,1992(04):241-245.

外界事物相联系的科学,即探索水起源、水分布、水的物理化学性质、生境特征、水循环形成机理,以及在全球水循环驱动下,再生水资源、水环境、水生态、水生命与人体健康等主要的自然和社会科学领域与范畴[①]。从1980年由国际水资源协会名誉主席周文德教授提出水科学以来,水科学不断发展成熟,由狭义的水文学,发展为水的自然科学和社会科学的集合,再逐步形成由理学、工学、农学、医学、经济学、教育学、历史学、管理学等8个学科,水文学、水资源、水环境、水安全、水工程、水经济、水法律、水文化、水信息、水教育等10个方面组成的科学体系。实践中,水科学对"水"的开发、利用、规划、管理、保护、研究,涉及多个行业、多个区域、多个部门、多个学科、多个观念、多个理论、多个方法、多个政策、多个法规进行指导[②],进而通过多个学科的通力合作、交叉协同更好地解决复杂水问题。

③ 水哲学—水科学的协同统一

如前文所述,人水和谐的价值取向源于水哲学与水科学间的战略协同。这种协同表现为两个方面,包括水哲学与水科学的内在统一过程和相互转化过程。对于前者,哲学与科学存在内在统一性[③],这就使得哲学的发展和科学的进步都指向一致的方向,在水学中就表现为水哲学和水科学在人水和谐目标下的合而为一。但是,这一过程并非自然形成,或者说在没有指引下容易走向歧途,这就需要一门专门的学问去识别协同统一的路径,并指引水哲学和水科学实现战略协同,进而促进人水关系的健康发展。比如,以为人民服务为价值取向,运用马克思主义思想指导科学研究,并运用科学实践检验马克思主义思想,这样辩证唯物的哲学—科学统一性是中国不断发展壮大的动力源泉。对于后者,哲学与科学间的相互转化驱动着人类历史的进步。以爱因斯坦的质能转换定量定律为例,古希腊的原子论哲学认为世界是由有质量的最小质点构成,而由此造就了统治世界数百年的牛顿力学,但是这一理论被爱因斯坦的相对论推翻,他推导出世界存在比原子更基本的构成要素,即没有质量的能量,这完全颠覆了原子论唯物哲学的思想根基,并进而孕育了更具普遍性、思辨性和终极性的哲学思想。对于水学而言,水科学的发展让人类不断加深对水的认识,并由此可能改变一直以来人类对水的哲学理解,而水哲学的不断探索,促进人类精神上对水的敬畏,并由此引导水科学的发展和人与水关系的优化调整。如何促进水哲学与水科学的协同发展?如何以人水和谐思想为本驱动两者相互作用?都是水学的重要研究范畴。需要指出的是,不同于水哲学和水科

---

① 谭绩文,沈永平,张发旺,等. 水科学概论[M]. 北京:科学出版社,2010.
② 左其亭. 水科学的学科体系及研究框架探讨[J]. 南水北调与水利科技,2011,9(1):113-117.
③ 邬焜. 从古希腊原子论哲学对科学的影响看哲学与科学的内在统一性[J]. 自然辩证法研究,2013,29(11):86-90.

学的简单叠加,水学的核心在于探索水哲学与水科学的基础上更重视水哲学—水科学协同统一的学问,如水管理和水艺术,推进两者的有效联系和共同发展,让人类在具有全局和系统的水哲学造诣的同时掌握足够多的水科学知识去指导实践,这也是水学的抱负所在。

图 2-1　水学的构成

（4）水学发展的基本原则

水学以水为核心元素,融汇东西方哲学思想,深度探索水科学知识,努力推进水领域全学科协同之先河。同时,随着水哲学、水科学的不断发展,水学作为一门新兴的学问还有众多的难题有待解决;而作为一门专门的学问,水学还仅仅是雏形而未形成完整的体系。为加强水学的理论性、科学性,更好地完善水学的知识架构,在此提出如下基本原则,抛砖引玉,望吸引有识之士共同推进水学事业的发展。

① 知行合一原则

水学的出发点是解决复杂水问题,其第一原则便是遵循"知行合一"的入世之道。《礼记·大学》的八目中以正心诚意和格物致知为先,两者相互指引,合而为一。水学中通过水的哲学对人开展正心诚意的思辨与教化,通过水的科学对水开展格物致知的研究与探索,从而追求精神上主观归宿和物质上客观规律的统一。具体而言,"知行合一"包含两个层面的含义:一是知识和行为的统一,二是意识和物质活动的统一。知识和行为的统一表现为科学知识指导人类实践以及实践是检验真理的唯一标准。这说明,水学的研究中必须严格遵循科学的基本原理,并将实践哲学的科学范式作为推进水科学技术发展的唯一动力。在此基础上,意识与物质活动的统一要求,不能割裂精神与物质间的联系,运用辩证的思维将水与人结合,使得我们在处理水问题的过程中不应当只从水的物质特征出发而要求延伸到人与水的共性上,通过"知行合一"促进人的意识和物质的深度结合。

② 天人合一原则

越来越多的学者认为,水的问题源于水,终于人。马克思指出"社会是人同自然界完成了本质的统一,是自然界的真正复活,是人实现了的自然主义和自然界实现了的人道主义"。所以,在治水的问题上"天人合一"是最基本的出发点。学界认为在追求天人合一的过程实质上是人对自身主体性和客体性的认知转变的过程,表现为三个阶段:一是,人依据自身生存和发展的需要积极地利用自然、改造自然,实现主体客体化;二是,人通过实践活动将外在于人的自然"内在化",以充实、完善和发展人自身,实现客体主体化;三是,人的主体地位的实质在于人是目的,即改造自然是手段,人的永续发展是目的①。在这个基础上,水学研究应当全面覆盖水问题中人的客体性向主体性再向主客一体性转变的全过程,表现为从完全客体的水科学,到完全主体性的水哲学,再到天人合一、主客一体的水哲学与水科学的协同。

③ 利害合一原则

"兴水利、除水害"是长久以来中国朴素治水活动的归宿。司马迁《史记·河渠书》有云"甚哉,水之为利害也",也就是说协调水的利害关系是研究水问题的着力之处。实践表明水的利害始终蕴含辩证统一的二重性,这取决于人类看待水问题的视角。当人类作为中心时,过度开发水资源可能对小气候、环境和物种产生影响而从水利变成水害,这就要求人遵循自然规律的同时培育自律的哲学内涵;而以自然为中心时,水害的泛滥从长远来讲又可能是有利于人类发展的,这就要求认清人水关系,在不牺牲人的基本利益的前提下尽量保持水的自然特征,因势利导、久久为功。在此基础上,通过辩证的哲学思想权衡好人类与水的利害关系,把握好全局和局部、长期和短期的关系,将是水学的破题之处。

---

① 张兴国.可持续发展与人的主体地位[J].北京大学学报(哲学社会科学版),2003,40(2):27-32.

第三章
水文化发展与水文明提升

3.1 水文化的发展

2006年世界水日的主题是"水与文化",水与文化的关系成为世界各国解决现代人水问题,建构生态文明的重要课题。联合国教科文组织主题宣言中论述道:"全世界有多少种文化传统,就有多少种看待、使用、歌颂水的方式……世界上每一个地区都有一种崇敬水的途径,但它们的共同点是都认可水的价值及其在人类生活中的核心地位。文化传统、土著的实践及社会价值决定了世界不同地区的人们如何理解与管理水。"水是地球演变、生命孕育的动力与重要元素。

文化由水孕育而生,水不同的性情赋予文化不同的表现形式,也塑造了不同的文化特质。水的丰匮影响着文化的兴衰、见证着文化发展的历史。古老的农业文明以其温和、朴素的特点演奏着人类文明的早期旋律;敏感多变的两河最早诞生了古巴比伦盛极一时的文化奇观;温顺丰饶的尼罗河赠予了古埃及永恒的文化遗产;复杂而独立的印度河与恒河缔造了印度次大陆发达而神秘的文化符号;生生不息的长江黄河哺育了中华民族柔韧兼容的文化。在世界的另一端,海洋的浩瀚培育了西方人勇于探险和开创的精神。同时,内陆优雅、宁静的河流也赋予了西方文化绵长的情感与灵性。东方性情各异的河流孕育了古老而永恒的农业文明,西方浩瀚无际的海洋与相对稳定的河流促成了欧美大陆文化交融与演进的步伐。东西方文化共同构成了多元的文化形态和文化传统,同时,不同的文化传统又创造着不同的水意象,形成了不同的水文化。

3.1.1 东方水文化

在古代的东方,性情各异的水影响着各地区文化的形成和演变,并塑造着各地区的文化。基于水不同的特性形成的文化,以不同的方式纪念、彰显着人对水的力量的崇敬、养育之惠的感恩,以及对带有人格化特征的水所蕴含的基本精神的传承。各地的文化在精神和行为层面都反哺着他们的母亲河。

(1) 精神层面

① 以水崇拜为主的水文化

马克思认为,"任何神话都是用想象或借助于想象征服自然力,把自然力加以形象化。"在原始的农业文明时期,较封闭的自然环境以及对自然力背后原因的迷惑,都将人类引向对水强大力量的崇拜和信仰。无论是宗教的神话传说,原始文学故事,亦或是哲学形而上的沉思,都表达着原始先民对水的崇敬。

产生于世界不同地域的原始文明,都不约而同地发明创造了自己的神话传说,来解释水这一自然力量的神奇,并通过这些或浪漫或离奇的形象与故事表达对水的崇拜和信仰。

最早在两河流域的古巴比伦文明流传着《吉尔伽美什史诗》,记述了天神乌特纳庇什廷告诫半人半神的吉尔伽美什,将用洪水将有罪的人类冲洗干净,并吩咐他建造一只大船逃难才能得救的故事。这是最早的世界大洪水的传说,比《圣经》诺亚方舟故事早 11—12 个世纪。这一故事被巴比伦人传为"创世纪"流传下来,只不过是更换了故事的主人公为马尔代克,取代了苏美尔神恩利勒成为创始者。圣经《创世纪》中的大洪水和诺亚方舟故事即来源于两河流域的创世文学。在这个故事中,水被赋予了毁灭一切的力量,同时清洗了一切罪恶,创造了一个全新的世界,是生命诞生的起因。在苏美人创作的神话中,是淡水神阿布祖在宇宙之初和咸水女神提亚马特结合,造就了天地的女神穆姆,后生育苏美尔众神。

美索不达米亚文明中的宗教故事随时间而发展,不过是演员表中的角色在不同地区有所变换。在尼罗河沿岸的另一个蓬勃发展的璀璨文明,将自己的宗教神话进行润色,讲述了最初的男性神阿图姆的创世故事。阿图姆创造出一对兄妹休和泰芙努特。休代表着空气和生命,泰芙努特则代表着水分和秩序,此时水和控制之间的联系已然建立[①]。而关于尼罗河的起源,则流传着伊希斯女神泪流成河的传说。伊希斯女神为寻找被弟弟杀害并肢解的俄赛里斯的尸体,流泪而成尼罗河,尼罗河便记载了恶神赛特的罪行,而在每年的 6 月 17 日或 18 日,埃及人则会举行盛大欢庆活动,称为"落泪夜"。在天狼星升起,尼罗河汛期开始时,埃及人也开始庆祝他们最喜爱的开年节。在这一天,人们要向尼罗河献祭,尼罗河则将帮助人们实现自己的愿望。埃及视尼罗河为神明,称尼罗河为哈比神,即"泛滥的洪水"。

---

① 亚历山大·贝,水文明的崩溃[M].罗红,译.北京:金城出版社.2011.

远东的古印度通过将恒河神化为银河下凡到人间的河流,赋予恒河以清洗功能。传说中的斯格罗国王因一直未有儿子而请求湿婆大神的赐予。后来,两个妻子分别生了一个儿子和苦瓜一样的怪物。这个怪物衍生出六万个力大无穷却到处惹是生非的儿子。国王派六万个儿子向修道士处寻找自己的马,但他们因冒失得罪了修道士被烧成灰烬。最后一位来寻找马的国王斯格罗的孙子阿修曼说,只有将天上的银河请下凡为他们清洗完灵魂才能升入天堂。阿修曼的孙子帕吉拉特即位后,决心通过自己的苦行,将天上的银河请下凡来为世人举行清洗仪式,银河女神终应允银河下凡。经过许多年的苦行,在湿婆大神的帮助下,银河水被导引下来净化了列祖们的灵魂。这条河就是后来的恒河,恒河能净化人灵魂的传说也由此而来。

在中国,关于治水的神话故事也经久流传。中国也有先人崇拜的水神,例如水神河伯的故事,以及众多与水有关的神话,《女娲补天》《精卫填海》《鲧禹治水》等。中国不仅有众多关于水的传说,也一直将龙作为中华文明的图腾,而管水的神即是龙王。龙,也成为皇权的最高象征。在中国文学中,有众多描述水意象的词句。李白的"黄河之水天上来,奔流到海不复回"是赞山河之壮美,陆游的"三万里河东入海,五千仞岳上摩天。遗民泪尽胡尘里,南望王师又一年"是表爱国之情[1]。

② 人水合一的水思想

如果说水崇拜是多数原始文明的共同特征,那么以中日韩为代表的东亚地区的儒家文化圈基于对水形象、性格、功能原理等基本性质的人格化思考而产生的人水合一的水思想则独具特色。这鲜明地表现在哲学、文学等文化的具体语境中。与西方主客二分的认识论不同的是东方重视现实生活体验的一元论思想,这产生出了更利于构建人水和谐关系的精神和思想。

中国哲人老子是阐释水意象丰富意蕴的代表人物。他以水喻道,将道的七种德行,融于对水的认知中,最高的德行应做到"居善地,心善渊,与善人,言善信,政善治,事善能,动善时"[2],水这一形象不仅是物质之水,更是精神之水。

孔子以水喻君子之品性,"夫水者,启子比德焉"。孔子通过对水的性质、状态、运动、规律细致入微的观察,最终将其比作君子的十一点美德,即"道德、仁爱、高义、智慧、勇毅、明察秋毫、包容豁达、善于教化、正直、处事有度、意志"[3],并借此衍生出儒家处事的道德准则。另外,荀子"君舟民水""水能载舟,亦能覆舟"的论述,

---

[1] 李宗新.水文化初探[M].郑州:黄河水利出版社,1995.
[2][3] 司维.文化视域下汉英"水"的认知对比研究[D].银川:北方民族大学,2016.

将人民比作水以证君主关心人民的必要性。事实上,中日韩都有水喻生命的文化认同,水哺育了生命,同时具有生命特性与生命力。如日本创国神话中,最初的国土——淤能基吕岛就是由天神赐予的天沼矛的矛尖滴水而成。在韩国的文化传统中,太阳代表着天,水代表着地,创世神话中的"青露"和"黑露"的灵气则分别来自天和地,太阳和水则是生命诞生的母体。

除了对水原理、性质的观察和思考外,东方文化中同样重视水的审美功能。中国文学中,从《诗经》到《汉赋》,均充满对自然元素水的体味与沉思。"关关雎鸠,在河之洲,窈窕淑女,君子好逑。参差荇菜,左右流之,窈窕淑女,寤寐求之",以水之阻隔表达自己求之不得的急切心境。白居易"一道残阳铺水中,半江瑟瑟半江红"吟唱着日暮江水的恢宏气势。"水光潋滟晴方好,山色空蒙雨亦奇。欲把西湖比西子,淡妆浓抹总相宜"描述着湖水雨后初晴的空蒙之美。

日本和歌中的水意象更多的表现水与生命、水与情感之间的关系。"水底宿明月,浮水成月影。怎奈无身重,沉沦无所浮"将水意象与其他自然万物联系在一起,并将自己的情感投射其中。"深山岩壁中,沼湖隐其中,密恋若此水,世人无知晓"则用深山之水喻自己爱恋情感的隐秘。韩国的古时调中将水作为和合的对象,在与青山落花的对立统一中塑造出了和谐唯美的自然生命意识①。

东方文化尤其是以东亚为中心的儒家文化圈,将水的自然特质人格化,它有德行、有智慧、有情感。正是在不断体验、咏叹水的过程中,形成了人水和谐,善利万物的水思想。

(2) 行为层面

观念塑造着人们的行为方式。在崇拜水、感悟水、热爱水的文化中,在东方民族的民俗、水管理的措施中同样表达着对水的情感。

① 水民俗

中国的众多民俗活动都起源于水崇拜。如诞生礼俗中的洗水、送水礼,元宵节以舞龙活动来祈求风调雨顺。农历二月初二的龙抬头节,端午节以赛龙舟为主题活动,七夕节需洗浴净身等。一些少数民族更保留着独特的水文化。如傣族的泼水节,以水喻吉祥安康之意。壮族称正月初一的水为智慧水、伶俐水,喝了它的人会变聪明、能干、漂亮。

古埃及对尼罗河水性的观察和模仿影响了埃及人的心理特征,追求对称、和谐的观念体现在他们建筑生活中的各个方面,如古埃及人因居住在尼罗河东岸,故将墓地选在西岸,卡尔纳克、卢克索等神庙都位于东岸,而金字塔则建于

---

① 赵银姬.比较文化视域下的东亚水意象[D].杭州:浙江大学,2016.

西岸。

古印度文明中,有在圣河中洗礼,荣膺天堂的传说。公元前四世纪,从印度教诞生之日起,印度教徒人生四大乐趣分别是"结交圣人、饮恒河水、敬湿婆神、住瓦拉纳西"[①],每位信徒都要在恒河边完成这四大乐趣。生活中再寻常不过的沐浴、饮水,一旦在恒河发生,便成为一种神圣庄严的仪式。

② 水管理

在水管理的制度和工程建设中,也体现着水崇拜和独特的水文明。中国最初政权的合理性便建立在对水善治的能力上。大禹治水的神话故事表现了古代人将治水作为第一任务的制度需要。从古代至今,中国人依靠智慧和劳动建设了众多水利工程。有"芍水修陂道路传"的芍陂工程,"疲秦之计"以建万事功的郑国渠,有"咫尺江山分楚越"的灵渠,有"古堰历千年,至今有伟岸"的都江堰,也有"莫道隋亡为此河,至今千里赖通波"的京杭大运河[②]。其中都江堰是全世界迄今为止,年代最久、唯一留存、仍在一直使用、以无坝引水为特征的宏大水利工程,在建造、使用及管理都江堰的过程中,体现着中国人水和谐的精神和思想。

a. 人水和谐的水利观念

都江堰采用配合河流本身和流域原始生态的无坝引水的工程样式,并充分利用当地的自然资源和河流中难以处理的沙石作为工程的主要材料,在总体设计上充分利用并保持成都平原水流河川的自然之势,形成了自流灌溉的良性系统。不但节省人力物力,天然的工程材料的使用也以另一种方式保持着与自然的和谐统一。

b. 顺应自然的技术设计

都江堰有鱼嘴分水工程、飞沙堰分流排沙工程以及宝瓶口引水工程三大主体工程。它利用自然弯道形成的流体引力自动饮水泄洪,排沙能力,将三大主体工程形成相互依赖、功能互补的系统工程。古代人民根据都江堰河床特点和当地资源条件创制了简易工程和水工构件,如竹龙、枙槎、干砌卵石均为因地制宜、就地取材的工程技术,它们在特殊时期发挥了不可替代的作用。

c. 水信仰的流传

都江堰这一水利工程诞生在极具水文化信仰的都江堰地区。都江堰民间水信仰中的水神崇拜在历史进程中发生了不断的演变。从龙图腾的崇拜到崇拜大禹到开明治水,再到李冰父子,都江堰人民的水信仰从水神到人再到水神,但一直未变

---

①② 蒋涛,吴松,秦素粉. 水文化导论[M]. 成都:西南交通大学出版社,2017.

的是对治水的重视和治水英雄的崇敬与纪念。此外,都江堰保留着水祭祀的传统。现代放水仪式即是延续于古代的祭祀仪式而成。

在东方的其他文明中也均存在着治水用水的古老智慧和理念。

在两河流域的古巴比伦,《汉谟拉比法典》因水而生,"空中花园"的供水系统至今令人称奇,另外,他们采用疏导的方式治理洪水,并大规模挖河沟渠以分散其流量,给洪水留下出路,但后来仍因灌溉渠道治理不善和恶劣的水环境而毁于一旦。

古埃及法老将管理水作为维护其政权的主要手段之一,其专制主义对治水工程的发展有重要的促进作用。在古王国时期,尼罗河周边就建立起了很多水利工程,最早的证据是前王朝末期的蝎王权杖头,著名的《帕勒摩石刻》提到了第一王朝开凿"庄园之湖"之事。第三、四王朝之际的《梅藤墓铭文》提到了阿西尤特州的高地人工灌溉工程,以及十二王朝的法尤姆地区的海上运输。但后来新王国之后,就未再出现统一的政权维修灌溉系统。这也是导致埃及文明逐渐消亡的重要因素。

在古印度,水利同样也是一项重要的事业。在哈拉帕文化时期,就创造出了先进的城市供排水系统,城内的水设施、水井、排水沟、冲水厕所和垃圾桶以及高水平的洗浴卫生设施十分完备。因为印度文明中十分重视水的清洁与洗礼作用,所以水的使用和掌握与宗教统治方式联系在一起。

3.1.2 西方水文化

同人类原始的东方文化反哺着养育它们的大河一样,西方文化也在海洋、众多大河的孕育中形成了以基督教信仰为共同依归的多元文化,此种观念影响着他们看待和利用水的方式。

(1)精神层面

① 对水的崇拜与信仰

当希腊人望向无尽的大海,面对着规律的雨水和季风,万物生长荣枯的节律时,他们无时无刻不在思考着这些现象背后的原因。公元前6世纪,早期古希腊哲学家对万物本原提供了不同的看法。泰勒斯认为"水是万物的本原"。泰勒斯观察到了水蕴藏的巨大力量及其对生命的重要意义,并将其作为世界万物的本原。这代表了科学蒙昧的时代,人们的思考方式以及对水的认识。

古希腊神话中,波塞冬作为海神而受到崇拜,在基督教《圣经》中的第一章即是对水毁灭一切又创造新世界的描写,上帝在创世时水与天地一起出现。不论是在东方还是西方,对水力量的未知都形成了对水的崇拜意识,并创造传说和故事,流传下来。

除了对水力量的崇拜,人们也注意到了水的清洁功能,甚至将其与信仰联系起来。在基督教信仰中,水是祷告或咒语的载体,可以净化灵魂。作为早期宗教的核心,水是最为神圣的物质,水可以净化的观念在宗教中已根深蒂固。在《创世纪》的"诺亚方舟"故事中,洪水清洗了人类的早期罪恶,对水的力量的崇拜及清洁功能的信仰,耶稣给予人的活水,象征着对无尽的生命的恩赐和圣灵。洪水毁灭了一切,同时也意味着将所有罪恶进行清洁,又诞生另一更具生命力的新世界,这与东方人的水观念不谋而合。

② 对水的客体化认识

a. 待征服的自然力量

海洋是西方作家创作时的重要意象之一。在原始的史诗与现代的海洋文学中,有众多以人与海洋为主题的创作。人们纷纷下海,冒险淘金,这不仅仅是对海洋的探索行为,更是一种勇于冒险的勇士精神的表现,并被赋予了征服自然的意义,是人类力量的体现。古希腊史诗《奥德赛》中描写了奥德修斯战胜了大海的重重阻碍回到家乡的故事,这是古代人类与自然斗争的开始。中世纪盎格鲁·撒克逊人的民族史诗《贝奥武甫》中的大海是带给人类灾难和恐惧的大自然的力量。丹尼尔·笛福《鲁滨逊漂流记》,讲述了对海的未知,彰显了人类的探险精神,以及人类以其意志和智慧战胜自然的故事。雨果的《海上劳工》创造了人与自然斗争的奇迹[①]。以上均为人们把以水为代表的自然力量看作待征服和挑战的对象的文学故事。

b. 凸显水的功能性

西方文化中不乏对水的歌颂和赞美,但更多以肯定水的功能为目的。在通过水传达着某种情感时,将水作为审美对象发出赞叹。

关于河流的美丽传说中,多以河流诞生传达着人们对爱情的向往,是人表达自身情感和价值追求的一种工具。

多瑙河的多瑙·伊万因醉酒口出狂言,误杀了自己美丽的妻子娜塔莎后的悔恨;渔夫儿子受到河水女妖诱惑而沉入海底;英俊骑士鲁道夫为未婚妻贝尔塔摘下湍急水边美丽的蓝色小花而掉入水中的悲情,这些都寄托着人们对于美好爱情的向往。但这一情感源于外部人们的施加,不是基于对水性情的观察和形象化。关于莱茵河的传说,同样加入了人们对爱情的向往,其中更有当心莱茵河浅流漩涡暗礁之险的告诫。

众多哲人、文人咏叹河流的伟大是基于河水哺育万物功能的恩情。如法国文豪雨果对莱茵河的热爱,在于莱茵河映照着整个欧洲历史。波普在"温莎森林"一诗中,称泰晤士河为"泰晤士老父亲",赞美的是河流的哺育功能。

---

① 李小驹.西方文学中水文化初探[J].三峡论坛(三峡文学理论版),2013(06):15-19.

综上可知,西方文化中的水观念首先来自对水力量的崇拜,但是随着时代的发展,又形成了一种二元对立的思维方式。荷兰与海水争地的斗争及希腊罗马的海洋文明,使西方人意识到了人类自身的力量,将自然万物作为有别于自己的客体,与中国将水等自然事物的特征看作自我的显现相对。然而西方人在意识到现代文明给自然环境带来的巨大伤害后,水观念也从自信征服变为和谐共存,但仍未将水作为与人一体的对象进行认识和相处。

(2) 行为层面

对水的力量的崇拜和水的清洁能力的信仰构成了西方人对水的基本认知方式,进而影响着他们的行为。希腊罗马精致而复杂的高架渡槽和喷泉,发展出了一种水文明;基督教习俗中的圣水洗礼以洗去罪恶流传至今;美国治理密西西比河的过程是人类改造自然力量的体现。到了现代,西方也发展出了与水和谐共存的水观念,并开展了系统的水教育,实现水文明的现代转变。

① 希腊、罗马水工程对水的控制

希腊虽然将文明的中心建立在诸如法律、官僚制度和政治秩序等概念之上,但并不意味着雅典人不重视对水的掌控。对水的掌控仍是一种重要的技术,并且和文明生活紧密相连,但它不是一切的根源,对水的掌控成为"文明的标杆"。这点尤其体现在罗马精致宏大的水工程上。

希腊罗马时代建设了众多的高架渡槽,并与喷泉、地下水流管道等设施一起,形成了城市文明的重要载体。新鲜的泉水流入希腊,被复杂的高架渡槽引进位于集市中心的喷泉。与此配合,地上也铺设了众多泥制或石制的水流管道,有些管道甚至长达64千米。不仅如此,希腊人还发明了虹吸系统来保持水流顺畅,甚至能将水引到山上。马德拉戴哥高架渡槽每天运送4 000立方米的水。在公元前312年到前229年之间,罗马共建设10个高架渡槽,将水从城东和阿尼奥河谷引入城市,这需要高超的技术。这些高架渡槽向罗马运送了饮用水和浴用水,部分用于磨坊及家庭使用。可以说,高架渡槽是独具希腊罗马特色的利用水的方式。高架渡槽工程给予了人们众多的用水观念,如水是社会契约的核心,其中向市民提供免费用水的服务界定了城市管理者与人民之间的关系。如果统治者不向市民供给用水,那么其权威就失去了法律基础。在古罗马诞生了一种观念:提供服务是政治结构存在的理由,这也是现代发达社会的核心原则。高架渡槽还给了人们一种观念:相对于白白流下山坡,看起来"没用的"水来说,被人类控制的水是"有用的",不仅如此,源源不断的水流还是力量的象征①。

---

① 亚历山大·贝.水文明的崩溃[M].罗红,译.北京:金城出版社.2011.

② 基督教习俗中的水

与埃利都城市神庙中心位置的池水相似,基督教也一直保留着用清水为婴儿施洗的传统。这种宗教仪式昭示着人们的水观念:创世就是将大地与水分离。创世神话是模仿通过灌溉来控制自然的感觉。宗教神话体现了让自然力量,尤其是水听从人类命令的这一"文明"的成功:神在创造人类之前必须先掌控水。在宗教信仰方面,与之相似的行为是花园天堂的悠久传统。这是基督教和伊斯兰教的基础。花圃、草地和喷泉代表着纯粹的荒野。改变自然的观念和为抑制水付出的努力一样,对人类和自然之间的关系产生了重要的影响。在早期的基督教徒观念中,失去花园比失去城市更为严重。公元前6世纪,帕萨尔加德的宫殿遗址证实,这所宫殿是留存至今的、有史记载的、最古老的花园。这座宫殿以流水为界,用十字形水渠将整个花园分为4部分。人们通过水来掌控空间分布,并将潺潺流水和奇花异草一起作为美丽景观[①]。

③ 美国治理密西西比河的宏大工程

密西西比河是美国中部的一条大河,既哺育了美国文明也曾给美国人民带来沉痛灾难。1993年7月,密西西比河发生了20世纪以来最严重的一次大水灾。2008年6月中旬,这条大河再次重创美国中西部,洪水一泻千里,淹没了农田、村庄,冲垮了桥梁,直接经济损失超过15亿美元。美国治理密西西比河的工程经历了许多年。从1830年起,联邦政府开始整顿密西西比河。20世纪20年代,美国依靠陆军工程兵团制定了对天然河道的统一规划。30年代和60年代,先后完成了对密西西比河上游千余公里河道及其支流俄亥俄河、田纳西河的渠化工程,60到70年代又完成了阿肯色河上的17个梯级渠化工程。目前,在明尼阿波利斯和圣路易斯之间,已修筑了29座船闸和大坝。从统一开发到建成,水系的开发投资约300亿美元[②]。在仿效过去文明的决心中,在人定胜天的自信中,美国依靠健全的法律、权威的规划、灵活的筹资方式终于完成了对密西西比河的治理。这是现代人类治理水、管控水的标志性工程,彰显了人的巨大力量和改造自然的坚定决心。

④ 现代美国、澳大利亚完善的水教育体系

随着工业文明的无序发展,现代文明频频出现的水危机让西方社会开始反思人类与水的关系,建设现代水文明。

美国和澳大利亚已经开发和研制出了从学前到中小学阶段的水教育的大纲与课程体系。如澳大利亚的学前儿童水教育课程的探索主题为"从哪里能找到水;水

---

① 亚历山大·贝.水文明的崩溃[M].罗红,译.北京:金城出版社,2011.
② 姜守明.世界大河文明[M].济南:山东画报出版社,2011.

的特征;我们为何需要水;我们这样获得、使用和节约水;那些可以帮助我们节约水的材料和技术;由孩子们自己想办法整理出的智慧用水报告"①六部分。另外开发与水教育相关的网站、维兹之歌、来自维兹的信和卡片模板、水智慧日记模板、水智慧小册子、水智慧卡片、维兹的水智慧之歌等教育资源与课程配合。在澳大利亚也有"学习生命之水"教育项目,建立了从学前阶段到六、七年级的水教育课程。

美国的"全球水供给课程"以水意识、水危机和水资源的可持续性管理为主体,在中小学生中开展水文化专题教育。小学有"水是生命"全球水意识子单元、"水是生活,水是诗歌"研讨会、"水有很多用途""世界水英雄""为水而行"等栏目。初中有"全球水危机""水意识讲义夹""为水而行"三个模块;高中有"水意识讲义夹""模拟清污""水利科技""水共有权悲剧"模块②。水教育课程体系从认识到行动层面更新学生们的水观念,并鼓励学生在日常生活中养成爱护水、节约水的习惯。这是现代人与水和谐共存水意识的体现。

西方文化中的水意识经历了畏惧崇拜——自信征服——和谐共存三个阶段,以基督教精神为特征的西方文化中更重视物理之水的清洁功能,期望通过正确利用水的方式教育提升人的水意识。这种对水的认知方式影响了西方人管理、利用水的方式。希腊罗马精致的水工程代表着人们掌控水的信念,对于海洋的开发将水作为待征服的对象,而对凶猛大河的治理则体现了人治理水的智慧和力量。与此相异的是,东方文化倾向于人格化水的形象和性情,达成人与水的合一并存,并从善利万物的水中学习君子之道德来规范自己与自然万物的关系。各文化都保留有崇敬、热爱水的民俗传统,中国著名的都江堰水利工程即是对自然环境的依循和对自然资源利用的智慧的体现,也是人水和谐相处的重要典范。

3.2 水文明的演进

从现代的时间坐标向前追溯,人类的历史经历了从原始文明、农耕文明到工业文明的过渡历程,在这一历史进程中,水是人类生存和进步的重要物质基础。

3.2.1 水与原始文明

在以原始文明为主要形态的原始社会中,水是人类生存必不可少的资源。同时,由于人类力量的弱小,水也是威胁人类生存的自然界的一部分。原始人类没有

---

① 楚行军.澳大利亚学前儿童水教育述评——以昆士兰州"学习生命之水"教育项目为例[J].大庆师范学院学报,2015,35(05):138-141.
② 楚行军.美国中小学水教育对我国水文化教育的启发——以"全球水供给课程"教育项目为例[J].现代中小学教育,2015,31(09):119-121.

稳定的用水保障,水的利用仰赖于上天的赐予,因而对水的祈求常常演变成一系列带有宗教色彩的仪式。在原始社会,水的使用方式和范围都极为有限,这也限制了人类文明的进一步发展。

3.2.2　水与农业文明

随着人类与大自然互动经验的传递和教育发展,人对于包括水在内的自然的认识进一步深化,利用水的能力有了提高。在从奴隶社会到封建社会的过渡中,人类历史进入农耕文明的阶段。水主要用来灌溉农田,以保证农作物的丰收,给予人类更为自由的行动能力。由于发达的灌溉技术,农业获得了长足发展。灌溉除了满足水分的需要之外,还有调节土壤温度、湿度和养分的功能。灌溉能够提高土地的农业生产能力。人类原始文明的诞生地都发展出以灌溉为主要特征的农业。如非洲的尼罗河流域,印度的恒河流域和中国的长江流域,国家的昌盛与灌溉农业的发展密切相关。灌溉与农具的使用、作物的种植技巧相结合,使得农业获得了长足发展。以中国为例,"耕者之所获,一夫百亩,百亩之粪,上农夫食九人,上次食八人,中食七人,中次食六人,下食五人[①]。"魏国时期大臣、改革家李悝评价魏国当时的农业称一百亩田平常年景可收一百五十石,如遇大丰收可达三百石或六百石。百亩之田由五口之家经营,收成除了正常家庭消费外,能有所盈余。这是战国经济繁荣、文化发达的重要物质条件,以水为中心的灌溉农业的发展为这一阶段文明的开展提供了巨大的动力。

3.2.3　水与工业文明

在资本主义社会与社会主义社会阶段,以工业文明为主要特征的文明形态加速了人类历史的发展进程。水为工业文明的形成和发展提供了更为丰富的资源和利用方式。水因为有着动力、清洁、形态、原料等特征而应用于工业生产的各个方面,水被称为"工业的血液",整个生产工艺过程都离不开水。水以其动力特征为工业各环节的运行提供基本的能量,如制造1吨钢,大约需要25吨水;以其清洁特征为工业生产中的洗涤环节提供资源。另外,水以其可降温、冷冻的多变形态特征应用于工业生产中的冷冻环节,以其原料特征在工业生产制造、加工过程中起着重要作用。如果没有水,人们无法制造精美的陶器,火箭的制造也无法进行,向更辽阔宇宙的探索历程也不会开启。可以说,没有水这一媒介资源,就没有工业文明之轮呼啸而过,人类历史的发展速度也会因之延缓。

[①] 孟子.孟子[M].万丽华,蓝旭,译注.北京:中华书局,2006.

然而,以科学技术为主的工业文明,在信念上有使其必然走向极端的先天基因,进而否定自身:自然是以一种与人类对立的姿态存在着的。征服、利用、改造自然的目标,最终导致人类对生态环境造成了极大的破坏。现代社会的种种水危机,如水资源短缺及水质恶化,即是人类仅满足自身需求竭泽而渔的结果。

3.3 水文明的提升

3.3.1 水生态文明

(1) 水生态文明的内涵

① 水生态文明的提出

人类社会从原始文明、农业文明、工业文明到生态文明,经历了一个持续而渐进的发展历程。原始文明阶段,采集和渔猎活动是人们主要的物质生产方式,人们对自然的基本态度是崇拜,进而臣服于自然。农业文明阶段,农耕畜牧活动是主要的物质生产方式,人类开始较大规模地采伐植物、捕杀动物、开发土地,对生态环境的破坏和掠夺日益加剧。虽然这个阶段的矛盾逐渐激化,但总体未超出环境的承载能力。随着文明的推进,进入工业文明阶段人类在自然的关系中逐渐成为主体。一方面,人类沉醉于征服自然的兴奋喜悦中,另一方面,人类赖以生存和发展的自然环境与人类渐行渐远,甚至失衡、对立。原始文明、农业文明、工业文明之后,现在该进入生态文明的新阶段了[①]。

党的十九大报告将"坚持人与自然和谐共生"作为新时代坚持和发展中国特色社会主义的基本方略之一,将生态建设提升到新的高度,为未来中国的生态文明建设和绿色发展指明了方向,规划了路线。水作为生态系统的重要控制要素,是生态建设的重要内容。站在中国发展新的历史起点上,积极践行人与自然和谐共生理念,不断强化水生态文明建设,将成为今后水利工作的重中之重。

② 水生态文明的含义

水是生态环境的基本要素,是生态环境系统结构与功能的组成部分。水是生命之源、生产之要、生态之基,是各类生态系统中最重要的控制因子。水生态文明是生态文明的重要组成和基础保障。[②] 中国工程院院士王浩认为:"水生态文明是指遵循水循环、生态演化、社会发展的客观规律,以人水和谐的理念为核心,积极改

---

①② 福建省水利厅,福建省水利水电勘测设计研究院.在水一方话说水生态文明[M].福州:海峡文艺出版社,2018.

善和优化经济社会与生态系统之间的水关系,建设人类经济社会健康运行机制和良好水生态环境的过程中所取得的物质、精神、制度的总和。"

有论者在对已有文献中对生态文明概念进行分解和辨析后,提取出"以科学发展观为指导,以维护水生态系统健康、水资源健康可持续为基础,保障社会经济可持续发展,达到以人水和谐为核心的文明化,是物质、精神和制度方面成果的总和[①]"。等关键概念,并构建了以人和社会为出发点的"生态—文化—行为—资源"和"生态—经济—社会—资源"的良性外部循环系统。

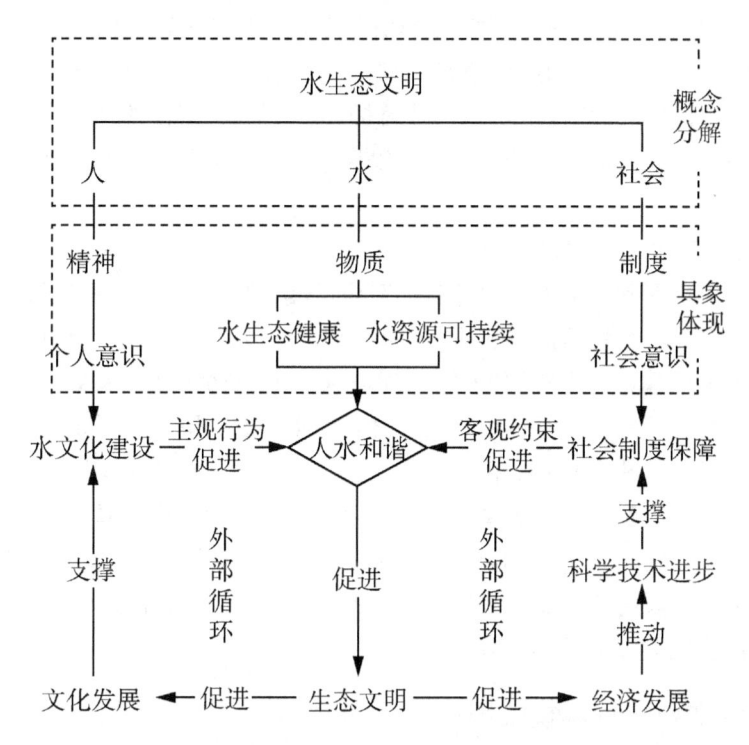

图 3-1　水生态文明概念分解及外部循环促进系统图

(2) 水生态文明的目标及布局

从不同的角度考察水生态文明的建设,其内容与要求各异。从总体设计上来看,以"水文明建设"为中心,水生态文明建设需要突出三个层次的目标与内涵,即传播与树立尊重自然、顺应自然和保护自然的文明理念;形成以坚持保护优先、节约优先、自然恢复为主的方针,着力推进绿色发展、循环发展、低碳发展,形成节约水资源和保护水资源的空间格局、产业结构、生产方式、生活方式,从源头上扭转水

---

① 向婧怡. 面向水生态文明的上海市水资源管理及水文化建设途径[D]. 上海:华东师范大学,2018.

生态环境恶化的趋势的文明行为;并最终达到建立山清水秀、生机盎然的生态环境的文明成效。从评价体系角度对水生态文明建设进行分析,各地水生态文明的建设总体上需要兼顾和谐发展、节约高效、生态保护、制度保障和文化传承[①]。

水生态文明有五个方面的建设任务:一是和谐发展。人与自然和谐相处,实现和谐发展。二是节约高效。加强水资源节约和保护,促进水资源可持续利用。三是生态保护。水生态系统良性循环,创建优美健康的生存环境。四是制度保障。创新水生态文明制度体系,完善水生态文明法制建设。五是文化传承。倡导先进的水生态价值观,形成合理消费的社会风尚,营造爱护生态环境的良好风气和具有节水、爱水的水文化品位和道德修养[②]。其中,和谐发展是理想目标,节约高效、生态保护、制度保障与文化传承是过程性目标,同时也是实现理想目标的具体路径。从对以上五个目标达成程度的评价中可以衡量水生态文明建设的实施效果和完成状况。

(3) 水生态文明的建设路径

与水生态文明建设的五个总体目标对应,我国的水生态文明建设形成了"五位一体"的系统布局,最终目的是实现"人与自然、人与人、人与社会"等方面的和谐统一。水生态文明建设是水资源节约、水环境保护、水安全维护、水文化弘扬和水制度保障"五位一体"的有机整体。"五位一体"的水生态文明建设系统布局是一个相互联系、相互影响、相互作用、相互协调、相互促进、相辅相成的有机统一体[③]。昆山市水利局工作人员在水生态文明建设"五位一体"建设系统布局的指导思想下制定了具体建设路径与评价指标,也为其他地区的水生态文明建设提供了参考。如图3-2所示[④]。该路径涉及从水资源管理到水制度完善的各方面,进一步规定了当前水生态文明建设的具体内容。

3.3.2 水文明的发展模式困境

水生态文明建设是当代社会水利用、水管理、水保护等工作的重要趋势,但就目前而言,面临着发展困境。水文明的发展困境一方面受自然因素的影响,另一方面由于人为的过渡干预和不科学的利用方式而造成。此外,水生态文明建设面临着阶段性和全局性的困境。

(1) 水资源与水灾害困境

---

①② 左其亭,罗增良.水生态文明定量评价方法及应用[J].水利水电技术,2016,47(05):94-100.
③ 詹卫华,汪升华,李玮,赵洪峰.水生态文明建设"五位一体"及路径探讨[J].中国水利,2013(09):4-6.
④ 柴伟伟.基于"五位一体"系统布局的昆山市水生态文明建设水平评价[J].水利规划与设计,2018(07):112-115.

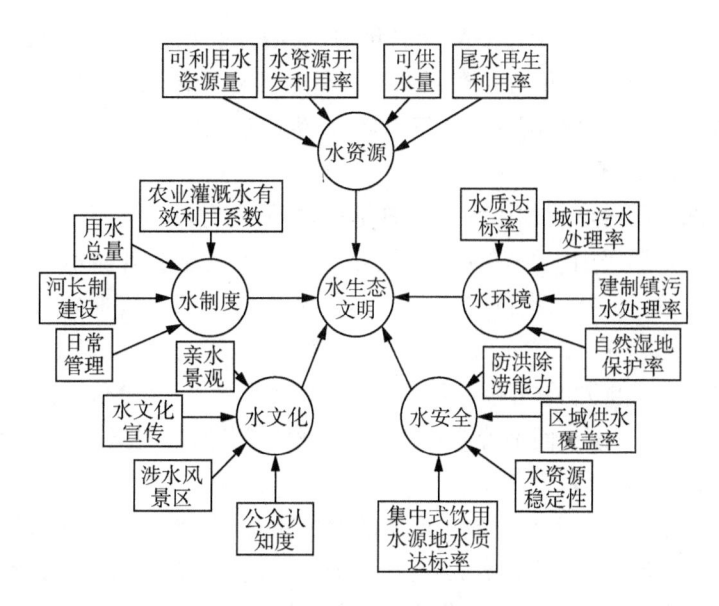

图 3-2　水生态文明的建设路径

① 可利用水资源总量少

地球上水总量大,但可利用的淡水资源占比较小。根据 2018 年水资源状况的调查,"地球上的总水量为 13.86 亿 km³,其中海洋水为 13.38 亿 km³,占地球总水量的 96.54%,折合水深约 3 700 m。陆面湖泊、河流、沼泽及人工水库中的总水量仅占地球总水量的 0.014%,是与人类最为密切的淡水资源。大陆冰雪总量约占全球总水量的 1.74%,为地球上最多的淡水资源,但难以开发利用。土壤和地下水总储量为 2 340 万 km³。其中淡水 1 053 万 km³,占全球总水量的 0.76%。也是淡水资源的主要来源之一[①]。"

另外,在水资源充足的地区,如果人们用水不当,就会造成生态问题,主要表现在河流湖泊萎缩、地下水位下降、森林草原退化、土地沙化、水土流失、灌区次生盐渍化、地表和地下水体污染等。大规模河道外用水导致了大河断流、湖泊缩小和湿地消失等问题;过度开采地下水导致大面积的地下水水位下降,形成漏斗与土层干化;植被退化导致了水土流失;不当的灌溉方式加重了次生盐渍化;随着用水量的不断增加,废污水排放量也会相应增加,而废污水处理回用机制相对滞后,以致形成大范围的水体污染,有效水资源量进一步减少。

人口剧增也是对地球水系重要的战略威胁。这种危机首先表现为人均水资

---

① 王腊春,史运良,曾春芬.水资源学[M].南京:东南大学出版社,2014.

源占有量减少。2000年用水量是1900年的15倍。世界庞大的人口数量,对人均水资源占有量、水资源的供应及在开采中的环境问题产生了严重的压力,进而会对人们的日常生活和社会经济的可持续发展,产生深远的影响。

② 水资源分配不均

除了全球范围内可利用淡水资源总量少之外,还存在淡水资源在全球各地分布不均的问题。据美国太平洋研究院两年一次的不完全统计显示,"全球65%的饮用水仅集中在13个国家:巴西(14.9%)、俄罗斯(8.2%)、加拿大(6%)、美国(5.6%)、印度尼西亚(5.2%)、中国(5.1%)、哥伦比亚(3.9%)、印度(3.5%)、秘鲁(3.5%)、刚果(2.3%)、委内瑞拉(2.2%)、孟加拉国(2.2%)和缅甸(1.9%)。与此同时,越来越多的国家正面临着严重的水资源短缺问题,一些国家甚至每年人均可用水量不足1000立方米①。"

部分地区水资源的不足造成了严重的卫生和安全文明问题。世界卫生组织估计,全球平均每年死于腹泻的84.2万人中有36.1万名5岁以下的儿童是因为不安全饮水。据联合国儿童基金会报道,全世界有7.68亿人在2015年无法得到安全的饮用水;每6人中就有1人无法满足联合国规定的每人每天20—50升淡水的最低标准②。

而全球化的贸易更加剧着全球范围内水资源的失衡。如耗费大量水的花卉种植业,因为对水的争夺爆发了一系列的战争。肯尼亚奈瓦沙湖湖畔的花卉种植中心最初只有一家农场,后来因为效益丰厚,被其他农场仿效而成为东非农业的发展趋势。花卉种植耗水量大的特点使奈瓦沙湖的水分渐渐耗干,湖面下降,蓄水层枯竭,但玫瑰革命带来的利润只能维持15年,由此在渴望赚钱的种植户与愤怒的当地人之间发生了一场玫瑰之战。重复着奈瓦沙湖故事的全球贸易活动背后未曾言明的陷阱是:人们可以从一个地方取走水资源,然后向另一个地方出口;只要把水转换成其他的形式,那么你想取走多少都可以③。美国以出口牛和小麦的方式出口了本国约1/3的可控淡水,澳大利亚以糖和葡萄酒的形式出口着水资源,西班牙南部出口柑橘类水果,缺水的地区以色列以番茄的形式出口着珍贵的水资源。这些贸易活动在为国家创汇的同时,正在使国家走向自我毁灭,也加剧着全球范围内的水资源的不平衡与水危机。

---

①② 高晶. 2018世界水资源及中国水资源概览[EB/OL]. 2018-08-10. http://hbw.chinaenvironment.com/zxxwlb/index_178_102528.html.

③ 亚历山大·贝. 水文明的崩溃[M]. 罗红,译. 北京:金城出版社,2011.

③ 水灾害时有发生

水灾害是人类治水历史中一直面对的问题。水灾害包括大洪水、大旱灾、大海啸、大风暴、大冰雪等自然现象带来的一系列严重损失。虽然人类的治水能力有了明显的提高，然而，水灾害现象仍然时有发生，且严重的水灾害为人类带来的经济损失和生命代价是人类无法估量的。颜素珍在《100例水灾害》中列举了从10世纪以来的世界范围内的严重水灾害。水灾害的发生与气候变化有关，同时，也与人类不合理的水文活动有关。如2005—2006年美国洛杉矶发生了百年不遇的大旱。从2006年夏天至2007年，洛杉矶经历了1877年以来降雨量最少的雨季。自2005年7月1日至2006年，洛杉矶市区降雨量为62.7毫米，正常年份为354毫米，成为历史上最干旱的时期。因为降水量过少以及水资源缺少带来的森林火灾也使美国这一地区经济损失严重。据统计，加州南部山火吞噬了约68.79平方千米山林，1 500人紧急疏散，2 100多处豪宅和波音公司一间火箭实验室[①]。2006年7月，洛杉矶东部的山林野火持续近10天，严重威胁进出邻近内华达州赌城拉斯韦加斯的交通安全[②]。这些残忍的水旱灾害像是一枚炸弹，为人类带来无尽的恐慌。水灾害的预防变得越来越重要。

(2) 水利用存在的问题

① 水资源的利用方式不合理

在任何依赖灌溉进行农业耕作的地方，人们都可能目睹起伏的麦浪最终变成白色的硬壳[③]。灌溉在带来农作物增产的同时，隐藏着严重的土地盐碱化危机。所有天然水都含有一定的盐分，灌溉会组织矿物质流入海洋，灌溉土地中的水被蒸发后，将盐分留下来，盐分的不断积攒就会到达危险的水平，这也是古老城市乌尔毁灭的重要原因。在巴基斯坦，每年有1 100万吨的盐分囤积在土壤之上，尽管农民使用更多的水以冲走矿物质，但每年依然会有4万公顷的土地失去效力。世界上1/5的灌溉农业都有土地盐碱化的问题，并且需要付出更大的努力和成本进行治理。

同时，农牧业耗水量巨大也是一大问题，"在人类所掌控的所有水资源中，70%都被用来灌溉田地。生活用水只占了很小一部分的比例；而且在发达世界中，工业用水比例一直在降低，大概占20%。简而言之，全球主要的水问题就在于农牧

---

① 颜素珍.100例水灾害[M].南京：河海大学出版社，2009.
② 新华网.美国洛杉矶遭遇百年不遇大旱[EB/OL].2007-04-02.http://news.sina.com.cn/w/2007-04-02/221112676877.shtml.
③ 亚历山大·贝.水文明的崩溃[M].罗红，译.北京：金城出版社，2011.

业"①。虽然人类利用智慧克服水问题的能力不断加强,如使用滴灌、定额灌溉、排水降低地下水位至适宜深度等措施,但不合理的水利用方式仍然遗留下严重的历史问题亟待解决。在联合国关于水资源的报告中,一位研究员写道:"大量的水只能供给给有限的土地……土地灌溉的水深为20毫米,一公顷土地就耗水200立方米。200立方米的水可以维持一个家庭5年的生活……也就是我们灌溉1公顷土地所需要的水量,则可以满足一个五口之家4年多的用量②!"

此外,疏于对水的管理也会产生不良影响。历史上的伊斯兰帝国权倾一时,然而由于治理那尔湾运河巨大的工作量和治水任务的艰巨性,阿巴斯王朝以来1.5万名奴隶日夜劳作成为传统,公元8世纪奴隶揭竿而起,王朝覆灭。从公元869年到883年间,运河的淤泥逐渐累积,对运河的疏忽削弱了巴格达的力量,伊拉克粮食产量逐年下降,到伊玛目统治时期,此区域的生态环境已经在灾难的边缘摇摇欲坠。当蒙古入侵者在1258年攻打巴格达城池时,这座城市因被饥饿所困失去防抗的能力。

② 水污染范围不断扩大

水污染,是"扑向世界的头号杀手","从170多年前英国泰晤士河的病菌污染,到1890年代德国汉堡饮水的传染病污染,再到1950年日本熊本县汞污染和21世纪初罗马尼亚境内多瑙河的金矿污染,一次又一次的恶性水污染不断地侵袭着人类。据联合国水资源世界评估报告显示,目前,全世界每天约有200吨垃圾倒进河流、湖泊和小溪,全世界每年约有4 260多亿立方米的污水排入江河湖海,全球因此被污染的河流占40%以上,其中所有流经亚洲城市的河流无一清浊,美国40%的水资源流域均被污染,欧洲55条河流中仅有5条水质差强人意③"。

水污染不仅造成了经济损失,而且也威胁着人类的生命安全。据世界卫生组织的统计资料表明,超过25亿人生活在没有必要卫生设施的环境里。大约有8.84亿人无法获得安全的饮用水,其中大部分人生活在非洲。每年大约有150万五岁以下的儿童因与水有关的疾病而死亡。江河、小溪、湖泊和地下水系统水质的恶化直接影响着生态系统和人类的健康。这种状态是难以言表的人类悲剧,也是人类发展的主要障碍④。

---

①② 亚历山大·贝. 水文明的崩溃[M]. 罗红,译. 北京:金城出版社,2011.
③ 张锐. 水污染,扑向世界的"头号杀手"[J]. 金融经济,2010(23):14-15.
④ 联合国教科文组织. 联合国教科文组织总干事伊琳娜·博科娃女士在"世界水日"的致辞,"清洁用水与健康世界"[EB/OL]. 2010-3-22. https://unesdoc.unesco.org/ark:/48223/pf0000187217_chi?posInSet=1&queryId=381a12ab-c042-4913-b025-f18d8b641aa7.

(3) 水管理困境

① 水法制体系不够完善

人类活动受道德和法律的约束与影响,法律是成文的道德,道德是内心的法律。世界各国都重视水法规的建设和完善。在世界范围内,美国、英国、澳大利亚等国家均据国情建设了较为完善的水法规体系。美国的水法规体系涵盖水资源开发、利用、保护、管理的各个方面,并与联邦制的政治制度相结合,各州建立了符合各自特色的水法规及配套措施。英国有由国际条约、欧盟法律和议会立法以及议会立法部门配套的法规政策组成的法规制度体系。在水管理层面实行国家、区域和地方三级管理制度。澳大利亚在建设水法规过程中继承了英国普法中的河岸权,以政策为主的全国水资源管理由不同管辖范围内的政府间协调、协商而形成。新中国成立以来,我国水法规建设也在不断完善。1949年新中国成立后,我国水法规建设不断发展。宪法是我国水法制建设的基础,1988年通过了《中华人民共和国水法》(简称《水法》),这是新中国的第一部水法,是中国水管理的基本大法[①]。随着近几年水利法制建设的日益完善,我国已形成了符合我国特色的行政队伍及水法规体系的执法网络。

由于不同地区不同的国情与文化背景,水法规建设也表现出不同的特色,目前,我国在立法过程中存在着相关部门多、职能交叉、职责不清、权利博弈、行政化和缺乏针对性等倾向,如我国对水资源管理纵向实行流域管理与行政区域管理相结合的管理体制,横向涉及水利部门(水行政主管)、环保部门(水质、水污染)、农业部门(农业面源污染)和城乡与住房建设部门(城市水务)[②]。

② 水管理效能较低

中国水环境管理体制的主要问题是水污染控制与水资源管理的分离,国家与地方相关部门政策的分离降低了水问题处理的工作效率。中国的水管理分为水利、电力、农业、城建等部门机构,但是多个部门统一治理难以实现"统一规划、合理布局"的效果。虽然近年来,各地严格按照依法治水的基本原则展开治水工作,但一些地方仍然有以权代法、责任推诿等问题。

③ 水生态文明理念缺乏普及性

在我国,水生态文明保护进程中缺少社会人员参与,首先,由于水保护活动属于一项公益事业,而在我国现有水资源法律中,尚少涉及建立公众参与机制的规定。另外,水文明的理念缺乏普及,民众还未将保护、爱护水资源作为生活习惯融入于自身生活之中。群众的"水危机"意识较为单薄,法律意识不高,常出现违法活

[①②] 孙金华,陈静,朱乾德. 国内外水法规比较研究[J]. 中国水利,2015(02):46-51.

动的情况。加之水法规的宣传工作存在宣传内容单一、声势小等因素造成宣传效果无法达到预期,因而大部分人不了解什么行为是应该禁止的、什么行为是违反水法规的,导致群体性水行政违反案件层出不穷,增加了基层水行政执法的管理难度①。针对民众水法律意识和水保护参与意识的缺失现象,政府与大众传媒等需要进一步加强宣传教育、行为引导,普及水文明理念,扩大公众参与范围。

3.3.3 水文明的提升路径

(1) 树立以自然为基础的理念

2018年3月19日,在第8届世界水论坛上,联合国教科文组织与相关国际机构发布了2018年联合国世界水发展报告。报告以"基于自然的水解决方案(Nature based Solutions for Water)"为主题,报告的第一章将NBS定义为"受大自然启发、由大自然支持的方案,这些方案使用或是模拟自然过程来促进水管理水平的提高②。"这一创新应对方式植根于几千年的用水方式中,对于大自然在水循环特征值调节中具有的独特意义和作用。乌伦布鲁克先生和科纳先生在前言中说,"大自然在水循环各种特征值的调节中具有独特而重要的作用,大自然既是水的调节者,又是水的清洁者,同时还是水的供应者。基于自然的水解决方案不仅是个好理念,而且也是从长远上保障水资源可持续性和水所能提供多种效益可持续性的必由之路"。这一治理理念使我们认识到过去以灰色基础建设设施的理念和方法,已经无法满足人与自然和谐共生的需要。灰色基础设施应与绿色基础设施融合发展,发挥灰色基础设施的整体化、持续化优势,如城市供水管网等,目前仍发挥着重要的作用,且暂时无法取代。而灰色基础设施带来的不利影响,需要用绿色的观念和方法予以重新认识和评估,在此基础上进行改建和改造。用绿色的角度和绿色方法进行论证、设计、建设与运营。

NBS模式与中国"天人合一、人与自然和谐共生"等理念不谋而合,中国古代的传统智慧值得我们借鉴。例如,中国古代的经典水利工程如都江堰水利工程、灵渠等均符合NBS的理念与方法。NBS在中国与世界范围内均将发挥更基础和重要的作用。

(2) 打造规范多元的治理格局

保护水资源,尊重自然,人水和谐发展是每个公民的责任与义务,需要调动各

---

① 陈延飞.基层水行政执法工作存在的问题及对策[J].水利科学与寒区工程,2018,1(02):40-42.
②③ 李中锋.弘扬绿色优化灰色统筹解决水问题——2018年联合国世界水发展报告述评[J].中国水利,2018(07):1-3.

方力量共同展开水管理工作。

① 依法管理水

针对目前水法规出现的法律可执行条款少、法律内容有交叉、可操作性不强、法律所涉及主体权限不明等问题,应该建立和完善覆盖省、市、县三级以及各流域的水资源管理控制指标,将其纳入各地社会发展的综合评价体系。用水生态保护为主体的法规突破行业利益,打破条块分割,充分发挥法律政策对行为的引导和规范作用。在执行过程中,各部门管理责任清晰化、透明化、公开化,坚决依法治国、依法开展水管理工作。

② 调动多方力量促进水发展

水治理工作需要多方配合。打破水陆界限、集水资源合理调度配置、河湖生态系统保护与修复、城市绿地建设、景观建设等一体化规划、设计、施工。由政府统筹,更大范围的多部门联动,以水为脉,做好整体规划,从更深的层面解决水治理问题。"水生态的管理与保护、治理与预防过程繁杂,牵涉面广,涉及人群广,是一个复杂的系统工程。应建立以政府为主导、多部门联动,类似国家安全委员会的一个水生态委员会,综合管理水生态,形成水生态管理与保护的合力。建立一个水生态委员会,由政府部门主导,发挥政府的主导作用,才能引起更多的人群关心水生态,从而保护水生态,实现水生态的持续发展[①]。"

③ 加强对水生态文明理念的宣传教育

水教育对于宣传水知识,使爱水、惜水、节水、护水、敬水等行为上升为一种良好习惯,成为自觉意识和文明素养,建立广泛的公众参与机制,具有重要意义。实施水教育,建设系统、完备的水教育知识体系,在此基础上,制定相应的政策和措施,建立以水教育为基础的、广泛的公众参与机制,使专业知识转变为易学的科普知识。水生态文明宣传与教育相结合,首先,将水生态教育走进学校、走进课堂,利用公益广告、微信等平台提升公众对生态文明建设的认知和认可。其次,完善政府监督平台,加强公众监督,扩大公众参与管理和监督的渠道和方式,及时处理破坏水资源的行为,加强各行各业保护水生态的意识。除此之外,加强对地方政府官员及大型企业领导进行宣传教育。地方政府必须担负起责任,联合多部门防治违法乱纪行为。对地方领导、企业管理者、大众等主体进行全面而系统的教育,提高其水保护的意识和能力。

(3) 借助技术创新水管理方式

① 推广区域链技术改善水资源管理

---

① 张立师,王豹.水生态文明建设的思考[J].水资源开发与管理,2015(03):57-59.

水权交易是优化水资源配置的重要手段,目前国内水权交易方式多样,如"准市场""地方政治民主协商""合约化水交易市场"等。同时辅助以明晰的产权、计量检测技术的支撑、监管制度的完善等条件。从制度和管理层面的建议虽然为水权交易提供了可借鉴的方向,但未从技术、客户体验的角度阐述如何加速水权交易的效率。

第四次工业革命带来了物联网、AI等文明成果,大数据、云计算等技术融入政务、民生、商业等各方面,区域链技术的应用对于解决信任危机、去中心化场景具有独特的作用,是解决目前水权交易中心问题的新突破口。

"区块链(Blockchain)的概念源于数字货币——比特币,是一种把区块以链的方式组合在一起的数据结构[1]。"区块链的主要特征首先表现为开放共识,任何人都可在每个节点中获得共识拷贝。中间节点的数据丢失不会影响其他节点的完整性。其次具有去中心和去信任的特征。节点与节点之间通过P2P的模式,通过数字签名技术取得信任,按照既定规则运行而无须欺骗其他节点。再次,节点之间的双方匿名、交易透明。区块链在全网公开,成为交易双方的共识。最后,区块链具有不可篡改数据的特点。在每一处节点有一份数据拷贝。交易记录长久保存。区块链以分布式账本、非对称加密算法、数字时间戳技术、智能合约机制为关键技术,为解决水权交易中效率低、投机行为、确权不透明、管理不规范、合约制度不完善等问题具有重要作用。

这一技术可以使家庭、行业消费者、水务管理人员和政策制定者们实时获得水质和水量的数据,进而让他们作出更明智的决定。

② 建设分散式水资源再利用系统

分散式水资源再利用即"将人们用过的灰水(除冲厕水),经过分流制管道系统回收后进行再生处理,达到再次利用标准的水[2]。"比如,利用可再生水作为水景用水、洗车、冲厕用水、浇洒道路、空调冷却用水、消防用水等。这种方式一方面可以节约水资源,同时可以提高社会效益和环境效益,推进水资源利用的可持续发展。近年来,分散式水资源再利用的方式取得了突出的成效。物联网(IoT)和人工智能(AI)的技术创新成果可以为创新型财务解决方案与商业模型规模化分散式解决方案提供技术支撑,在水利基础设施中发挥关键作用。

---

[1] 杨仕亮. 基于区块链技术的水权交易管理模式创新与改善[A]. 河海大学. 2018(第六届)中国水利信息化技术论坛论文集[C]. 河海大学;北京沃特咨询有限公司,2018:10.

[2] 班云霄. 分散再生水项目发展评价及匹配技术研究[D]. 西安:西安建筑科技大学,2014.

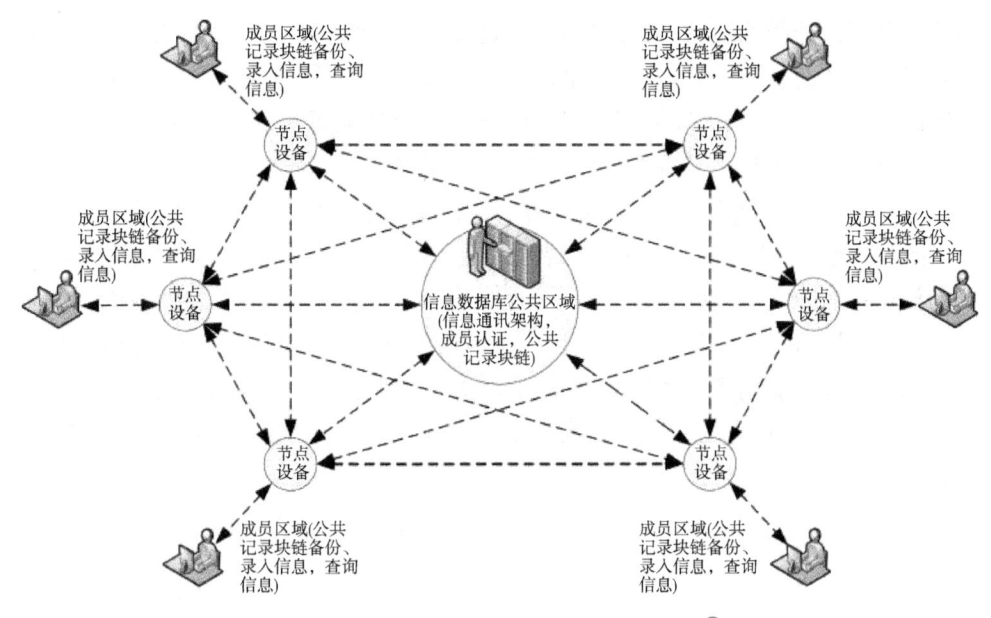

图 3-3　水权交易结算自动化和信任传递[①]

③ 发展"生产"新水源的先进技术

针对水的资源量少的自然条件，利用新技术"生产"新水源是缓解水资源短缺的有效路径。在海水淡化技术方面，传统的有多级闪蒸工艺、低温多效蒸馏工艺、反渗透工艺等。近几年，结合科学技术的发展，出现了多种海水淡化的新技术。首先是集成式海水淡化技术。以膜蒸馏、RO 与 MSF 集成和 RO 与电渗析集成为主要方式。膜蒸馏是一种以热蒸馏驱动膜分离的新型海水淡化集成方法，需要热源对海水进行加热，受热蒸发的水蒸气的积累产生一定的蒸气分压。膜两侧的蒸气分压差所产生的驱动力使水蒸气能源源不断地透过疏水膜，水分子气化通过膜后再进行冷凝实现了海水的水盐分离[②]。MSF 具有产水水质好，但效率低且较易结垢的特点，而 RO 则产水效率高，水质较差，两者优势互补，可以降低产水成本，提高海水淡化的效率[③]。RO 与电渗析集成是通过将电解析作为预脱盐工段，以降低海水的含盐量，之后通过反渗透膜来达到淡化海水的目的。多层氧化石墨烯（GO）

---

① 杨仕亮.基于区块链技术的水权交易管理模式创新与改善[A].河海大学.2018(第六届)中国水利信息化技术论坛论文集[C].河海大学：北京沃特咨询有限公司,2018:10.

② 郑涛杰,陈志莉,杨毅.膜蒸馏技术应用于海水淡化的技术分析与研究进展[J].重庆大学学报,2017,40(12):71-78.

③ 刘承芳,李梅,王永强,朱明璇.海水淡化技术的进展及应用[J].城镇供水,2019(02):54-58+62.

薄片含有复杂的微毛细管水道网络,具有超高的透水性能和离子排斥性能,是一种极具吸引力的滤膜。虽然,在应用中还需要受到多种因素的限制,但具有良好的发展空间。另外,也出现了以太阳能、风能、核能等清洁能源应用于海水淡化中的趋势。海水淡化技术在世界各国都受到了重视,其中沙特、阿联酋、澳大利亚分别实现了 525 万 m³/d、82 万 m³/d 及 120 万 m³/d 的产能,建设了众多海水淡化工程。

此外,最近一些新技术和新材料在通过空气提取有效水分的运用中发挥着重要的作用。对于干旱地区,微量的水分也是极其重要的。利用空气中的水分来灌溉农作物是灌溉领域的重要分支。目前,已有金属丝网空气聚水装置、金属碟片空气聚水以及太阳能制冷聚水技术装置在使用[1]。同时,空间电场聚水也是一种新的技术,国际上正在开发新的材料来帮助科学家在不依赖湿度的情况下从空气中提取水分。

---

[1] 尚力.空间电场空气聚水灌溉技术[J].农机科技推广,2011(04):50-51.

第四章
水治理实践

水是生命之源,是人类赖以生存和发展不可替代的基础资源。联合国《世界水资源综合评估报告》指出:随工业化与城市化进程的加快,人口剧增,对水资源的需求量急增,同时人类的资源开发活动带来的水资源短缺及污染现象也日趋严重,呈现出一系列的水环境问题,严重威胁着人们的健康。水问题将严重制约全球的经济与社会发展,并可能导致国家间的冲突。因此,要建立一种新型的"人水和谐"的水治理方式,从而实现水生态的可持续发展。

4.1 水治理的内涵

4.1.1 治理的含义

"治理"一词源于拉丁语"Gubernare",意思是"统治"或"掌舵",在英文中,"治理"(Governance)与"统治"(Government)从词面上看似乎差别并不大,但其实际含义却有很大的不同。20世纪80年代以来,无论是在经济学、政治学和管理学领域,"治理"一词十分流行,其兴起与20世纪80年代社会科学出现的"范式危机"有关,面对"真实世界"出现的政府危机和"社团革命"兴起后所发生的复杂景象,以往的"市场与政府"的二元世界观使许多社会学科没有足够能力描述和解释,从而陷入过度简化的二分法的"范式危机",而传统的政府官僚模式恰好是建立在这种范式之上的[1]。这种单向、一元和缺乏回应的管理体制,对公共事务的管理日趋僵化,越来越难以适应多元化社会的需要,并引发了公众对政府的信任危机。

---

[1] B·盖伊·彼得斯.政府未来的治理模式[M].吴爱明,夏宏图,译.北京:中国人民大学出版社,2001.

作为治理理论的基本概念,治理有其独特的内涵,许多西方学者都对治理做出了解释和界定。公共治理理论的创始人之一詹姆斯·罗西瑙(James N Rosenau)把治理定义为"一系列活动领域里的管理机制,它们虽未得到正式授权,却能有效发挥作用"。另外一位代表人物罗茨认为治理意味着"统治的含义有了变化,意味着一种新的统治过程,意味着有序统治的条件已经不同以前,或是以新的方法来统治社会"。并详细列举了六种关于治理的不同定义,即作为最小国家的治理,作为公司活动的治理,作为新公共管理的治理,作为善治的治理,作为社会控制体系的治理和作为自组织网络的治理[1]。Smouts 归纳出治理的四项特征:第一,治理是一种过程,不是一套规则,也不是一种活动;第二,治理强调协调,不以支配为基础;第三,治理必须同时兼顾公私部门的行动者;第四,治理不是正式制度,而是一种恒动过程[2]。Peters 认为,人类发展至今存在着四种治理模式的安排,即科层制、市场制、网络及社区,而公共治理则强调政府转变对社会的管理职能与方式,注重协商沟通。Weller 从公共政策结构与过程变化的角度,讨论治理的意义,认为治理成为一种描述和解释,说明近二十年来公共政策领域确实有所变化。治理应使我们意识到,有越来越多的行动主体加入公共决策的过程,在互动中对决策产生影响。治理是一种由"单中心"的政策框架构建"多中心"协商合作的互动过程[3]。Slamon 认为,治理是一种与传统政府统治迥然不同的新典范,是实现公共服务效益、效率、公平的基本工具,超越"公与私的二元结构"[4]。格里·斯托克(Gerry Stock)对目前流行的各种治理概念进行了梳理,并归纳出如下五种主要观点[5]:治理是指出自政府但又不限于政府的一套社会公共机构和行为者;治理明确指出在为社会和经济问题寻求解答的过程中存在的界线和责任方面的模糊之点;治理明确肯定涉及集体行为的各个社会公共机构之间存在的权力依赖;治理指行为者网络的自主治理;治理认定,办好事情的能力并不在于政府的权力,不在于政府下命令或运用其权威,政府可以动用新的工具和技术来控制和指引,而政府的能力和责任均在于此。我国著名学者俞可平总结归纳了关于治理的各种定义[6],他认为治理一词的基本含义是指在一个既定的范围内运用权威维持秩序,满足公众的需要。对治理最具代表性和权威性的界定是 1995 年全球治理委员会在《我们的全球伙伴关系》

---

[1] 张璋. 治理:公共行政新理念[J]. 中国人民大学复印报刊材料《公共版》,2000(3):35-37.
[2] 吴志成. 西方治理理论述评[J]. 教学与研究,2004,(6):64-68.
[3] 陈兆仓. 治理理论视角下的中国廉政建设经验、挑战与创新[J]. 河南社会科学,2011,19(04):56-59.
[4] 陈欣. 铜陵市社区治理体制改革探索[D]. 南京:南京师范大学,2016.
[5] 格里·斯托克,华夏风. 作为理论的治理:五个论点[J]. 国际社会科学,1999,(01):19-30.
[6] 俞可平. 治理与善治[M]. 北京:社会科学文献出版社,2000.

的研究报告中指出的:治理是各种公共的或私人的个人和机构管理其共同事务的诸多方式的总和,它是使相互冲突的或不同的利益得以调和并且采取联合行动的持续过程。治理的目的是在各种不同的制度关系中运用权力去引导、控制和规范公民的各种活动,以最大限度地增进公共利益。

尽管学者们对"治理"一词的界定不尽相同,但大体上都认识到治理的概念比政府更具有包容性,强调政府与社会、公部门与私部门的一种互动协商关系。从各种关于治理的定义中我们可以看到,"治理"一词的基本含义是指官方的或民间的公共管理组织在一个既定的范围内运用公共权威维持秩序,满足公众的需要。治理的目的是在各种不同的制度关系中运用权力去引导、控制和规范公民的各种活动,以最大限度地增进公共利益。所以,治理是一种公共管理活动和公共管理过程,涵盖整个政府制度,同时也包含非政府组织,呈现的是一套政策参与者都能接受的运作模式,它包括必要的公共权威、管理规则、治理机制和治理方式。因此,有效的治理模式并非是静态、被动的规则设计,而是根据社会的不同需求展现其动态性、多元性以及复杂性,是社会需要与管理能力之间相互协调提升的恒动过程。

4.1.2　水治理的管理学解读

水具有四个属性,即自然属性、社会属性、经济属性和生态属性,多重属性使水成为一种具有多种功能的战略资源和生态要素。从表面上看,水问题是资源环境的问题,实质上是一个典型的治理问题。水直接影响人类的生存和社会的发展。

传统的治水思想是以被动的处理水为主要特征。长期以来,人类与各种水害作斗争。对于古老的农耕文明来说,能否处理好与水的关系,决定一个国家的兴衰。兴修水利成为治国安邦之策,古语有"兴水利,而后有农功;有农功,而后裕国。"修筑堤埝、修建水坝、疏浚河道等工程的实施,更多是为了提高处理水患的能力,防治水旱灾害。长期以来,人们一直把需水看作是不可改变的,将注意力集中在寻找和开发新的水源、输水和进行水的处理等方面。这种传统的治水方式,其主要特征是根据工农业用水需求,建设大中型水利工程,采用先进的科学技术手段,对水和水域进行控制和调配,以实现水资源供需平衡。随着水利工程的不断兴建以及水资源的日益紧缺,以处理水的供需平衡为目标的治水方式,重建设轻管理,缺少长远的发展思想,忽视了生态环境效益,导致了一系列社会矛盾的出现。

现行的治水思想是以主动治理水为主要特征。在反思传统治水思路的基础上,通过多年的治水实践,形成了新的认识:一是水是基础性的自然资源,是生态环境的控制性要素,在治水中要坚持按自然规律办事,从人类向大自然无节制地索取转变为人与自然的和谐共处;二是重视生态与水的密切关系,把生态用水提到重要议程,防止水资源枯竭对生态环境造成的破坏;三是从重视水利工程建设转变为在重视工程建设的同时,要特别重视非工程措施,并强调科学治理;四是水是具有战略性的经济资源,在新的市场经济条件下,要坚持政府宏观调控、市场资源配置、公众参与监督的有机结合,构建充分发挥市场在资源配置中起决定性作用的新型治水模式;五是采用先进的科学技术,创新治水手段,提高治水效率。当今的水治理是基于水的四个属性,在人类与自然可持续发展的需求下,对取水、配水、用水等环节开展的一系列管理行为,通过建立综合管理体制,综合决策,统一规划,加强跨部门、跨区域在法律、政策、规划和行动上的协调,寻求多种目标之间的平衡,建立"良治"的新型管理模式,以实现公共利益最大化[①]。

(1) 水的公共物品属性,决定了水治理是政府管理的基本职能,需要厘清政府与市场关系

水的公共物品属性决定了水治理应当作为政府的一项基本职能,从公共服务角度,进行有效的管理,强调政府主体责任、公平的管理原则和公共支出的保障。由于水体属于公共物品,一旦受到污染或者破坏,就会对国家利益和公共福利造成损害。市场本身不具备保护水环境的能力,反而经常是水生态环境破坏的主因。政府必须承担起保护水环境和资源的责任,即使是利用市场手段保护环境,也需要在政府监督下实施。在水治理体制中,政府要完善顶层设计,建立科学有效的制度体系、组织体系和实施保障体系,并保证其稳定运行,以有效地增加良好产品的公共服务供给。市场主要通过竞争行为,完成包括水利工程建设和污水处理设施建设等在内的治水设施建设,并保证其稳定运行,为社会提供良好的公共服务。

(2) 基于综合治理理念,强调水治理相关部门的协调合作

从发达国家的水治理经验来看,推行综合治理,是有效解决水管理问题的基本趋势。综合治理,是通过跨部门与跨地区的协调管理,开发、利用和保护水、土、生物等资源,最大限度地适应自然规律,充分利用生态系统功能,实现经济、社会和环境福利的最大化。实践证明,综合治理提供了一个能将经济发展、社会福利和环境的可持续性整合到决策过程中的制度与政策框架。综合治理不是原有水资源、水环境、水土流失等要素管理的简单加和,而是基于生态系统方法和利益相关方的广泛参与,试图打破部门管理和行政管理的界限,采取综合性措施,是一种"多元共治"模式,其特征是统筹、协调和平衡。

(3) 权责统一理论,要求科学配置中央与地方水治理职责权限

权责配置强调权力下放、权与利分离基础上的权责统一。厘清中央与地方的

---

① 胡鞍钢. 探索中国水治理之道[J]. 河北水利,2015(10):14,23.

事权责任,是适应财税体制改革、建立现代化治理体系的重要举措。目前,水行政主管部门角色错位,既当"运动员"又当"裁判员",这决定了其难以处理好开发利用和保护监管关系。在水资源开发利用与保护存在较大目标冲突时,若缺乏有效的权力制衡,就很难做到开发与保护的均衡管理。根据水治理事务的外部性、辅助性等原则,水治理要强化中央决策的统一和上收,地方管理权适当下放,以及地方水治理体制的多样化和地方化。合理划分各级政府的水治理事权,充分体现宏观调控与微观管理相结合的原则,是我国政府职能转变的基本要求。为此,按照不同的管理层次配备不同的水治理职能,中央政府的职能主要是进行宏观调控,完善顶层设计,对跨区域、跨流域的水治理问题进行协调解决;地方政府服从中央政府的水治理目标和总体部署,服从国家对区域、流域水治理任务的统一协调,落实各项水治理任务。

(4)权变整合理论,强调水治理组织结构的柔性能力

最佳的组织往往是适应任务环境灵活地调整组织结构和权力结构的组织。水治理机制采用政府、企业、社会等多元合作的方式。因各治理主体地位、职责、权力关系各不相同,通过协调和处理多元主体利益间的关系,包括中央与地方之间、流域上下游之间、政府与企业之间、企业与社会之间等多种利益结构,强调任务环境与权力结构的弹性以增强适应能力。现有的水管理职能散落于各水管理职能部门,体现的是技术导向的过程型管理,水治理自给难度大,部门间协调成本高,亟须向目标型管理转型。从水的系统性出发,逐步构建综合化、宽职能部门设置的大部门体制,合理配置水的资源产权、开发利用和生态环境保护职能,体现水治理的经济社会和自然生态两大目标,并降低协调成本。同时建立专业化的水治理执行机构,通过专业化治理水平提高治理效率。水治理是综合性、系统性工程,其最终目标是削弱水灾害减缓水短缺、防治水环境污染与降低水生态损耗,以实现生态的可持续发展[①]。

4.1.3 我国的治水思想

(1)影响中国治水思想演变的主要因素

影响中国治水思想演变的因素可以分为两类,自然因素和社会因素。从最初以自然因素为主导,到后期逐渐以社会因素为主导,无数的水利先驱们都在努力地寻找指引水利发展的平衡点[②]。

[①] 吴舜泽,等.水治理体制机制改革研究[M].北京:中国环境出版社,2017.
[②] 韩春辉,左其亭,宋梦林,罗增良.我国治水思想演变分析[J].水利发展研究,2015(5):75-80.

① 自然因素

包括气候、地形、地势、河流、土壤、植被、条件、规律等。我国幅员辽阔,地区间的气候、降雨等自然因素各有差异,因此,对于不同地区的水利发展,要统筹考虑,可以参考其他区域的治水理念,但不能生搬硬套。自古以来,我国的传统文化强调人与自然的统一,人的行为与自然的协调,道德理性与自然理性的一致。根据这种思想,人不能违背自然,超越自然界的承受力去改造自然、征服自然、破坏自然,而应该在顺应自然规律的条件下利用自然、改造自然,使之更符合人类的需要,也使自然界的万物都能生长发展。

② 社会因素

包括政治、经济、文化等。政治因素包括国家出台的水资源管理制度及水利发展方针、水利法制建设、跨国家河流安全情况等,它是符合国家发展目的的一种人为控制因素,直接关系到国家和社会发展的方向。在古代主要表现在国家为了战略需要或者带动地方经济而修建的渠系、运河等方面,而在现代则体现在战略部署、社会安全、能源开发、农业保障等方面。经济因素关系到经济制度和经济状况,如经济发展速度与水资源供给平衡关系、人民生活用水状况等。文化因素是指水文化教育、水利科技、水文化普及度、节水观念、风俗习惯等。如果上述因素呈现出良好的适宜和稳定状态,那么就会对国家经济的发展和社会的稳定起着推动的作用;相反,就会产生消极的作用。

因此,在水利的建设过程中,既要注重自然因素又要考虑到社会因素的影响,而现在需要攻克的难题就是寻找这样一个平衡点,即达到人水和谐的目的,这是水利可持续发展战略的终极目标。

(2) 中国治水思想的演变规律

中华民族治水思想的演变是伴随着其自身文明的发展过程而逐渐形成的。人类历史整个发展规律就是顺应规律、改造自然的历史。人与自然关系的发展经历了4个时期:依存、开发、掠夺、和谐。不同时期,经济社会发展程度不同,人们对自然的认识不同,在处理与自然关系的同时也采取了不同的态度,因此,治水思想也分为四个阶段:听天由命、天定胜人、人定胜天、天人合一。

治水思想的演变是随着人与自然关系的变化而变化的,两者之间存在一定的关系。人与自然的关系与治水思想演变的对应联系如图4-1所示。

① 听天由命

在人类生产水平极低的原始社会,由于人类的发展处于新兴阶段,人类对于自然的认识仅仅处于主观的认识水平,这时的人类只能依靠一些简单的工具直接或间接地从自然中获取所需要的一切,而面对自然界对人类的各种威胁,人类只能选

```
人 ──────── 自然(水)
```

人与自然关系	依存 → 开发 → 掠夺 → 和谐
治水思想	听天由命 → 天定胜人 → 人定胜天 → 天人合一
水利发展状态	无 → 萌芽 → 发展 → 成熟

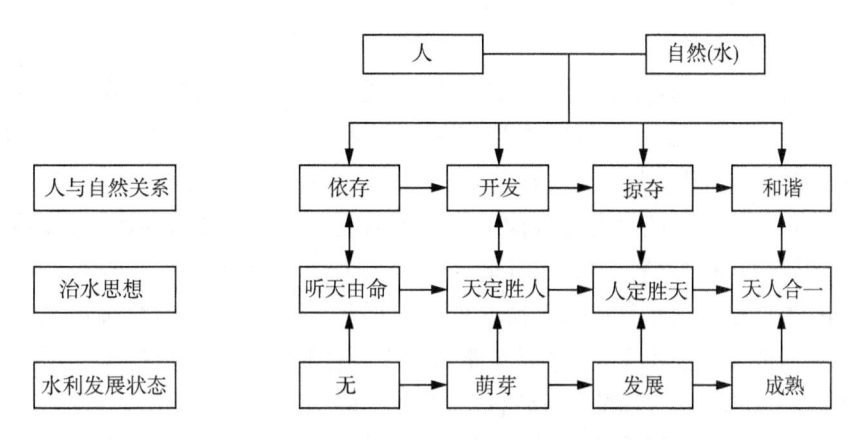

图 4-1 人与自然的关系与治水思想演变的对应联系

择退避，面对洪水择丘陵而处，逐水草而居。古人的这种退避之法看似愚笨，但却是我们现如今治水所追求的最高境界，人水和谐最原始的一种状态。

② 天定胜人

人类从退避、依存于大自然的力量到开发、利用自然之力的过程，都受制于科技发展水平及文明程度的限制，仅仅具有反抗的力量而没有掌控的能力。这一阶段人类治水思想的发展处于传统水利的萌芽期。在原始社会之后，随着生产力水平的提高及文明的不断发展，青铜器、铁器的使用及农业、畜牧业出现后，人类开始开发利用自然资源，改变自然。在治水的思想上，人类经过大禹治水的启蒙，认识到了人与水之间的初步关系，即洪水是可以通过人力来适当控制的，江河也是可以治理的。而在之后几千年的历史岁月中，人类依靠科技水平的提高以及先辈们留下的宝贵经验，逐渐地采取各种途径和方式治理江河为人类所利用。这其中包括许多大型的渠系、运河、灌溉系统等。

③ 人定胜天

人定胜天指"人心安定，人人都能安守自己的本分，人类体现出的凝聚力和力量能够超越自然界"。在新中国成立后毛泽东曾经提倡"人定胜天"，一方面要"听天由命"，另一方面要充分发挥人的主观能动性。随着科技进步和生产力水平的进一步提高，近现代大工业生产出现后，人类的自信心和对生存环境的不满足，驱使他们去征服和统一自然，这种毫无节制地向大自然索取、掠夺，一方面对大自然造成破坏性的灾难，另一方面也招致大自然对人类的报复与惩罚。现如今我国面对的四大水问题中"水多、水少、水脏、水浑"就是人定胜天治水思想中逐渐演化出来的恶果。

④ 天人合一

季羡林先生认为,所谓"天人合一","人"就是"我们这一些芸芸众生的凡人",是"我们人类","天"就是大自然,"天人关系"是人与自然的关系,"天人合一"是"讲人与大自然合一,同大自然交朋友"。通俗讲就是主张人类应当顺从自然,与自然和谐相处,不可违背、超越自然规律。在我国面临日益严峻的水问题后,理性认识的提升,结合可持续发展战略,引导着我们迈入人水和谐阶段,即天人合一。人水和谐,指"人文系统与水系统相互协调的良性循环状态,即在不断改善水系统自我维持和更新能力的前提下,使水资源能为人类生存和社会经济可持续发展提供久远的支撑和保障"。前水利部部长汪恕诚在1999年第一次提出人与自然和谐共处;2001年,人水和谐思想被纳入现代水利的内涵和体系;2004年,中央1号文件在针对水利改革发展的指导思想、目标任务和基本原则中提到要坚持人水和谐这一原则,当年举办的"中国水周"活动主题为"人水和谐";2011年中央1号文件在针对水利改革发展的指导思想、目标任务和基本原则中提到,要坚持人水和谐这一原则。这一系列的演变都在促使着我国水利发展向天人合一的目标不断前进。

4.2 我国治水实践的演变

中国五千年文明史,水利是极为重要的公共事务,自古即有"善为国者必先治水"之说。历史的经验表明,水利发展战略需要随着国情和水情条件的变化不断作出适应性调整,以适应不同时期的国民经济和社会发展需要。深入分析国情和水情的演变,合理划分治水发展阶段,认清不同阶段治水发展在历史中的地位和使命,对于治水战略选择具有重要参考价值。

在我国,水利部历任部长都重视从历史的高度把握水利发展规律,通过总结水利发展史来认识水利发展阶段和趋势,为指导治水实践提供思路和依据。例如,汪恕诚从历史观的高度,将中国治水历程按照治水理念与科学技术的发展划分为四个时期:依附自然、顺应自然的原始水利阶段;工程技术手段改造自然的古代水利阶段;工程技术手段征服自然的当代水利阶段;人与自然和谐相处的现代水利阶段。陈雷总结改革开放以来的水利改革发展实践,将水利改革发展历程大致划分为三个阶段:1978年至1987年为第一阶段,水利改革发展艰难起步;1988年至1997年为第二阶段,水利改革发展逐步深入;1998年以后为第三阶段,水利改革发展加快推进。学术界对水利发展史已有较多的探讨。例如,娄溥礼将人类水利事业的发展划分为三个阶段:从人类开始治水事业到19世纪初,称为古代水利发展阶段;从19世纪初到20世纪初称为近代水利发展阶段;20世纪以来称为现代水利发展阶段①。刘树坤提出,人类社会对水的开发利用大致经历过5个阶段:以防洪建设为主的阶段;以供水建设为主的阶段;以水资源保护为主的阶段;以景观建设为主的阶段;以生态修复为主的阶段②。张岳将改革开放30年水利改革与发展的历史进程划分为三个阶段:80年代水利改革与发展处于探索时期;90年代水利改革与发展处于崭新的发展时期;21世纪水利改革与发展处于全面深化与加速发展时期③。

本节根据人类文明发展演进过程,将治水发展分为三个阶段:农业文明阶段、工业文明阶段、生态文明阶段。

第一阶段:农业文明阶段。大禹治水以疏导作为治水的主要思想。人类生存与经济发展使得改造自然、控制江河成为必然的选择。封建经济的发展,为战国末年的治水活动创造了条件,至秦汉形成了水利发展的第一个高潮。这个阶段标志性水利工程有黄河下游防洪大堤,鸿沟、邗沟、灵渠等运河工程,都江堰、郑国渠、漳水十二渠等区域性的大型灌溉工程。古代水利工程对今天产生的影响是多方面的。

第二阶段:工业文明阶段。进入20世纪,西方工业革命引发了水利科学技术的巨大变革。特别是新中国成立后,进入了水利全面建设时期。随着水库、渠道、大型堤防等水利工程的兴建,洪水得到了有效控制,实现了前所未有的水资源利用。但工程水利的高度发展,使人类社会对江河湖泊的利用与控制开始违背自然规律,三门峡水利工程就是一个沉痛的教训。

第三阶段:生态文明阶段。21世纪初,中国水利进入了发展的转变时期。与工业文明时期征服自然、统治自然的意识形态不同,该阶段以人与自然和谐为理念,实施科学技术措施,主动调整人与水的关系,以水资源的可持续利用保障经济社会的可持续发展。

4.2.1 农业文明阶段的治水实践

中国是一个水利大国,也是一个水利古国。对于古老的农耕文明来说,水利关系着一个国家的富强与贫弱,影响着一个时代的兴盛与衰落。纵观我国历史,历代善治国者均以治水为重,善为国者必先除水旱之害。从大禹治水到秦皇汉武,从唐宗宋祖到康熙乾隆,每一个有作为的统治者都把水利作为施政的重点,从中国最早

---

① 娄溥礼.水利的历史作用与现代使命[J].中国水利,1986(01):27-28.
② 刘树坤.创建人水和谐的大水利理论[J].中国三峡,2009(09):14-17+2.
③ 张岳.水利发展战略及其展望[J].水利发展研究,2013(08):19-23.

的水利专著《史记·河渠书》到西门豹治水、李冰治水的故事,再到《水经注》的具体方案实施,皆打上水利治国的烙印[①]。

中国历史上第一个国家夏朝就是在和黄河大洪水抗争中诞生的。大禹治水成就了中国古代国家历史的开端,成为中华民族文明史上一个重要的里程碑。

春秋时期,楚国令尹孙叔敖于楚庄王十七年主持修建了中国最早的蓄水灌溉工程——芍陂(安丰塘),使安丰一带粮食产量大增,并很快成为楚国的经济要地。

战国时期齐国国相管仲,首次提出了治水是治国安邦头等大事的论点。通过兴修水利促进生产,最终实现了"仓廪实则知礼仪,衣食足则知荣辱"的理想。李冰在成都平原的岷江上主持兴建了举世闻名的都江堰灌溉工程,这是全世界迄今为止唯一留存、年代最久以无坝引水为特征的宏大水利工程,体现了古老中华民族的伟大智慧,有力地促进了农业生产的发展。

秦国主持修建引泾灌溉工程,自秦始皇元年开工,历经十年完成,"自仲山西邸瓠口为渠,并北山,东注洛河三百余里"。秦始皇把这项伟大的水利工程命名为"郑国渠"。

汉武帝刘彻重视水利,把兴修水利作为治国安邦之策。为了保障粮食供应,优先发展关中农田灌溉事业,以灌溉郑国渠所不及的高仰之田,先后又开凿了漕渠、河东渠、龙首渠、白渠、灵积渠、成国渠等,西汉的水利建设空前繁荣。

中华民族的治水活动,除了防洪与灌溉之外,开凿人工运河也一直是国家致力的要务,水运的兴衰成为社会政治稳定、国家兴衰的重要因素。隋朝大力开凿运河,最终开成了由永济渠、通济渠、邗沟和江南运河组成的南北大运河,全长近3000里,将海河、黄河、淮河、长江、钱塘江五大水系贯通联系在一个水运网中。这是世界上最长的运河,也是世界水利史上的一大奇迹。

唐代没有特别重大的水利工程,但中小型的工程面广量大,有二三百处之多。唐太宗李世民汲取隋灭亡的教训,设义仓、免徭役、修水利、扶农桑,实行改革。以水的哲理举一反三,形成了"水所以载舟,亦所以覆舟,民犹水也,君犹舟也"治国安邦的政治思想,开创了贞观之治。

清朝康熙皇帝把河务、漕运作为施政的头等大事,足以证明其重视水利的程度,以及治水在当时国家政治生活中所处的地位。"兴水利,而后有农功;有农功,而后裕国。"深刻阐明了治水、农业生产与国家经济和国家政治稳定的关系。乾隆皇帝认为水利"关系国计民生,最为紧要",曾多次巡察,指导治河,采取修筑堤埝、修建水坝、疏浚河道等措施,提高了河道防洪能力,确保了黄河两岸百姓生活的

---

① 翟平国. 大国治水[M]. 北京:中国言实出版社,2016.

安宁。

纵观中华文明的发展历史,每个朝代都非常重视水利设施的建设和大江大河的治理,把治水看作重要的治国方略,不仅开创了伟大的物质文明,也创造了伟大的精神文明。

4.2.2 工业文明阶段的治水实践

由于科学技术的不断进步,治水的内涵也不断丰富,包括防洪、排水、灌溉、水力、河道、给水、水土保持、水资源保护等。

1927年,毛泽东在考察湖南农民运动时,就把修塘筑坝列为农民运动14件大事之一。

1950年,政务院发布《关于治理淮河的决定》,制定了"蓄泄兼筹"的治淮原则,成立治淮委员会。由此掀起了新中国第一次大规模治水的高潮。以治淮为先导,先后开展了海河、黄河、长江等大江大河大湖的治理,治淮工程、长江荆江分洪工程、官厅水库、三门峡水利枢纽等一批重要水利设施相继兴建。

1958年,中央政治局扩大会议通过了《中共中央关于三峡水利枢纽和长江流域规划的意见》,指出在治理长江的规划中,要正确处理远景与近景,干流与支流,上、中、下游,大、中、小型,防洪发电灌溉与航运,水电与火电,发电与用电等七种关系。同年,《引江济黄济淮规划意见书》出台,对南水北调的具体路线做了规划。

自1960年起,各地高举"水利是农业的命脉"的旗帜,广泛开展了农田水利基本建设。这些水利设施为抗御自然灾害、保障和促进农业及国民经济的发展起了重要的作用,使我国扭转了历史上长期以来南粮北调的局面。

党的十一届三中全会后,党中央高度重视水利的战略地位。邓小平提出,"水利要从为农业服务为主转到为社会经济全面服务"。进一步明确了水利的基础地位,加大对水利的投入,江河治理和开发明显加快,长江三峡、黄河小浪底、治淮、治太等一大批防洪、发电、供水、灌溉工程兴建,呈现加快发展的良好态势。

1991年,《关于国民经济和社会发展十年规划和第八个五年计划纲要的报告》中第一次正式明确,"要把水利作为国民经济的基础产业,放在重要的战略地位"。

1998年,长江大水后,国家决定进一步加快大江大河大湖治理步伐。长江干堤加固工程等19项骨干工程建设加快推进,举世瞩目的南水北调工程及尼尔基、沙坡头、百色水利枢纽等一大批重点工程相继开工。大型综合性水利枢纽工程是科学防控洪水和调度配置水资源的重要手段,是一个国家综合国力的标志和象征,也代表了一个国家的水利工作水平和能力。

长江三峡水利枢纽工程,是迄今为止世界上规模最大的水利枢纽。防洪库容

221.5亿立方米,总库容达393亿立方米。作为长江中下游防洪体系中的关键性骨干工程,建成后使长江荆江段防洪标准达到百年一遇,水电站年平均发电量达882亿千瓦时,年通航能力提高四五倍。其巨大的防洪、发电、航运、供水灌溉等效益,是世界上任何水利工程都无法比拟的。

黄河小浪底水利枢纽工程,是黄河上最大的控制性枢纽工程。建成后大大缓解了花园口以下的防洪压力,使黄河下游防洪标准从原来的约六十年一遇提高到千年一遇,基本解除了黄河下游凌汛的威胁。同时,有效减少了泥沙淤积,发挥了供水、灌溉和生态修复等作用,为两岸人民生产生活和经济社会发展提供了有力的保障。

临淮岗洪水控制工程,是淮河中游最大的水利枢纽。建成后将结束淮河中游无防洪控制性工程的历史,标志着淮河流域整体防洪保安达到了一个新的水平。

南水北调工程,是我国水资源优化配置的重大战略性基础设施。工程建成后,将有效解决北方水资源严重短缺问题,实现长江、淮河、黄河、海河四大流域水资源的合理配置,统筹规划调水区和受水区的经济效益、社会效益和生态效益,形成"四横三纵、南北调配、东西互济"的水资源配置格局。

此外,百色、尼尔基、沙坡头等水利枢纽工程作为国家实施西部大开发战略的标志性工程,对所在河流提高防洪标准、优化水资源配置、保障受益区供水安全、改善区域生态与环境及促进地方经济和社会发展都具有重要意义。

自新中国成立以来,国家先后投入上万亿元用于水利建设,水利工程规模和数量跃居世界前列,水利工程体系初步形成,江河治理成效卓著。

4.2.3　生态文明阶段的治水探索

水是生命之源、生产之要、生态之基。生态文明是人类文明发展的一个新的阶段。生态文明是以人与自然、人与人、人与社会和谐共生、良性循环、全面发展、持续繁荣为基本宗旨的文化伦理形态。

水是生态系统最活跃的控制性因素,人类由水而生、依水而居、因水而兴。水生态文明是生态文明的重要组成和基础保障,是将生态文明的理念融入水资源开发、利用、治理、配置、节约、保护的各个方面和各个环节,坚持节约与保护优先和自然恢复为主的方针,以落实最严格水资源管理制度为核心,通过优化水资源配置、加强水资源节约保护、实施水生态综合治理、加强制度建设等措施,实现水资源的高效持续利用,促进人、水、社会和谐发展和可持续发展。

2011年初,第一个以水利为主题的中央一号文件《中共中央国务院关于加快水利改革发展的决定》明确指出:"水利是现代农业建设不可或缺的首要条件,是经济社会发展不可替代的基础支撑,是生态环境改善不可分割的保障系统,具有很强的公益性、基础性、战略性。加快水利改革发展,不仅事关农业农村发展而且事关经济社会发展全局;不仅关系到防洪安全、供水安全、粮食安全,而且关系到经济安全、生态安全、国家安全。"第一次将水利提升到关系经济安全、生态安全、国家安全的战略高度。同年7月,中共中央召开水利工作会议,第一次把治水放到了治国的高度,并且制定了一揽子的防灾减灾、合理配置水资源的十年目标,向全世界昭示了中国又一轮大规模治水的前所未有的决心。

2012年,党的十八大首次把"美丽中国"作为生态文明建的宏伟目标,把生态文明建设摆上了中国特色社会主义五位一体总体布局的战略位置,将水利放在生态文明建设的突出位置。

2013年,习近平总书记在哈萨克斯坦纳扎尔巴耶夫大学演讲时,提出既要金山银山,也要绿水青山,绿水青山就是金山银山。这是发展理念和方式的深刻转变,也是执政理念和方式的深刻变革。水利部出台《关于加快推进水生态文明建设工作的意见》等一系列关于水生态文明建设的意见要求及纲要,指出水生态文明建设要遵循的基本原则:坚持人水和谐,科学发展;坚持保护为主,防治结合;坚持统筹兼顾,合理安排;坚持因地制宜,以点带面。

2014年,中央财经领导小组第五次会议上,习近平总书记明确指出,保障水安全,必须坚持"节水优先、空间均衡、系统治理、两手发力"的思路。十六字方针回答了我国水治理中的重大理论和现实问题,是新时期治水工作的顶层设计,也是行动指南。

2015年,中央政治局常务委员会会议审议通过《水污染防治行动计划》,共计十条,简称"水十条",以加大水污染防治力度,保障国家水安全为目标。到2020年,全国水环境质量得到阶段性改善,污染严重水体较大幅度减少,饮用水安全保障水平持续提升,地下水超采得到严格控制,地下水污染加剧趋势得到初步遏制,近岸海域环境质量稳中趋好,京津冀、长三角、珠三角等区域水生态环境状况有所好转。到2030年,力争全国水环境质量总体改善,水生态系统功能初步恢复。到21世纪中叶,生态环境质量全面改善,生态系统实现良性循环。

党的十八届五中全会,系统阐释了创新、协调、绿色、开放、共享的重要发展理念。水利作为推进五大发展的重要内容,被列入"十三五"基础设施网络之首。水利部提出"十三五"时期水利工作方针,加快建设节水供水重大水利工程、完善水利基础设施网络,落实最严格水资源管理制度、建设节水型社会,系统整治江河,推进水生态文明建设,深化水利改革、加快科技创新,着力构建与全面建成小康社会相适应的水安全保障体系。

"十二五"期间,我国通过加快推进105个水生态文明城市试点建设,初步形成以水系为脉络,以水利为龙头,多部门协力推进水生态文明建设的良好格局。水生态文明的重要指标被纳入国家生态文明建设指标体系,有38个试点成为国家生态文明先行示范区,7个试点进入国家海绵城市试点行列。围绕"水系完整性、水体流动性、水质良好性、生物多样性、文化传承性"的目标要求,积极开展治水实践。以浙江为例,2014年起,浙江全面铺开"五水共治"战略,开始了新时期治水的实践探索。面对错综复杂和发展变化的各种水问题,浙江以治水为突破口倒通转型升级,以砸锅卖铁的决心兴建水利基础设施,全面推进治污水、防洪水、排涝水、保供水、抓节水的"五水共治"。治水攻坚一年,浙江消灭垃圾河6 496公里,整治黑臭河4 660公里,新建污水管网3 130公里,河道沿线成为集防洪、治污、景观、休闲于一体的水生态风景线。完成133座病险水库、668公里海塘河堤加固和57万亩圩区整治,"十百千万治水大行动"年度目标任务顺利完成。造纸、印染、化工三大重污染高耗能行业淘汰关停企业1 134家,淘汰落后产能,加大节能减排、产业结构调整成效不断显现[①]。

"十三五"时期,我国经济长期向好基本面没有改变,但同时,发展不平衡、不协调、不可持续问题仍然突出;城乡区域发展不平衡;资源约束趋紧,生态环境恶化趋势尚未得到根本扭转;基本公共服务供给不足,收入差距较大,人口老龄化加快,消除贫困任务艰巨,需要在优化结构、增强动力、化解矛盾、补齐短板上取得突破性进展。水利作为经济社会发展的重要基础设施,是社会转型的重要支撑,是两个百年目标实现的基础保障,"十三五"时期水利仍处于补短板、破瓶颈、增后劲、上水平的发展阶段,为体现治水管水的先进性、创新发展的可持续性、规划布局的协调性、水事服务的公平性、目标指标的可达性等特征,必须坚持创新、协调、绿色、开放、共享的发展理念,才能推动水利发展再上新台阶。

从粗放用水向节约用水转变,从局部治理向系统治理转变,从注重行政推动向坚持两手发力、实施创新驱动转变,统筹解决好水短缺、水灾害、水生态、水环境问题。我国治水思路日臻完善,绿色发展理念不断融入水治理的各领域。

4.3 水治理实践创新

4.3.1 治水实践转型的提出

水危机表面看似资源危机,实质是治理危机,是治水体制长期滞后于治水需求的累积结果。水的有效分配和利用,需要一个健全的制度体系。由于转型期治水

---

① 翟平国. 大国治水[M]. 北京:中国言实出版社,2016.

实践中的制度缺位,导致水的开发、利用、管理在很多情况下缺少制度约束,处于自由放任状态,这些后果的累积和叠加就形成了水危机,其根源是治水体制长期不能适应变化的社会条件,观念因袭陈旧,政策调整缓慢,制度建设滞后,治理能力低下,难以适应复杂的治水环境。应对水危机的根本出路在于水治理的变革,必须寻求市场经济、全球化和信息化条件下的水治理模式的转型。新型治水思路实现四个方面创新:一是治理理念创新,即人水和谐共处的治水理念;二是治理制度创新,即依法治水的治水保障;三是治理模式创新,即多元协同共治的治水模式;四是治理手段创新,即应用新一代信息技术的治水手段。

(1) 治理理念创新——人水和谐共处的治水理念

在反思传统治水思想的基础上,提出了新的治水理念:水是基础性的自然资源,是生态环境的控制性要素,在治水中要坚持按自然规律办事,从人类向大自然无节制地索取转变为人与自然的和谐共处;在防止水对人的侵害的同时,特别注意防止人对水的侵害;从重点对水资源进行开发、利用、治理转变为在对水资源开发、利用和治理的同时,要特别强调对水资源的配置、节约和保护;重视生态与水的密切关系,把生态用水提到重要议程,防止水资源枯竭对生态环境造成的破坏;从重视水利工程建设转变为在重视工程建设的同时,要兼顾非工程措施,并强调科学管理;从以需定供转变为以供定需,按水资源状况确定国民经济发展布局和规划①。

(2) 治理制度创新——依法治水的治水保障

党的十八大以来,水利部在全面推进依法治水管水制度层面做了相应的探索,为水利改革发展提供法治保障②。紧紧围绕中央治水兴水决策部署,开展水利政策法规建设工作,大力推进水利依法行政,不断提高依法治水管水能力。特别是逐步推进重点领域水利立法工作,日益完善水行政执法体制机制,将水利"放管服"工作向纵深发展,全国水事秩序持续平稳可控,全社会水法治观念更加深入人心,为水利改革发展提供了坚实的法治保障。

(3) 治理模式创新——多元协同共治的治水模式

协同治理是以合作化和多主体协调为结构基础的一种多元协同共治的治水模式,强调在多中心治理关系中构建起协商机制,协调各主体对公共问题达成共识,基于公共利益协商一致,进而采取共同利益最大化的行动计划。就单个主体层面来说,个体理性使人们只关注自身的个体利益,总是希望他人先行做出让步和妥协,那势必对协同治理的实现效能产生直接影响,尤其是集体决策过程中对实现效

---

① 王亚华.中国治水转型:背景、挑战与前瞻[J].水利发展研究,2007(9):4-9.
② 孙庆锋.全面推进依法治水努力构建和谐水库[J].河北水利,2018(9):28.

能的反复权衡,最终会使得协同治理陷入"追求民主、忽视效率"的决策困境。因此,这种基于多元主体的协商机制在一定程度上解决了治水领域中的合作碎片化问题,但各协同主体趋异的利益偏好与价值诉求,加之在协同过程中策略性行为的选择倾向,会促使各主体采取与治理力量的反向博弈行为来实现个体利益最大化[1]。要坚持推进水生态治理工作的统一规划、统一管理、统一调度,逐步实现水资源的科学合理配置。

(4) 治理手段创新——应用新一代信息技术的治水手段

当前,新一代信息技术与经济社会的深度融合,深刻改变着政府社会管理和公共服务的方式[2]。水利部高度重视水利信息化建设,提出了以水利信息化带动水利现代化的总体要求。《全国水利信息化"十三五"规划》强调要紧紧围绕防灾减灾、水资源配置、水生态文明建设、水土保持、农村饮水安全、水利工程管理等水利中心工作,提供全方位、高效率、智能化的水利业务应用。将创新作为重要驱动力,深化信息技术与各项水利工作的融合,积极研究大数据、云计算、物联网、移动互联等技术应用,强化信息化对水利各业务领域的服务与支撑,推进各类信息化资源整合共享,最大程度发挥水利信息化资源的效率。多年来,水利信息化建设取得了很大成就,为智慧水利建设奠定了坚实基础,但智慧水利建设与发达地区的智慧城市建设和相关行业的智慧行业建设还有较大差距,与支撑水利现代化的要求还有较大差距。2017年2月,陈雷在水利部科技委年会上提出要推动传统水利向现代水利、智慧水利转变,智慧水利建设已成为水利现代化的重要标志之一。

4.3.2 治理理念创新

2014年3月,习近平总书记在中央财经领导小组第五次会议上,从党和国家发展的战略全局出发,提出了"节水优先、空间均衡、系统治理、两手发力"的治水思想。这十六字治水思想成为新时代指导我国水治理、推动我国水生态建设的核心思想。人水和谐,则生态和谐、文明兴盛;人水失衡,则生态破坏、文明衰败。习近平总书记多次强调人与自然的和谐发展,实现人与自然的和谐,关键是要实现人与水的和谐[3]。

(1) 人水系统概念

左其亭曾经于2007年给出"人水系统"(Human-Water System)的定义,他的

---

[1] 杨阳.淮河流域水环境治理路径的整体性研究[J].四川环境,2018(1):72-77.
[2] 水利部参事咨询委员会.智慧水利现状分析及建设初步设想[J].中国水利,2018(5):1-4.
[3] 赵建军.深入学习领会习近平治水思想推动我国生态文明建设实现新跨越[J].中国水利,2018(13):1-4.

定义是:"以水循环为纽带,将人文系统与水系统联系在一起,组成的一个复杂大系统"。人水系统中的人文系统是指以人类发展为中心,由与发展相关的社会发展、经济活动、科技水平等众多因素所构成的系统;水系统是指以水为中心,由水资源、生态环境等因素所构成的系统[①]。水系统是人文系统发展的基础,也是制约条件;人文系统的发展对水系统的变化起主导作用。

（2）人水和谐内涵

关于人水和谐概念和内涵的认识还不统一。有些学者强调人与水的地位问题,比如叶舒宪提出,要通过调整和重构人与自然的关系,达到人水的和谐和均衡状态,强调人水的平等关系。有些学者则强调生态与环境问题,或者将人水和谐纳入水文化的研究范畴,比如陈杰提出将人与水相合、相融、相谐称为水文化,认为人水和谐是水文化的组成之一。左其亭指出人水和谐是人文系统与水系统相互协调的良性循环状态。

本书作者认为,人水和谐是指"人文系统与水系统相互协调的良性循环状态,即在不断改善水系统自我维持和更新能力的前提下,使水资源能为人类生存和经济社会可持续发展提供久远的支撑和保障"。人水和谐包含了水利与经济社会、水利工程与人水系统的相互协调,其目标就是以人为本、协调人水关系,实现水资源的可持续利用,逐步建成和谐社会。

人水和谐的内涵可以从以下三个方面来理解：

一是水系统的健康。水系统为人文系统的发展提供资源支撑,为了维持人水系统的健康循环发展,水系统需要维持自身的健康状态,其生态功能应该具有较强的自我修复能力和一定的抗干扰能力。人们所期望的水系统健康,并不是追求水系统的自然原始状态,并且随着实际情况的变化,所期望的水系统健康程度也会发生改变。

二是人文系统的发展。人文系统的发展是人水和谐的重要组成部分,不能以破坏生命支撑系统为代价来维持经济社会的可持续发展。人文系统的发展表现在资源的高效利用,使得现有资源能够支撑最大的经济社会发展速度和规模。

三是人水系统的协调。人水系统的协调是指人文系统和水系统之间能够达到彼此和谐的一致性,实现均衡、有序的发展,一方的发展能够促进另一方的发展。水系统为人文系统的发展提供支撑和安全保障,人文系统为水系统提供资金和管理,达到从政策、思想到实际行动来保证水系统的健康,做到开发与保护并重。

人水和谐要求水治理应坚持以人为本的科学发展观,全面把握水资源的自然

---

① 赵衡.人水关系和谐调控理论方法及应用研究[D].郑州:郑州大学,2016.

属性和社会属性,尊重规律、尊重科学,把生态环境保护理念贯穿于行业发展的各个环节;把保障和改善民生作为水主管部门工作的根本出发点和落脚点,以可持续发展为首要目标,优先解决与人民群众切身利益密切相关的水问题;通过科学规划、合理配置、综合治理,不断改善人居环境和生产条件,提高用水安全保障程度。

(3) 人水和谐核心

人水关系和谐调控的目的是改善人水关系的和谐程度,而人水和谐思想作为新时期治水的思路和原则,应该体现在人水关系和谐调控的过程中。人水和谐思想蕴含着辩证唯物主义哲学思想,其核心是以人为本、全面、协调、可持续的科学发展观。走人水和谐之路,是处理好人水关系的重要途径,使人和水达到一个和谐的状态,使有限的水资源为经济社会的发展提供久远的支撑。在治水观念上,需要始终树立人水系统和谐相处的理念;在治水思路上,要将人文系统的发展和水系统的健康放在同等重要的地位,不能就水治水;在管理行为上,要正确处理水环境保护同水资源开发之间的关系。

(4) 人水和谐与水利改革

科学发展,就是可持续发展,就是要处理好资源承载能力和环境承载能力问题,这是适应中国经济社会发展形势的必然选择,也是推进改革发展的关键问题。重点处理好四个方面的问题。

① 把节水摆在重中之重的位置。我国人均水资源量少,干旱缺水是主要矛盾;加上水资源时空分布不均,使得矛盾更加尖锐,这是我国的基本国情水情。修建水库可以帮助解决水资源的时间分布不均问题,调水工程可以帮助解决空间分布不均问题,但修建水库和调水工程,都不可能改变水资源总量短缺的问题。因此,解决水资源短缺问题,一定要把节水放在第一位,同时,在科学论证的前提下建设水库和调水工程。

② 经济社会的发展要适应当地水资源条件。一方面要强调水利要满足经济社会发展的用水需求,另一方面也要强调经济社会的发展必须适应当地水资源的条件。比如城市水务的基本建设,应该考虑解决好城市排涝问题、雨洪资源利用问题、水污染防治问题等,同时更要充分考虑水资源对城市发展规模的约束,城镇化的发展不能够超出其水资源和水环境的承载能力。

③ 正确理解水资源的优化配置。水资源优化配置要以节约用水和保护生态为前提。在进行水资源优化配置中,有三个方面要特别引起注意:一是跨流域调水要慎重。只有水资源条件的不同、土地条件的不同,才能有生物的多样化,才能有和谐的生态与环境。二是要充分考虑生态用水、生态水量、生态流量。在配置水资源的过程中,在调度、设计等环节,都要把生态用水、生态水量、生态流量等放在重

要的位置上。三是维持地下水水位基本平衡。应对极端气候变化,抗御干旱灾害,提高防灾减灾能力,除了修建必要的蓄水工程外,还要想办法把水存到地下去。有足够量的地下水,维持了地下水水位的基本平衡,抗御灾害的能力才能稳定可靠,而且对生态修复也非常有利。

④ 处理好建设与管理的关系。当前科学技术发展迅速,信息化极大提高了生产力发展水平,为水利运用现代科技、数字化手段进行科学管理提供了物质基础。尤其是在全球气候变化、极端气候增多的情况下,可以通过信息科技,更好地进行洪水测报和水资源调度分析,这为雨洪资源利用、汛限水位动态控制等创造了一定条件,可以积极稳妥有序地进行洪水调度试点工作。因此,在水利建设与管理中,要充分运用信息管理和现代技术手段,提高水利工程建管水平,实现科学调度、科学管理。

4.3.3 治理制度创新

党的十八大报告指出,法治是治国理政的基本方式。从近期来看,水安全在我国水—能源—粮食—生态—气候的联结中处于首要地位。这种平衡需要我国的经济发展、能源消费、粮食生产和社会运行从高投入、高污染、低产出的粗放模式向低投入、低污染、高产出的集约和环保模式转型,"依法治水"是确保这种转型成功的基本途径[1]。因此,加快法治建设,既是深化改革的重要内容,更是深化改革的保障和引领。

(1) 加快水法规体系建设

要从水利发展实际出发,切实加强水法规体系建设顶层设计,统筹推进重点立法项目。当前我国进入全面推进依法治国、加快建设法治政府的关键时期。

① 推进重点领域立法。完善水法规体系,加快出台《节约用水条例》《地下水管理条例》,推进河道采砂、流域管理、农村饮水安全保障、水权交易管理、农村水电等重点领域立法,开展《水法》《防洪法》修订前期研究。推动大中型水利水电工程建设征地补偿和移民安置、河道管理、水库大坝安全管理等法规修订工作。建立健全公开征求意见、专家咨询、立法后评估等制度,提高立法质量。

② 加快相关法律法规修订。按照国务院关于修改、废止部分行政法规等决定要求,配合国务院法制办对《河道管理条例》《取水许可和水资源费征收管理条例》《水文条例》等行政法规相关条款进行了修改,并制定了《"放管服"改革涉及规章规范性文件清理工作方案》,对相关文件进行系统清理。

③ 高度重视法律法规草案复核。重点关注《水污染防治法》《土地管理法》《信

---

[1] 何艳梅.水安全与依法治水[J].福建江夏学院学报,2017(5):35-43.

访法》《政府信息公开条例》《耕地占用税法》等,使水法规体系与之协调衔接,以维护法制统一,确保水行政管理职责有效履行。

④严格执行治水制度。习近平总书记指出:"只有实行最严格的制度、最严密的法治,才能为生态文明建设提供可靠保障。"党的十八大以来,针对水资源、水生态与水环境状况并结合治水实践,我国出台了多部文件,制定了一系列治水规章制度,如《水污染防治行动计划》《关于全面推行河长制的意见》等,有力强化了治水制度建设与法制保障。

(2) 深化水行政审批制度改革

从简政放权、转变政府职能的高度出发,全面清理水行政审批事项,大幅度减少水行政审批事项。凡事后监督能解决的审批事项尽可能取消,业务相关或相近的审批事项尽量合并,地方能够审批的尽量下放到市县,水利资质资格认定逐步交由行业组织自律管理。围绕水行政审批制度改革,要做好涉水地方性法规、政府规章和规范性文件的清理工作,凡政府规章、规范性文件设定的行政审批事项,要一律取消;对拟取消、下放的水行政审批事项,要及时修改有关地方性法规,做到改革于法有据。改进水行政审批和监管方式,明确管理层级,实行"一个窗口对外",简化审批程序,提高审批效能。加强对取消下放审批事项的行业指导和事中事后监管问责,落实考核评估措施。

①贯彻落实国务院"放管服"改革部署,提出水利部20项重点任务措施,细化工作内容,明确责任分工和时限要求。

②行政审批事项进一步精简。经国务院常务会议审定,水利部行政审批事项由22项减少到17项。对取消的行政审批事项提出事中事后监管措施,出台规范性文件,保障监管不缺位。

③行政审批在线监管平台建设高效推进。已经实现部本级和5个流域机构行政审批在线上线运行,2017年年底实现水利部全部审批事项网上办理。

④行政许可实施更加规范。推行行政许可标准化,开展服务场地标准化建设,健全统一受理、服务指南、一次性告知、受理单、办理时限承诺、审查工作细则和申请人满意度评价制度。

⑤"双随机一公开"监管加快落实。持续推进水利建设管理领域"双随机一公开"监管,开展流域机构涉水事项综合执法"双随机一公开"抽查试点。

(3) 全面加强水行政执法

执法是加强水利法治建设的重要途径。要整合执法力量,理顺执法职能,全面推进综合执法,加强水利综合执法示范点建设,建立健全权责一致、权威高效的水行政执法体制。加大水政监察人员培训考核力度,加强专职水行政执法队伍和能力建设。组织开展水利专项执法活动,加大重大水事违法案件查处力度。建立健全流域与区域、区域与区域、水利部门与相关部门的联合执法机制,加大现场执法力度,切实做到严格规范公正文明执法。建立健全执法网络,下移执法监管重心,充实基层执法力量。健全完善水事矛盾纠纷排查化解机制,依法维护社会稳定。

① 全面加强水利依法行政。推行政府水管理权力责任清单制度。持续推进简政放权、放管结合、优化服务,进一步精简涉水审批事项和审批程序,加强事中事后监管。健全水利依法决策机制,严格执行公众参与、专家论证、风险评估、合法性审查和集体讨论决定的水利重大决策法定程序,建立水利重大决策终身责任追究制度和责任倒查机制。依法推进水利政务公开,强化对水行政权力的制约和监督。减少水利资质资格认定,适合行业组织承担的由其自律管理。

② 加强水行政综合执法。全面推进水行政综合执法,集中水行政执法职权,下移执法重心,加强基层专职水政监察队伍建设,充实基层执法力量。健全水政监察人员持证上岗和资格管理制度。全面落实执法责任制。推进执法能力和信息化建设,落实执法经费保障,实施遥感遥测工程,建设视频监控、巡查办案、统计监督等执法信息平台。完善行政执法程序,健全执法裁量基准制度,建立执法全过程记录制度和重大处罚决定合法性审查机制。加大日常执法巡查和现场执法力度,严厉打击和依法惩处水事违法行为。

③ 有效化解水事矛盾纠纷和涉水行政争议。坚持预防为主、预防与调处相结合的原则,完善属地为主、条块结合的水事矛盾纠纷预防调处机制。加强源头控制和隐患排查化解,建立跨行政区域水事活动协商制度,加大重大水事纠纷调解力度,维护社会和谐稳定。健全水利行政复议案件审理机制,坚决纠正违法或不当行政行为,努力化解涉水行政争议,提高政府公信力。

4.3.4 治理模式创新

党的十八届三中全会明确指出,推进国家治理体系和治理能力现代化是我国全面深化改革的总目标。而水治理作为国家治理体系的中间环节,就必须让政府、社会等多方共同参与以形成有效的格局,才能成为提升国家治理能力的重要标志之一。推进多元主体在我国水治理中建立和谐可持续运行机制,将强有力地提高水治理的能力和水平,进一步促进我国国家治理现代化的实现[1]。

---

[1] 汪娜.地方政府在跨区域生态治理中的困境与突破——以新安江流域生态治理为例[D].芜湖:安徽工程大学,2017.

(1) 多元协同治水模式的构建

中国治水转型的核心是治理模式的转型,要以实现人与自然和谐相处为理念,以建设节水防污型社会为目标,从以控制为主的传统治理模式向以良治为导向的新型治理模式转变。最重要的是正确处理水治理中的政府、市场和社会的关系,建立三者互补互动的新型水治理结构,如图4-2所示。

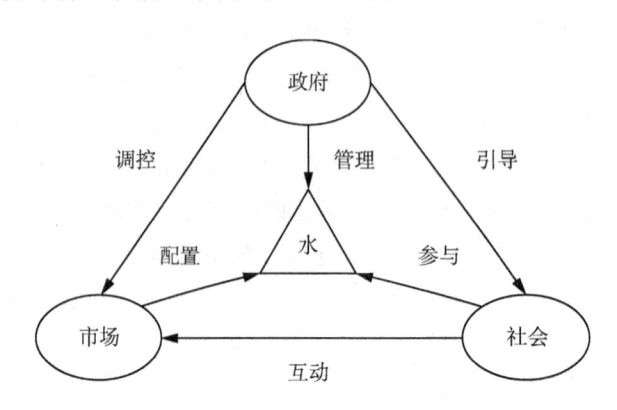

图 4-2　多元协同治水模式

中国的国情决定了在转型期的水治理中,政府仍然要发挥主导作用和基础性作用;社会参与是政府调控下的有限参与,并在政府引导之下逐渐扩大参与范围,逐渐形成广泛参与的格局;在市场经济条件下,需要迅速扩大市场在水资源配置和管理中的作用,但市场要在政府调控之下发挥作用。

水治理模式转变的关键是水公共部门的转型,管理体制的改革归根到底是水公共机构的改革。公共部门要转变职能,政企分开,政社分开,打破垄断,引入竞争,建立有效政府和市场友好政府。治水模式的转型,要求公共部门的运作方式经历"四个转变":第一,从分割管理转向统一管理。从对水量、水质分割管理及对水的供、用、排、回收再利用过程的多部门管理转变为对水资源的统一调度和统一管理。第二,从工程建管转向宏观调控。水公共部门要政企分开、政社分开,转变政府职能,从主要兴建、管理工程转向提供公共物品和公共服务。第三,从排斥市场转向市场友好。要在经营性领域打破垄断,全面开放市场,建立利用市场促进用水效率提高和社会资金投入的新机制。第四,从封闭决策转向参与透明。要在水管理的各个环节全面贯彻公开透明、广泛参与和民主决策的原则。

(2) 水生态文明是治水模式创新的价值归宿

生态文明是指人与自然和谐发展的友好环境状态,是继原始、农业、工业文明后的又一高级文明形态。水作为自然系统最基本的要素,本身的发展构成了水生态,成为生态文明优劣的重要体现。良好的水生态是人类在长期治水中逐渐形成的一种适宜生存的文明状态。因此,水生态建设是在治水理念的基础上形成的,水生态治理模式是生态文明建设的基础与保障,而生态文明的提升则体现了水生态治理模式的价值归宿。

(3) 水文化是治水模式创新的精髓

党的十八大以来,习近平总书记高度重视中国传统文化的发展,提出文化自信是更基础、更广泛、更深厚的自信。水文化是中华民族传统文化的重要组成部分,大禹治水等故事体现了华夏先民勤劳勇敢的治水精神。从治水中总结出的丰富经验则升华至哲学与美学的高度,形成一种文化,植入新型治水模式中,将产生巨大的凝聚力与向心力[①]。

水问题的不断出现更加深化了我们对于传统水文化的认识与理解,治水就是要实现水资源的合理利用与可持续发展,通过人水和谐实现人与自然的和谐共处。因此,对传统水文化的弘扬与发展,使之融入治水模式的构建和水生态文明的建设中至关重要。只有这样才能使社会公众真正理解治水的理念,做到节水、爱水、护水。

(4) 水生态景观设计是治水模式创新的重要体现

水不仅是生命之源,也是一个地区发展与文化传承的重要因素,具有不可代替的作用。传统的滨水景观更多的只是兼顾了防洪、灌溉、水上运输等功能,忽视水生态平衡以及人文景观塑造的需求。在新时期的美丽乡村建设和生态水利建设进程中,从生态水利理念和景观美学角度出发,对涉水区域提出经济效益、社会效益与环境效益相统一的水生态景观设计研究十分重要,也是治水模式创新的重要体现。

回归自然、感受绿色、亲近水溪,释放压力已成为当代都市人的情感寄托。通过水生态景观人性化的设计与建设,能够为人们创造出安全、生态、舒适、人性的区域公共空间,满足人们的情感需求,促进人与自然、社会之间的可持续发展。水生态景观作为一种稀缺资源,其理性发展是基于生态价值与社会价值为一体的多维度的价值体现。因此,在水生态景观设计当中,应该将自然与地区发展、自然与人文关怀进行有机地组合,实现人与自然的和谐共处[②]。

---

① 赵建军. 深入学习领会习近平治水思想推动我国生态文明建设实现新跨越[J]. 中国水利,2018(13):1-4.

② 李哲. 关于城市滨水景观人性化问题的探究[D]. 天津:天津大学,2017.

4.3.5 治理手段创新

当前社会正处于一个飞速发展的时期,信息化、智能化等高新科技是这个时代的主题。以新一代信息技术为特征的智慧水利是水利行业迈向水利现代化的重要组成部分,是反映水利现代化水平的重要标志,提高了水利工作者的工作效率,为人民群众的生活质量提供了保障,推动了创新型国家的建设[1]。

(1) 智慧水利界定

智慧水利是一种建立在高效智能化的水资源管理系统上的智慧模式,以云数据库为核心的智慧水利云系统,有助于实现专业信息、流域信息和区域信息的无缝式统计,实现数据的有效利用和实时共享;以物联网技术、无线传感技术为核心的信息传输系统,有助于实现信息的实时更新和反馈,增加互联互通,有助于解决异地会商困难、部门不协调不衔接等问题,实现水资源统一门户、分级管理;以天空地一体化信息采集技术为核心的监测系统,积极开展物联网、卫星遥感、雷达遥测、视频监控、全球定位与信息感知技术的应用,持续增强水利信息监测与采集能力,提高时效、丰富内容,实现基础数据的实时、连续采集工作,完善数据种类,为水利建设提供有效的水利资料和技术支撑;智能水资源管理系统,可以帮助解决水资源的调度、配置问题,实现水质、水生态的无缝式监管,完善水利业务标准和业务规范,实现水资料的大众查询和反馈;以异地会商为核心的决策支撑系统,为决策的实时传达和反馈做了铺垫,有利于快速决策和灵活调度。

(2) 智慧水利特征

分析国内外智慧水利建设现状及趋势,发现智慧水利建设主要有"全面互联感知、智能自动调控、深度融合分析、智慧管理决策"等特征。

① 全面互联感知。智慧水利建设充分利用物联传感技术,构建了天地一体化监测体系,实现了水管对象的全方位、全天候、全指标立体化感知,可提供多元化、精细化的时空数据支撑。

② 智能自动调控。智慧水利建设通过互联网、自动化技术实现了重要水利工控设备设施的远程自动操控,有力促成了从数据获取、分析到决策调控的信息闭合,并能基于大量感知信息分析挖掘结果作出自动响应,按照实时情况做到智能自助调控。

③ 深度融合分析。通过数据标准化、提升数据质量状况、规范系统之间的数据交换和共享机制,实现水利部门不同专业之间、各级水利部门之间、水利与外行

---

[1] 王雪松.浅析"智慧水利"及其应用[J].治淮,2019(7):48-49.

业部门之间的信息整合及共享,为智慧应用和企业门户集成提供标准化的、完整的、一致的数据来源,此外,通过细致梳理九大业务管理需求,基于大数据、云计算、人工智能等技术构建了多源水利数据的深度融合分析模型,充分发挥水利信息资源的应用价值。

④ 智能管理决策。智慧水利建设通过全面感知和数据收集整合,基于图像识别、动态模拟、关联分析等智能算法进行业务建模,实现各项指标的变化规律预测,能有效辅助管理人员进行精细管理、快速响应与协同调度,进而做到科学决策,让水利业务管理更高效、更集约、更智能。

(3) 智慧水利目标

按照集约、实用、云端、安全、智能、泛在的要求,实现信息化新技术与防洪除涝减灾、防旱抗旱调度、水资源综合配置、水环境保护和生态修复、水土保持、水利综合管理等领域业务深度融合,保障防洪、生态、供水、水环境等安全,促进严格落实水资源管理三条红线、高效河湖管控、水利工程和水土保持监管,强化社会民生服务,构建泛在互联到区县、乡镇的全面透彻感知体系,实现信息处理平台化和大数据化,信息服务个性化,水利业务融合应用全覆盖,达到"透彻感知、高速互联、集约共享、协同智能、安全可靠、泛在惠民"的新时代智慧水利建设目标。

(4) 智慧水利架构

智慧水利总体架构由基础设施层、数据资源层、应用支撑层、业务应用层、安全组织保障体系与标准规范体系组成[①],总体架构如图 4-3 所示。

① 基础设施层。基础设施层是智慧水利建设的基础保障,提供长效的数据来源和基础运行环境,由前端物联感控体系与云平台基础设施构成,前端感控体系包括天、空、地一体化协同信息采集和远程自动调控体系,信息采集体系主要包括水位、流量、水质、雨情、墒情、工情、视频、遥感影像、舆情等,远程自动调控体系主要包括闸门、泵阀、调度中心、会商中心等;云平台基础设施主要包括智慧水利运行的计算、存储和网络等资源设施。

② 数据资源层。数据资产是进行各项水利业务应用开发的基础保障,只有高质量的数据资源才可以有效支撑科学的应用决策。数据资源层基于水利对象模型对水利基础数据资源进行有效组织和编码。数据资源层主要包括水利对象数据模型,以及基础、监测、地理空间、对象关系、九大专题和元等数据库。

③ 应用支撑层。应用支撑层是整个智慧水利建设的核心驱动,担负水利信息资源存储、管理、处理与数据服务发布等职责,对各项业务提供统一的数据服务,由

---

① 卢鑫,刘双美,郭翔宇,麻泽龙.四川省智慧水利建设构想与思考[J].水利信息化,2019(3):4-9.

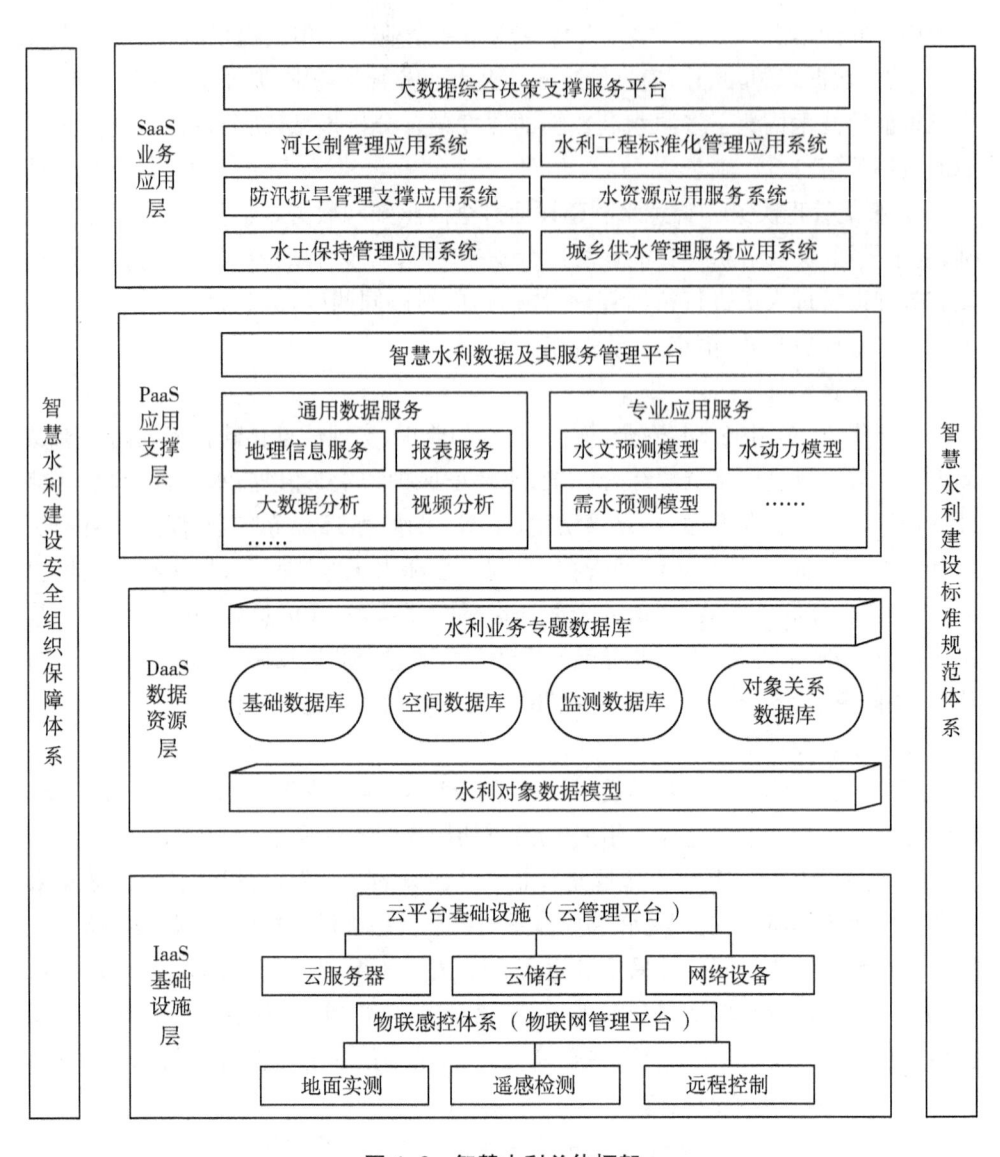

图 4-3 智慧水利总体框架

通用数据和专业应用服务组成。通用数据服务主要包括一张图、一张表、视频分析、大数据分析等；专业应用服务通过整合各类专业应用模型和算法，对外提供专业应用服务，主要包括水文、水动力、需水预测等模型。

④ 业务应用层。业务应用体系主要围绕水利业务管理需求展开，按照"急需先建，逐步完善"的原则分步实施，主要建设内容包括河长制管理、水利工程管理、城乡供水、水资源管理、防汛抗旱、水土保持等，业务应用系统是直接服务于各项业

务管理的窗口,通过统一的账号分配实现省、市、县三级业务管理与业务考核的协同。此外,为便于综合决策,业务应用层还包括大数据综合决策支撑服务平台,基于专题大数据分析挖掘成果为领导宏观决策调控提供参考。

⑤ 标准规范体系。通过制定统一、层次完整、系统科学的信息化制度与标准规范,实现数据信息的互联互通、共享交换与高效应用,标准规范体系建设主要包括数据分类、数据传输交换、数据存管、图示表达、产品服务、建设管理及其运行维护等标准。

⑥ 安全组织保障体系。安全保障体系主要包括了等级保护建设、安全管理制度建设和软件评测等。

"智慧水利"是水利行业迈向水利现代化的重要体现,是反映水利现代化水平的重要标志,也是实现最严格水资源管理、水土流域保护、水工程科学高效管理的基础,更是建设创新型国家的重要手段。必须通过加大财政投入、提供政策支持、实现技术支撑、优化管理方式等具体措施,全方位地提升水利部门社会服务的水平和日常工作的效率,继续深入推进"智慧水利"建设,在智能灌溉、水质监测、工程远程控制、业务监管、工程管理等水利工作各领域应用高新技术。建立标准和规范,通过数据中心的收集和交换,整合现有资源,在现有系统间开辟数据通道,同时为远期扩展预留余地,最终实现"数据平台统一、业务平台统一、交互平台统一"的"智慧水利"建设目标。

第五章
世界水谷战略协同模式

"协同"是世界水谷的思想内核,战略协同是世界水谷在发展过程中的根本运行方式。为加强协同效应,避免"协同陷阱",世界水谷战略协同模式围绕"政产学研金文"多主体、多要素为基本模式,以智库为大脑、以论坛为窗口、以书院为根基、以三创为动力的"四轮驱动"发展模式,推进战略协同和模式协同,多主体协同共克发展难题,实现可持续发展。

5.1 基本模式

世界水谷基本模式遵循"主体-要素-协同体"的逻辑,各主体间通过要素的输入输出产生联系,在战略协同机制的作用下形成战略协同体,即在政府的支持下,建立区域协同体,打通科研成果从科研机构走向企业的创新链,引导企业资本叩开高校的知识之门,通过文化培养主体间心灵相通,增强协同,从而形成"政产学研金文"多主体、多要素协同的协同体,见图 5-1。

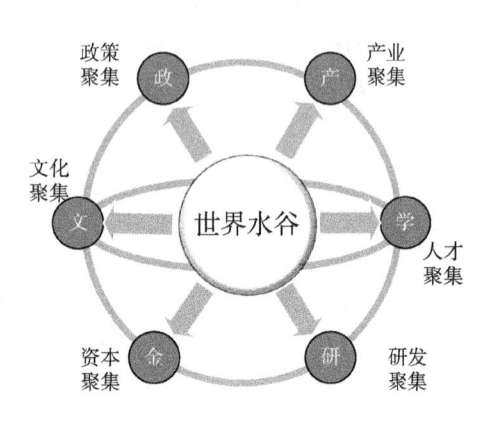

图 5-1 "政产学研金文"协同体

5.1.1 主体

基于利益相关者理论,世界水谷基本模式的主体包括政、产、学、研、金、文六大主体,不同主体基于自身在协同体内所处的位置,能够对协同体的发展产生不同的帮助,同时协同体能够为主体提供良好的协同网络,帮助主体获取成长所需的各种资源,二者相辅相成,相互支撑。

(1) 政

"政"主要指代政府,包括各级地方政府及相关部门,是多主体战略协同模式中强有力的支持者和推动者。政府行为是政府对于协同体产生作用的主要方式,包括政策引导与规制规范。政府能够出台相关政策规制来牵头一体化的发展,在强有力的政策保证下使多主体协同合作得到快速发展。政府在世界水谷协同创新中起引导作用,通过出台完备的政策法规和提供财政支持,营造良好的政策制度环境。同时,世界水谷协同体的发展也促进了政府善治,依托协同体所提供的协同网络,合理调配、组合各种资源,形成具有针对性的要素组合以帮助政府解决各类难题。

(2) 产

"产"主要指代产业、企业及企业的市场经济行为等,能够将市场引入协同体,从而提高协同体资源利用效率。以高校的人才、科研机构的研究成果输入作为企业发展的原动力。产业作为世界水谷协同体主体之一,为社会供给商品和服务,获得经济收益,是水谷协同体的经济价值的抓手。作为市场经济的实现单元,产业加强协同体资源配置,通过经济价值的实现反哺各主体共同发展。同时,产业通过协同体的稳定环境、持续的知识资源共享以及有效的资金支持,不断发展壮大。

(3) 学

"学"主要指以高校为代表的教育主体,包括大学、高等职业专科学校等,在此仅以大学为例。大学在世界水谷协同体中的作用主要包括三个方面,即教育、科研以及服务社会。首先,在教育方面,大学通过培养高素质人才,不断为协同体输送人才资源;在科研方面,大学有别于科研机构聚焦于科研成果及知识利用等方面的创新,更加关注对于知识的创新,为协同体奠定知识基层;服务社会方面,大学主要以知识服务社会进步的方式,带动协同体不断发展完善,使得协同体不断更新、拓展知识视野,特别是由于不存在直接的利益关系,大学在开展顶层谋划时具有关键的作用。同时,协同体可以帮助高校走出象牙塔,为打造名校提供全方位的支持,更好地服务社会实现高校价值。

(4) 研

"研"主要指代科研机构,科研机构是产生新知识、新技术的主要载体,知识创新是技术创新的基础,技术创新推动产业创新的发展。根据研究类别,科研机构的研究可以划分为基础性研究和应用性研究。应用性研究作为高科技手段解决关键技术难题,不仅能够带来新的发明创造,更能够催生新的产业领域,是协同体产生协同创新成果的重要途径;基础性研究是孵化未来产业不可或缺的基石,为协同体提供了孕育创新必不可少的土壤。协同体所面对的复杂问题能够为科研机构不断提供新的研究对象,而且作为非直接赢利的主体,协同体能够为其提供了多种经济来源。

(5) 金

"金"主要指代金融机构,包括银行、证券公司、保险公司、信托投资公司和基金管理公司以及民间的金融机构等,是资金的提供者,在协同模式中,为企业的发展、科研机构的创新孵化以及高校人才的培养等提供资金支持。金融机构的存在至关重要,协同创新的复杂性、风险性、战略性都要求一个健康宽松的资本市场环境加以实现。同时,协同体中多主体间的互动能够为金融机构提供丰富的投资机会。

(6) 文

"文"即非政府组织(NGO)、媒体等文化传播主体,是协同理念的传播者和引导者。20世纪80年代以来,人们在各种场合越来越多地提及非政府组织(NGO),把非政府组织看作在公共管理领域作用日益重要的新兴组织形式。NGO作为第三方在参与多主体协同合作时能够更加灵活地为协同体提供解决途径、方案,同时,协同体不仅能够为NGO提供其运转所需的资金、人才等重要资源,而且能为NGO提供综合载体以实现NGO价值。而媒体作为当前主流文化传播的重要载体,能够为"政产学研金文"多主体的协同提供良好的社会舆论环境,从而引导、培育有利于协同体发展的良好社会氛围。协同体能够为媒体提供触角,使媒体更加敏感、广泛地接触社会各个行业、领域的热点动向。

5.1.2 要素

水谷基本模式中的要素,是支撑协同体发展成长不可或缺的"养分",包括政策制度、产品服务、人才、知识技术、资金以及舆论等。要素不仅仅是主体间保持联系的粘合剂,同时也是增强主体间协同的有力支撑点。世界水谷中主体间联系是由各主体的要素间交换而建立,包括输入和输出两类要素,见表5-1。

政府输出要素包括政策、制度、需求信息等。政策包括各级政府的推进地方协同创新发展工作方案以及鼓励水资源开发、保护活动的相关激励政策;制度是以现行法律为基础,针对各主体间协同关系建立具体需求制订的一系列管理制度条款;政府需求包括政府在组织推进"政产学研金文"多主体协同的过程中需要的知识、技术、服务等,如世界水谷"智库"提供的政策建议等。政府的输入要素包括税费、服务、政策需求、知识。税费为政府向企业等主体征收的税收以及政府对违规者的罚款;服务包括企业对政府提供的管理技术支持和服务;知识包括科研机构、高校等向政府提供的智力支持;政策需求包括其他利益主体开展协同创新相关工作政策支持,如税收优惠等。

表 5-1 主体要素一览表

主体	代表	特征	输出要素	输入要素
政	政府及有关部门、政府机构	多主体协同创新、发展的引领者,是地方协同发展的责任承担者	政策、制度需求	税费、服务、知识、政策需求、舆论
产	企业	市场行为的主要承担者,是多主体协同关系中的重要主体	税费、污染、服务、政策需求	资金、技术、人才
学	高校	人才和知识资源的提供者	人才、知识	人才和知识需求
研	科研机构	创新的人才和知识资源的提供者	技术、知识	知识需求、资金
金	金融机构	资金提供者	资金	资金需求
文	媒体机构及NGO	协同理念、社会舆论和协同文化的引导者	舆论、文化	社会热点、知识

产业输出的要素包括税费、产品、服务和需求信息。税费包括各项企业经营应交税费;产品及服务是指企业市场活动所投入市场盈利的产品或服务;需求包括产业向外寻求的人才、资金、技术等资源需求。产业的输入要素包括资金、技术、人才和舆论监督。资金主要指来自企业外部的投资;技术包括科研单位、高等院校等机构提供的专利和新技术;人才指学校提供的技术及管理人才;舆论指来自媒体、群众对企业生产经营提出的建议、观点和看法。

高校的输出要素包括知识和人才。知识指学校向社会各界提供的水管理、技术等相关理论的新知识、新思路;人才是指学校向外界提供的科研人才、技术人才和管理人才等。学校的输入要素是人才需求,即有从事科研、管理等相关工作的人才。

科研机构的输出要素主要为技术和知识。技术指高新技术、新型管理方法等;知识主要指的是相对成型的、对企业生产经营工作活动能够起到指导、支持和支撑作用的知识。输入要素包括技术需求和资金。技术需求主要是来自政府多主体协同发展的政策咨询和来自企业关于生产技术等方面的需求;资金主要指科研机构向外部企业、政府或金融机构寻求资金支持。

资本的输出要素主要为资金,是协同体成长必不可少的要素,包括面向企业的投资、面对科研机构的科研投资以及对于NGO的资金支持等。资本的输入要素是金融需求,来自政府、企业、科研单位以及 NGO 等主体的资金需求。

文化在这里指的是媒体及非政府组织机构,其输出要素主要为舆论和文化。舆论主要指协同发展、协同创新的社会舆论;文化指的是多主体协同深入推广的社会文化氛围。媒体机构的主要输入要素包括社会热点和知识;知识指来自政府、高校、科研机构、企业或者民众等主体的有关协同发展的新信息、新知识。

5.1.3 协同体

协同体是自组织的有机体,可以根据环境变化和内在需求改变形态,协调主体功能,具有复杂性、系统性的特点。构建协同体是为了能够实现要素的快速流转和资源的优化配置,从而实现主体间 1+1>2 的赋能。"政产学研金文"多主体在实现战略目标的过程中有各自的需求,面对发展过程中外部环境的不稳定性,依靠个体往往难以实现战略目标。对此,协同体通过搭建协同网络保持主体间相对稳定的结构,协同各主体战略目标,保证主体间输入、输出要素的交换互动以实现资源与环境的有效匹配,从而构建一个具有成长性的生态系统。

世界水谷从科教资源优势和地缘发展特点出发,以政产学研金文结合为主要措施,突出文化对于促进主体间心灵相通的作用,通过对"市场因素、学术因素、政策因素、资源因素"的统一协调,形成有机协同体,实现战略协同。

(1) 协同体的机制[①]

世界水谷是"政产学研金文"的协同体,将政府、企业、高校、科研机构、金融机构以及 NGO 等多主体要素协同,形成主体要素协同创新网络。世界水谷模式可以在以下几个方面开展工作,见图 5-2。

① 发挥"政产学研"创新驱动,为解决复杂的现实发展问题提供理论指导、政策支持和人才支撑。

在世界水谷的协同创新机制下,首先通过高校、科研机构从全球战略的高度对复杂的现实发展问题进行分析,根据复杂问题的特征确定可行性的解决方案;其次通过政府之间的协商,在充分考虑参与主体利益的情况下,确定合理的解决机制;最后引进专业人才,并给出相关的政策支持,提供资金保障,使企业积极参与到复杂的现实发展问题的解决过程中来,进而使政府、企业、高校、科研机构、金融机构、媒体等主体的利益协调一致,保证复杂现实发展问题顺利解决。

② 发挥协同创新主体优势,建立灵活的融资平台,提供稳定资金保障。

---

① 孙敏敏,黄德春,RauschenbachThomas,等."丝绸之路经济带"对世界水谷建设的战略需求[J].水利经济,2016,34(1):78-82.

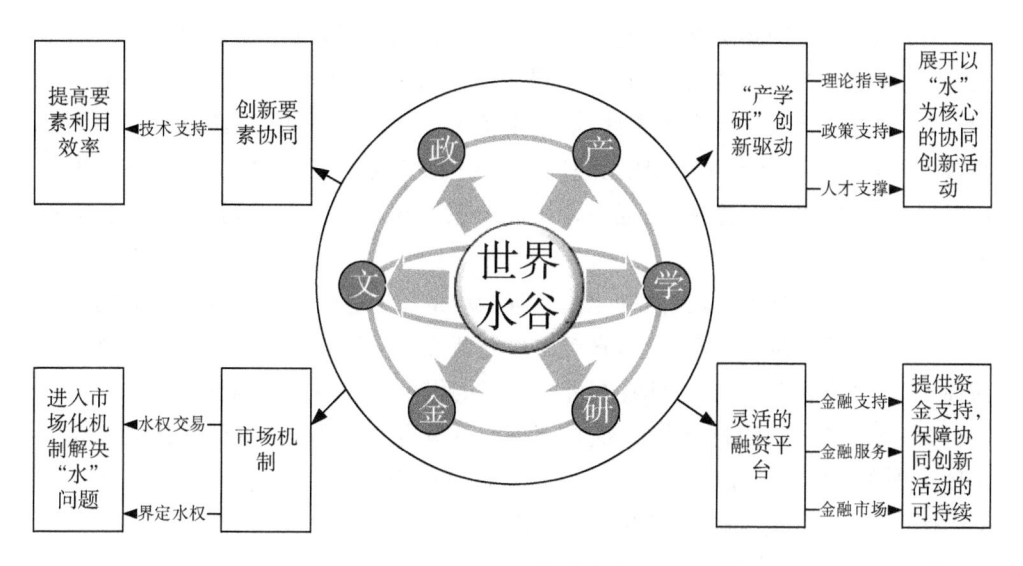

图 5-2　协同体的机制

由于资金的缺乏,许多协同创新活动难以得到长时间的保持。世界水谷通过融资平台,建立区域性的资本市场,通过股票、债券、银行贷款等多种方式,针对具体问题、活动提供相应的资金支持。同时世界水谷成立相应的专项资金管理机制,实行专款专用,为协同创新活动的顺利进行提供保障。

③ 通过创新要素的协同驱动,提高多主体协同创新效率,推动复杂问题的解决。

高校、科研机构在政府的支持下,通过科技平台,针对具体问题进行研究。通过对相关问题的研究,可以为协同创新活动的可开发程度提供相应的技术支持,加强高校、科研机构与企业等主体之间的合作,从而提高创新研发与应用的转化效率。

世界水谷从整体的角度出发,引入市场机制,从而有效提高各种资源的利用效率,避免因资源短缺、流通不畅等问题引起的冲突。世界水谷在相应合作运转机制的保障下,充分考虑协同主体间各类资源利用效率,综合人口、社会、经济、政治、生态等多种因素,合理进行相关的法律法规和制度的研究利用,运用市场手段,通过方式创新,解决复杂现实发展问题。在世界水谷的协同作用下,政府机制、市场机制和社会机制相互协同,更好地促进多主体的协同合作。

(2) 协同体的运行特征

世界水谷"政产学研金文"多主体、多要素形成的协同体实质上是由大量的按一定规则或模式进行非线性相互作用的行为主体所组成的动态开放性系统。世界水谷协同体的形成是为了解决多主体间如何构建并不断完善协同关系,避免主体协同发展落入"协同陷阱"的问题。该系统包括输入要素、输出要素、"政产学研金文"协同体以及外部环境四部分,输入要素是维系协同体内主体间协同关系的基础,输入要素是面对环境不确定性,协同主体维系协同关系的要素需求,输出要素是输入要素经协同体作用产出的要素,以应对外部环境不确定性,满足协同体内主体发展需要,并进一步完善、加强主体协同关系形成新阶段更加完善的协同体,见图5-3。

协同体主体之间合作关系的建立或解除均是为了更好地适应外部环境的不确定性,主体不断地进入创新网络,直至协同创新关系网络关系的出现。协同体的形成在于"政产学研金文"多主体在与外部环境的作用过程中不断调整自身的行为策略以提高发展能力、创新能力,进而提高核心竞争力的过程。协同体的形成能够使主体实现资源的互补而适应外部环境的复杂变化,资源是指有利于提高主体自身能力的一切资源,包括输入、输出要素的政策、文化、知识、技术等。

世界水谷协同体形成是协同体内的主体为了适应创新的复杂性而形成的各种正式或非正式的关系的一种组织涌现,其主要是为了适应外部环境的复杂性和实现资源的互补性。协同体作为一个复杂适应系统,具有自组织性,不是静止的,而是动态的、不断演化的。

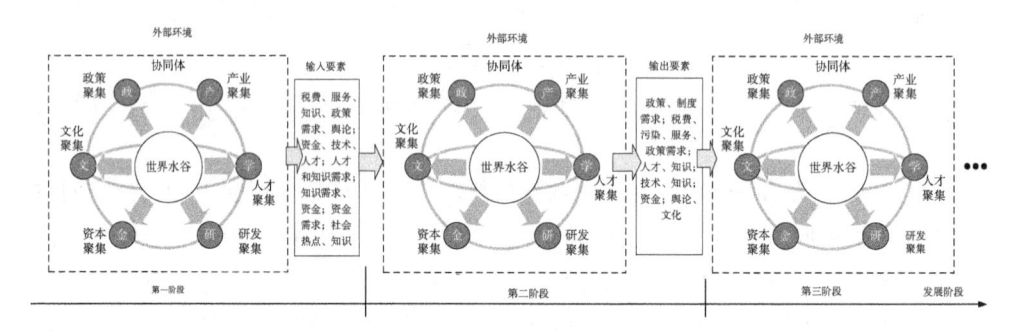

图 5-3 世界水谷多主体协同运行特征

5.2 发展模式

战略协同是世界水谷运行的根本模式,相应地,为实现"政产学研金文"多主体、多要素的协同发展,世界水谷开辟了以智库为大脑,以论坛为窗口,以书院为根基,以三创为动力的四轮驱动发展模式,不仅能够为科学有序的发展提供强大的智力支持、稳定的交流平台以及文化保障,而且能够为世界水谷的协同发展提供源源不断的驱动力,见图5-4。

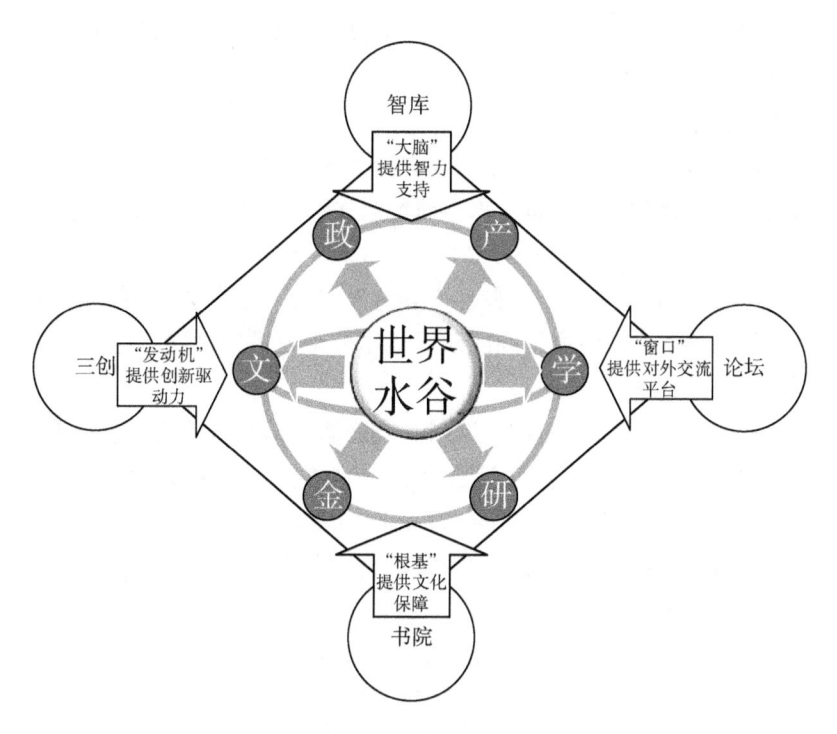

图 5-4　世界水谷"四轮驱动"发展模式

5.2.1　智库

据上海社会科学院智库研究中心的定义：智库是指以公共政策为研究对象，以影响政府决策为研究目标，以公共利益为研究导向，以社会责任为研究准则的专业研究机构。

（1）世界水谷研究院简介

世界水谷研究院是世界水谷的智库实体机构，在世界水谷发展模式中扮演着大脑的角色，以"学术研究、政府智囊、服务社会"为目标，致力于研究水安全、水资源、水环境、水生态与社会经济发展的重大理论和实践问题，为政府、企业和社会提供智力支撑。

河海大学世界水谷研究院由多家机构联合组建，秉持"上善若水、善利万物"的宗旨，定位于水特色高端智库。研究院实行理事会领导下的院长负责制，"世界水谷"创始人、河海大学张阳教授担任院长。世界水谷研究院定位于"有国际影响力的'水'特色智库，抢占全球治水制高点和话语权，形成水文化创意创新中心"，目标是解决水生态文明建设过程中管理难题,形成高水平研究成果、高端创新团队并服务国家需求。

(2) 组织结构

目前,世界水谷研究院已形成了科学的管理组织结构。即采取理事会组织架构,理事会成员来自河海大学、世界水谷研究院、中国安全和发展研究会、水电水利规划设计总院、中冶华天工程技术有限公司、深圳兰江集团、四川阿坝清洁能源及水生态文明商会、河海大学温哥华校友会等理事单位。理事会下辖院长,研究院日常事务由执行院长执行。专家顾问团队成员主要来自世界水谷"政产学研金文"协同单位。

世界水谷研究院下设战略和管控平台、创新教育与科技研发创新平台、金融及产业和文化创新平台、应用示范创新平台以及世界水谷分谷(老挝、柬埔寨),见图5-5。截至2019年包括三个省级平台、两个省部级科研团队、若干国家社科基金重大项目研究团队以及拥有58家研究机构及企业,2位院士、3位长江学者、25位境外专家等组成的专家顾问团队。

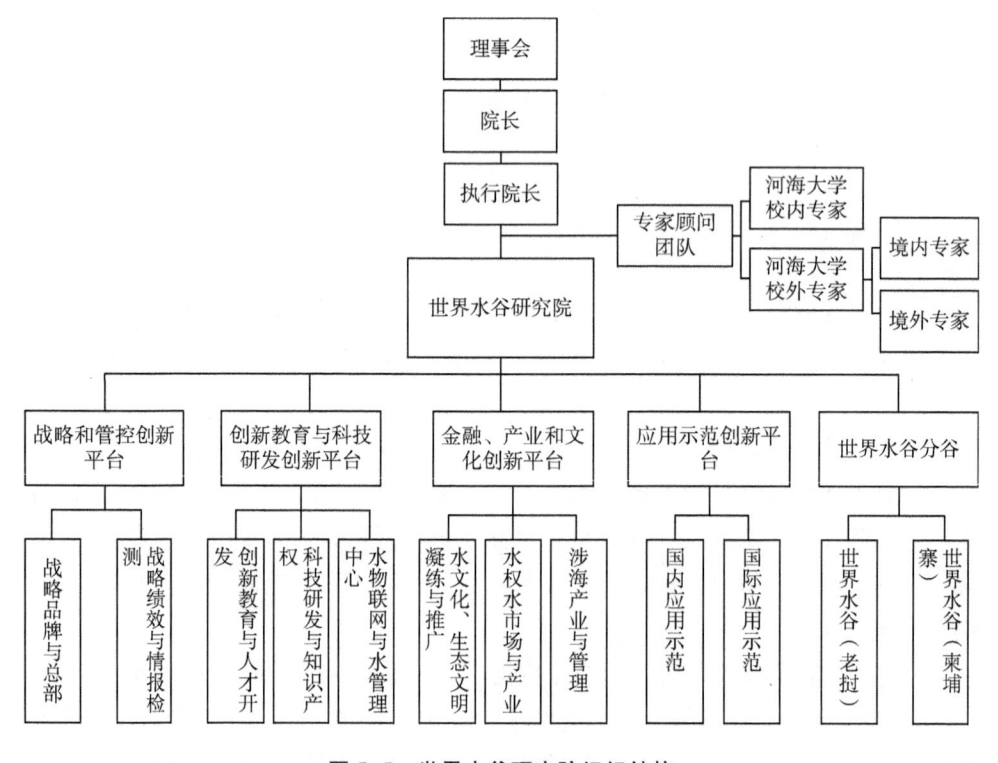

图 5-5 世界水谷研究院组织结构

(3) 智库功能

智库作为世界水谷发展模式中的"大脑",发挥着智力支持的功能。当前,智库智力支持功能主要集中于智库研究和社会服务两个主要方面。

在智库研究方面,世界水谷研究院采取"平台建设、团队培养及重大课题研究"三位一体的发展模式。平台建设方面,目前已形成包括江苏高校协同创新中心、江苏决策咨询基地、江苏高校国际问题研究中心三个省级平台;团队培养方面,目前已成功培养包括教育部创新团队发展计划、江苏高校哲学社会科学优秀创新团队两个省部级团队;在重大课题研究方面,组织协同研究,承担省部级以上科研项目72项,其中包括"中国与湄公河流域国家环境利益共同体建设研究"等国家社科基金重大项目4项。在智库"三位一体"发展模式下,响应国家重大需求,进行了一系列的相关研究,包括三个主要方向:以水为对象的生态文明,以企业为对象的改革开放以及以平台为对象创新创业。同时,智库在开展研究的同时不断加强自身建设,目前已形成一部分智库成果,见表5-2。

表5-2 部分智库成果

平台	级别
水文水资源与水利工程科学国家重点实验室(水经济管理)	国家重点实验室
水资源高效利用与工程安全国家工程研究中心(水管理)	国家工程研究中心
江苏省水资源与可持续发展研究中心	省级
水利管理创新研究中心	省级
江苏高校国际问题(国际河流)研究中心	省级
团队	级别
教育部"创新团队发展计划"(国际河流战略与情报监测研究)	省级
江苏省高校哲学社科优秀创新团队	省级
项目名称	课题来源
中国与湄公河流域国家环境利益共同体建设研究	国家社科基金重大项目
推进江苏水生态文明建设研究	江苏省社科重点课题
"一带一路"框架下江苏高质量推进境外园区建设路径与机制研究	江苏省"十四五"规划前期研究重大课题
河长制推进江苏生态文明建设的战略路径研究	江苏省社科联应用课题
长三角地区水安全保障技术集成与应用	国家重点研发计划
"一带一路"倡议下的"海外江苏"协同模式研究	江苏省社科联应用课题

续表

项目名称	课题来源
江苏全面融入"一带一路"重大战略的模式、重点及路径研究	江苏省社科重点课题
"一带一路"倡议下江苏的企业国际化成长风险评估及防范机制研究	江苏省社科联应用课题
江苏率先探索绿色 GDP 核算体系的理论与实践问题研究	江苏省社科青年课题
2014—2016 年"江苏省大中型水库移民后期扶持政策实施情况"	江苏省水利厅科学基金
"十三五"我省科技体制改革的重点领域、思路和举措	江苏省社科联应用重大课题
江苏产学研协同创新的平台战略研究	江苏省社科青年课题
发达地区农村金融发展的动态经济效应及其影响因素:长三角区域经验研究	教育部人文社会科学研究一般项目

在社会服务方面,智库积极发挥其智力资源优势,为国家发展贡献力量,截至 2019 年,为国家水外交提供智库支持,以智囊身份参与中哈分水谈判,提出澜沧江—湄公河水安全共同体战略,向水利部、外交部、中国工程院提交研究报告 20 余份。2014 年 8 月,中心协同中国安全与发展研究会向国家提交贝加尔湖北水南调中蒙俄经济带战略建议,2015 年 7 月在上合组织乌法峰会上得到三国元首认同,纳入《中俄蒙发展三方合作中期路线图》。2016 年成果《江苏助推长江经济带建设战略研究》得到时省委书记罗志军批示。2017 年 12 月,举办第三届"世界水谷"论坛得到时任水利部部长陈雷批示。

5.2.2 论坛

论坛是世界水谷"四轮驱动"发展模式中的重要一环,不仅是世界水谷成果宣传、推广的平台,同时也是维系并不断推进"政产学研金文"多主体间协同的重要纽带,每届论坛的成功举办,不仅仅是为各界参会代表提供沟通交流以及合作的场合,更重要的是每一届论坛的策划、筹备以及运营管理都是各个主体、单位的协同努力成果,都加深了协同单位的紧密合作。

(1) 论坛简介

目前世界水谷在论坛方活动面已形成了"世界水谷"论坛及"海外中国"论坛两个论坛品牌,两个论坛有着不同的侧重点,二者在功能和定位上相互补充,相互支持。

"世界水谷"论坛已举办五届(包括创坛),以"水"为脉络,旨在深入探讨生态文明建设、涉水经济发展、国际水资源合作、涉水行业创新创业等重大主题的实践与理论问题，促进"水"领域的合作与交流，打造"水领域"的智库智囊。

"海外中国"论坛已举办四届（原中国"走出去"协同网络国际论坛）是由河海大学发起的年度性国际论坛。论坛围绕一带一路、海外中国模式、澜湄合作、中国各类机构"走出去"等关键议题，促进"政、产、学、研、金、文"共同体建设，打造企业国际化发展研究领域的智库，为中国"走出去"的各方提供互动交流、观点研讨、经验分享、资源对接的协同网络。海外中国是一种模式，是中国"走出去"的协同网络，是中外"政产学研金文"协同体，是跨境创新创业合作的平台。"海外中国"论坛协同中外多主体、多要素，共商、共建、共享，携手共同成长。

（2）发展历程

2014年11月29日，河海大学世界水谷与生态文明协同创意中心主办的世界水谷协同创新暨论坛创坛研讨会顺利召开，明确了世界水谷的发展思路与方向，为"世界水谷"论坛的举办奠定了基础。

2015年5月9—10日，中国"走出去"协同网络研讨会于河海大学商学院举办，本次研讨会就"走出去"战略、"海外江苏""抱团出海与定点落地""跨境河流合作开发""政产学研金协同"等议题进行了热烈探讨，来自政府、企业、高校等各界的60余名专家代表参加了本次研讨会，本次会议的筹备得到了多个单位、部门的支持，是世界水谷"政产学研金文"多主体、多要素协同模式的一次成功实践。

2015年10月23—26日，首届"世界水谷"论坛暨第十五届中国MBA发展论坛围绕"协同创业创新与中国走出去"的主题在河海大学江宁校区举办，本次论坛汇聚了国内外"政产学研金文"各行业300余名代表参加。此次论坛共吸引了来自中国、老挝、巴基斯坦、蒙古、越南、吉尔吉斯斯坦、喀麦隆、叙利亚、加拿大、德国等10个国家的政府、企业、高校、科研机构300余人业界精英和专家学者进行主题演讲、嘉宾对话和学术交流，分设走进老挝、跨境河流、协同创业创新、留学生、企业"走出去"与海外江苏、水生态文明与海绵城市、科技创新与知识产权、江苏省协同创新中心、上善若水论道等分论坛进行专题交流。本届论坛还举行了世界水谷（老挝）授牌以及仪式，出版了首届世界水谷论文集，收录中英文论文47篇，推动了老挝国家工商委员会与南京市工商联合会签订战略合作框架协议。

2016年3月18—20日，第二届中国"走出去"协同网络研讨会在河海大学江宁校区成功举办，本次会议围绕"海外江苏·聚焦老挝"发表了主题演讲，就江苏如何在"走出去"过程中，摆脱单打独斗、天女散花的模式，通过协同，实现抱团出海、定点开花，构建"政、产、学、研、金、文"的"海外江苏"协同体。来自政府、企业、高校等各界的60余名专家代表参加了本次研讨会。本次研讨会主题既是对首届"世界水谷"论坛形成的海外协同网络的有效利用,同时也逐渐形成了世界水谷"走出去"协同发展理念的思想基础。

2016年11月5—6日,第二届"世界水谷"论坛暨首届汶川论坛在四川省阿坝自治州汶川县水磨镇成功举办,论坛围绕"聚焦四川阿坝,提升生态文明"主题,并分设生态文明建设与协同创新战略、"生态阿坝,绿色崛起"、水生态综合治理、绿色经济、水生态文明建设示范、水生态修复技术等专场分论坛。来自美国、英国、加拿大等12个国家的500名代表参加了此次论坛。本届论坛组织出版了《第二届"世界水谷"论坛暨首届汶川论坛专辑》,并发布了汶川论坛宣言,同时创建了汶川论坛。本届论坛以"水"为脉络,深入探讨了生态文明建设中的实践与理论问题,促进了多主体在生态文明建设领域的协同合作与交流。

2017年6月2—4日,第三届"走出去"协同网络国际论坛在河海大学江宁校区举办,本次论坛本论坛主要围绕"一带一路、海外中国、协同江苏、澜湄合作"这一主题,旨在深入探讨中国企业国际化过程中存在的实践与理论问题,积极响应国家"一带一路"建设,加快沿线国家基础设施互联互通,拓展国际经济技术合作新空间,形成围绕"一带一路"水利、能源、交通等涉水行业,囊括政府、企业、高校等多主体的协同联盟。来自政府、企业、高校等各界的300余名专家代表参加了本届论坛。本届论坛成立了"一带一路"水战略联盟,进一步拓宽了世界水谷协同网络。

2017年12月23—25日,第三届世界水谷深圳论坛在广东省深圳市成功举办,论坛以"绿水青山与河长制、大湾区与创新创业、跨境协同与命运共同体"为主题,深入探讨生态文明建设、涉水经济发展、国际水资源合作、水行业创新创业等重大主题的实践与理论问题,推进"水"领域的合作与交流。来自各个行业近20个国家的400余名代表参加了本届论坛。本届论坛得到了水利部陈雷部长专门批示,高度认可了世界水谷作为促进水生态文明建设平台的重要作用,并委派汪安南总规划师代表致辞。本届论坛上张阳院长发布了《世界水谷·深圳宣言》,宣布世界水谷战略联盟的成立。同时,世界水谷战略协同模式得到了水利部领导的高度认可,"世界水谷"论坛也得到了进一步发展,具备了走出国门向世界传递"政产学研金文"多主体、多要素协同理念的实力。

2018年8月24—26日,第四届"海外中国"论坛在泰国易三仓大学成功举办,来自国内外各界200余名代表参加了本届论坛。本届论坛通过聚焦澜湄合作人才培养、泰国东部经济走廊建设、产业投资等领域,分享政策解读与机遇发现,旨在书写跨文化交流、跨境合作、民心相通新篇章。本届论坛"协同网络"研讨会正式更名为"海外中国"论坛,自此,"世界水谷"论坛分成了世界水谷与海外中国两个论坛品牌,各有侧重地践行、推广战略协同发展理念。此次论坛是世界水谷第一次走出国门,在境外举办论坛,既是世界水谷海外中国理念的一次成功实践,同时也是世界水谷多主体协同网络协同合作的一次成功示范。

2018年11月23—25日,第四届世界水谷老挝论坛于老挝·万象成功举办,本届论坛积极响应"一带一路"倡议,承载"澜湄合作"东风,对接老挝"变陆锁国为陆联国"的战略机遇,促进中国、老挝及澜湄流域国家跨境协同。来自中国、老挝、泰国等国内外两百余位专家、学者共聚一堂,围绕"共商澜湄共同体、共建水经济走廊、共享跨境协同成果"主题,深入开展了澜湄合作学术研究、跨境教育与人才培养、水电行业创业与跨文化管理、水经济开发和共建澜湄走廊以及商务文旅等主题的理论与实践研讨。本届论坛更加关注践行"政产学研金文"协同成果的落实,推动河海大学、老挝国立大学、老挝吉达蓬集团、中旅总社(江苏)国际旅行社有限公司等单位签署了合作协议。

2019年4月13日,首届两山·水谷对话(跨界创新:水治理与水外交)论坛在清华大学举办,此次专题研讨为世界水谷品牌的系列活动之一,以"跨界创新:水治理与水外交"为主题,由河海大学世界水谷研究院/商学院、两山智库、清华大学公共管理学院跨界创新研究中心共同主办。本次会议达成"两山智库·世界水谷"水治理合作意向,成立"两山智库·世界水谷"发展委员会,并发布了两山智库·世界水谷指数研究计划、生态环境治理相关评价指标体系,推动两山智库与中化环境控股有限公司签订战略合作协议。

2019年4月20日,"世界水谷"论坛·"海外中国"论坛——澜湄合作:利益共同体、战略情报与风险管控专题研讨会在河海大学商学院举办,会议以"澜湄合作:利益共同体、战略情报与风险管控"为主题,由河海大学世界水谷研究院、河海大学商学院、河海大学国际河流研究中心、河海大学海外中心(老挝)、江苏省高校协同创新中心("世界水谷"与水生态文明)、江苏省决策咨询基地(企业国际化发展)、江苏省国际问题研究中心(国际河流)共同举办。来自政府、企业、高校的50余名代表参加了此次会议。

2019年6月15—20日,第十五届东亚管理学学会国际联盟大会——跨国经营:中国、日本与第三国,寻求三赢!专题研讨会在日本京都大学举办,此次专题研讨为海外中国学术品牌的系列活动之一,由中国河海大学和东亚管理学会国际联盟(IFEAMA)联合发起,以"跨国经营:中国、日本与第三国,寻求三赢"为主题开展的海外专题研讨会,旨在通过中日学术思想的碰撞,凝聚合作共识,共谋美好未来。次会议吸引了来自日本、中国、俄罗斯、越南、老挝、蒙古、匈牙利等亚洲各国高校、企业家代表参加,引起了良好的社会反响。

总体而言,"世界水谷"论坛更加聚焦围绕"水"的社会重大议题和现实问题的讨论，依托"政产学研金文"多主体、多要素协同模式探索新的市场、研究对象以及组织形式。"海外中国"论坛更加关注企业"国际化"问题，即如何借助"政产学研金文"协同发展模式构建更加广阔的关系网络，实现中国企业高质量"走出去"的目标。同时，在两个主要品牌论坛举办的间隙，会针对具体社会热点等问题举办专题研讨会作为补充形式。经过多年的实践发展，两个论坛相互补充、相互支撑，是对世界水谷多主体协同理念的实践，同时也是不断拓展协同关系网络的有效支点。

5.2.3 书院

世界水谷书院是世界水谷发展模式中的重要一环，在世界水谷的发展模式中扮演者"根基"的作用，既是围绕"水文化"不断培育发展相关人才，不断传播、塑造"水文化"氛围，为世界水谷的发展提供养分，同时也是保障水谷健康发展的重要基础，是世界水谷协同发展模式稳步推进的根基。

（1）世界水谷书院的水文化渊源

老子曰：上善若水，水善利万物而不争。水：生命之源，生态之基，生产之要。河孕育文明，海凝聚智慧。水既是生命的源泉，又是人类创造文化的源泉，水作为一种载体，可以构成十分丰富的文化资源，人类创造的所有文明，都离不开水的滋润。所以水文化可以称之为母体文化，是人们在与水打交道的过程中创造的一种文化成果。水文化源远流长，是伴随着人们治理水、认识水、开发水、利用水、保护水和鉴赏水的过程中逐步成长起来的，有着深厚的历史渊源。水文化的发扬与光大对人类有着重要的意义。

世界水谷书院将水文化与中华传统文化相结合，主要针对以下两个方面的问题提出解决方案：一方面是如何以新的表现形式将水谷书院进行表达，以互联网的方式将水谷书院进行传播与推广；另一方面是如何将水文化、智慧水利、创意生态、商业模式与水谷书院的传播结合起来，达到既传承水文化，传播水智慧，又起到商业应用上的成果。

（2）世界水谷书院简介

① 世界水谷书院战略定位

世界水谷书院战略定位是"传承弘扬中华五千年文明、全球网络连接整合水资源以及智慧科技协同创新水文化"，在传承中华传统文化的基础上，进一步加强水文化的研究与推广，围绕传承、整合与创新的战略定位，将书院打造成东方特色鲜明的全球水文化权威机构。

② 世界水谷书院战略特征

在战略特征方面，书院的建设发展秉持"传统、创意、国际、智慧"的理念。面向全球，构建具有世界影响力的中国传统文化与现代智慧科技相结合的水文化创意平台。建立丰富多彩而又简明高效的水文化传播机制，使水文化走出校园、走进社会、走向民众。在更加广阔的天地，展示水文化深厚内涵与独特魅力，融入新时期文化大发展大繁荣的浪潮。

在传承"传统"方面，书院在注重传统文化定调的同时，聚焦水文核心价值。中华传统文化博大精深，除了国学的经史子集，更有道教、佛教等诸子百家。书院重点关注其中国学、禅学及风水的内容，将其中与水相关的精华传承光大。在书院围绕水文化，结合中华传统文化、全球水资源和智慧科技，通过研究、培训、展览、论坛等多种形式传播水文化。

在培育"创意"方面，书院采用可复制的核心业务模块、特色文创产业及因地制宜的特色业务模块培育模式。首先，书院的各业务模块紧紧围绕战略定位展开，其中包括固有的核心业务模块和各分院特色业务模块。核心业务模块具有通用性、可复制、易裂变等特点。其次，书院内开辟专门区域为文创产业提供孵化支持，主要包括水文化文创与特色文创，如结合佛教元素的禅文化文创、结合道教原色的道文化文创等。最后，书院将在全国各水利风景区内及周边设立分院，各分院在核心业务的基础上，分别开展结合当地风景区人文环境与历史文化背景的特色业务，形成分院的业务亮点。

在"国际"发展方面，书院立足于国际联盟，吸收全球顶尖知识、文化资源。在美洲与美国哥伦比亚大学水中心、美国斯坦福大学源创国际研究院建立了国际战略联盟关系，在欧洲与德国弗劳恩霍夫研究院建立了国际战略联盟关系，在亚洲与老挝国立大学、沙湾拿吉大学、柬埔寨生命大学、泰国易三仓大学"一带一路"研究中心以及巴基斯坦科技大学中国学研究中心等机构建立了国际战略联盟关系。同时，水谷书院与管理学学会国际联盟（IFSAM）、东亚管理学学会国际联盟（IFEAMA）等一些国际知名学术组织也建立了良好的战略联盟关系。

在"智慧"培育方面，书院一方面打造水科学与水文化的世界级研究院，整合全球顶尖水利科学学者资源，设立世界水谷数据中心，构建智能分析平台与运营管理平台，呈现世界一流的水相关科研成果，针对社会相关问题开展针对性课题研究，提供解决方案，为水相关项目专利成果转化提供协助。另一方面，注重智慧科技全方位的融入，书院将全面引入混合现实、虚拟现实与增强现实技术，并将其应用于展示、教学、宣传等方面，同时将全球范围内各大水利工程以 VR、AR 的形式在博物馆内呈现，协助教学。

③ 世界水谷书院的用户定位及业务内容

世界水谷书院用户定位包括组织、个人及项目三大类。组织用户主要针对水利相关组织,如水利工程类及其相关联的企业、政府职能部门、水利院校以及水利协会等。个人用户主要针对国学与水文化爱好者,包括国学与水文化爱好者、水利系统高端专家学者以及水相关企业家。项目方面,主要提供各类水相关项目咨询,包括水利工程项目、水利风景区项目、水文化文创项目、水相关创业项目。

书院在业务内容主要包括核心业务和特色业务两大板块。核心业务包括:国学、国术培训课程与公开课程;水文化博物馆;水文化创意创业孵化;水文化专题游学课程;水利工程项目咨询;水利风景区规划设计咨询;水相关世界级课题研究;国内外水领域的专家资源的整合;政产学研金文的资源整合基地;国际性水科学、水文化会议、论坛;水特色课程开发等。特色业务模块则是根据分院当地的人文环境和历史文化背景分别设置,例如在牛首山项目中设立禅修模块。

5.2.4 三创

(1) "三创"内涵

世界水谷"三创"是指创意、创新、创业的三位一体,是世界水谷"四轮驱动"的重要一环。创意指对现实存在事物的理解以及认知,所衍生出的一种新的抽象思维和行为潜能。创新是一种"新的联系",即建立一种新的生产函数,把从来没有出现过的关于生产要素和生产条件的新组合引入生产体系。创业是创业者对自己拥有的资源或通过努力对能够拥有的资源进行优化整合,从而创造出更大经济或社会价值的过程。世界水谷将三者有机结合形成体系。

依托世界水谷研究院的科研平台,世界水谷书院文化教育平台,通过"世界水谷"论坛衔接社会热点、发展新方向,倡导学科交叉、探索未知、体验式学习与团队协作的教育理念,致力于探索企业家精神、创造性思维、创造性能力和执行能力的新型人才培养模式,促进创意创新创业的知识、技能和理念融会贯通,并在此基础上产生对社会及经济发展实质性的推进。通过多年的实践探索,世界水谷"三创"已经形成"一个模式创新、一个协同网络、一批落地示范、一组文创产品"的创意创新创业体系。

(2) "三创"模式创新

在"大众创业、万众创新"的背景下,围绕"水"特色为各方提供更为优质的创业渠道和孵化服务。一方面,"三创"模式从源头入手,通过对"三创"型人才的培养,提高"三创"成效。基于河海大学教育平台,结合 MBA、MEM 等教育项目为世界水谷合作伙伴单位培养"三创"人才,从源头上提供"三创"支持;另一方面,世界水谷"三创"模式的创新在于打通"源头→孵化器→加速器→产业园和生态系统"的"三创"全流程。首先,通过源头培育对人才进行科学方法的培训,提高其创新思维能力；然后，通过孵化器引入资本和战略合伙人，产业、金融共同助推项目孵化；此后，运用加速器让项目吸引当地人才和吸纳地区就业，帮助项目撬动起更大的市场；最后，推动项目入住产业园，通过不断发展搭建商业生态系统，激活更为广泛的创业活动和就业工作，从而促进地区的整体发展，并最终获得"三创"成功。

（3）"三创"协同网络

世界水谷战略合作伙伴通过联盟单位之间的合作，搭建以水文化为核心的全球网体系，打造"创意—创新—创业"生态系统。目前，世界水谷已同"政产学研金文"各个领域的多家单位建立了战略合作伙伴关系。合作方式主要包括两种类型，一种是通过签订战略伙伴协议的正式合作，依托软性框架展开合作；另一种是通过社会网络，依托良好的个人关系与长期合作默契开展的非正式合作。基于这两种基本合作方式，现阶段主要协同网络合作单位包括：

"政"包括水利部水利水电规划总院、水利部国际经济技术合作交流中心、澜湄水资源合作中心、江苏省发展和改革委员会、老挝投资计划部国际经济司、老挝能源矿产部经济司、老挝国家工商会、柬埔寨西哈努克港经济特区管委会、阿联酋中阿产能合作示范园管委会、江苏省水利厅、广东省水利厅、四川省阿坝藏族羌族自治州人民政府等单位；

"产"包括中国长江三峡集团有限公司、中电建生态环境集团有限公司、中冶华天工程技术有限公司、中国国际工程咨询有限公司、加拿大高达工程咨询集团、老挝国家电力公司、泰国安美德集团、中国电建昆明勘测设计研究院有限公司、老挝吉达蓬集团、柬埔寨西哈努克港经济特区有限公司、中电建十一局工程有限公司、四川明珠集团有限责任公司、浙江乾冠信息安全研究院有限公司、广东河海工程咨询有限公司、南京嘉瑞产业集团、江苏省苏豪控股集团有限公司、中国江苏国际经济技术合作集团有限公司、中国电建集团贵阳勘测设计研究院有限公司、上海旗华水上工程建设股份有限公司、深圳市水务规划设计院有限公司、北京东方生态集团、北京一滴水科技有限公司、南京牛首山文化旅游集团有限公司、南京朗坤科技实业有限公司、南京银行股份有限公司、江苏苏宁银行股份有限公司、华泰证券股份有限公司等单位；

"学"包括河海大学、北京大学、清华大学、复旦大学、南京大学、上海交通大学、同济大学、北京师范大学、东南大学、香港科技大学、美国哥伦比亚大学、俄罗斯东北联邦大学、日本京都大学、日本明治大学、日本大学、老挝国立大学、老挝中央银行学院、老挝沙湾拿吉大学、泰国易三仓大学、柬埔寨生命大学、蒙古国立大学、尼泊尔国立特里布文大学、加拿大劳伦森大学、上海外国语大学、南京航空航天大学、南京理工大学、深圳大学、黑龙江大学、东北农业大学、苏州大学、扬州大学、南通大学、常州大学、常州工学院、淮阴师范学院、盐城师范学院等单位；

"研"包括金砖国家智库、两山智库、水电水利规划设计总院、南京水利科学研究院、国家重点实验室（水文水资源与水利工程科学）、国家工程研究中心（水资源高效利用与工程安全）、德国弗劳恩霍夫研究院、江苏省高校协同创新中心（"世界水谷"与水生态文明）、江苏省决策咨询研究基地（企业国际化发展）、江苏省高校国际问题研究中心（国际河流）、江苏省金融业联合会海外江苏专业委员会、长江保护与绿色发展研究院、大运河文化带建设研究院、广东省水利科学研究院等单位；

"金"包括工商银行万象分行、澳大利亚澳顺投资集团、江苏省海外合作投资有限公司、中国电建海外投资公司、深圳水务投资公司、中国水务投资江苏有限公司等单位；

"文"包括管理学会国际联盟（IFASM）、东亚管理学会国际联盟（IFEAMA）、亚洲组织发展网络（AODN）、生态环保部中国生态文明研究与促进会、老挝中华总商会、柬埔寨中国商会、四川阿坝清洁能源及水生态文明建设商会、广东省水利水电行业协会以及中国水利水电市场杂志社等单位。

(4) "三创"落地示范

"三创"作为务实的发展模式，其价值实现在于落地示范。经过多年的探索实践，世界水谷"三创"已在澜沧江——湄公河（以下简称"澜湄"）地区成功落地。首先，澜湄地区为"三创"示范提供了必要的空间环境，而世界水谷与海外中国在澜湄地区的汇聚为世界水谷"三创"落地提供了良好契机。二者在澜湄流域的交汇，为"三创"落地提供了其所需的人才、知识、社会网络等重要资源。其次，在"一带一路"建设、澜湄合作的大背景下，"三创"的示范落地推动了各项国际合作在澜湄地区的开展，包括以借助海外中国平台达成的河海大学与老挝国立大学的教育合作，借助世界水谷平台达成河海大学与泰国孔敬大学开展的水资源研究合作等。此外，世界水谷"三创"落地示范推动一系列务实项目的落地，共同推动当地"三创"集聚。包括中国曼谷智慧城的落地、依托河海大学教育资源在当地开展的博士与MBA教育培训、"世界水谷"论坛与"海外中国"论坛落地澜湄等，推动了世界水谷模式在澜湄地区的复制推广，目前，老挝、柬埔寨已成功建立世界水谷海外分谷。

(5) "三创"文创衍生品

相较于"三创"在澜湄地区落地示范的宏观谋划，"三创"文创衍生品更加聚焦微观的产品设计与开发，依托具体的产品践行"三创"理念。文化衍生产品系统设计是一个将文化符号以视觉和产品造型的现代设计语言表述的过程，这一过程基于文化衍生产品的角度对传统的产品系统设计理论进行了整合。在社会经济和区域文化状态的基础上构建产品系统是文化衍生产品系统设计的任务，在地域文化语义和系统设计的转化过程中,研究探讨文化与产品的关系。目前,依托世界水谷书院平台,已围绕书院特色开创了诸多种类的文创衍生品。包括模型复制品类:对世界知名水利工程、水利风景区进行复制,外观精制,与实物相同比例,这类产品价格较高,具有极高的观赏价值与纪念意义,亦有一定的收藏价值;文化衍生品类:带有水文化主题和禅文化主题的创意产品,蕴含文化附加值,并结合日常使用功能;出版品类:包括水利科普读物、相关学术期刊、水利风景区导览手册等,涵盖专业级别可供研究的学术资料以及平民化的阅读杂志;体验类:在博物馆内主要设置VR、AR、MR等现代智慧科技的体验设备,以供实景体验水利工程与水利风景区。

5.3 协同模式

协同模式包括战略协同与模式协同两部分。战略协同强调世界水谷"政产学研金文"多主体在战略层面产生协同效应。模式协同更加关注世界水谷基本模式与发展模式间的协同发展。

5.3.1 模式关系

模式关系用以描绘世界水谷基本模式与发展模式二者间的关系,二者如同冰山表面的"冰山以上部分"和深藏的"冰山以下部分",即智库、论坛、书院以及三创"四轮驱动"发展模式作为"冰山以上部分"能够更加直观地被认识,用以获取外部的关注和资源;而基本模式作为深藏的"冰山以下部分"往往难以被直观地察觉,但其存在对于"冰山"整体而言至关重要,决定着发展模式的稳定和可持续。二者是相互支撑、相互完善,一方面"政产学研金文"六大协同主体在形成协同体的同时,为"智库、论坛、书院、三创"四轮驱动发展模式提供其发展、运作所需的养分;另一方面,"智库、论坛、书院、三创"四者驱动主体战略协同,不断与"政产学研金文"协同体内主体进行资源交换,并促进各主体相互合作、互动,增强其协同关系。在基本模式与发展模式相互作用下,实现世界水谷的战略目标,见图5-6。

5.3.2 战略协同

战略是一种长远的规划,是远大的目标,往往规划战略、制定战略、用于实现战略的目标的时间是比较长的。战略协同,是为更好、更快地实现战略目标,依托协同网络,实现"1+1>2"的效果。战略协同包含两个相互联系的内容:一是静态协同效应,即因为协同作用而获得的好的结果;二是动态整合能力,通过资源和能力的整合,识别和实现协同效应获得竞争优势的动态过程。世界水谷战略协同更加

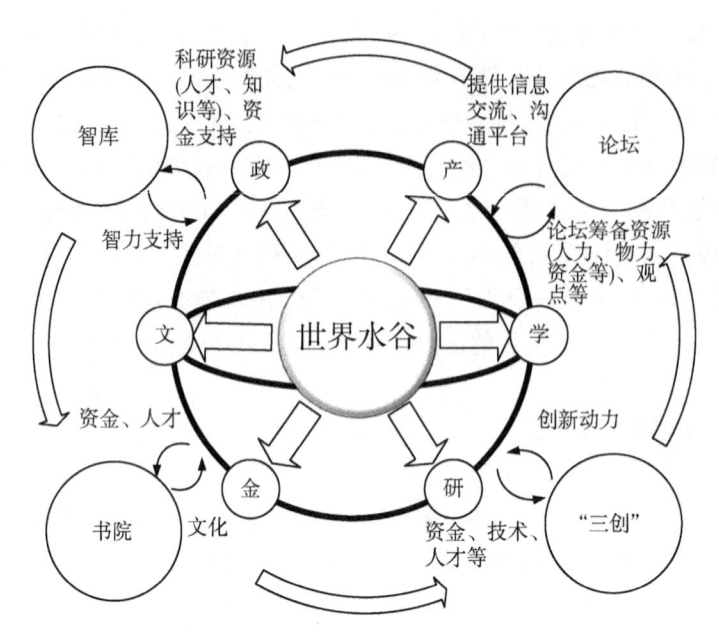

图 5-6　世界水谷模式关系

注重战略形态转换、战略体系在转换进程中保持相互协调能力和处于相对和谐的状态。因此,世界水谷的战略协同具有两层含义:一是在一定时期内保持相对稳定性的战略体系的横向静态协同性;二是"政产学研金文"等协同主体在现行战略形态与新战略形态在战略体系进程上的协同性,以保持主体间的战略安排在时间序列上的动态协同。简而言之,世界水谷协同模式的战略协同具有"静态横向协同、动态进程协同"特性。

(1) 静态横向协同

"政产学研金文"多主体的静态横向协同,侧重于关注同一时空下不同主体间的协同合作,对于主体协同合作的效率至关重要。静态横向协同注重协同主体战略目标的一致性以及要素之间协调配合,克服主体在战略目标及要素等方面的不协同,使系统在空间上形成协调一致的整体运动,从无序走向有序。

一方面,静态横向协同是为理顺主体间协同关系,提升协同效率、效益。当前,"政产学研金文"多主体的协同发展面临着一些困难,不仅影响主体间协同关系的建立,同时也影响着主体间协同效率。诸如国家推进产学研合作的宏观政策较多,具体政策较少,政府未充分发挥引导产业自主创新的调控作用,一些促进产学研结合的政策难以落实等。政府、企业和高校都迫切需要协同创新以提升实力、人才集聚、成果转移的目标,更迫切地需要协同创新实现资源共享。因此,世界水谷多主体战略协同,重视静态横向主体间的协同,如在推动主体间协同创新的过程中,要求创新主体不再以某一科研问题为单纯目标,而是在围绕科研项目攻关的同时,打破不同科研主体间的制度壁垒,探索更加通用的合作机制,同时引导主体理顺研发、生产和市场间的纽带关系,重视研发项目的实际价值,提升科技成果转化率。

另一方面,世界水谷要采取多种措施来引导"政产学研金文"多主体实现静态横向协同。世界水谷多主体协同以"水"为核心,围绕"水"行业展开协同合作,但是,当前我国水行业是一个门类繁杂的多行业体系,涉水产业分散在各行各业,"九龙治水"顽疾也是阻碍水行业发展的主要问题,只有水行业集中、集聚发展才能满足"传统水"向"现代水"转变的新需求。基于美国"硅谷"经验,世界水谷可以通过设立水产业投资基金为代表的投融资机制,设立水产业投资基金以整合社会长期资金投资于水产业,缓解我国水产业资金不足的不利局面,满足我国水产业的发展需求,从而保证世界水谷协同体静态横向协同[①]。

(2) 动态进程协同

"政产学研金文"多主体的动态进程协同侧重于对协同体在时间上的动态关系调整,是保证战略方向正确性的重要保障。由于战略目标的实现并非一蹴而就,需要多主体协同合作,长期保证在战略层面上的目标协同,否则就难以避免陷入"协同陷阱"的风险。对此,世界水谷注重发挥非正式制度在多主体协同发展过程中的指引作用。世界水谷的非正式制度主要表现在世界水谷水文化以及世界水谷协同网络两方面。

在世界水谷水文化建设方面,首先,构建了世界水谷水生态文明建设体系。梳理世界水谷水文化结构,提出世界水谷核心文化元素,分析水文化与关键要素的关系以及水文化与生态文明推进的互动机理,研究水与生态的关系,提出以水文化为核心的水生态文明建设体系。其次,推进世界水谷水文化创意体系。研究水文化创意驱动要素,建立传统水文化向现代水文化转变的水文化创意机制体制,探索水文化创意平台建设,研究水博物馆、国际水博览会、全球水论坛等载体的水文化创意途径,建立世界水谷水文化创意评估体系,加速推进世界水谷水文化创意体系的建设。再次,建立世界水谷水文化传播体系。分析世界水谷水文化传播内涵特征,研究世界水谷水文化传播作用与功能,探索世界水谷水文化传播机制,建立世界水谷水文化传播体系。

世界水谷协同网络建设包括两方面:静态的世界水谷协同网络通过对各个合作方及合作项目进行统一协调与管理,提高资源整合程度与使用效率,政产学研金

---

① 张阳,贺正齐.硅谷制度对"世界水谷"建设的借鉴与启示[J].水利经济,2016,34(1):46-50.

文的合作需要以产业园、产学研合作基地等实体合作为基础；而动态的世界水谷协同网络不仅创建了实体合作，而且可以构建一个动态的虚拟联盟，在这个协同网络中各主体可以与其他主体同时进行产学研合作，组成一个个独立的合作组合，并能够不断更新、吸纳新的伙伴，具有一定的动态性和多样性。

需要指出的是，世界水谷战略协同的静态横向协同与动态进程协同并非是相互独立、割裂开的，二者是相互补充、互为支撑的关系，即静态横向协同保证多主体在协同合作过程中的有效契合，动态进程协同保证协同体在战略实施过程中实现主体战略的有机动态调整，从而保持在战略方向上的协同，有效规避"协同陷阱"。

5.3.3 模式协同

世界水谷模式协同与世界水谷基本发展模式协同既相互联系又有所区别。二者都基于战略协同的基本思想，通过推动"政产学研金文"多主体协同关系的构建，实现"1+1>2"的功能诉求。

世界水谷平台模式、网络模式以及生态系统模式是世界水谷战略协同由低到高不同发展阶段的模式协同方式，世界水谷生态系统协同演化的动力是网络效应，网络效应触发了世界水谷平台与主体之间的正向反馈循环，即世界水谷平台模式的演化促进了主体间关系的演化，主体间关系的演化同样促进世界水谷平台模式的演化。

（1）世界水谷平台模式

平台经济正在驱动全球经济新一轮的增长，一场以平台模式应用和平台化转型为主题的平台革命正席卷全球。当前，各个领域的多边公共平台实践如火如荼地开展，如听证会、博览会、社区社工服务中心、妇联服务中心、残联服务中心、政府就业服务中心、产业园、科技园、公共论坛，等等。这些仅仅是冰山一角，多边公共平台具有更加广阔的应用领域和发展空间。总之，多边公共平台广泛应用于政治、经济、社会、科技等领域，已成为一种经济社会新常态，见图5-7。

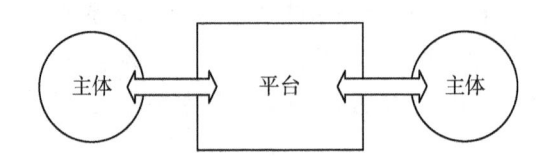

图 5-7 双边平台模型

平台模式以多边（双边）平台为基础。Evans等将多边平台定义为：能够使多类用户群体归属于其中并通过他们直接互动创造价值的组织。多边平台为多边用户群体之间的互动提供规则和空间等①。世界水谷平台模式基于平台战略模型,引导"政产学研金文"多主体协同与外部主体进行多边资源互动,从而形成世界水谷平台模式,见图5-8。与传统双边平台相比,世界水谷平台模式在功能上更加完善,并非仅仅针对单一市场或主体对象发挥平台作用,而是对内协同"政产学研金文"多主体需求与外部相应主体进行对接,从而从多方位与多边主体进行互动。同时,世界水谷平台模式在结构上更加科学,相较传统"平台+双主体"的结构,世界水谷平台模式结构更加具有系统性,不仅仅是平台

图 5-8 世界水谷平台模式多边关系模型

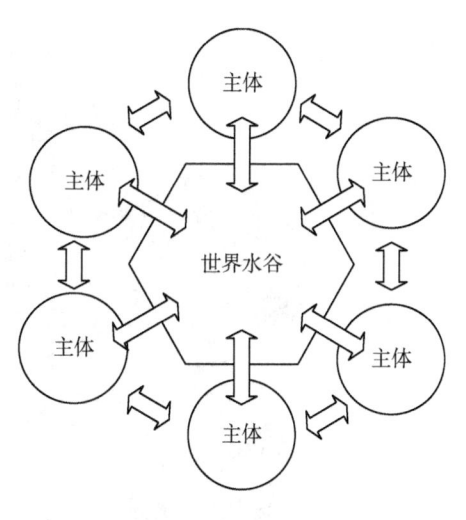

主体数量的增加,更重要的是世界水谷平台模式具有更加科学的顶层设计,动态开放性的特点使得多主体间能够有效形成协同关系网络,从而能够在世界水谷协同理念指导下,更加科学有效地获取、利用所需资源、市场等要素,形成战略协同效应。

(2) 世界水谷网络模式

世界水谷网络模式实质上是在世界水谷平台模式基础上发展而来,当世界水谷多边平台发展到一定程度时,会形成"多中心、自组织"的世界水谷网络形态,不同的世界水谷协同体间由相应的节点连接,如图5-9所示,从而大量的世界水谷协同体联结形成联系紧密的世界水谷网络模式,如图5-10所示。

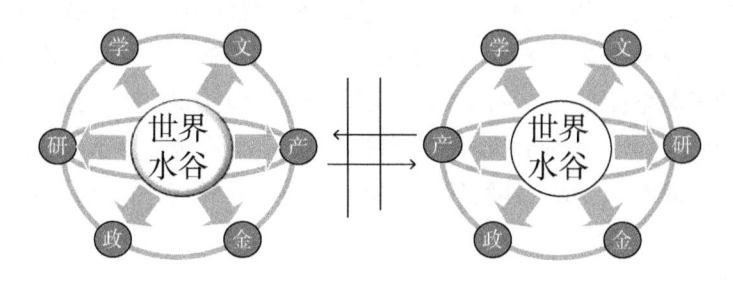

图 5-9 世界水谷网络节点模型

---

① Evans D S,Schmalensee R. Catalyst Code:The Strategies Behind the World's Most Dynamic Companies[M]. Harvard Business Review Press,2007.

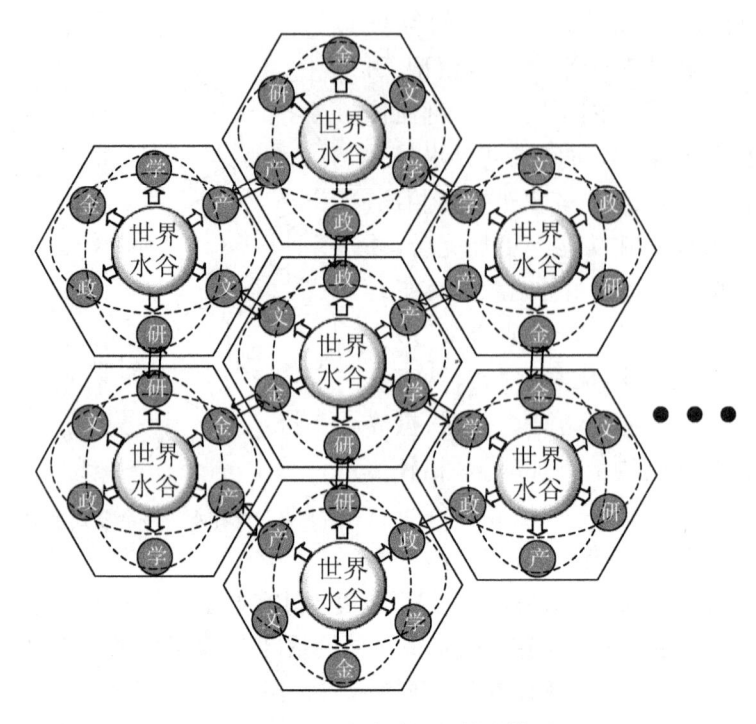

图 5-10　世界水谷网络模式模型

　　一个开放的网络需要在系统内部、系统与外界之间进行稳定的能量交换,同时能量在网络中不断循环,促进网络的自我完善和发展。在世界水谷网络模式中,主体的协同创新过程中的种种要素及发生环节已成为一种共存共生、协同进化的创新网络系统。世界水谷网络模式包含主体协同创新过程中各个环节的参与主体互利共生,及外部环境影响下的演化共生。在世界水谷网络模式中,各主体仅依靠自身所控制的资源来获取利益是不够的,还要借助于其他主体控制的资源以及整个网络组织的资源整合能力。主体为追求创新价值最大化而进行创新活动,形成了由创新群与内外部环境协同的世界水谷网络模式。世界水谷网络模式的协同创新主要涉及 3 个层面——协同体间的节点协同、协同体间的关系协同、内外部创新环境协同。

　　① 主体间的节点协同

　　创新节点是世界水谷网络模式的枢纽,是知识、信息和技术等资源在不同主体、协同体间传递扩散的关键渠道,也是扩散过程中创造价值或知识增值的"价值链",发挥着传递信息及社会关系资源的桥梁作用。世界水谷网络模式中的节点是由企业、政府、高校及研究机构、金融机构、NGO 等主体构成,它们在世界水谷网络模式中扮演着不同的角色。世界水谷网络模式中的节点以提高协同能力、实现创新为目的,通过积极活动将各自的物质和信息等资源联系起来,使协同主体可通过利用互补性资源实现彼此渗透,在突破原有协同体边界的前提下使知识、技术和信息等资源在世界水谷网络中迅速扩散开来,最终使得创新资源在流动中实现重新组合,形成一种协同创新能力,促使创新活动产生。

② 协同体间的关系协同

在世界水谷协同体在网络耦合互动过程中,个别节点主体凭借位置优势和资源优势在网络中占据重要位置,其他节点主体对之高度依赖,它们对整体网络具有较大的影响力。核心主体不断跨越自身组织边界,主动寻求网络联系,在与其他行为主体的交流中实现资源共享,进而自主地与其他行为主体合作开发新技术,进行技术创新。如在以政府为主导的协同体中,政府在协同体的生态位决定了政府既要能为生态系统营造良好的环境,又能提供相关的法律、法规、制度,为创新生态系统营造一个良好的投资环境。政府通过充分发挥其职能优势,吸引异质的创新主体不断加入协同体,异质的创新主体与系统内原有的创新主体竞争、合作,形成新的协同体,增加整个系统中创新主体的多样性。在高校及科研机构等主体为结点时,通过不断地生产、创造新的知识和技术(包括基础知识、应用知识和实验发展技术),通过企业、政府等的互动,形成良好的反馈回路。这个过程加快了知识在系统内的流动,促进了以高校和科研机构为核心的相关协同体的联结。

(3) 世界水谷生态系统模式

世界水谷生态系统模式在于通过系统内的能量流动、物质循环和信息传递,促使创新知识的生产、扩散和使用,以优化资源配置,提升竞争力和抗风险能力,获取优良的创新成果,推助经济增长,最终使得所有系统成员共同获益。世界水谷生态系统包括三个体系:核心层、中间层和外围层,见图5-11。其中,核心层由创新主体构成,其功能为创新知识的生产、扩散和利用,包括高校、科研院所和水行业;中间层由支持机构组成;外围层属于创新生态环境层,包括创新基础设施、创新资源、创新文化和创新激励机制等要素。

世界水谷的核心要素必然是水,而河海大学作为一所以水利为特色的高等院校,在全国乃至世界水领域都具有重要的地位和影响力,其承载了水利人才培养以及水利知识创新等职能,在世界水谷协同创新生态系统中发挥着重要作用。以河海大学为主的高等院校信息资源丰富,学术条件优越,通过与国际教育界、学术界的沟通交流,把握当今世界水利科技发展的最新动态,为基础研究和人才培养提供了强大的支撑力量。高校培养的毕业生与政府、科研机构和企业保持着密切的联系。

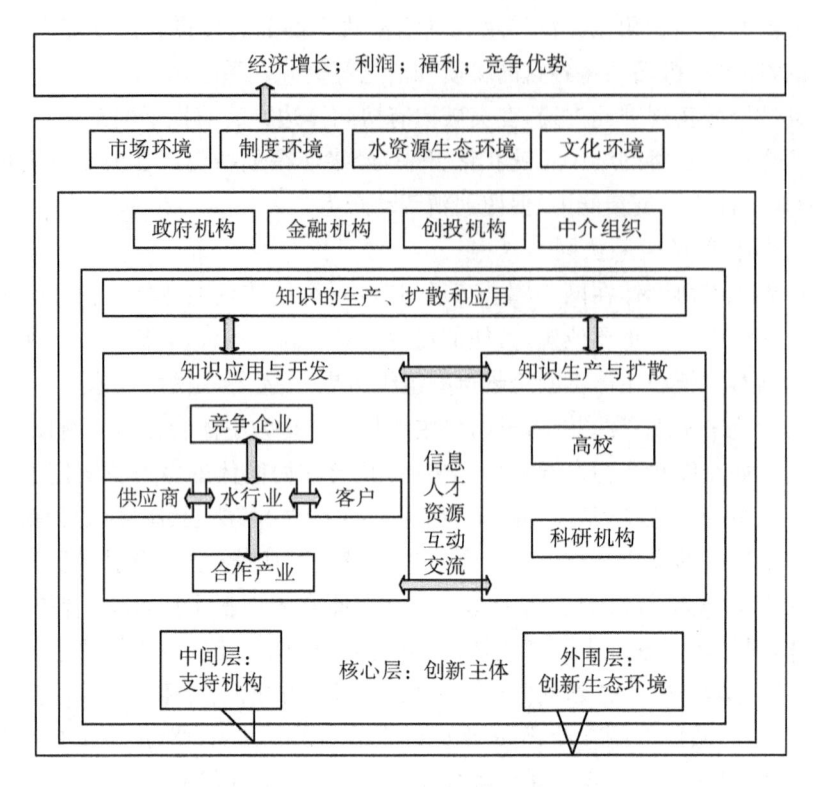

图 5-11 世界水谷协同创新生态系统

世界水谷协同创新生态系统中的科研机构（如江苏省社会科学院等）主要承担高端治水技术、水资源利用开发技术的研究，为相关水产业创新输送科研成果，提供技术支撑。相对于高校而言，科研机构具备更加先进和前沿的技术设备，其科研人员具备更强的研究与开发能力，是世界水谷协同创新生态系统的重要组成成分。

中间层的政府提供财政支持，制定法律法规进行行政管理；银行等金融机构和创投机构为涉水产业的相关企业提供资金保证，相关中介机构（如知识产权事务中心、科技评估中心等）提供组织管理和市场信息等方面的咨询服务。在世界水谷建设过程中，政府积极推进金融服务体系创新，创建中国水交易所（水权、水排污权、水技术等）；探索水金融衍生工具和产品创新；开设水银行，优化水资源的时空配置。中介组织，尤其是科技中介的主要作用是：提供技术信息情报，开展技术咨询、评估和传播等活动。

外围层是指创新生态环境，由市场环境、制度环境、水资源生态环境和文化环境等要素构成。例如一辆最具技术创新的法拉利轿车在没有高速公路的情况下，它也只能成为博物馆的陈列品。这个例子中，高速公路相当于创新生态环境，如果没有良好的创新生态环境,创新行为的产生就会毫无意义。

世界水谷网络是一个开放的自组织系统,与环境交互不仅仅是创新的需求,更是生存需要。世界水谷网络模式中的组织通过网络获取所需资源,同时会通过网络转移自身能提供的资源,由此形成"共赢"状态,该状态强化了组织与环境之间的依赖关系。要获取最大化的创新价值,就必须进行大规模的资源整合,使各核心要素能对其他创新主体产生正反馈效应,培育出一个互利共生的协同体。世界水谷网络汇集了大量市场、技术、中介组织、社会政治、法律和文化等相关信息,是影响节点协同创新能力及其作用发挥的一个重要因素。它将不同来源、不同层次、不同拥有者的资源或能力连接为创新协同体,按照合作竞争机制和协同规则进行识别与选择、汲取与配置、激活和有机融合,通过互利和契约将企业外部既参与共同的使命又拥有独立经济利益的合作伙伴,在形成诸多协同网络后最终转化升级为具有复杂性、适应性及动态性的生态系统。

第六章
战略协同视角的智库指数

6.1 原则:战略协同和管理创新

6.1.1 世界水谷智库指数内涵与宗旨

(1) 世界水谷智库指数内涵

世界水谷以"水"为核心元素,形成了"政产学研金文"协同创新的基本模式,以"智库、论坛、书院、三创"四轮驱动为发展模式,打造世界性水文化创意创新中心。河海大学世界水谷研究院,是世界水谷实体机构、智库机构,以"学术研究、政府智囊、服务社会"为目标,致力于研究水安全、水资源、水环境、水生态与社会经济发展的重大理论和实践问题。世界水谷研究院发展基本模式"政产学研金文"协同创新,"生态文明"和海外中国是世界水谷研究院研究的重点领域,以评促建是推动"生态文明"和海外中国建设的重要驱动因素。但不可忽视的是,面对复杂多变的管理问题,KPI 式的"重技术轻管理""重工程轻文化"等机械式的评价方式已经不合时宜,而从战略协同视角来建立一个新型的评价方法,具有十分必要的现实需要,为此河海大学世界水谷研究院提出了世界水谷智库指数。

世界水谷智库指数(WWVI—World Water Valley Index),以协同创新为基本模式,从"政、产、学、研、金、文"六方面,来衡量以"水"为元素领域的发展水平,涵盖政府、产业、教育、科研、金融、文化及协同等 7 个子指数。通过构造一个能够体现"战略协同"思想及其内涵的更具综合性的指数,从而更加系统和全面地反映我国"生态文明"和海外中国等领域的发展和建设水平。

(2) 世界水谷智库指数宗旨

生态文明建设和"一带一路"已经成为我国新时期的两大任务,各地纷纷响应国家号召,结合本地发展实际提出了生态文明建设和"一带一路"实践方案。但各地在实践中呈现出认知偏差,如在生态文明建设中只见生态的自然属性,生态文明建设只有工程技术手段,忽视社会人文属性,更忽略建设主体间、建设要素间以及主体要素间的协同,引发一些地区在生态文明建设和"一带一路"建设领域呈现乱象问题,因此世界水谷智库指数旨在从战略协同和管理创新视角来评价生态文明和"一带一路"领域问题。

6.1.2 世界水谷智库指数编制原则

为实现世界水谷智库指数内涵及宗旨,构造世界水谷智库指数时须遵循以下原则:

(1) 以"水"为元素的协同创新发展基本内涵为指导思想

以"水"为元素,意指涉水领域是世界水谷智库的服务领域,包括水利事业、河长制、生态文明以及以流域为特征的海外中国等。协同创新是世界水谷发展的基本模式,即围绕着服务"水",政、产、学、研、金、文主体要素通过协同效应和资源、能力整合,实现战略协同推动"水"提升。因此,在构造世界水谷智库指数时,应当力图反映政、产、学、研、金、文的主体协同、要素协同以及主体与要素的协调,并着重考虑将反映上述情况的指标纳入构建体系。

(2) 指标选取易获得、便于计算并易管理

指标选择上,特别注意在总体范围内的一致性、科学性和可追溯性,指标体系的构建是为"水"领域政策制定和科学管理服务的,指标选取的计算量度和计算方法必须一致,各指标尽量简单明了、微观性强、便于收集,各指标应该要具有很强的现实可操作性和可比性。选择指标时也要考虑能否进行定量处理,以便于进行数学计算和分析。

(3) 涵盖"政产学研金文"六个领域

政、产、学、研、金、文是驱动"水"发展的主体要素,战略协同是破解"水"领域问题的方法模式。政即是政府,政府是破解"水"领域问题的政策制定者、引导者;产是企业的市场经济、是"水"领域问题解决的主体;学是高校,高校为"水"领域问题解决培养人才,以高素质的专业人才来完成对行业内的转型需求;研是科研院所,借助社会企业的良好平台及资源,科研机构在技术上开发的同时完成对研究方向的规划,以研究成果推动"水"领域问题解决的整体发展;金是金融机构,金融是现代经济的核心和资源配置的枢纽,在"水"领域建设中有着举足轻重的作用,金融可以作为一种利用金融杠杆撬动社会资本支持"水"领域发展的机制,推动"水"领域建设发展;文是文化,"水"领域建设发展是新型的文化发展,是一次文明转型的变

革,文化是"水"领域建设的重要内容和重要支撑。

(4) 数据来源公开、可靠、可信和可行

为使构造的世界水谷智库指数具有准确性、客观性、可比性和可操作性,所有数据均采用相关部门发布的权威统计数据,而不采用主观性较强的问卷调查法。

6.1.3 世界水谷智库指数体系结构与指标选取原则

(1) 智库指数体系结构

第一个层次:用以反映"水"为元素领域的总体发展情况,即从"政、产、学、研、金、文"六方面,反映出以"水"为元素领域发展的总体水平。

第二个层次:用以反映在政府、产业、教育、科研、金融、文化等6个领域的发展情况以及6个领域的协同情况。围绕着某具体的"水"领域,政、产、学、研、金、文六大领域的推动情况以及发展水平,六大领域建设的好坏直接影响着某具体的"水"领域发展水平。此外,政、产、学、研、金、文是"水"领域建设的重要构成,不可偏废其一,其短板效应都会直接决定"水"领域建设的高度,其主体要素的战略协同则是衡量某具体的"水"领域建设水准和可持续水平的标准。

第三个层次:用以反映构成"水"为元素领域各方面具体发展情况。主要反映政府、产业、教育、科研、金融、文化等6个领域水平的计算指标,以及6个领域战略协同程度的计算指标,如结构图6-1所示。

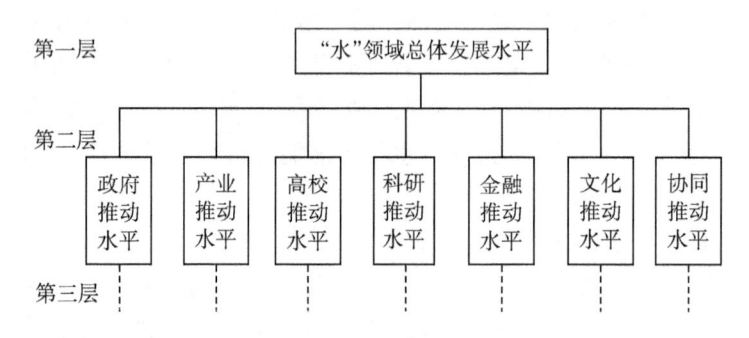

图 6-1 世界水谷智库指数指标体系结构

(2) 智库指数指标选取原则

① 一致性原则

该原则要求,所选指标对于形成体现政产学研金文状况的作用方向保持一致,与其他指标一致性不高的指标应予以剔除。通常一个信息观测点会对应几个类似的指标,或同一指标会包含几个信息观测点。当遇到此类情况时,通过仔细研究权衡和利用统计学方法甄选,最后确定最具代表性的指标并纳入指标体系。

② 可衡量性原则

如果选取的指标没有相应的统计基础支撑,导致无法有效搜集数据或统计成本太高,都将削弱所构建指标体系的现实意义。对此,按照可衡量性原则要求,在指标选取上优先考虑在我国已有或将要有统计制度支撑的,或可通过科学方法聚合生成的指标。这些指标通常在我国政府文件中被提及,并有相应的统计口径,计算方法也有明确统一的规定。对于不可获得、不可衡量或可衡量性较低的指标应予以剔除。

③ 有效性原则

该原则要求,评价指标必须有明确的内涵,能客观准确地反映被评价对象的基本特征,并能有效评价政、产、学、研、金、文在各"水"领域的差异性。如果衡量结果显示在各"水"领域几乎一致,则没有实际价值,应予以剔除。

④ 简洁性原则

指标体系本身就是对现实世界的一种抽象和简化,如果由于要面面俱到而设计得过于庞杂,就失去了采用指标体系简化认知的意义。因此,按照简洁性原则要求,在选取指标时针对每个评价维度,只选取一到两个最具代表性的指标,这些指标能有效表征所评价维度的关键方面。

6.1.4　世界水谷智库指数指标权重法

(1) 指数权数的分配方法

在比较国内外赋权方法优劣的基础上,世界水谷智库指数采用"逐级等权法"进行权数的分配。逐级等权法是指数编制研究中一种较为常见的指数编制方法,主要针对无客观权重综合类指数的编制。其基本思路是将传统的按照研究领域划分的指标观测点进一步细分后,根据指数研究大类重新归类整理,进而形成指数指标体系,然后按照不同类别分级平等赋予权重,最后形成指数使用的逐级赋权。该方法可以避免研究和考查构成指数的相关因素间无法确定权重的问题,也就是打破传统的按照各个研究因素分类的方法,建立一整套包含不同维度的考查体系,将不同相关因素按照不同的考查维度重新整合,按照同一级别同等赋予权重的原则,形成最终指数。

指数权数的分配方法具体到世界水谷智库指数的编制过程中,首先要反映政府、产业、教育、科研、金融、文化等6个领域的发展情况,并考虑政、产、学、研、金、文协同水平。然后将各个具体指标依次纳入这六大类和协同度中,每个指标平均分配所处大类指标的权重,主要原则为:

① 政、产、学、研、金、文的领域和协同,分配为 8∶2;

② 政、产、学、研、金、文 6 个领域权数均为 $1/6*(8/10)$；

③ 在某一具体领域内指标对所属领域的权重为 $1/n$（n 为该领域下指标的个数）。

其次根据指标定义确定具体的数据来源，进行数据的收集、汇总和整理，并依据数据情况确定指数编制基年。最后将基年各指标数值标准化为 100，并根据其他各年与基年的变化关系确定各年指数。

（2）政、产、学、研、金、文协同度计算方法

协同学是继耗散结构理论之后自组织理论的一个重要分支，其核心思想是当系统远离平衡态时，系统与外界进行物质、能量及信息交换的过程中，系统内部不同层级、不同结构在非线性机制的作用下发生相干作用，各自的运动受整体的约束，发生自组织现象。哈肯指出协同学基本原理包括不稳定性原理、序参量原理和支配原理，并构成了协同学的核心。

① 功效函数计算

根据协同学理论，随着序参量的增长而使系统有序度增加的功效是正功效，而随着序参量的增加而使系统有序度下降的功效是负功效。序参量对系统有序度可以用功效系数 U 来表示，一般 U 取值在 0 到 1 之间，当 $U\rightarrow 1$ 时，表明序参量对系统有序度贡献比较大；当 $U\rightarrow 0$ 时，表明序参量对系统有序度贡献比较小。

设政府、产业、教育、科研、金融、文化系统为 S_1、S_2、S_3、S_4、S_5、S_6。其中序参量为 $E_i=(e_{i1},e_{i2},\cdots\cdots,e_{ij})$，$\alpha_{ij}\geqslant e_{ij}\geqslant \beta_{ij}$，其中 $i=1,2$，$j\geqslant 1$，α_{ij} 和 β_{ij} 是全国各地"水"领域发展水平上限和下限。则 S_i（$i=1,2,3,4,5,6$）系统的序参量分量的有序度的功效系数的计算公式为：

$$U_i(e_{ij})=\begin{cases}\dfrac{e_{ij}-\beta_{ij}}{\alpha_{ij}-\beta_{ij}},j\in[1,k]\\[2mm]\dfrac{\alpha_{ij}-e_{ij}}{\alpha_{ij}-\beta_{ij}},j\in[k+1,m]\end{cases} \quad (6-1)$$

其中，序参量 e_{ij}（$j\subset[1,k]$）的值越大，S_i 系统的有序度越大，e_{ij} 具有正功效；序参量 e_{ij}（$j\in[k+1,m]$）的值越大，S_i 系统的有序度越小，e_{ij} 具有负功效。

② 有序度计算

子系统有序度的计算，可以通过序参量分量的线性加权法和几何平均法进行计算和衡量。有些学者在研究协同性上采用线性加权法进行计算（钟鸣，2011 等），也有学者采用几何平均法来衡量，但是线性加权法和几何平均法都存在优势与缺点，所以单纯地使用线性加权法和几何平均法计算子系统有序度结果具有不准确的缺陷。为此，本节在子系统有序度的计算上，采取的方法是将二者进行综

合,取两种方法有序度计算的平均值作为本节子系统有序度计算方法,即为:

$$U_i(e_j) = \frac{\sum_{j=1}^{m} w_{ji} u_i(e_{ij}) + \sqrt[m]{\prod_{j=1}^{m} u_i(e_{ij})}}{2} \quad (6-2)$$

其中,$\sum_{j=1}^{m} w_{ji} u_i(e_{ij})$ 是线性加权法计算的子系统有序度,且 $\sum_{j=1}^{m} w_{ji} = 1$,$w$ 为各个序参量的权重,本节采取熵值赋权法,具体计算过程参见公式(6-1)和(6-2);$\sqrt[m]{\prod_{j=1}^{m} u_i(e_{ij})}$ 是几何平均法计算的子系统有序度。

6.2 河长制战略协同指数

6.2.1 河长制发展历程与建设实践

(1) 河长制发展历程

2007年初夏,无锡因蓝藻爆发导致太湖水质严重下降,同时引发了水污染,造成的供水危机引起了全国的关注。江苏省委省政府下定决心根治顽疾,确立了治湖先治河的思路,无锡率先创立了河长制。2007年,无锡市还制定了《无锡市河(湖、库、荡、氿)断面水质控制目标及考核办法(试行)》,明确要求将79个河流断面水质的监测结果纳入各市(县)、区党政主要负责人的政绩考核。2008年,无锡市委下发《中共无锡市委无锡市人民政府关于全面建立河(湖、库、荡、氿)长制,全面加强河(湖、库、荡、氿)综合整治和管理的决定》,要求在全市范围推行河长制管理模式。按照以上文件要求,各市(县)区相继出台了河长制管理的文件,明确了组织原则、工作措施、责任体系和考核办法。这些文件成为推行河长制的政策依据,为河长制管理提供了制度平台。自无锡市推出河长制管理模式后,苏州、常州也相继跟进。苏州市委市政府于2007年12月印发《苏州市河(湖)水质断面控制目标责任制及考核办法(试行)》,全面实施河(湖)长制。常州市还制定了《督查手册》,包括河道概况、水质情况、存在问题、水质目标及主要工作措施,供河长参考。

2008年,江苏省政府办公厅下发《关于在太湖主要入湖河流实行"双河长制"的通知》,15条主要入湖河流由省、市两级领导共同担任河长,江苏"双河长制"工作机制正式启动。2012年,江苏省政府办公厅印发了《关于加强全省河道管理河长制工作意见的通知》,在全省推广河长制,河长制在江苏省日渐完善。

此后，不断有省市政府颁布文件，在各个省市推行河长制制度。2013年，天津在全境推行河长制，对河长集中考核并公布成绩单；2014年，浙江成立了省委书记任组长的"五水共治"领导小组；2016年，广州下发《广州市河长制考核办法》，并在河涌边设置河长公示牌。

2016年12月中共中央办公厅及国务院办公厅颁布了《关于全面推行河长制的意见》（以下简称《河长意见》），《河长意见》分为三个部分，分别规定了全国河长制的推进的总体要求、主要任务及保障措施。该政策性文件的颁布对我国全面建设河长制进行了一个总领性的指导，直接使我国进入了全面进行河长制建设的时期。紧随着《河长意见》的颁布，水利部、环境保护部发布了《贯彻落实〈关于全面推行河长制意见〉实施方案》（以下简称《实施方案》），这是对各地方政府实施《河长意见》的具体化要求。同年，国家还颁布了《生态文明建设目标评价考核办法》，主要对地方的生态文明建设目标进行考核，考核方式是上级联合考核下级，能够对党政领导干部造成一定的压力，从而使河长制更好地推进。2017年，水利部颁布了《水利部办公厅关于加强全面推行河长制工作制度建设的通知》，这是对《河长意见》和《实施方案》的进一步补充。

现阶段，全国31个省、直辖市、自治区已经出台了相应的省级河长制实施方案，这些实施方案在《河长意见》等政策性文件的指导下，在形式及内容上较为统一、推进方向明确，同时，各地出台的地方文件也具备一定的地方特点。这些文件都是指导河长制建设的具体依据，也确立了河长制的制度属性。

(2) 河长制建设实践

河长制的推行明显推动了水治理步伐。以江苏太湖流域为例，从2008年起，江苏太湖流域围绕"规划、目标、项目、资金"四落实，先后编制并实施了三轮15条主要入湖河流综合整治方案。2015年，太湖湖体水质由2007年的Ⅴ类，稳定改善为Ⅳ类，参考指标总氮为Ⅴ类，较2007年改善35.6%；太湖富营养化水平由中度改善为轻度；65个国控重点断面水质达标率61.9%，上述各项指标均达到国家太湖流域水环境综合治理总体方案近期目标。河网水功能区水质持续改善，15条主要入湖河流年平均水质全部为Ⅳ类以上，全部消除Ⅴ类和劣Ⅴ类河流。

总结各地河长制实践，主要取得以下成效：

① 促进掌握了主要河湖基本情况

实施河长制后，为了进一步弄清情况、研究对策，许多地区组织开展了较大规模的河道状况调查研究，许多河长亲临一线了解情况。有些地区建立了"一河一档"，制定了"一河一策"，"一档"指包括河道基本状况、水质情况、水环境与水生态情况等在内的档案资料；"一策"指包括如何开展综合整治、如何实施长效管理、河道水质与水环境改善的序时进度等在内的策略措施。

② 促进加大了整治力度

通过"河长"的协调和督促作用,对河湖的综合整治力度得到进一步加大。建立河长制的地区形成了河道综合整治的机制,取得了比较明显的成效。

③ 促进落实了长效管理

推行河长制的地区积极明确长效管理措施,落实长效管理经费,加强长效管理队伍,强化行政督察与社会监督,在推行河长制的地方,不仅建立了相关的行政督察机制,而且形成了社会监督机制。

④ 促进形成了治河合力

河道的综合整治和管理涉及多个部门,需要多部门的配合与合作。实施"河长制"后,党政领导出面,可以较好地解决部门之间的协调合作,在加强河道的整治与管理上做到协调一致、通力合作。

⑤ 促进改善了水环境

推行河长制的地区加大了河道整治与管理的力度,使河道的水环境得到显著改变,一些多年未能整治且影响群众生产生活的河、塘、库得到整治,水体污染得到控制,河湖水质得到改善,河湖生态得到恢复,城乡人居环境显著改善。

6.2.2 河长制战略协同的影响因素

(1) 政府因素

河长制政策的实行受到国家和政府的极大重视,各个地方政府在《河长意见》的指导下,出台了许多细则文件来促进河长制的实行。以江苏省为例,江苏省出台了《关于在全省全面推行河长制的实施意见》《江苏省河长制"一河一策"行动计划编制指南》等文件,对河长制的组织结构以及各级河长的主要职责、奖惩与考核机制等内容作出进一步规定。各级河长负责组织领导相应河湖的管理和保护工作。县级及以上河长负责牵头制定"一河一策"治理方案,协调解决河湖治理和保护中的重大问题,对辖区内跨行政区域的河湖明晰管理责任。

政府还落实了关于河长的监督与考核机制和河道管护责任制。河长信息必须公开透明,并且接受各方面的监督。河长的名单不仅要上报上一级河长制办公室备案,还要在地方主要新闻媒体上公布,接受社会的监督。河道显要位置要设立河长公示牌,并且标明河长的姓名、职务、联系部门、职责、监督电话等内容。河长的考核实行全覆盖,是以定期考核、日常抽查、社会监督相结合的方式来进行。对检查考评中发现的问题和成绩进行及时梳理分析和反馈,把绩效和奖惩与财政资金挂钩,并作为党政干部评价的重要依据,贯彻生态环境损害责任终身追究制,以此提升制度执行力。

政府也加强了河长制的执法监管能力。河长制的落实统筹了水利、环保、公安局、农业、住建、交通运输、滩涂海洋与渔业、国土、林业等部门,建立健全信息共享、定期会商、联合执法机制;强化执法巡查监管,加强对重点区域、敏感水域执法监管,对违法行为早发现、早制止、早处理;开展执法专项行动,组织渔政、水政、公安、交通等执法,对河道保护、开发和利用情况进行全面检查,建立详实的执法基础资料库,严肃查处各类违法行为;建立案件通报制度,推进行政执法与刑事司法有效衔接,对重大水事违法案件实行挂牌间挂牌督办,严厉打击违法犯罪活动。

(2) 产业因素

一些工业企业在生产过程中大量排放污水,对河流造成严重污染,这反映了经济发展与环境保护存在着尖锐的矛盾,也对河长制的推行有不利的影响。以长江经济带为例,长江经济带横跨我国东中西三大板块,是我国重要的产业集聚区,钢铁、汽车、石化等产量较高,推进产业转型升级是长江经济带面临的重要目标任务。同时,环境治理也是长江经济带急需解决的关键问题,污染事件频发给长江经济带的经济社会发展带来巨大挑战。在政府的推动下,一些工业企业已经入驻政府建立的产业园区,实行统一管理,以清洁生产为主要发展目标,促进产业升级,从而对河流污染形成有效控制。

此外,为了补充河长制队伍,政府公开招募选聘各类"企业河长",推动企业积极参与河道管理、参与河道水环境治理和保护,努力构建政府、企业共同参与的河道管理体系。

(3) 教育因素

打造专业化河长队伍对河长制的落实有着重要意义。河长制工作系统,集中了全国政权组织核心力量、干部精英,其规模之大、规格之要,为我国治水历史中所罕见。但毋庸置疑,各级河长中有一些未曾接触过水利工作。河长工作肩负水资源保护、水污染防治、水环境改善、水生态修复及执法监管工作任务,不仅涉及岸上、岸下多层次系统性治水专业工作,还涉及环保、园林、市政、交通及法务等多层面多领域的业务工作。每一条河流的具体情况千差万别,这必然要求各级河长领导和执行者,需要具备一定专业知识,熟悉相关业务工作,不仅需要知道区域内外水资源、水生态和水安全等一些基本知识,了解水土保持、水利工程、灌溉与排水技术及河务工程等方面技术知识,还需要了解环境科学、农学、水生物学、生命科学、行政管理学及法学等一些相关领域的自然科学和社会科学知识。

目前,随着护河治水工作的深入开展,河长中存在着水环境生态知识不足、缺乏检测专业技能、全面履职受限等问题。有关部门加强了对河长进行水体监测、藻类监测、水处理技巧等污染防治专业知识的培训,进一步提升河长的专业知识与技能。在专业人才队伍建设上,要重视熟悉现代水环境监测趋势、掌握先进监测方法等领域紧缺人才培养与补充;在技能人才队伍建设上,要重视对先进监测技术、大型监测仪器设备熟练操作应用等技能的培养,适应与满足各类涉水信息监测服务的需要。

(4) 科技因素

河长制信息化是促进河湖管理信息共享和业务协同的基础支撑,是联结政府、企业和社会公众的便捷通道,对构建河湖长效管理机制,实现河畅、水清、岸绿、景美的建设目标具有重要的意义。

构建河长制信息化管理系统,可以实现实时、全面、直观的信息传递。常州市通过建设河长制信息化管理系统,让各级河长能够通过手机 App 随时上传巡河信息。各级河长通过 App,在三维地图上记录巡查路线,把巡查中发现的河道问题实时上传至后台,由河长办快速交办,实现了河道即查即治的效应,解决问题的时间大大缩短。目前,黑臭河道的基本信息已录入平台中,各级河长的巡河长度、巡河时间、问题处理率等履职情况在平台上均实现可视化,为河长制实施数字化管理提供及时、有效的基础数据,确保河长制工作精准地实施。

河长制信息化管理平台利用 GIS、移动端、人工智能等多种技术构建。该平台是基于河道网格化管理方式,对市、县(区)、乡镇(街道)、村(社区)分级管理,综合应用 GIS 地理信息系统、移动互联网、卫星导航定位、多媒体、云计算、物联网、大数据等技术,实现河道管理信息的静态展现、动态管理、常态跟踪。同时平台还配置有业务管理、考核管理等功能,利用河长版 App、微信公众号、微信小程序等,就可向各级河长、工作人员、巡查人员、社会公众提供不同层次、不同载体的查询、上报和管理等服务。

(5) 金融因素

在目前的河长制建设过程中,河道治理资金存在诸多问题,面临着巨大挑战,因此在河长制框架下需要构建河道治理资金保障体系,以促进水环境的长效治理。

① 强化政府资金投入

政府资金投入对于河道治理具有决定性,它是区域环境规划管理和基础设施建设完善的引擎。政府要不断优化调整财政收支结构,制定支持性的财政政策,加大财政补贴、利用财政转移,通过完善资金筹措机制保障河道治理工作的顺利进行。

② 拓宽资金来源渠道

拓宽融资渠道、吸引社会资本流入河道治理是拓宽资金渠道、解决资金短缺问题的关键路径,鼓励多元主体参与、提高全社会水生态文明意识也是河长制推行的重要目标。近年来,PPP(Public-Private Partnership)融资模式(即政府与社会资本合作模式)在我国公共基础设施建设中已经有了许多成功的案例,这为河道治理的融资提供了新的思路。并且在很大程度上拓宽项目融资渠道、缓解基层政府财政压力,此外还能降低项目风险,为社会资本提供发展机会和获利空间。

③ 完善资金管理制度

完善资金管理制度是提高资金使用效率、改善融资环境的重要保障。一方面,要强化对资金筹集和使用的监督和管理。另一方面,要建立健全河道治理多渠道融资的风险分担机制。河道治理投资规模大、项目结构复杂、收益回报期长,因此做好风险分担的协商尤为重要,其关乎河道治理多渠道融资路径能否长效推行。

④ 构建综合保障机制

资金保障是河道治理以及河长制推行综合保障机制的重要组成部分;而资金保障机制能否建立健全,其与法律保障、技术保障等密切相关。没有完善的法律、良好的制度、先进的技术作为支撑,资金保障机制势必难以长效运行。

(6) 文化因素

激发水利风景区建设发展活力,结合水文化与旅游经济开展河道环境治理。河长制的推行,不同于传统治水手段,需要提升景观、发展经济、藏富于民,真正做到绿水青山就是金山银山。

推进一体化管理,相继建立各级水利风景区建设管理领导机构和工作机构,明确了职责任务,实现了规范化、制度化管理。实行市场化运作,推进政府购买服务,把适合市场经济运营的部分全部交由市场主体参与竞争。推行河长制管护,按照以人为本、人水和谐的管理理念,以建设水清、岸绿、景美的生态家园为目标,以河长制管护为抓手,成立三级河长管理机构,党委、政府领导担任河长,建立健全长效管理机制。

以江苏为例,江苏省级河长工作手册明确要开展河湖水环境综合整治,因地制宜建设亲水生态岸线。将创建水美城乡、建设水文化载体等纳入河长制考核办法评价指标。与省文物局联合开展全省水文化遗产调查,与省文化厅、省旅游局联合开展"江苏最美水地标"推选活动。省级水利风景区包括南京浦口滁河、南京溧水老鸦坝水库、南京栖霞八卦洲、邳州市桃花岛公园、常州武进滆湖、常州天宁牟家村、金湖县三河湾、盐城大丰中华水浒园、扬州广陵夹江生态中心、泰州海陵九岛环湖、兴化市李中水上森林及江苏省皂河枢纽。

6.2.3 河长制战略协同指标

(1) 政策落实指标

政府的政策和行为对河长制建设有着极大的影响。政府颁布的政策法规能赋予河长制一定的法律效力;政府的强制监督措施能够有力推动河长制工作向广度、深度推进;政府各个部门联合的执法能力能够提高河长制政策实行的效果。

另外,通过问责制度对河长制工作不重视、不作为、慢作为的情况进行问责。对河长制制度执行不到位、工作不扎实、管理不完善;在推进河长制工作中决策失误、执行不力、处置不当等进行问责,让检查和监督的结果有落实和制度制约,推动各级河长尽职到位,确保各级河长真履职、履真职。

因此,提出由组织机构及制度建立、河道整治情况、落实河道管护责任制三部分指标组成政策落实指标。

(2) 产业指标

河长制的推行不能仅仅依靠政府一方的推动,还涉及企业自身。企业河长是企业与官方的桥梁,也是监督河流及其两岸的生态绿化与水污染环境的重要成员。

企业对环境的污染可以用工业废水排放情况来衡量。该指标反映的是企业生产过程中污染物的产生、排放和治理状况。

一些企业的主要目标转变为以"清洁生产、循环经济"为主要发展目标,同时,企业采用更为经济和成熟的污染控制技术并能从发现和采用低成本的污染控制方法中获得收益。清洁生产执行情况主要是从我国现行的清洁生产审核制度和环保法律法规的执行情况等定性描述企业的清洁生产水平。

因此,提出由开展企业河长、工业废水排放、清洁生产执行情况三部分指标组成产业指标。

(3) 人才教育指标

随着河长制、水生态建设等全面落实,水质监测工作的基础支撑作用愈来愈重要,任务会更加艰巨,河长制离不开专业知识人才的支撑和保障。这亟须调整人才建设思路,优化整合人才队伍结构,加大水生态、水环境监测等相关专业人才的引进和培养力度。

目前,我国培养专业河长的河长学院已存在。河长学院职责职能集中在河长制工作的推进辅助,强调河长职业的咨询服务职能与河长制工作交流。大学首要的工作是职业化教育,高等教育主体职能是需要根据长远社会需求,针对一代代人事业传承的普适性教育进行系统设计。学科建设、课程设置与学历体系是教育基础建设。精细化管理依赖河长职业化队伍建设,职业化队伍建设必须着眼于长期的职业化教育。水利部《关于大力发展水利职业教育的若干意见》中提出要"提高认识,水利发展关键靠人才,基础在教育"。做好河长制事业,同样需要重视基础专业化教育。因此,提出由河长受教育程度、河长专业化水平两部分指标组成人才教育指标。

(4) 科技指标

科技创新及信息化管理能有效推进河长制的建设,为河长制提供主动、高效和精准的河湖管理服务。设定科技创新指标、信息化管理指标以及水利科技成果指标。

科技创新指标,考察创新资源、创新环境、创新绩效,其中包括每万人中从事科技研发人员数量、政府采购新技术新产品支出等直接相关指标。信息技术可以实现河长制日常管理、流程管理、查询分析、统计报表等工作的信息化,信息化管理指标主要是政府采取的措施,包括技术培训、财政投入、政策扶持等层面。水利科技成果指标,对在河长制实践过程中取得的水利科技成果进行登记,评价河长制建设成效。

(5) 资金指标

河道治理资金的来源、去向以及其利用效率属于关注重点。资金指标主要评价各项治理工程资金拨付的情况以及评价各项治理工程资金违反规定使用的情况。可以设定资金的拨付指标、资金的利用指标以及资金的项目决策指标等。

河道治理资金的拨付指标主要包括资金的拨付数额、资金的拨付到位情况等。河道治理资金的利用指标主要包括资金利用的合规性、资金的实际利用率、资金的利用效率、资金违规利用的数额、资金的结余数额等。资金项目决策指标,重点关注某一项目的投资决策是否正确、有无重大决策失误的情况,可以通过设定项目净现值、项目投资回收期等评价指标对某一建设项目的投资决策情况进行判断。

(6) 水生态文明指标

水生态文明建设是在环境治理、生态保护及修复层面上涉及面更广、层次更深的水利及城建工作,是国家在进行环境治理、河流整治、海绵城市等诸多重大决策的基础。水生态文明指标可以分设河湖水系连通率指标、水利风景区建设指标、公众对生态文明建设满意度指标等。

河湖水系连通作为河流健康的一个指标,总体共包括水力连通性、结构连通性、地貌特征、连通方式、连通时效、物质能量传递功能、河流地貌塑造功能、生态维系、水环境净化、水资源调配功能、水能与水运资源利用功能、洪灾防御功能和景观维护功能等13个方面。主要集中在生态维系功能、水环境净化功能、水资源调配和洪灾防御功能以及结构和水力连通性等这六大方面。

水利风景区建设指标,主要针对水利风景资源的特点,从水利风景资源自身蕴含的独特价值、开展水利旅游的各项条件、是否具备实现可持续发展的生态环境三大层次来评价水利风景资源,从而反映河长制建设成效。

在河长制考核中,可引入公众评价,将公众对生态文明建设及成效的满意度测评作为河长制考核指标之一。目前,江苏、广东、浙江、湖南等省已将公众评价引入河长制考核之中。鉴于目前我国还普遍存在公众参与意识不强、参与能力不足等问题,政府部门应加强宣传、引导,重视和鼓励具有一定专业能力、组织能力和执行能力的组织参与到河长制工作中来。

6.2.4 河长制战略协同指数体系

通过河长制战略协同影响因素分析,结合河长制发展现状和建设实际情况,运用世界水谷基本模式,选取以下指标构建河长制战略性协同指数体系,完整指标体系见表6-1。

表6-1 河长制战略协同指数指标体系设计

一级指标	二级指标	三级指标
河长制战略协同指数	政策落实(A)	组织机构及制度建立(A1)
		河道整治情况(A2)
		落实河道管护责任制(A3)
	产业指标(B)	开展企业河长(B1)
		工业废水排放(B2)
		清洁生产执行情况(B3)
	人才教育(C)	河长受教育程度(C1)
		河长专业化水平(C2)
	科技指标(D)	科技创新(D1)
		信息化管理(D2)
		水利科技成果(D3)
	资金指标(E)	资金拨付(E1)
		资金利用(E2)
		资金项目决策(E3)
	水生态文明(F)	河湖水系连通率(F1)
		水利风景区建设(F2)
		公众对生态文明建设满意度(F3)

6.3 水文化战略协同指数

6.3.1 水文化战略协同的影响因素

水文化是人们认识水、改造水和利用水的智慧显性化,实质是人与水关系的文化。根据实践形式和成果载体,可将水文化划分为物质形态的水文化、生产生活方式的水文化、制度形态的水文化、精神形态的水文化、观念形态的水文化五个层次,这是一个由表及里、由浅入深的过程。通过培养高度的水文化自觉能够解决人与水的关系不和谐、对水的文化属性重视不够、水法规制度文化缺失等问题。

(1) 政府因素

水文化建设离不开政府的科学规划和价值引导。科学规划是水文化建设的前瞻性工作,价值引导是有效建设水文化的保障性工作。2011年11月,水利部颁布了《水文化建设规划纲要(2011—2020年)》,这标志着全国水文化建设自此有了共同的行动指南,说明国家在宏观层面已经给全国水文化建设规定了方向和基调,以引导各地水文化建设的有序开展。与此同时,各级政府根据地方的现实情况因地制宜地规划好当地水文化建设,充分继承和弘扬地方水文化特色,做好水文化建设的价值引导,找准地方水文化建设的方向和切入点。因此,政府对水文化建设的价值引导是至关重要的。

水文化建设要求政府转变职能,创造更好的政策环境和创新空间。一方面,政府可以为水文化建设营造良好的且行之有效的政策环境。当前,水文化建设主体地位不明确是阻碍地方水文化发展的主要原因之一,为此政府要大力推进行政体制改革,改变水利部门和文化部门政企不分、政事不分的现状,明确水文化建设的主体责权,加大政府对水文化建设的政策扶持力度。同时,创新性地培育一批综合能力强的水文化建设企业,以企业带动地方水文化建设的快速发展,并建立符合市场规律的水文化产业投融资制度。另一方面,政府可以为水文化建设制度创新提供有力的法律保障。目前,水文化建设的政策法规滞后,水文化产业的发展不成体系,地方特色水文化遗产的保护不被关注,这就需要政府进行体制机制创新,采取经济的、行政的和法律的等多举措强化水文化的建设和发展,诸如创新地方水文化建设紧缺人才引进制度、拓宽地方投融资渠道等。诸如通过引入BOT、BT、PPP等政府与企业合作模式,解决水文化建设中的融资困难,鼓励私营企业、民营资本与政府合作建设水文化项目,把握好社会公共利益和企业私人利益的平衡,以确保水文化产业的健康、持续、有序地发展。因此,推进水文化建设的过程中政府的政策扶持是至关重要的。

(2) 涉水行业因素

我国有着丰富的水利资源,自古以来我们就是水利大国和水利工程强国。古有大禹治水而平天下,李冰修都江堰而使西蜀富饶,杨广开京杭大运河至南北通衢,今有南水北调、三峡大坝等举世瞩目的水利工程。水利事业随着社会生产力的发展而不断壮大,并成为中国社会进步和经济发展的重要支柱。水利行业的高速发展不仅能够高效开发利用水资源,还妥善保护环境资源,体现了人与自然、社会经济发展与环境保护关系的和谐统一,符合生态系统的可持续发展需求,构建传统水利工程和现代生态学的有机结合。

经济社会的不断发展对水利行业提出了新要求。政府工作报告中明确了"十三五"水利改革发展主要目标和重点任务。到 2020 年,基本建成与经济社会发展要求相适应的防洪抗旱减灾体系、水资源合理配置和高效利用体系、水资源保护和河湖健康保障体系、有利于水利科学发展的制度体系,水利基础设施网络进一步完善,水治理体系和水治理能力现代化建设取得重大进展,国家水安全保障综合能力显著增强。

(3) 人才队伍因素

人才是指具有一定的专业知识或专门技能,能够胜任岗位能力要求,进行创造性劳动并对企业发展做出贡献的人,是人力资源中能力和素质较高的劳动者。人才是转型之要、竞争之本和活力之源。在水文化建设过程中,不管是物质文化还是精神文化建设工作,都提出了更高的要求、面临更大的挑战。要完成任务、做出成绩、做成事业,离不开人才的支撑。人才队伍的质量、结构,人员的数量、能力素质和人才的成长是水文化事业成功的决定性因素之一。建设一支高素质的管理队伍、高技术的科研队伍和高技能的产业队伍是顺利推进水文化建设的人才保障。

(4) 科技因素

水文化建设中需要基础科学创新、应用技术方法创新、科技实践创新发挥支撑作用。科学技术首先支撑水文化建设软实力提高。它是落实最严格水资源管理制度的前提,有利于加强水文化建设与水文化教育,传播水文化。

其次,科技支撑水资源优化配置。它将推进主要江河流域水量分配和调度方案的制定,强化水资源统一调度;基于基础科学研究构建我国"四横三纵、南北调配、东西互济、区域互补"的水资源宏观配置格局;可大力推进污水处理回用,鼓励并积极发展海水淡化和直接利用、雨水和微咸水利用,将非常规水源纳入水资源统一配置。

此外，科技通过转变生产生活方式支撑节约用水管理。科技在转变技术落后、水污染严重、附加值低、水资源消耗性的生产方式的同时，可通过信息传播方式的改革，全方位改变人类的生活方式，强化生态意识，促成符合水文明的消费模式和生活方式。

最后，科技在严格水资源保护、水生态系统保护与修复和水利建设中的生态保护中扮演着重要角色。

（5）金融因素

金融作为一种经济手段，在加强宏观调控，优化资源配置方面起着极其重要的作用。作为现代经济的核心，它能为水文化建设提供大量资金支持，优先支持和保证水文化建设的资金需求；能积极支持产业转型发展，包括支持工业企业向低碳经济、循环经济转型，支持传统农业向生态农业转型，支持传统服务业向生态服务业转型。对于金融自身来讲，通过开展全方位金融产品和服务创新来契合水文化发展的方向，实现金融产业和生态文化产业的良性互动与持续发展；能发挥金融经济杠杆作用，调控和支持生态文明建设；因此，金融是水文化发展的调控力，需要将金融体系引入水文化建设的全过程。

（6）文化因素

文化建设的重要内容之一是文化教育。通过节水宣传、水情教育、水文化讲座、亲水活动等方式，能够让人们了解水资源现状、水利发展史、水利工程作用、水工程科学内涵。接受良好的水利教育能够唤起人们惜水、爱水文化自觉，强化人们水忧患意识。

水文化建设过程中必然要传承发扬传统文化，挖掘优秀传统文化，增强地区水文化底蕴，发展水利旅游。在对传统水利工程进行加固修护的同时，对水文化遗产进行整理、修复和保护，使得部分遗失的水文化遗产能够得到重生。

6.3.2 水文化战略协同指标

遵照以上水文化影响因素，从"政产学研金文"六个方面对水文化战略协同评价指标进行选取，具体指标如下：

（1）政府因素

① 建立"三条红线"控制指标管理考核体系

此指标为定性指标，用以判断政府水管理状态。以《实行最严格水资源管理制度考核暂行办法实施细则》《实行最严格水资源管理制度考核实施方案》是否经政府批准印发为评价依据。

② 规划编制情况

此指标为定性指标,用以判断政府水文化建设管理制度体系的完整程度。以是否修订和完善《水资源论证管理办法》《水资源管理办法》《节约用水管理办法》《节约用水奖惩办法》《城市规划区地下水开采管理办法》《水利工程管理办法》《河道管理办法》等制度法规为评价依据,全部修订完善记1,无一修订记0,部分修订视情况在0~1之间赋分。指标数据为对水管理部门的调查访问获得。

(2) 涉水行业因素

① 水利投资规模增长率

水利投资规模增长率可以表示水利行业成长性和发展前景。水利投资规模增长率为水利投资规模的增长额与基期水利投资规模的比值。该指标数值越大,表示水利行业建设进一步推进,行业发展前景越好。

② 水利管理业固定资产投资规模

水利管理业固定资产投资规模用以衡量对水利工程的管理规模,主要包括对河流、湖泊、行蓄洪区及沿海的防洪、防涝设施的管理、水库管理、调水、引水管理和其他水利管理的规模。

(3) 人才队伍因素

① 人才当量密度

此指标是人才队伍考核的关键指标,指对职工的学历、学位、职称、技能等级、专家人才等级进行系数折算,取四者之中最高的折算值累加之和占职工人数的比率。人才当量密度的表达式为:

人才当量密度=∑最高折算值(职工学历、学位、职称、技能等级、专家人才折算值)÷全部职工人数(不含内退职工)

② 高层次人才数量

该指标为水利行业高层次人才的数量。高层次人才不仅要求人员具有高学历、高技能,而且需要拥有高素质、高能力,包括思想道德高尚、工作作风优良,拥有较强的沟通能力、学习能力、应变能力、组织协调能力、创新能力等。可以说,高层次人才的数量决定了人才队伍的质量水平。

(4) 科技因素

① 水资源开发利用率

水资源开发利用率是指研究区域内的用水总量占该区域的水资源总量的百分比,计算方法为水资源开发利用率=水资源利用量/水资源总量×100%。国际上一般认为水资源开发利用率的合理值为40%,极限值为60%。

② 水利重大科技成果登记数

水利重大科技成果登记数是指在水利科技成果登记机构登记的重大科技成果的数量,反映了水利科技的成果和科技水平。该指标数值越大,说明水利科技成果越突出,科技水平越高;该指标数值越小,则反之。

(5) 金融因素

① 水行业绿色信贷余额

绿色信贷来源于绿色金融,是银行使用经济杠杆引导环保,使企业将污染成本内部化,促成金融与生态的良性循环。水行业绿色信贷余额指标统计21家主要银行对水行业发放绿色信贷的余额大小,衡量水行业绿色信贷规模。该指标数值越大,说明绿色信贷对水文化发展的支撑作用越大;该指标数值越小,则反之。

② 水行业绿色发展基金和绿色PPP项目数量

绿色发展基金和绿色PPP项目是绿色金融发展新模式。政府与社会资本可以按照市场化原则共同出资,促进了环保等绿色产业的市场化程度,拓宽了绿色产业的发展空间。该指标以评价期内设立或正在运营的水行业绿色发展基金和绿色PPP项目数量为评价标准。

(6) 文化因素

① 水文化宣传载体数量

水文化宣传载体数量是指研究区域水文化宣传的载体数量。按照宣传的等级程度,一次国家级等于两次省级,一次省级等于两次县市级。该指标数值越大,说明水文化宣传效果越好;该指标数值越小,则反之。指标数据的来源为实地调查。

② 水生态文化普及率

水生态文化普及率是指群众对水利工程水文化相关知识的了解程度。该指标数值越大,说明群众对水文化的了解认可程度越高;该指标数值越小,则反之。指标数据的来源为实地调查。

6.3.3 水文化战略协同指数体系

通过水文化战略协同影响因素分析,本节在总结前人对水文化战略协同研究的基础上,结合生态文明发展现状和水文化战略协同实际情况,选取以下指标构建水文化战略协同指数体系,完整指标体系见表6-2。

表 6-2　水文化战略协同指数指标体系设计

一级指标	二级指标	三级指标
水文化战略协同指数	政府(A)	建立"三条红线"控制指标管理考核体系(A1)
		规划编制情况(A2)
	涉水行业(B)	水利投资规模增长率(B1)
		水利管理业固定资产投资规模(B2)
	人才队伍(C)	人才当量密度(C1)
		高层次人才数量(C2)
	科技(D)	水资源开发利用率(D1)
		水利重大科技成果登记数(D2)
	金融(E)	水行业绿色信贷余额(E1)
		水行业绿色发展基金和绿色PPP项目数量(E2)
	文化(F)	水文化宣传载体数量(F1)
		水生态文化普及率(F2)

6.4　海外中国战略协同指数

海外中国由政、产、学、研、金等多主体合作,形成合作网络。依托政府引导,产学研合作,金融作为推手,协同教育、科技、创业、金融、产业、文化六大要素,集聚人才、研发、资本、产业、文化,组团出海、开展海外创新创业,形成以海外中国为标志的中国海外科技园、海外产业园、海外文化园区、海外城区。海外中国建设能从本质上规避以往企业"走出去"过程中的"天女散花"模式,推动中国企业资源整合、跨境协同"定点落地",打造"政、产、学、研、金"的"走出去"协同网络,促进中国企业从"天女散花"向"定点开花"转变,为中国经济转型拓展新空间、形成新增长点。

6.4.1　海外中国战略协同的影响因素

(1) 政府政治因素

"一带一路"是中国为应对外部复杂多变的环境而提出的伟大战略构想。海外中国融入"一带一路"倡议,为中国企业实施"走出去"战略创造了良好的历史机遇,但任何国际关系不可避免地对国际地缘政治产生深刻的影响,从而产生冲突。"一带一路"倡议为中国拓展海外利益提供了新平台,然而,沿线严峻的政治风险—域内外大国地缘战略博弈、域内地区大国的激烈竞争和域内弱小国家的不稳定导致沿线国家行为体的不确定性增加,加剧了沿线国家关系的负面性和关系间的无序、竞争与对抗,降低了"一带一路"沿线国家关系治理效度,使中国在沿线的海外利益受损。中缅密松水电站项目建设的无限期搁置,中斯港口城项目建设的中止与恢复等表明沿线政治风险对中国企业"走出去"形成严峻挑战。

(2) 产业行业因素

"走出去"战略是我国开放型经济形态下与"引进来"并重、关系国家发展全局和前途的重大战略之举。随着"一带一路"的逐渐落地实施,加之基础设施的需求不断优化升级,国家激励政策的逐步落地,再加之国内外产业结构的逐渐转型升级以及全球范围内资源配置要求的不断提升,中国对外直接投资基于"走出去"战略将发展得越来越好。依托对外投资政策,中国投资者可以取得境外企业经营管理控制权,这样既能够获取国外先进的研发技术以及管理技能,对国内的企业管理形成有效补充,也能通过获取境外的优秀资源而促进进口发展,带动国内相关产业的转型发展。目前,中国正处于全面深化改革的产业结构调整时期,因此,"一带一路"的政策会对我国产业结构调整起到积极的促进作用。

共建跨境合作园区是"一带一路"建设的重点内容,也是中国对沿线国家直接投资的主要方式之一。"一带一路"沿线中国跨境园区蓬勃发展,不仅加快了当地社会经济发展,促进中国与沿线国家缔结更为紧密的战略合作关系,也为日后更多企业"走出去"开创了良好的局面,跨境园区已成为推动中国企业积极参与对外直接投资和融入"一带一路"国际合作的重要平台,例如我国工业产品附加值较低,缺乏对制造业核心技术的掌控能力,建立跨境工业园区可以鼓励具备产能优势的企业并购国外高端制造企业入驻园区,利用逆向技术溢出效应,促使国内制造业产品升级。

(3) 人才队伍因素

随着全球产业转移和人力资本竞争的日趋激烈,中国经济面临产业结构调整和人力资本培养与回流的机遇与挑战。吸引海外人才是世界上发达国家的强国之路,也是当今新型经济体提升本国科学技术水平与经济发展质量的一条捷径。"一带一路"倡议不仅能推动我国与国外企业的技术合作,共同提升产业技术水平。同时,在长期的互通交流的前提下,我国可以积累大量的科技型人才,为我国进一步对外开放提供支撑。

人力资本作为一种特殊的生产要素,总是流向一个使其自身价值增值的地区和产业。中国人才格局是科技进步与创新的主要因素,"一带一路"倡议是企业"走出去"的重要基础,而"走出去"要求企业具备国际化人才资源,因此加强与对外直接投资目的国之间的教育合作,通过鼓励来华留学和促进出口留学的方式,培养理解对方国家经济文化的国际化人才。同时,通过培养和选拔对外直接投资目的国所需的国际化人才,进而为中国企业"走出去"战略的实施解决国际人才短缺问题。此外,中国对外投资企业要积极提高技术创新能力,加快技术开发中心的建设,加大研发投入,并不断培育和发展具有自主知识产权的关键技术,从而为企业对外直接投资创造良好的创新环境。

(4) 科研技术因素

自从20世纪50年代以来,以微电子技术、生物技术、航空航天技术、新能源和新材料等为代表的世界第五次科技革命迅猛发展,对世界各国的社会和经济发展都产生越来越深刻的影响,以科技创新为核心的综合国力的竞争已经成为当今世界国家竞争的主要特征。然而,当前西方发达国家垄断了先进技术,并制定了一系列技术标准,并将其标准作为国际标准在世界范围内推广,严重影响到了中国企业(未达标所谓的国际标准)实施"走出去"战略。

近10年来,科技外交、包括科技援外,方式在不断创新,多层次、多模式的合作方兴未艾,其中包括大型国际合作项目譬如国际综合大洋钻探计划,该项目取得的研究成果证实海底扩张、大陆漂移和板块构造理论,极大地推动了地球科学的革命。近年来靠着把人才"引进来"、让技术"走出去"实现从起初倒腾煤气罐到如今掌握清洁能源核心技术的成功转型,靠着将企业战略与国家科技合作战略相融合屡屡站在国际科技合作的舞台上发出"中国好声音";海外技术合作如同滚雪球一样越滚越大,创造了一个中国企业谋求转型升级和国际科技合作的样本。还包括民间科技合作交流在科研机构、高等院校、学术组织、企业以及科学家个人之间,流动着更为活跃、空间也更为广大的科技合作。这些民间的互动交流带来了理念上的沟通和合作模式的变化,如全球最大的慈善基金会比尔·盖茨基金会与中方讨论的农业科技和生物技术合作,将为解决世界粮食问题作出积极的贡献。

(5) 投资金融因素

金融是现代经济的核心,在全球治理中发挥着重要作用。作为海外中国建设的核心要素,金融是政、产、学、研、金等多主体合作网络重要推手,海外中国作为"走出去"协同体离不开金融支持和驱动。当前,世界经济仍处于后金融危机时代,这一时代背景下的世界格局呈现出"南升北降""东升西降""新升老降""民升官降"的特点。其中"南升北降"指发达国家与发展中国家实力此消彼长。以中国为代表的新兴经济体成为世界经济复苏的火车头;"东升西降"指亚太在全球经济中所占份额显著增大,亚太新兴经济体"扎堆"崛起,世界财富重心"东移",各方"逐鹿亚太";"新升老降"指新兴大国与西方大国此消彼长;"民升官降"指随着全球化与信息化深入演进,国际关系的行为体更趋多元化,"全球公民社会"渐具雏形,主权国家的中心角色被削弱,政府权威面临国内乃至国际社会的挑战。

"一带一路"建设为我国海外投资创造了新机遇,但国际经济领域的贸易保护主义抬头、复杂的国际政治经济形势等不利因素也致使我国企业"走出去"风险不断增大,如许多发达国家针对我国设置了贸易、投资和技术壁垒,国际上流传的"中国威胁论"更是增加了开拓国际市场的难度;国际货币汇率波动频繁,汇率风险增加,经济刺激计划投入的巨量资金所引发的货币超发,加大了市场的通胀预期,推高了市场利率,增加了企业融资成本。

(6) 社会文化因素

文化因素是影响企业"走出去"成功与否的重要因素之一。国内的文化传播研究主要从传播的角度展开。研究者主要是文化传播方面的学者,经济管理领域的学者鲜有涉足,因此在研究对象上主要侧重于某种具体文化形式的文化传播,或者某个文化类作品的文化传播。对于企业在"走出去"过程中的文化传播研究主要侧重于媒体广告领域,而在其他经营与管理领域涉及很少,对传播与经营的关系、互动机制等研究基本处于空白状态。

海外并购是"走出去"战略的一个重要表现形式,海外并购在前期的谈判、中期的实施、后期的整合是来自不同企业文化、商业文化、民族文化的人群之间的接触、沟通、碰撞与妥协的过程。并购协议的达成只是并购的开始,并购整合的成功才是并购成功的最终评价指标,而并购整合过程则是不同文化之间接触最为深入、冲突最为激烈的环节。不同文化的接触可能会导致冲突,但不同文化最终能否实现共存共生、相互促进,形成文化创新,一方面取决于两种文化自身的特质,另一方面则取决于两种文化主体之间的主动接纳和认可程度,而影响后者的主要因素是文化的先入为主和刻板印象。在企业并购过程中,文化传播是企业进行并购的必要动作之一,通过文化传播可以使得东道国企业的员工、社区、政府形成有益的心理预期,提升海外并购的成功率。

在海外投资尤其是海外并购过程中,中国企业将全方位参与到东道国市场、企业、行业、社区中,每一项行动在被关注、解读的同时,都会被贴上中国标签,同时也是企业形象的象征。在这种情况下,企业与企业员工的行为都是文化传播的内容,企业和员工成为文化传播的载体。这种文化传播的形式在某些情况下会加深东道国的印象,而在某些情况下会轻松颠覆中国在他们心中的印象,文化传播的效果更加显著。

企业文化是一种无形资产,虽然不能给企业带来直接的经济效益,但是可以通过其对员工的影响来影响企业内部的管理和外部经营,间接地影响企业的经济效益。除了企业形象,企业软实力也是文化传播的重要表现形式。企业在"走出去"过程中,只有充分了解目的国家和区域的各类环境基础,对管理思想、管理制度、管理方法和管理技术根据当地的实际情况加以修改和应用,使之适应当前的环境,才能发挥相应的效果,从而获得利益。文化管理可以使不同的国家和地区的文化更好地融合在一起,从而使企业在参与"走出去"过程中发挥我们在管理思想、制度和技术上的优势,使之成为企业新的利润增长点。

6.4.2　海外中国战略协同指标

基于前文对海外中国"政、产、学、研、金、文"六个方面的分析可以将海外中国发展指标划分为政治环境指标、产业经济指标、人才队伍指标、科研技术指标、投资金融指标、社会文化指标,这些指标要素之间相互作用、相互影响,共同决定着企业"走出去"的国际战略环境。

政治环境是企业实施国际化战略的外部宏观环境,大国之间的政治关系是影响政治环境的主要因素,主要包括国际整体政治局势的稳定和世界主要经济体间的关系,对于企业"走出去"而言,企业在东道国输出的政治风险主要包括企业投资所在东道国的违约风险以及投资国与被投资国之间的政治冲突。

产业经济是企业对外输出的主要形式,中国企业分产业"走出去"有助于我国的产能转移,跨境园区建设和对外直接投资是影响产业经济的主要因素,"一带一路"沿线中国国际合作园区是中国企业"走出去"达成双边合作的重要成果,也是推进国家间进一步合作的重要抓手,其规模和级别是反应我国企业战略协同视角下产业经济指标的主要因素。

人才队伍是中国企业"走出去"的核心力量,人才存量直接影响到我国科技进步,进而从根本上影响经济增长;人才的国际流动是科学技术和管理知识在全球范围内快速扩散的强力机制,可以促进一国经济的发展。因此,各种人才资源是影响我国企业"走出去"的重要因素,主要包括拥有本科以上学历的技术人才,以及现有企业经营岗位上的管理人才。

科研技术是我国企业"走出去"的必要条件,面对长期以来占据技术创新高地的国外企业,能否打破技术壁垒实现技术创新,提高人才的国际化水平、加强国际化管理、适当调整 R&D 投入、促进我国企业的技术创新是我国企业"走出去"面临的科技挑战。

投资金融为我国企业"走出去"提供资金保障,从经济环境维度分析,企业除了面临汇率波动带来的风险外,还面临激烈的外部市场竞争,使得企业在投资、生产、销售以及管理方面面临更多不确定性;同时,企业在国外经营环境与各国在文化和宗教信仰上存在着差异,所投资的国家和区域对我国国家形象的认知也对企业的经营和生存环境产生影响,如"中国制造"已经成为我国企业生产的代名词。

社会文化作为我国形象的载体,在我国企业"走出去"过程中占据重要地位,文化差异性是影响社会文化的主要因素,群体性事件、风俗习惯、文化冲击以及经营排外都会影响企业"走出去"经营战略的实施环境,因此文化传播是我国企业"走出去"譬如海外并购过程中不可或缺的影响要素,例如在海外并购过程中,企业会在文化传播时凸显企业形象,企业软实力也会在公司策略、人力等资源整合过程中体现出来。

6.4.3 海外中国战略协同指数体系

结合上述海外中国战略协同影响因素与指标分析,从企业"走出去"可能面临的"政、产、学、研、金、文"六方面风险出发,建立了海外中国战略协同指数体系的一级指标,并对其进行的二、三级指标维度的划分,具体见表6-3。

表6-3 海外中国战略协同指数体系

一级指标维度	二级指标维度	三级指标维度
政治环境(A)	政治关系(A1)	制度差异
		政府关系
	东道国政治风险(A2)	政治冲突
		违约风险
产业经济(B)	跨境园区(B1)	跨境园区规模
		跨境园区级别
	OFDI(B2)	OFDI规模
人才队伍(C)	技术人才(C1)	本科以上人才
	管理人才(C2)	企业经营人才
科研技术(D)	科研创新(D1)	R&D投入
	技术阻力(D2)	技术限制
		技术壁垒
投资金融(E)	投资风险(E1)	投资损失
		企业经营风险
	金融风险(E2)	汇率风险
		市场竞争风险
社会文化(F)	文化传播(F1)	企业软实力
		企业形象

6.5 两山战略协同指数

6.5.1 "两山"发展历程与建设实践

(1)"两山"理论内涵与发展

党的十八大以来,以习近平同志为核心的党中央高度重视生态文明建设,提出"绿水青山就是金山银山"(下面简称"两山"理论)等一系列创新理论,形成了习近平生态文明思想。

"两山"理论所蕴含的绿色发展新理念,其核心思想是实现经济发展与生态环境保护互动双赢,它蕴含了三个层次的思想内涵:

① "既要绿水青山,又要金山银山",这是绿色发展新理念的基本要求,既要保护好生态环境,又要发展好经济,二者不可缺一;

② "宁要绿水青山,不要金山银山",这是绿色发展新理念的基本原则。也就是说在处理保护好生态环境和发展好经济这对矛盾的关系时,如果暂时出现了二者不可兼得的困难,则必须把保护好生态环境放在优先位置,决不能以牺牲生态环境去换取一时的经济发展;

③ "绿水青山就是金山银山"则是绿色发展理念的最高境界。把生态优势转化为经济优势,这是绿色发展新理念的努力方向,必须从实际出发,因地制宜地选择好适合于当地发展的生态产业,在发展生态产业中谋求经济发展。

三个层次,从不同角度诠释了经济发展与环境保护之间的辩证统一关系,回答了什么是生态文明、怎样建设生态文明等一系列重大理论和实践问题,贯穿着唯物辩证法的哲学思想,为建设美丽中国提供了科学指南。

"两山"理论拓展了马克思主义发展观。马克思在《资本论》中指出,按比例协调发展是社会生产的一般要求,是解决发展问题的方法。党的十八届五中全会提出了创新、协调、绿色、开放、共享的发展理念,是我们党对发展规律的新认识。理论的提出都是对实践诉求的深层回应。过去为了实现经济发展,片面追求 GDP 的增长,走粗放型、消耗型的发展模式,给长远发展留下了隐患。"两山"理论将"绿水青山"与"金山银山"有机统一起来,通过走资源消耗最小化、环境损害最低化、社会经济效益最大化的发展之路,解决发展中存在的不平衡、不协调、不可持续等问题,丰富了马克思主义发展观的内涵。

(2)"两山"理论从安吉走向全国

浙江省安吉县是"两山"理论的策源地,已经从曾经一抹一手灰,如今成功创建国家级 3A 级景区。20 世纪 90 年代，余村曾是安吉当地最大的石灰岩开采区，最多的时候村里办了三家大型水泥厂，村民的收入增加了，但水泥厂烟囱的白烟，把整个村子弄得灰蒙蒙的，山上竹子叶全部被熏脏了。2005 年之前的余村是安吉的一个缩影，当时安吉有大量矿山、水泥、造纸、竹拉丝等高污染企业，一度被国家列为太湖水污染治理重点区域。2005 年 8 月 15 日，时任浙江省委书记的习近平来到余村调研，首次提出了"绿水青山就是金山银山"的科学论断。余村在"两山"重要思想指引下，逐步关停矿石开采，进行生态修复，余村的蓝天白云、绿水青山又回来了，安吉乡村旅游成为当地主导产业，从"卖石头"到"卖风景"，余村的蝶变，成为"两山"重要思想在浙江大地的生动写照。

2006 年，习近平时任浙江省委书记，以笔名"哲欣"在《浙江日报》上发表文章，生动地阐述了"两座山"之间辩证统一的关系。第一个阶段是用绿水青山去换金山银山，不考虑或者很少考虑环境的承载能力，一味索取资源。第二个阶段是既要金山银山，但是也要保住绿水青山，这时候经济发展和资源匮乏、环境恶化之间的矛盾开始凸显出来，人们意识到环境是我们生存发展的根本，要留得青山在，才能有柴烧。第三个阶段是认识到绿水青山可以源源不断地带来金山银山，绿水青山本身就是金山银山，我们种的常青树就是摇钱树，生态优势变成经济优势，形成了一种浑然一体、和谐统一的关系，这一阶段是一种更高的境界，体现了科学发展观的要求，体现了发展循环经济、建设资源节约型和环境友好型社会的理念。以上这三个阶段，是经济增长方式转变的过程，是发展观念不断进步的过程，也是人和自然关系不断调整、趋向和谐的过程。

2008 年，时任政治局常委、国家副主席习近平在中央党校发表重要讲话，强调"要牢固树立正确政绩观，不能只要金山银山，不要绿水青山；不能不顾子孙后代，有地就占、有煤就挖、有油就采、竭泽而渔；更不能以牺牲人的生命为代价换取一时的发展"。2013 年，习近平总书记在哈萨克斯坦纳扎尔巴耶夫大学发表演讲时指出："我们既要绿水青山，也要金山银山。宁要绿水青山，不要金山银山，而且绿水青山就是金山银山"。这一论述被公认为是习近平总书记对"两山"理论进行得最全面、经典的一次论述，标志着"两山"理论成为我们治国理政的主要理论。2014 年 3 月，习近平总书记在参加十二届全国人大二次会议贵州代表团审议时说，现在一些城市空气质量不好，我们要下决心解决这个问题，让人民群众呼吸新鲜的空气。习近平总书记强调，小康全面不全面，生态环境质量是关键。要创新发展思路，发挥后发优势。因地制宜选择好发展产业，让绿水青山充分发挥经济社会效益，切实做到经济效益、社会效益、生态效益同步提升，实现百姓富、生态美的有机统一。

(3) 从生态理念到生态实践

"两山"理论所体现得最为突出的生态实践转向,就是将生态建设和生态保护以法律制度的形式确定下来,成为我们党治国理政的重要依据。自党的十七大提出"建设生态文明"和"生态文明观念在全社会牢固树立"的新任务以来,随着生态文明建设的推进,深刻认识和加快生态文明法治建设,关系到生态文明建设是否能够得到真正落实,对于促进和保障生态文明建设,以及贯彻依法治国理念都具有重要的意义。党的十八大以来,"两山"理论得到了全面深化,生态文明制度建设也取得一系列成就。中共中央、国务院 2015 年印发《关于加快推进生态文明建设的意见》,并出台《生态文明体制改革总体方案》,提出健全自然资源资产产权制度、建立国土空间开发保护制度、完善生态文明绩效评价考核和责任追究制度等。2016 年发布《生态文明建设目标评价考核办法》,制定了一整套评价、考核、实施和监督体系。一系列生态环保法规制度的相继出台,生态环保执法监管力度的不断加大,给我们带来了更多的蓝天净土和绿水青山。尤为值得一提的是,中国的生态实践已经从国内辐射到国际大舞台,成为中国政府积极参与全球治理举措的重要部分。2016 年,联合国环境规划署发布了题为《绿水青山就是金山银山:中国生态文明战略与行动》的报告。中国生态建设的理念和经验构成中国又一张新的名片,为世界范围的生态环保和可持续发展提供了重要借鉴。

"两山"理论自提出以来,内涵不断丰富,影响力逐渐扩大,理论导向意义愈加凸显,成为我国生态实践的重要指导方针。"两山"理论所强调的生态文明建设,是一项功在当代、福泽后世的伟大事业,对于努力建设"美丽中国",实现中华民族的永续发展,具有重要的里程碑意义。

6.5.2 两山战略协同的影响因素

习近平总书记反复强调:生态兴则文明兴,生态衰则文明衰;生态文明是工业文明发展到一定阶段的产物,是实现人与自然和谐发展的新要求。"两山"理论回答了什么是生态文明、怎样建设生态文明等一系列重大理论和实践问题。传统工业化的迅猛发展在创造巨大物质财富的同时,也付出了沉重的生态环境代价。环境危机、生态恶化正使人类文明的延续和发展面临严峻的挑战。

政、产、学、研、金、文是两山发展主体要素,在两山发展中扮演者重要角色,有力推动绿色发展和生态文明建设实践:

(1) 两山战略协同的政府因素

习近平总书记曾言:地方各级党委和政府主要领导是本行政区域生态环境保护第一责任人,各相关部门要履行好生态环境保护职责,使各部门守土有责、守土尽责、分工协作、共同发力。地方各级党委和政府主要领导要树立生态政绩观念，把资源、环境的成本效益纳入考核目标，对生产过程中的资源消耗、环境污染、污染治理等全部指标进行核算，增强政绩成本意识，提高科学决策水平，最大限度地避免决策失误、重复建设和资源浪费，形成科学合理的生态建设模式；也要落实生态问责制度，明确生态考核指标体系，量化和细化考核条款。将严格的节能减排考核指标、生态评价指标和环境测评指标纳入政绩考核范围；还要加强生态文明建设的法治化水平，完善生态环境立法的指导原则，完善生态文明建设的法规体系，加大行政执法力度，建立科学有效的监督机制。落实各生态区和生态功能区的建设与保护措施，针对优化开发、重点开发、限制开发、禁止开发区域，科学调整产业布局和安排重大项目，形成各具特色的区域发展格局。

(2) 两山战略协同的产业因素

生态文明是人类文明发展的一个新的阶段，即工业文明之后的文明形态。以经济结构战略性调整为主攻方向加快经济发展方式转变，是当前和今后一个时期我国经济发展的重要任务。用生态文明建设引领产业结构转型升级，其本质是生产方式生态化或绿色化。产业结构优化要坚持绿色发展导向。在生态文明视域下，产业结构优化要坚持发展绿色低碳循环经济，建立健全绿色生产与消费的顶层制度设计。以市场为导向，推进绿色金融发展，努力培育低碳、节能、环保、清洁的绿色产业，推进新一轮的能源生产与消费革命，使产业结构优化的各项政策与实践指向能源节约、新能源开发及建设安全高效的能源体系。将绿色发展理念全面贯彻到产业结构优化及供给侧改革的各个环节，在全社会倡导绿色低碳环保理念。引导绿色生态消费，倡导适度消费、低碳出行、节约型生活方式，以生态型需求激活绿色生产动力，依靠市场规律的调节作用，促进产业结构的调整，使绿色低碳循环经济成为现代化经济体系的亮点所在。

(3) 两山战略协同的教育因素

教育是国之大计、党之大计，把生态文明教育融入育人全过程，是教育服务中华民族伟大复兴的重要使命。把生态文明教育融入育人全过程，就要认真学习十八大以来我们党关于生态文明建设的思想，认真学习领会习近平生态文明思想。生态文明建设是关系中华民族永续发展的根本大计。习近平生态文明思想体现了炽热的民生情怀，已经形成了系统科学的理论体系，回答了生态文明建设的历史规律、根本动力、发展道路、目标任务等重大理论课题，将如何处理人类生产与自然环境之间关系的认识论发展到了新高度，体现了对生态问题的历史责任感和整体发展观，是我们党的理论和实践创新成果，不但是建设美丽中国的行动指南，也为构建人类命运共同体贡献了思想和实践的"中国方案"。

把生态文明教育融入育人全过程，学校教育是主渠道，教师是关键。教育者先要受教育，才能更好担当学生健康成长的指导者和引路人。教育部部长陈宝生在两会上回应政协教育界别委员建议时提到，在课程设置、社会实践、校园活动等环节，加强了生态文明教育内容的融入。在现有的国民教育体系中，生态文明教育虽然也是重要内容，但从新时代加强生态文明建设的战略高度出发，生态文明教育无论在内容还是形式上都需要不断创新，这样才能更好适应以生态优先、绿色发展为导向的高质量发展的未来。有关专家指出，因成长环境和经历所限，现有教师队伍无论知识结构还是思维方式都存在一定不足，当前从事生态文明教育的师资力量较为薄弱；不仅如此，环境问题具有空前的复杂性和广域性，生态文明教育需要众多学科共同参与，需要将生态文明理念植入各类课程和教材。这些意见提醒我们，新时代背景下的生态文明教育，确实对教育者提出了更高要求，这是我们亟待弥补的短板。

生态文明教育不只是课程教育，更是生活教育和行动能力的培养。因此，把生态文明教育融入育人全过程，不仅是学校教育的责任，家庭教育和社会教育都有责任。家长有责任从生活的点滴入手，教育孩子从日常生活和身边小事做起，爱护环境，节约能源资源，把生态文明的理念变成生活习惯。生态文明教育的更大课堂，是在家庭和校园之外的社会大课堂，尤其是环保部门、博物馆、图书馆以及影视剧行业等，都可以利用自身拥有的教育资源，在生态文明教育中发挥独特作用，弥补学校教育的不足。家长和教师可以多鼓励支持学生开展生态文明社会实践活动，在不断增长见识和增加体验的过程中，着力培育学生知行合一的精神，培养学生未来参与生态文明建设的行动能力。

（4）两山战略协同的科技因素

科技是第一生产力，为人类文明进步提供了不竭动力，生态文明建设也不例外。金沙江堰塞湖事件再次表明，生态文明建设刻不容缓，长江流域共抓大保护必须花大力气。习近平同志指出，要"注重依靠科技创新促进环境保护"。绿水青山需要绿色发展，更需要科技手段，科技成果应用是破解生态环境问题的根本之计。要定位科技是生态文明建设的主体要素战略地位，形成产学研一体化，加快科技成果转化。充分发挥政府、企业、高校在生态文明建设科技创新体系中作用，开展多主体、多要素协同创新，建立生态文明新技术研发中心，开展具体的生态文明科技研发和新技术成果应用，提升生态文明建设的科技含量和科技应用领域。

发挥制度对生态文明建设科技应用的引导作用，制定完备的、可操作性强的制度去落实生态文明科技创新具体要求，才能通过制度去规范人、约束人、引导人。通过将科技应用作为生态文明建设考核指标，可以有效促进科学技术在生态文明建设中的应用，倒逼地方政府"想办法、找出路"的强化生态文明科技应用，探索生态文明建设的创新驱动发展路径。

(5) 两山战略协同的金融因素

金融是现代经济的血液。习近平总书记讲"我们要建立稳定、可持续、风险可控的金融保障体系,创新投资和融资模式,建立多元化的融资体系,完善金融服务网络。"经济社会发展离不开现代金融的支持,实体经济依赖金融服务,节能减排生态环保产业更离不开金融的保障和引领。绿色金融是指为支持环境改善、应对气候变化和资源节约高效利用的经济活动,即对环保、节能、清洁能源、绿色交通、绿色建筑等领域的项目投融资、项目运营、风险管理等所提供的金融服务。绿色金融体系是指通过绿色信贷、绿色债券、绿色股票指数和相关产品、绿色发展基金、绿色保险、碳金融等金融工具和相关政策支持经济向绿色化转型的制度安排。绿色金融是我国从资源和环境消耗型经济发展转化为以技术创新为引导的绿色经济发展的动力源。在环境保护推动可持续经济增长的过程中,发挥绿色金融资源配置作用至关重要。绿色金融在"市场资源配置、产业结构调整与转型升级、新旧动能转换、生产生活方式转变"等方面发挥着至关重要的制约与引导作用。

构建绿色金融体系主要目的是动员和激励更多社会资本投入到绿色产业,同时更有效地抑制污染性投资。银行业金融机构大力发展绿色信贷业务的内在动力:一是政治任务。生态文明建设是国家发展战略,无论政策性银行、商业性银行都要体现国家意志,服务国家战略。二是社会责任。生态文明建设是全社会的共识,银行业要树立社会形象,体现社会责任,年报要更多地披露支持生态环保领域的绿色金融服务情况。三是监管要求。人民银行、银保监会出台了政策引导金融业开展绿色金融业务,比如银监会出台了《绿色信贷指引》《绿色信贷统计》《绿色信贷实施情况自评价》等,对银行业金融机构开展绿色信贷提出了要求。四是市场驱动。生态环保产业的快速发展为绿色金融的发展带来了机遇。十三五期间,节能减排环保产业将保持15%以上的增速,每年绿色产业投入至少需要2万亿,绿色产业发展需要绿色金融产品、工具和服务,给金融机构自身发展提供了广阔空间。

(6) 两山战略协同的文化因素

建设生态文明,文化不可缺位。习近平总书记在全国生态环境保护大会上指出,中华民族向来尊重自然、热爱自然,绵延5000多年的中华文明孕育着丰富的生态文化。习近平总书记强调,要加快构建生态文明体系,"加快建立健全以生态价值观念为准则的生态文化体系"。生态文化体系作为构建生态文明体系的重要组成部分,与生态经济体系、目标责任体系、生态文明制度体系、生态安全体系一起,共同成为到21世纪中叶实现建成美丽中国目标的重要保障。生态文化是生态文明建设的重要内容和重要支撑,助推生态文明建设的文化力量主要体现在社会有正确科学的生态价值观,民众有较好的生态环境素养、关爱环境的行为,有环境友好型的社会习俗、生活方式、生产方式。

6.5.3 两山战略协同指标

遵照以上两山战略协同影响因素,从"政、产、学、研、金、文"六个方面对两山发展评价指标进行选取,具体指标如下:

(1) 两山战略协同的政府指标

该方面指标主要描述政府两山行动,主要包括地方政府财政投入占比、生态考核纳入政绩考核体系、生态文明法律建设等。

(2) 两山战略协同的产业指标

该方面指标主要描述两山战略协同产业经济情况,主要包括农业生态化、工业生产化、服务业生态化,其中农业生态化主要指标包括化肥使用强度、农药使用强度、有效灌溉系数;工业生态化指标主要包括 R&D 投资占比 GDP、环境保护产业占比工业增加值、工业固废综合利用率、单位工业增加值用水量、工业废气排放量;服务业生态化指标主要包括第三产业增加值占比 GDP 增加值、互联网普及率、空气质量、旅游产业占比。

(3) 两山战略协同的教育指标

该方面指标主要描述两山战略协同人才教育情况,主要包括生态文明领域本科以上从业人员、生态文明领域专业、生态文明领域培训、生态文明领域课题等。

(4) 两山战略协同的科技指标

该方面指标主要描述两山战略协同科技活动情况,主要包括生态文明领域专利规模、生态治理 R&D 投入、生态文明领域国家重点研发项目承担情况等。

(5) 两山战略协同的金融指标

该方面指标主要描述两山战略协同金融活动情况,主要包括绿色信贷、环保类上市公司规模、环保投资总额占比 GDP 等。

(6) 两山战略协同的文化指标

该方面指标主要描述两山战略协同文化活动情况,主要包括科普宣讲次数、生态文明展览次数等。

6.5.4 两山战略协同指数体系

通过两山发展影响因素分析,结合两山发展现状和建设实际情况,运用世界水谷基本模式,选取以下指标构建世界水谷两山战略协同指数体系,完整指标体系见表 6-4。

表 6-4　两山发展指数指标体系设计

一级指标	二级指标	三级指标
两山战略协同指数	政府发展(A)	地方政府财政投入占比(A1)
		生态考核纳入政绩考核体系(A2)
		生态文明法律建设(A3)
	产业发展(B)	农业生态化(B1)
		工业生态化(B2)
		服务业生生态化(B3)
	教育发展(C)	本科以上从业人员(C1)
		生态文明领域专业(C2)
		生态文明领域培训(C3)
		科研课题(C4)
	科技发展(D)	专利规模(D1)
		生态治理 R&D 投入(D2)
		国家重点研发项目承担情况(D3)
	金融发展(E)	绿色信贷(E1)
		环保类上市公司规模(E2)
		环保投资总额占比 GDP(E3)
	文化发展(F)	科普宣讲次数(F1)
		生态文明展览次数(F2)

第七章
"世界水谷"论坛与"海外中国"论坛

7.1 论坛概述

7.1.1 论坛概念、形式及分类

根据班固《汉书·艺文志》的记载:"论"指"论纂"。《说文》中记载:论,议也。在古代,论就表示言论、讨论等意,当代新华字典中将"论"更通俗的解释为判断事务的道理或阐明事物道理的文章、理论和言论等含义,意为讨论、辩论、社论,与古代对"论"的解释一脉相承。"坛"祭坛场也。——《说文》。"坛"在古代指举行祭祀、誓师等大典用的土和石筑的高台,还表示为一种容器,如花坛,酒坛。演变至今,坛还表示为文艺界、体育界或舆论阵地,从古至今,"坛"表现出明显的汇聚之意:聚物、聚人。由此,论坛指公众围绕某一特定主题进行公开发表讨论的特定场所,它为公众提供了一个更加专注的沟通空间,在此空间内各个参与者能够有效屏蔽外界干扰,针对论坛主题进行思想交流和意见分享,大大提高知识产出效率,并能够通过跨学科交流,激发知识创新。论坛按照形式划分包括:一是实体参与型论坛,是一种高规格、有长期主办组织、定期召开的研讨会议,具有一定的时间、地点、参与人员要求、明确的主题等,例如大型峰会论坛、专业学术论坛等。二是网络交流型论坛(BBS网络交流论坛),是以网络为媒介的线上交流平台,具有范围广、参与人群广、自由度高等特点,例如天涯论坛、新浪论坛等各种线上论坛。

论坛在短时间内从出现到迅速发展壮大,几乎涵盖了人们生活的各个方面,几乎每个人都可以根据自身的兴趣、专业找到与自身相匹配的各种论坛。根据论坛的专业性,可以将其分为两类:一类为综合性论坛,其所包含的信息比较丰富和广泛,涉及的主题和模块较多,参与人群较多,为跨专业、跨学科合作、交流、融合、问

题解决提供了良好的平台。另一类为专题性论坛，相对于综合性论坛，专题性论坛主题更聚焦、内容更专业、讨论更深入，对学术、科研、教学具有重要的作用。

7.1.2　论坛背景

世界水谷研究院以"智库、论坛、书院、三创"四轮驱动为发展模式，促进"政产学研金文"协同创新发展，打造世界性水文化创意创新中心。为汇集天下智慧，学习先进经验，推动跨学科交流，世界水谷研究院分别于每年上半年和下半年举办"世界水谷"论坛和"海外中国"论坛两大品牌论坛，吸引世界各国政府、企业、高校等权威人士和专家学者进行盛大的思想碰撞、知识交流和经验分享，探索"政产学研金文"创新创业发展新模式、解决生态文明建设与涉水经济建设的理论与实践问题、整合资源、协同作战，为中国企业"走出去"各方构建互动交流、观点研讨、经验分享、资源对接的协同网络，开启多主体、多层次、多形式交流合作的新格局。

7.1.3　论坛功能定位

"世界水谷"论坛和"海外中国"论坛作为河海大学世界水谷研究院主办的以知识交流为主的两大品牌论坛，邀请国内外政界、学界、企业界、金融机构等权威人士和业界精英进行相关政策解读、经验分享、环境分析、机会与风险剖析，为实现创新创业、资源整合、"政产学研金文"走出去协同网络建设提供支撑。

(1) 以"水"为核心要素，搭建沟通交流平台，实现信息共享、经验分享、资源对接，解决涉水问题

在大力倡导生态文明建设、协同共建命运共同体、水资源短缺、水资源污染严重的背景下，"世界水谷"论坛围绕以水为核心，将政界、学界、企业界、金融机构等权威人士和业界精英汇聚于此，围绕生态文明建设、涉水经济发展、国际水资源合作、水行业创新创业等重大主题的实践与理论问题，关注水教育、水科技、水经济、水文化、澜湄合作、创新创业、跨国经营等时代主题，进行信息交流与资源共享，打造"水"领域交流与合作的高峰。

(2) 以促进中国企业"走出去"为目标，搭建"政产学研金文"复合型协同平台，构建海外中国发展新模式

在"一带一路"倡议稳步实施的背景下，"海外中国"论坛通过搭建"政产学研金文"复合型协同平台，打造中国企业国际化发展研究领域的智库，为中国"走出去"各方提供资源盘整、机会把握、交流研讨和经验分享，构建中国企业"跨境协同"，海外中国发展新模式。

(3) 作为世界水谷四轮驱动发展模式之一，为水谷建设创建发声载体，实现知

识集聚与创新。

论坛指"世界水谷"论坛和"海外中国"论坛。世界水谷研究院作为主办单位举办这两大论坛,一方面汇集不同专业、领域、部门精英人士,通过主题演讲、嘉宾对话等形式,实现知识交流与集思广益,从而提高世界水谷研究院在涉水领域、中国企业"走出去"等方面的话语权;另一方面通过这两大论坛可以连接智库、书院、三创各要素主体,搭建共同发声载体,承载智库方案、书院服务和三创需求,促进沟通与激发创新,代表相关组织主体提出重要议题,实现"政产学研金文"要素主体协同发展。

7.1.4 论坛特征

世界水谷和海外中国两大综合性论坛以致力于展现出海纳百川的博大胸怀、紧扣时代主题、推动跨学科交流、解决实际问题为目标,并以其内容的专业性、前瞻性、有用性,每年都会吸引诸多国内外各界权威人士和业界精英的热情参与。

(1) 力求展现海纳百川的博大胸怀

"世界水谷"论坛和"海外中国"论坛为每个参与者提供了一个自由交流的平台,参与人员涵盖国内外政界、学界、企业界、金融机构等权威人士和业界精英,超越地域、性别、学历、年龄,甚至专业的限制,在不违背原则的情况下,每个参与者均可自由发表对不同问题的见解,充分实现思想碰撞与知识交流,激发创新,展现出海纳百川的博大胸怀。

(2) 力求紧扣促社会发展的时代主题

在中国经济进入新常态、"一带一路"倡议逐步实施、大众创业,万众创新、生态文明建设、构建人类命运共同体等现实背景下,"世界水谷"论坛和"海外中国"论坛根据时代需要和社会发展设置具有前瞻性和重大研究价值的论坛主题,并开展总论坛、分论坛、主题演讲和嘉宾对话,细化和深化论坛主题讨论。历届"世界水谷"论坛主题关键词包括涉水经济发展、国际水资源合作、水行业创新创业、澜湄合作等,历届"海外中国"论坛主题关键词包括协同网络、生态文明、命运共同体、共商共建共享、中国企业"走出去"等,主题明确,内容前瞻。

(3) 力求推动以共商、共建、共享为特征的跨界交流

"世界水谷"论坛和"海外中国"论坛属于大型综合性论坛,在围绕主题探讨的基础上,主论坛和分论坛在专业层面涵盖了水利、管理学、经济学等诸多学科领域的交流,在组织层面上实现了政界、商界、学界等多种组织形式的互动。相比常规的学术论坛、政府论坛和商贸对接活动,"世界水谷"论坛和"海外中国"论坛更加显著地突出了不同学科与组织的交叉与跨界交流,更加显著地体现了多领域战略协同发展的论坛功能。通过跨学科交流,更能探索出从不同学科角度对问题的解决

方案,共商、共建、共享,实现多领域协同发展。

7.1.5 论坛模式

为有效实现"世界水谷"论坛解决涉水问题和"海外中国"论坛推动中国企业"走出去"的现实目标,搭建"政产学研金文"协同创新平台,构建海外中国发展新模式的功能定位,河海大学世界水谷研究院在开展论坛活动时,采用了多单位协同组织、多元主体参与和多样活动形式相结合的论坛模式。

(1) 多单位协同组织

"世界水谷"论坛和"海外中国"论坛规模大,参与人数多,往届举办地包括了国内江苏省南京市、广东省深圳市、四川省阿坝州,国外老挝万象、泰国曼谷等各大城市,牵涉范围广,论坛举办复杂度高。为保证会议的成功与圆满,每届论坛的举办和组织都得到了各个地区单位、企业和组织的支持,实现了多单位协同组织、协同参与,既为论坛的顺利举办提供了保障,又促进了河海大学与各单位的合作与交流。

(2) 多元主体参与

"世界水谷"论坛和"海外中国"论坛作为大型综合型论坛,为实现多方信息互动与经验交流,每届论坛的参与者包含了来自中国、美国、泰国、老挝、缅甸、越南、柬埔寨、马来西亚、加拿大、巴基斯坦、澳大利亚等政府单位、科研机构、高校、金融、优秀企业等不同地域、单位、专业领域的精英人士,涵盖了"政产学研金文"的各相关主体,有效实现了多元主体参与、互动与协同发展。

(3) 多种活动形式相结合

为提高论坛交流效率,扩大论坛现实成果,更加深入细化和有针对性地开展创新创业、生态文明建设与涉水经济建设的理论与实践、中国企业"走出去"、协同发展等问题的讨论与研究,"世界水谷"论坛和"海外中国"论坛采用了多样活动形式相结合的论坛模式,促进理论探讨与项目落地,充分实现了知识输出与反馈相结合,理论研究与实践应用相结合,形式多样,交流深入。

7.2 论坛组织

7.2.1 论坛模块划分

"世界水谷"论坛和"海外中国"论坛活动丰富,内容复杂,为进一步加强论坛组织安排,明确论坛定位,促进论坛深入讨论和知识挖掘,每届论坛活动都按照模块

进行划分:

(1) 学术模块:是指通过投稿论文参加的系列学术活动,旨在加强与会者学术论文品质、促进学术界内的交流与合作,提升论坛学术品位。

(2) 商务模块:是指促成企业业务对接的系列商务活动,旨在构筑以世界水谷为平台的战略伙伴网络,加强商业价值的探索和布局,实实在在地为校友企业、合作企业创造并抓住商业机会、共同成长。商务模块强调专业化和商务化,包括商务对接、招聘、文创与成果转化等活动。

(3) 成果展示模块:是指突出主办单位常年发展成果的系列活动。包括学生展示、研究成果展示、国际合作展示等。

(4) 专题专场模块:是指围绕某些专门化主题开展跨行业研讨的独立单元活动,分为专题研究和专场活动。专题研究是指以行业研究为特色的专题类研讨,要求对该专题有较为深刻和独到的研究,可以是研究的报告或者是经验分享,不强求学术性。专场活动是指非研究性的展示活动,可以是围绕某一品牌、某一机构、某一技术开展的交流活动。

7.2.2 论坛策划

论坛围绕世界水谷和海外中国两大主题,搭建具有区位优势、行业特色、品牌效应的重要跨界交流平台和行业研究平台。为进一步实现论坛价值挖掘与效果提升,特制定专题专场策划方案。

(1) 定性定位

每届论坛主要包括主体活动及专题专场活动两类,主体活动由论坛组委会牵头设计,秘书处负责执行。专题专场由各团队负责全过程的策划、组织、管理、执行等,组委会负责审核管理,秘书处予以会务等资源的配合。

(2) 专题专场要求

专题是围绕某一热点议题进行具有研究性的专门研讨,要求专题必须具有行业研究性质,会上进行分享的嘉宾必须提前通过投稿系统向大会提供研究报告、论文或演讲稿,将形成三种类型成果:一是优秀研究论文发表在学术期刊中;二是论文和研究报告经过整理后以会议成果集的形式发表;三是获奖研究摘要发表在文摘或新闻报纸专栏。每个专题团队负责邀请不少于 30 位参会者参加该专题。

专场是围绕某一议题进行宣传、交流、签约等活动,专场活动不要求具有研究性质,一般邀请不少于 30 人参加活动。

① 每场专题专场总时长为 1.5 小时,演讲嘉宾以 3—5 人为宜;

② 邀请 30 名分论坛参加人(含发言嘉宾);

③ 建议预留10—15分钟互动。

(3) 负责人职责

专题专场负责人全权负责该分论坛的组织、策划、邀请报告嘉宾和参会人员,并在有需求的情况下向组委会寻求支持。负责人可兼任主持人或演讲人。

(4) 组织工作内容

专题专场负责工作:①策划议题、议程;②邀请发言人、主持人、参会人员并整理搜集相关信息;③提出需求并与组委会共同努力实现既定目标。

组委会统一安排:①会前确保分会场会务及设施正常(座位、投影仪、摄像、录音),②议题、演讲报告、PPT等会前审核,会后安排发表事宜;③支持配合各专题专场价值挖掘。

(5) 价值挖掘

为提升各专题专场价值、呈现最佳效果,让与会宾客满载而归,论坛活动可以在各团队的要求下共同挖掘如下价值(包括但不限于):

① 帮助邀请指定嘉宾出席活动,对于专题专场团队有意进行合作的专家或组织,论坛可借助自身社会资源帮助各专题专场对接资源;

② 专业媒体宣传,论坛将安排新华网等主流媒体为活动提供媒体服务;

③ 研究成果出版,论坛将在提交材料的基础上把研究成果在各专业学术期刊上整理出版;

④ 决策参阅递送,论坛将筛选建设性的建议,借由多个智库平台向江苏省委、省政府,中联部,水利部等主管单位递送决策参阅。

7.2.3 论坛宣传方案

为提升论坛参与度和知名度,扩大论坛影响力,论坛主办方与承办方与各个媒体单位展开合作,开展论坛宣传工作,并制定宣传方案。

(1) 媒体关注新闻点

① "世界水谷"论坛或"海外中国"论坛;

② 校企结合;

③ 河海大学承办赛事。

(2) 活动宣传工作

① 启动期

预告新闻稿:抛出话题引专业人士关注。

a. 新闻稿内容

含论坛背景、论坛内容、论坛价值以及参与嘉宾等信息,吸引目标人士关注。

b. 推广渠道

一是通过官网及官方微信公众号推广,主要有河海大学官网、河海大学官微、河海大学校报、世界水谷官网、世界水谷官微、河海大学商学院官网、河海大学商学院官微、河海大学 MBA 教育中心官网、河海大学 MBA 教育中心官微、河海大学工程硕士教育中心官网、河海大学工程硕士教育中心官微、河海大学商学院青年官微。二是通过合作媒体平台发稿。

② 提速期

制作静态论坛宣传海报:通过创意海报在新媒体渠道实现持续信息自传播。

③ 爆发期

制作论坛官方宣传视频(赛事的筹备及开幕过程)。

④ 引流期

水利媒体:投放关于论坛的有效信息,持续引导、吸引意向参会人员前来学习。

⑤ 持续发酵期

a. 新闻稿:在相关媒体渠道实现信息自传播。

b. 多家专访媒体发稿:多角度、多领域扩大影响力。

c. 多家媒体现场采访:通过对专家的采访,邀请强势主流媒体到现场全方位大幅度的报道。

7.2.4 论坛筹备

(1) 论坛组织

为提高工作效率,明确职责,保证论坛筹备工作的顺利完成,将论坛筹备工作人员进行分组,具体分组情况如图 7-1 所示。

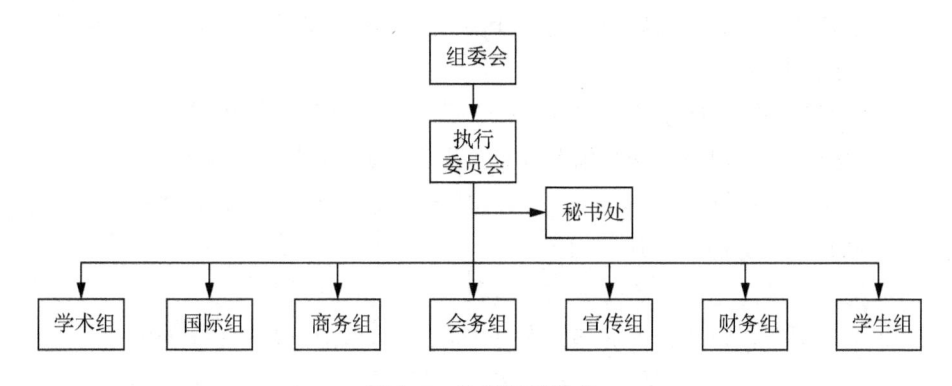

图 7-1 论坛组织构成

论坛组织职责:

① 组委会:由各主办、承办单位负责人组成,负责本次活动的战略把控;
② 执行委员会:负责论坛整体策划、进度管理和价值挖掘;
③ 秘书处:负责整理下达执委会要求,协调各小组工作对接;
④ 学术组:负责学术活动(讲座、研讨会、工作坊、期刊、报告发布等)策划与执行,专家邀请与对接;
⑤ 国际组:负责国际专家联络、手续办理等;
⑥ 商务组:负责论坛商务合作及商业价值拓展;
⑦ 会务组:负责论坛前期手续、专家会务对接、活动现场安排;
⑧ 宣传组:负责各级媒体宣传;
⑨ 财务组:负责预算、入账及出纳,后续报销;
⑩ 学生组:负责学生论坛活动、志愿者等。

(2) 论坛工作流程

"世界水谷"论坛和"海外中国"论坛均为大型综合性论坛,结构复杂,内容多样,论坛的各项筹备工作基本提前一年开展。

① 论坛总体规划研讨会。论坛开始前一年召开,确定活动形式;
② 成立组委会、执行委员会。论坛开始前 7 个月左右召开,明确部门职责;
③ 确定活动细则,发布一号通知。确定论坛主题、时间、地点、规模、重点单位、经费、进度节点、组织安排,论坛开始前 6 个月确定;
④ 论坛筹备第一次全体会议。论坛开始前 6 个月召开,督促各部门按职责推进工作;
⑤ 论坛筹备第二次全体会议。论坛开始前 5 个月召开,确定主办、承办、协办单位,拟定邀请重量级专家名单,经费收支及预算,确定主要活动议程及专题场地;
⑥ 发布二号通知。论坛开始前 4 个月发布,开展 VI 设计、会议手册制作、宣传活动等工作安排;
⑦ 论坛筹备第三次全体会议。论坛开始前 3 个月召开,确定各执行方案;
⑧ 发布三号通知。论坛开始前 3 个月发布,确定参会人员名单;
⑨ 论坛筹备第四次全体会议。论坛开始前 2 个月召开,确定会务实施方案、活动实施方案,会务服务工作等内容;
⑩ 论坛彩排。论坛开始前一周内进行,发现问题并及时处理;
⑪ 论坛举行。论坛各负责部门做好本职工作,保障论坛顺利召开;
⑫ 论坛总结。主要包括论坛新闻发布,成果展示与落实,论坛材料整理汇编,论文出版,论坛举行过程中的经验与问题总结,为下届论坛活动的顺利开展提供借鉴和指导。

7.3 "世界水谷"论坛

7.3.1 "世界水谷"论坛宗旨与发展愿景

论坛宗旨:治水兴邦,造福人民

发展愿景:构建"政产学研金文"协同创新机制

"世界水谷"论坛汇聚了高校、科研院所、企业、政府、金融机构等权威专家,力求打破各主体间的合作壁垒,探索协同创新机制,理顺研发、生产和市场间的纽带关系,重视理论与实践相结合,实现提升实力、人才集聚、提升科技成果转化与资源共享,关注水教育、水科技、水经济、水文化,解决涉水行业的重大理论问题与实践问题。

7.3.2 "世界水谷"论坛发展历程

"世界水谷"论坛自2015年从江苏南京出发,途经四川阿坝、广东深圳、老挝万象,至今共成功举办了四届重大研讨会(如图7-2所示),成为各国专家学者、政府领导、各界同仁实现沟通交流与经验分享的盛会。"世界水谷"论坛荟萃天下智慧,解决涉水问题,发展涉水经济,围绕水教育、水科技、水经济、水文化,多主体、多要素协同创新,不断取得新突破。

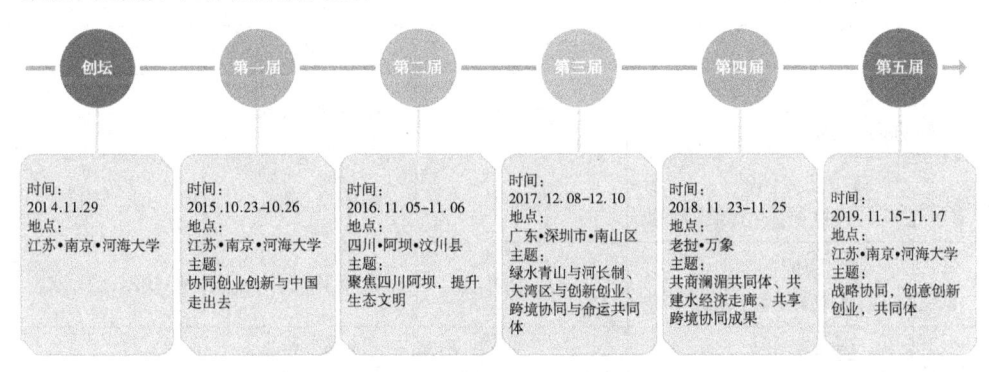

创坛	第一届	第二届	第三届	第四届	第五届
时间: 2014.11.29 地点: 江苏·南京·河海大学	时间: 2015.10.23-10.26 地点: 江苏·南京·河海大学 主题: 协同创业创新与中国走出去	时间: 2016.11.05-11.06 地点: 四川·阿坝·汶川县 主题: 聚焦四川阿坝,提升生态文明	时间: 2017.12.08-12.10 地点: 广东·深圳市·南山区 主题: 绿水青山与河长制、大湾区与创新创业、跨境协同与命运共同体	时间: 2018.11.23-11.25 地点: 老挝·万象 主题: 共商澜湄共同体、共建水经济走廊、共享跨境协同成果	时间: 2019.11.15-11.17 地点: 江苏·南京·河海大学 主题: 战略协同,创意创新创业,共同体

图7-2 "世界水谷"论坛发展历程

7.3.3 历届论坛简况

(1) 世界水谷协同创新暨论坛创坛研讨会

会议组织单位:

主办单位:"世界水谷"与水生态文明协同创新中心、河海大学协同创新办公室。

　　承办单位:河海大学商学院。

　　协办单位:水利部综合事业局、中国水务投资有限公司、江苏省社会科学院、苏州大学、中国电建集团昆明勘测设计研究院有限公司、南水北调东线江苏水源有限责任公司、江苏弘业国际集团、中国江苏国际经济技术合作集团有限公司、南京中电环保股份有限公司、南京水利科学研究院、江苏红豆集团、中国水电顾问集团投资有限公司、中水电海外投资有限公司、淮海工学院。

　　会议演讲嘉宾及演讲主题:见表7-1。

表7-1　演讲嘉宾及演讲主题信息表

创新平台1	"世界水谷"与水生态文明的战略与管控		
创新平台主任	张阳		
创新团队	团队负责人	首席科学家	骨干成员
战略与总部团队 研究方向:战略、品牌与总部	张　阳	吴先满、薛乐群、钱旭潮	张　超、张　卫
管控与监测团队 研究方向:绩效管控与情报监测	周海炜	王慧敏	屈维意
创新平台2	"世界水谷"与水生态文明的创新教育与科技研发		
创新平台主任	李琼芳		
创新团队	团队负责人	首席科学家	骨干成员
创新教育团队 研究方向:创新教育与人才开发	汪　群	杜晓荣、王济干	李　卉
科技研发团队 研究方向:科技研发与知识产权	李琼芳	杨　晨、孙金华	李光明
水物联网团队 研究方向:水物联网与水感中心	范新南	吴凤平、卞艺杰	倪建军、徐绪堪
创新平台3	世界水谷金融、产业和文化		
创新平台主任	黄德春		
创新团队	团队负责人	首席科学家	骨干成员
金融、产业团队 研究方向:水权、水市场与水产业	黄德春	卢顺光、孔德安、潘海英	华坚、张长征、徐　敏
文化文明团队 研究方向:世界水谷文化、水生态文明凝练和推广	郑大俊	余达淮	蒲晓东、张　健、顾向一

续表

涉海产业团队 研究方向：涉海产业与管理	吴价宝	袁汝华	杨高升、孙　军
创新平台 4	"世界水谷"与水生态文明的应用示范		
创新平台主任	丰景春		
创新团队	团队负责人	首席科学家	骨干成员
国内应用示范团队	丰景春	黄德春、卢顺光、董　青、朱士圣、李琼芳、王　江、谷文林	李　婕、薛　松
研究方向：流域区域水生态文明 （江苏省内）			
研究方向：水利工程与城市水务 生态文明 （中国水务投资、江苏水源公司）			
研究方向：水环保科技产业 （南京中电环保）			
水交易所 （水利部综合事业局）			
国际应用示范团队	于　金	张　阳、周　勇、汪　群、魏曙辉、冯峻林	张岚嵘、杨恺钧、朱　旭
研究方向：海外江苏科技产业园 （中江国际、昆明院、老挝国电、江苏红豆集团、中水电海投）			
研究方向：国际水资源、自由贸易区 与丝绸之路经济带的战略协同开发 （中水海外、弘业国际、昆明院）			
创新团队代表发言	主持人：李　琼 协同创新中心副主任，教授		
	钱旭潮　教授 战略、品牌与总部团队		
	周海炜　教授 绩效管控与情报监测团队		
	李琼芳　教授 科技研发与知识产权团队		
	汪　群　教授 创新教育人才开发团队		
	范新南　教授 水物联网与水感中心团队		
	黄德春　教授 水权、水市场与水产业团队		

续表

创新团队代表发言	郑大俊 教授 世界水谷文化、水生态文明凝练和推广团队
	吴价宝 教授 涉海产业与管理团队
	丰景春 教授 国内示范应用团队
	杨恺钧 副教授 国际示范应用团队

会议成果：一是本次会议共邀请到了河海大学校长徐辉、协同创新办公室主任任旭华、江苏弘业国际集团董事长周勇、中江国际总经理薛乐群、南京水科院副院长兼水利部大坝安全中心主任孙金华、中国电建昆明勘测设计院院长冯峻林、江苏社科院院长助理吴先满等16家协同单位的领导专家出席本次研讨会，对世界水谷的发展方向、发展思路达成共识；二是为江苏高校协同创新中心（"世界水谷"与水生态文明）揭牌；三是为协同创新平台、团队及首席科学家颁发聘书。

会议实况：如图7-3—7-6所示。

图7-3 会议现场

第七章 "世界水谷"论坛与"海外中国"论坛

图 7-4 河海大学校长徐辉、世界水谷研究院院长张阳教授为首席科学家颁发聘书

图 7-5 河海大学校长徐辉为江苏高校协同创新中心("世界水谷"与水生态文明)揭牌

图 7-6　参会嘉宾合影留念

（2）首届"世界水谷"论坛暨第十五届中国 MBA 发展论坛

主要参会单位：

"世界水谷"与水生态文明协同创新中心、老挝国家工商委员会、浙江大学、国务院发展研究中心发展战略与区域经济研究部、巴基斯坦驻中国大使参赞、国家开发银行企业局等全球各界专家。

论坛组织单位：

主办单位："世界水谷"论坛、中国 MBA 发展论坛、河海大学商学院。

承办单位：江苏省"世界水谷"与水生态文明高校协同创新中心、河海大学 MBA 教育中心。

协办单位：国家工程研究中心、《水利经济》《河海大学学报》（哲学社科版）、泛华集团、四川省阿坝州明珠电力开发建设有限公司。

论坛演讲嘉宾及演讲主题：见表 7-2。

表 7-2　演讲嘉宾及演讲主题信息表

嘉宾	单位	演讲主题
王重鸣	浙江大学全球创业研究中心主任、教授、AMBA 中国区总代表	创新创业时代的挑战与机遇

续表

嘉宾	单位	演讲主题
侯永志	国务院发展研究中心发展战略和区域经济研究部部长	抓住攻坚一带一路的发展机遇,实现"走出去"收益的最大化
张　华	加拿大高达国际工程咨询集团合伙人	Personal Views of Current Bussiness Opportunities Canadian Water Resources Engineering
穆　宏	德国弗劳恩霍夫制造与信息研究院驻北京首席代表	技术创新的探讨
吴先满	江苏省社会科学院副院长	江苏参与"一带一路"建设的战略定位与重点举措

分论坛一:走进老挝分论坛

嘉宾	单位	演讲主题
习沙瓦·提拉翁	老挝国家工商委员会主席老挝国家电力公司总裁	THE DIVERSITIES AND OPPORTUNITIES FOR INVESTMENT IN LAO PDR.
冯峻林	中国水电顾问集团昆明勘测设计研究院院长、教授级高工	昆明院在老挝
罗逾兰	常州国家高新技术开发区副区长	紧紧抓住"一带一路"倡议机遇加快推进常州企业"走出去"
尹　瑞	江苏华鹏集团副总经理	华鹏集团经典案例分享

分论坛二:协同创业创新分论坛

嘉宾	单位	演讲主题
王　英	河海大学马克思主义学院教授	协同创新视域下的水谷文化内涵
朱士圣	南京国能环保工程有限公司总经理	协同创新、创业
倪建军	河海大学物联网学院教授	水联网理论与应用研究探讨
王钟灵	上海三乘三备环保工程有限公司 CEO	协同创新助我发展
余菲菲	河海大学商学院副教授	科技型中小企业创新转型研究——"文化与技术"融合的视角

分论坛三:跨境河流分论坛

嘉宾	单位	演讲主题
周海炜	河海大学商学院副院长、教授	一带一路倡议与跨境河流开发的协同网络
陈敏建	中国水利科学研究院教授	梯级水电开发影响的生态安全调控和生态修复技术

续表

嘉宾	单位	演讲主题
倪广恒	清华大学教授	水联网理论与应用研究探讨
夏自强	河海大学水文水资源学院教授	丝绸之路经济带社会经济发展及水资源安全保障
王志坚	河海大学法学院教授	中国"水霸权"困境及其消解
郭利丹	河海大学商学院副教授	战略环评在跨境河流开发中的应用

分论坛四：留学生分论坛

嘉宾	单位	演讲主题
宇氏云	越南留学生	Chinese investment in Vietnam: An assessment for further coorperation
Sabina Zhyrgalbekova	吉尔吉斯斯坦留学生	One Belt, One Road
Florence	加纳留学生	AFRICA & One Belt, One Road
MoaazAwan	巴基斯坦留学生	China-Pakistan Economic Corridor (Water)
Waled Khaled	叙利亚留学生	The Role of Arabic Countries in the Silk Road

分论坛五：中国企业走出去与海外江苏分论坛

嘉宾	单位	演讲主题
周 勇	江苏省苏豪控股集团总裁、教授	江苏企业"走出去"的实践和思考——以苏豪控股为例
李尚武	中国国际工程咨询公司国际业务部主任	中国企业"走出去"工程项目浅谈
李超杰	江苏省金融业联合会常务副秘书长	江苏金融如何"走出去"？
丰景春	河海大学商学院教授	一带一路背景下中国水电企业抱团出海模式选择
张长征	河海大学商学院副研究员	重大水利工程投资项目的社会稳定风险量化模型及应用

分论坛六：水生态文明与海绵城市分论坛

嘉宾	单位	演讲主题
游赞培	中水珠江规划勘测设计院有限公司董事长	在强化生态文明建设条件下水利行业发展的新特点
穆 宏	德国弗劳恩霍夫应用技术研究院驻北京首席代表	极端气候下防汛防旱智能决策系统研究与应用

续表

嘉宾	单位	演讲主题
王宝军	泛华集团设计总院院长	智能海绵城市建设
郑大俊	河海大学水文化研究所所长、教授	水文化——生态文明建设的基石
王国林	泛华集团城市发展研究院副院长	智慧城市系统思维与产业要素聚集创新模式——城市发展与产业要素集聚

分论坛七:科技创新与知识产权管理分论坛

嘉宾	单位	演讲主题
杜晓荣	河海大学商学院教授	运营服务视角下专利价值评估指标研究
黄永春	河海大学商学院副教授	中国与美国的技术差距缩小了吗?
杨 晨	河海大学商学院教授	江苏专利运营与PPP模式关联性的探究

分论坛八:上善若水分论坛

嘉宾	单位	演讲主题
黄永春	河海大学商学院副教授	中国的技术赶超与世界技术前沿的差距缩小了吗?——来自中国和美国的数据比较
徐绪堪	河海大学商学院讲师	面对突发事件的情报融合平台构建
周志翔	河海大学商学院讲师	基于环境交叉效率DEA模型的我国钢铁企业绩效分析
鄢 波	河海大学水文水资源学院博士生	黑龙江流域气候突变诊断及机制分析
田 鸣	河海大学商学院博士生	智慧城市系统思维与产业要素聚集基于品牌社区的商业模式创新研究
刘宗瑞	河海大学商学院博士生	国际河流跨境洪灾防治的合作特征及演进趋势——基于防洪合作协议的内容分析
徐宇峰	河海大学商学院硕士生	文化产品评价指标体系构建

论坛成果:一是此次论坛共吸引了来自中国、老挝、巴基斯坦、蒙古、越南、吉尔吉斯斯坦、喀麦隆、叙利亚、加拿大、德国等10个国家的政府、企业、高校、科研机构300余名业界精英和专家学者进行主题演讲、嘉宾对话和学术交流,分设走进老挝、跨境河流、协同创业创新、留学生、企业"走出去"与海外江苏、水生态文明与海绵城市、科技创新与知识产权、江苏省协同创新中心、上善若水论道等分论坛进行专题交流;二是完成世界水谷(老挝)授牌仪式;三是出版首届世界水谷论坛论文集,收录中英文论文47篇;四是老挝国家工商委员会与南京市工商联合会签订战略合作框架协议;五是新增3位首席科学家并颁发证书。

战略协同理论和实践：世界水谷和海外中国

论坛实况：如图 7-7—7-10 所示。

图 7-7　河海大学商学院院长周海炜教授主持开幕式

图 7-8　嘉宾对话

第七章 "世界水谷"论坛与"海外中国"论坛

图 7-9　老挝国家工商委员会与南京市工商业联合会战略合作框架协议签字仪式

图 7-10　论坛闭幕式

（3）第二届"世界水谷"论坛暨首届汶川论坛

参会单位：

该届论坛参会单位和人员包括来自美国、加拿大、英国、巴基斯坦、香港等19个国家和地区的专家、学者代表，河海大学、水电水利规划设计总院、国内知名高校院所、四川省直有关部门、阿坝州毗邻市州、企业界领导嘉宾、专家学者，以及四川部分州委常委、州人大常委会副主任、州政府副州长、州政协副主席，州直有关部门负责同志。

论坛组织单位：

主办单位：河海大学、阿坝藏族羌族自治州人民政府、水电水利规划设计总院。

承办单位：阿坝州水生态综合治理领导小组办公室、汶川县人民政府、阿坝州清洁能源与水生态文明商会、河海大学世界水谷研究院、河海大学商学院、水电水利规划设计总院环境保护部、阿坝师范学院。

协办单位：国家工程研究中心（水资源高效利用与工程安全）、国家重点实验室（水文水资源与水利工程科学）、中国大熊猫保护研究中心、中电建成都水电勘察设计研究院。

论坛演讲嘉宾及演讲主题：见表7-3。

表7-3　演讲嘉宾及演讲主题信息表

嘉宾	单位	演讲主题
刘作明	四川省人大常委会副主任、阿坝州委书记	践行绿色理念，建设美丽阿坝
Zamir Awan	巴基斯坦驻中国大使馆前科技参赞、巴基斯坦国立科技大学副教授	Ecological Civilization Cooperation between China and Pakistan and China-pakistan Economic Corridor Initiative in Sichuan
张新玉	水利部水土保持司巡视员	水土保持与生态文明
Carolyn Roberts	英国格雷沙姆学院教授、英国伦敦大学学院荣誉高级研究员	Building Collaborations for Innovation In Catchment Management
牟广丰	中国环境保护产业协会副会长	生态文明建设与协同创新战略
王海林	四川省政协常委、省委省政府决策咨询委员会副主任	增强岷江生态功能，再造美丽新天府
Kumud Acharya	美国沙漠研究院高级主管、内华达大学教授、内华达州水中心首席技术官	Principles and Practices of Ecological Restoration of Rivers: Examples of Case Studies in the United States
余钟波	国家重点实验室主任、河海大学教授、博导	气候变化下，水文科学技术的发展与现状

续表

嘉宾	单位	演讲主题
张 华	加拿大高达国际工程咨询集团合伙人,高级工程师	Challenges and Opportunities in Water Ecological Civilization Construction
李尚武	中国国际工程咨询公司国际业务部主任、中咨(香港)有限公司总经理	非洲大型基础设施项目的咨询工作历程——记亚吉铁路项目

分论坛一:生态文明建设与协同创新战略

嘉宾	单位	演讲主题
陈凯麒	环境保护部环境工程评估中心副总工程师	受损河流治理与生态修复之思考
Matthew Ball	英国皇家科学研究所艺术、制造和商业促进会研究员	An Integrated Ecological Approach to Water Management
范新南	河海大学常州校区管委会主任,教授、博导	物联网技术及其在水生态综合治理中的应用
陆 恺	成都华川进出口集团有限公司董事长	达古冰山饮用水项目介绍
吴 程	中国电建集团昆明勘测设计研究院有限公司高级工程师	生态治水新模式的研究与实践
华 坚	河海大学商学院国际合作与交流办公室主任,副教授、博士	澜沧江—湄公河流域的水资源经济合作与开发

分论坛二:生态阿坝,绿色崛起

嘉宾	单位	演讲主题
郑大俊	河海大学原党委副书记,教授、博导	水文化视角下的水生态文明建设
詹卫华	水利部景区办规划建设处处长	水生态文明建设内涵剖析
谢宏文	水电水利规划设计总院新能源部副主任	阿坝光伏发电与草原沙化治理结合规划研究
旺 娜	汶川县委副书记、县长	深入践行绿色发展理念,实现岷江源头人水相依和谐共生——治理岷江汶川段的具体实践
曾建生	广东省水利厅水利水政监察局局长	推进"互联网+水政执法"深度融合,为江河堤围安全和生态文明建设提供强力支撑
张沙龙	中国电建集团北京勘测设计研究院有限公司高级工程师	水生态修复技术类型、应用及典型案例解析

分论坛三:水生态综合治理

嘉宾	单位	演讲主题
刘家宏	中国水利水电科学研究院城市水文与水务工程研究室主任	生态海绵流域建设理念
杨文松	阿坝州人民政府副秘书长	坚持生态文明理念,聚力岷江流域治理
周海炜	河海大学商学院院长、教授、博导	流域水生态文明建设中的风险监测与情报融合中心
谭艳忠	中国电建集团中南勘测设计研究院有限公司生态景观所副所长	城镇生态退化河流的生态修复策略-以都匀市旱河治理为例
陆萌茜	香港科技大学助理教授	In Search of Balance: among Water, Environment and People
黄峰	河海大学水文水资源学院讲师、博士	国际河流水安全案例解析

分论坛四:绿色经济

嘉宾	单位	演讲主题
吴彦俊	泛华集团副总裁	陕西淳化县智慧农业谷项目建设思路——打造农业产业化精准扶贫典范
杜运领	中国电建集团华东勘测设计研究院有限公司环境与生态工程院副院长	水生态综合治理与区域经济发展
王世伟	理县县委副书记、理县人民政府县长	筑牢生态屏障,发展生态经济,建设幸福美丽理县
蒋 明	阿坝州清洁能源与水生态文明建设商会会长	汶川县草坡区域水生态综合治理与产业转型升级
张长征	河海大学商学院副教授、博士,产业经济研究所执行所长	跨区域跨流域水生态补偿机制

分论坛五:水生态文明建设示范

嘉宾	单位	演讲主题
柴中华	中国葛洲坝集团电力有限公司南京设计院院长	"南京六合 E 田园模式"和"精准光伏扶贫模式"
程寒飞	中冶华天水环境技术研究院院长	水环境治理对生态文明的影响
薛联芳	水电水利规划设计总院环境保护部副主任	岷江流域上游地区水生态修复规划思路和方法
张振师	中国电建集团西北勘测设计研究院有限公司环保所副所长	汉江流域汉中段水生态保护与修复规划
余开勇	若尔盖县委副书记、县人民政府县长	砥砺前行,保护若尔盖湿地生态系统

分论坛六：水生态修复技术

嘉宾	单位	演讲主题
Simon Spooner	阿特金斯集团英国总部首席研究员	Eco Low Carbon Urban Planning and Sponge Cities
蒋 红	中国电建集团成都勘测设计研究院有限公司副总工	岷江干流生态修复总体规划
李 永	四川大学水力学与山区河流开发保护国家重点实验室副教授	河流水力生境修复中的"相似性"思路、方法与探讨
陈栋为	中国电建集团贵阳勘测设计研究院有限公司高级工程师	河流水电梯级开发中鱼类栖息地保护与修复关键技术研究及实践
虞美秀	河海大学水文院讲师、硕导	基于水动力—水质（泥沙）耦合模型的感潮河段生态需水量研究

论坛成果：一是此论坛共吸引来自中国、巴基斯坦、英国、美国、加拿大等19个国家和地区500余名代表参加，分设生态文明建设与协同创新战略、"生态阿坝，绿色崛起"、水生态综合治理、绿色经济、水生态文明建设示范、水生态修复技术等六场专题讨论，得到了新华社、中新社、《光明日报》《中国日报》《中国改革报》《四川日报》《四川经济日报》《消费质量报》、四川人民广播电视台、四川在线、《成都商报》《阿坝日报》、阿坝电视台、康巴卫视等数十家媒体的报道和支持；二是出版《第二届"世界水谷"论坛暨首届汶川论坛专辑》，收录文章46篇；三是发布《汶川宣言》。

论坛实况：如图7-11—7-14所示。

图7-11 "世界水谷"创始人，世界水谷研究院院长张阳教授发表主旨演讲

图 7-12　嘉宾对话

图 7-13　"世界水谷"创始人,世界水谷研究院院长张阳教授与台上嘉宾互动

图 7-14　参会领导、嘉宾与演出人员合影

(4) 第三届"世界水谷"论坛

参会单位：

第三届"世界水谷"论坛得到了水利部的大力支持,吸引了来自中国、美国、加拿大、澳大利亚、俄罗斯、老挝、苏丹、巴基斯坦等国家和地区的代表参会,将分享来自河海大学、南方科技大学、斯坦福大学、苏丹喀土穆大学、香港科技大学、复旦大学、黑龙江大学、深圳大学、长江水利委员会、珠江水利委员会、广东省水利厅、深圳市水务局、四川省阿坝州政府、云南省临沧市政府、南京水科院、深圳市建筑设计研究总院、中国电建、中国交建、深圳水务集团、中冶华天、四川阿坝清洁能源及水生态文明建设商会等单位专家学者的智慧成果和实践经验。

论坛组织单位：

主办单位：河海大学

承办单位：河海大学世界水谷研究院、深圳市河海大学校友会、河海大学商学院、国家工程研究中心（水资源高效利用与工程安全）、国家重点实验室（水文水资源与水利工程科学）、河海大学国际河流研究中心、河海大学河长制研究与培训中心、河海大学游艇管理研究中心、兰江集团、广东河海工程咨询有限公司、深圳市水务（集团）有限公司、中电建水环境治理技术有限公司、中冶华天工程技术有限公司、深圳市昊创投资集团有限公司、浙江乾冠信息安全研究院有限公司、中交水运规划设计院有限公司、南方科技大学环境科学与工程学院、河海大学香港校友会。

协办单位：管理学学会国际联盟（IFSAM）、东亚管理学学会国际联盟（IFEAMA）、水电水利规划设计总院、四川阿坝清洁能源及水生态文明建设商会、深圳市水务规划设计院有限公司、老挝河海大学校友会、中交天航南方交通建设有限公司、广州河海大学校友会、广东扬帆工程项目管理有限公司、深圳市东深工程有限公司、粤阳投资控股有限公司、温哥华河海大学校友会、卡尔加里河海大学校友会、深圳湾游艇会、深圳前海国际船艇交易中心、河海大学MBA教育中心、河海大学商学院工程硕士中心。

论坛演讲嘉宾及演讲主题：见表7-4。

表7-4 演讲嘉宾及演讲主题信息表

嘉宾	单位	演讲主题
汪安南	水利部总规划师	坚持生态优先绿色发展 建设人水和谐美丽中国
张建云	中国工程院院士南京水利科学研究院院长	城市防洪
Omer Mohamed Ali Mohamed	苏丹喀土穆大学教授、原副校长	International Water Management & Development in the Nile Basin
胡嘉东	深圳市水务（集团）有限公司董事长、党委书记	水务企业在推进粤湾澳大湾区建设中的基础支撑作用
康承业	中冶华天工程技术有限公司董事长、党委书记	企业转型升级与产学研战略协同
徐 辉	河海大学校长	面向未来的水教育和水科技
蔡清礼	四川省阿坝州人民政府副州长	绿水青山不负高天厚土
张鸿文	中国交通建设股份有限公司港航疏浚事业部总经理	共创绿色环保新时代 同启生态文明新征程
张 华	加拿大高达国际工程咨询集团合伙人	Global Trends in Dam Breach Consequence Assessment
谢德荪	美国斯坦福大学终身教授，源创国际研究院院长	中国源创新
朱闻博	深圳市水务规划设计院有限公司董事长	智慧水务：助力粤港澳大湾区对标世界一流湾区

分论坛一：世界水谷协同

嘉宾	单位	演讲主题
汪 群	河海大学商学院教授	服务"一带一路"，创新人才培养模式
张显峰	四川省阿坝州科学技术局局长	阿坝州生态价值评估与生态补偿制度研究
黄永春	河海大学商学院副院长、教授	创业还是就业？——行为经济学视角下的动态效用最大化分析
徐绪堪	河海大学统计与数据科学研究所所长	河长制信息化系统建设方案
华 坚	河海大学商学院国际合作办公室主任、副教授	重大水利工程项目的经济社会生态影响

分论坛二：治水融城的实践与思考、粤港澳大湾区水务管理

嘉宾	单位	演讲主题
薛 菲	深圳水务集团有限公司总工程师	组建粤港澳大湾区供水产业联盟
杨 曦	深圳市市政院三院院长	行洪深邃技术介绍
于 芳	深圳市市政工程总公司总工程师	海绵城市建设及深邃排水系统
安 浩	中冶华天水环境技术研究院水污染控制研究所所长	水环境综合治理新思路
张金松	深圳水务集团有限公司总工程师	组建粤港澳大湾区供水产业联盟
徐廷国	佛山水务环保股份有限公司副总经理	北江流域原水水质预警系统建设
方 晔	珠海水务环境控股集团有限公司副总经理	台风"天鸽"对珠海供水系统的影响及思考
张长征	河海大学世界水谷研究院院长助理，商学院科技办副主任	"一带一路"水问题

分论坛三：跨境河流共同体、大湾区海洋与游艇经济

嘉宾	单位	演讲主题
戴长雷	黑龙江大学水利电力学院副院长、教授	哈尔滨到北极航道陆河联运若干问题探讨
窦 博	中国海洋大学教授，哈尔滨工程大学教授	北方跨境河流与北方海设想
周志军	云南省临沧市政府副秘书长	临沧市澜沧江水资源保护与开发
李琼芳	河海大学商学院副院长、教授，河海大学国际河流研究中心常务副主任	跨境流域一体化管理的机遇挑战及战略设想

续表

嘉宾	单位	演讲主题
余菲菲	河海大学世界水谷研究院院长助理,河海大学商学院市场营销系主任	中国与湄公河流域国家环境利益冲突及共同体建设构想
周海炜	河海大学商学院院长,河海大学游艇管理研究中心副主任	推进游轮游艇产业发展,助力粤港澳大湾区建设腾飞
文焕	大湾区游艇联合会主席	粤港澳大湾区游艇产业新机遇
黄向	中山大学管理学院研究员,广东岭南经济与社会发展研究院院长	大湾区游艇公共码头网络营造
梁俊乾	海洋经济专家、深圳市海洋局原副局长	共享才有共荣——打破大湾区城市间人为壁垒
董青	水利部综合事业局水利风景处处长	我国水利风景区发展概况及游艇休闲前景
赵劲松	前海深港国际金融研究院院长	游艇产业发展创新试验区建设

分论坛四:茅洲河治理创新探索、河海大学香港校友专场

嘉宾	单位	演讲主题
吴新锋	宝安区环水局调研员	茅洲河全流域治理经验与挑战
吴基昌	中电建水环境治理技术有限公司设计管理部主任	浅谈水环境治理EPC项目的"E"
严汝文	中电建水环境治理技术有限公司总经理助理、市场经营部主任	水环境治理行业与茅洲河建设实践
陶明	中电建水环境治理技术有限公司副总经理	茅洲河水环境治理——大兵团协同作战
陈惠明	中电建水环境治理技术有限公司副总经理、总工程师	流域水环境治理"六大系统"及其在茅洲河工程中的应用
王正发	中电建水环境治理技术有限公司技术标准部主任	水环境治理行业技术标准建设
张学清	香港科技大学教授	一带一路带给PPP项目的机遇
王玮珂	河海香港校友会副会长	香港高校工程人才培养启示
陈伟伟	香港科技大学博士研究生	BIM和人工智能在工程项目中的应用趋势

分论坛五:河长制基层实践、数字水利与网络安全

嘉宾	单位	演讲主题
鞠茂森	河海大学河长制研究与培训中心常务副主任	"河长制"如何落地生根

续表

嘉宾	单位	演讲主题
杨 骅	绍兴市河长制办公室专职副主任	绍兴市河长工作实践与探索
王瑞华	海安县大公镇副镇长、常务副总河长	巩固提升清水工程成果,全力打造河长制升级版
陈清流	高州市水务局局长	抓好三个着力点 推动河长制落地生根
徐绪堪	河海大学统计与数据科学研究所所长	分析视角下市级河长制管理信息化理论与实践
吴新锋	河海大学商学院院长深圳市宝安区环境保护和水务局党组副书记	行双管齐下之创举,夯一线河长之厚基
程学军	长江科学院空间信息技术应用研究所数字流域研究室主任	智慧水务与信息安全
李 冰	中山大学管理学院研究员,国家信息技术安全研究中心副主任	国内外工控网络安全形势及案例分析
王金祥	中国信息化推进联盟协同创新专委会秘书长	推进水利网信事业协同创新发展的思考
卞艺杰	河海大学网络与信息管理中心主任	数据集成与网络安全
丁 源	河海大学世界水谷研究院院长助理、商学院副教授	数字时代情报工作的挑战与对策
徐 平	浙江乾冠信息安全研究院院长助理兼产品总监	水利信息化,安全来保驾——乾冠安全护航智慧水利建设

分论坛六:智慧河流、清洁能源

嘉宾	单位	演讲主题
杨 涛	河海大学水文水资源学院院长	基于大数据的河湖健康诊断与智能管理
王春棉	河海大学水资源高效利用与工程安全国家工程中心智慧水利研究所常务所长、研究员	河长综合管理信息系统及实践探索
张心凤	珠江水利委员会珠江水利科学研究院资源与环境所总工程师	关于流域"生态化和智慧化"建设的探讨
杨爱辉	世界自然基金会(WWF)高级经理	流域水管理协同行动战略规划与探索实践
肖 波	环能科技股份有限公司技术中心主任	河长制下智慧监管和水环境治理整体解决策略

续表

嘉宾	单位	演讲主题
沈爱华	中国三峡发展研究院副院长、教授级高工	世界水电开发与中国水电走出去
郑　源	河海大学创新研究院副院长、教授	我国水能利用技术发展方向与路线图
郑程遥	深圳市恩莱吉能源科技有限公司总经理、教授级高工	绿色水轮机及低水头水轮机的绿化技术

分论坛七：大流域治理与综合开发、流域地表水与地下水污染综合治理

嘉宾	单位	演讲主题
张天彦	中国交建投资有限公司副总经理	产业集成构筑流域综合治理能力建设
吴小明	珠江水利科学研究院副总工程师	粤港澳大湾区涉水问题与重大工程建设
刘　林	中交水运规划设计院设计室主任	陆海统筹下的蓝色海湾综合整治
田光宇	中交水运规划设计院设计室主任	成都锦江绿道与水环境综合治理
李瑞利	北大研究生院副教授	流域生态工程与蓝色海湾治理
郑尚立	中交天航南方交通建设有限公司党委书记	一城一水一世界-论水环境在城市规划中的地位
陈惠明	中电建水环境治理技术有限公司副总经理兼总工	感潮河段的协同共治
朱士圣	中电环保有限公司副总经理，国能有限公司董事长	黑臭河道治理技术综述
刘崇炫	国家千人，南方科技大学环境科学与工程学院讲座教授	地表水地下水交互带中污染物的迁移转化特征和对流域污染综合治理的影响
成　洁	深圳市水务规划设计有限公司水务工程院副院长，教授级高工	深圳市水资源开发及优化布局
张亚龙	深圳市南科环保科技有限公司总经理	"一带一路"背景下的环保企业发展战略研究（以南科环保为例）

分论坛八：大湾区工程建设管理、粤港澳大湾区创新创业

嘉宾	单位	演讲主题
丰景春	河海大学商学院教授	大湾区工程建设管理信息化
邢乔山	西安方舟工程咨询有限责任公司副总经理	港珠澳大桥某段工程建设管理案例
姜连馥	大连理工大学深圳研究院教授、院长助理	基于PMI-GAC国际认证的工程管理人才培养
李法民	深圳大鹏新区建筑工务局总工程师	黑臭水体治理理念及实务

续表

嘉宾	单位	演讲主题
宋军	金陵饭店集团办公室企划部副总经理	履行社会责任,促进健康养老发展的思考与实践
申建军	连云港前沿重工机械有限公司总经理	工程机械优势企业在"一带一路"倡议下的发展策略
林斌武	上海减震科技有限公司总经理	工程科技企业的创业思考
雷雨	米优光电副总裁	粤港澳大湾区的创业机会

分论坛九:留学生专场、博士论道

嘉宾	单位	演讲主题
戈莫占·皮塔萨	河海大学商学院博士生,老挝国家电力公司副总经理	EDL's Power Development Plan 2016—2025
艾克朗	河海大学商学院博士后	Sustainable Tourism
格兰特	河海大学商学院博士生	One Belt One Road
安卡丽	河海大学商学院博士生	China-Africa Relations: the Case of Morocco
阿提夫	河海大学商学院博士生	Wind Power Energy in Pakistan: Entrepreneur, Marketing and Cross-broader Cooperation Perspective
梦娜	河海大学水文水资源学院硕士	Spatio-temporal variations of precipitation in the Toktogul Reservoir catchment
曾建生	广东省水利厅水利水政监察局局长	"自适应水政执法仪"在河长制中的应用和管理
瞿升腾	广东省水利厅河长办主任	河长制在广东落地生根的思考
刘学	联通国际公司网络发展和产品部总经理	数字融通——中国联通亚欧通信基础设施建设
田鸣	河海大学世界水谷研究院副秘书长	创新与战略管理
王嵩林	河海大学商学院博士生	中国工程技术标准竞争战略研究

论坛成果:一是此论坛共吸引来自中国、美国、巴基斯坦、美国、加拿大、澳大利亚、巴基斯坦、老挝等近20个国家和地区400余名代表参加,围绕世界水谷协同、治水融城的实践与思考、粤港澳大湾区水务管理、跨境河流共同体、大湾区海洋与游艇经济、茅洲河治理创新探索、河长制基层实践、数字水利与网络安全、智慧河流、清洁能源、大流域开发与综合治理、流域地表水与地下水污染综合治理、大湾区工程建设管理、粤港澳大湾区创新创业、留学生专场、香港校友会专场、博士论道等议题,分设

九个分会场;二是发布《世界水谷·深圳宣言》;三是成立世界水谷战略联盟。

论坛实况:如图 7-15—7-18 所示。

图 7-15　河海大学校党委书记唐洪武致辞

图 7-16　河海大学校长徐辉致辞

第七章 "世界水谷"论坛与"海外中国"论坛

图 7-17　会议现场

图 7-18　世界水谷战略联盟成立

(5) 第四届"世界水谷"论坛

参会单位：

中国：河海大学、澜湄水资源合作中心、工商银行万象分行、中国电力建设集团、中国水利水电建设集团、中国南方工业集团、中江国际集团、中国水利水电规划设计总院、中冶华天工程技术有限公司、四川阿坝州清洁能源及水生态文明建设商会、南京市商务局、上海锦翠建设工程有限公司、江苏省海外企业集团、中国水利电力对外公司、东方电气集团有限公司、广东省水利水电第三工程局有限公司、深圳大学、中工国际工程股份有限公司、特变电工股份有限公司、中国能源建设集团云南省电力设计院有限公司、老挝投资咨询及水电建设独资有限公司(IHC)、云南省能源投资集团有限公司、中国航空技术国际控股有限公司、上海建工集团、润盛文化传媒有限公司、京信通信系统(中国)有限公司。老挝：能矿部、计划投资部、老挝财政部、老挝万象市政府、河海大学老挝校友会、老挝国立大学、老挝国家电力公司(EDL)、老挝中华总商会、吉达蓬集团、中华时报、沙湾拿吉大学、中央银行学院、农海集团、南芒发电公司、老挝资讯网、亚太卫星有限公司、盛氏发展投资有限公司。泰国：易三仓大学、安美德集团、孔敬大学。柬埔寨：西哈努克港经济特区有限公司、柬埔寨王国农业大学(PNCA)、柬埔寨生命大学、柬埔寨中华总商会。缅甸：缅甸GAIA建设集团。越南：越南水利大学、越南国立土木工程大学、越南国民经济大学。马来西亚：亚太投资银行。加拿大：高达集团、加拿大河海大学校友会。中国香港：河海大学香港校友会。国际组织：管理学会国际联盟(IFSAM)，东亚管理学会国际联盟(IFEAMA)。

论坛组织单位：

主办单位：河海大学、中国工商银行万象分行、老挝国立大学。

承办单位：河海大学世界水谷研究院、河海大学商学院、河海大学海外中心(老挝)、老挝河海大学校友会、老挝国家电力公司、老挝吉达蓬集团、中国电建集团昆明勘测设计研究院有限公司老挝代表处、中国电建集团海外投资公司老挝分公司、加拿大河海大学校友会。

特别协办：澜湄水资源合作中心、老挝中华总商会、《中华时报》。

协办：中国四川明珠集团、中冶华天工程技术有限公司、老挝中央银行学院、老挝沙湾拿吉大学、老挝新柯进出口和咨询公司、管理学会国际联盟(IFSAM)、东亚管理学会国际联盟(IFEAMA)。

论坛演讲嘉宾及演讲主题：见表7-5。

表7-5 演讲嘉宾及演讲主题信息表

嘉宾	单位	演讲主题
张 阳	"世界水谷"创始人/中国河海大学世界水谷研究院院长/教授	世界水谷走进澜湄
陈文显	中国工商银行万象分行副总经理	关于金融服务助推澜湄合作发展的主题演讲
Phouphet KEOPILAVONG	老挝国立大学经管学院副院长/副教授	Lao Economy: The Callenge and Roles of Lanchang-Mekhong River Countries Co-operation
Komonchan PHTE-ASA	老挝国家电力公司（EDL）副总裁	老挝水电资源开发
黄彦德	中国电建集团海外投资有限公司老挝分公司总经理	积极融入走廊建设,发挥产业链一体化优势推动海外投资业务持续健康发展
康承业	中冶华天工程技术有限公司/世界水谷研究院原董事长	同饮一江水,共促水经济
李琼芳	河海大学商学院副院长/教授	Water Security Challenges and Solutions in the Lower Mekong River Basin

平行论坛（一）：跨境教育与人才培养

嘉宾	单位	演讲主题
李 卉	河海大学商学院国际交流合作办公室/国际教育中心副主任	河海大学商学院及国际化介绍
Sengchanh CHANTHASENE	老挝国立大学经管学院副院长	老挝国立大学经管学院介绍
宋会红	中国电建老挝南欧江流域发电有限公司总经理	海外全流域梯级水电项目开发及人才培养体系建设——以老挝男欧江流域梯级水电开发为例
Vilaphorn Visounnarath	老挝国家电力公司总经理助理	Demand for Talent Management of Water Resources and Hydropower Engineering in Lao PDR

平行论坛（二）：水电行业创业与跨文化管理

嘉宾	单位	演讲主题
钱 荣	江苏久创电气科技有限公司董事长/总经理	大数据和智能化技术在水电领域的创新应用及发展趋势
高晗阳	河海大学 MBA	MBA 创新创业案例
凤八胜	老挝电力公司项目经理	互联电网项目管理
李涛	江苏省欧力商贸有限公司董事长	创业实践案例

续表

嘉宾	单位	演讲主题
宋 波	老挝国家电力公司策划部执行主任	能源行业的私有化问题
阿妮萨	老挝国家电力公司大坝建设部	Nnm Ngum 水电站工程 3 期项目

平行论坛（三）：商旅文化研讨

嘉宾	单位
姚 宾	老挝中华总商会/吉达蓬集团会长/董事长
蒋 明	四川明珠集团董事长
Sintham Boupha	新柯进出口和咨询公司企业法人
黄国元	城投（中国）资产管理有限公司董事长
董 超	浙江乾冠信息安全研究院院长
孙翠华	上海锦翠建设工程有限公司董事长
孔 飞	上海旗华水上工程建设股份有限公司
何 澄	江苏省国际旅行社有限公司副总监
Orlarhay SANTIKHONGKHA	吉达蓬集团总裁
诸葛屾	淮安市欧立进出口贸易有限公司总经理
翟升腾	广东水利水电行业协会执行会长
沈永飞	南京润飞广告有限公司总经理
刘晓刚	背景赋民云资本管理有限公司副总经理
程智鹏	深圳文科园林股份有限公司副总裁/设计院院长
温少波	浙江携职专修学院理事长
徐汝江	澜湄国际投资有限公司董事长

平行论坛（四）：澜湄合作学术交流

嘉宾	单位	演讲主题
Khaysy SRITHILAT	老挝国立大学经管学院讲师/研究员	Multiple currencies and Cross-border payments in Lancang-Mekong region
田贵良	中国河海大学商学院院长助理/副教授	农产品贸易驱动下中国与湄公河流域国虚拟水流动格局研究
赵又霖	河海大学商学院讲师	中国与周边国家水资源合作开发机制研究
金辰昊	河海大学商学院讲师	工程管理研究助力澜湄合作
王 腾	河海大学商学院博士生	中国与湄公河流域国家环境利益共同体及推进战略研究
贺正齐	河海大学商学院博士生	"一带一路"背景下澜湄合作创新和风险管理

平行论坛(五):博士生交流

嘉宾	单位	演讲主题
Chantho MI LATIANAPHEM	老挝能矿部可再生能源司副司长	Suatainable None Hydro Renewable Energy Governance and Investment Opportunity in Lao PDR
Vithounlabandid THOUMMABOUT	老挝能矿部能源政策与规划司环境处处长	Inter-Grated of Water Resources for Optimization of Nam Ou Multiple Hydropower Management
Thanongsinh KANLAGNA	老挝国家工商委员会董事	Mekong Region (Lan Kang) Countries-China Digital Infrastructure and Economy Cooperation and Integration
许晶荣	河海大学商学院博士生	沙湾-莫达汉环境利益共同体构建研究
方隽敏	河海大学商学院博士生	资源-资产-证券化:涉水行业的投资理念与实务
于杰	河海大学商学院博士生	"一带一路"倡议下江苏的企业国际化成长风险评估及防范机制研究

平行论坛(六):水经济开发和共建澜湄走廊

嘉宾	单位	演讲主题
Ekksanh SENGTHONGKHAM	EDL基金管理和项目发展处主任	老挝水资源概况及开发利用现状
詹明屹	电建老挝代表处市场部副主任	中国电建在老挝——从水电全产业链开发到多元化发展
徐安权	中电建昆明院老挝代表处副主任	老挝沙湾水经济区综合开发规划研究
钟杏云	深圳大学经济学院教授	深圳非常规水源价格形成机制及其启示
夏自强	河海大学水文学院教授	澜沧江—湄公河流域水文地理特征及人类活动影响

论坛成果:一是此论坛共吸引中国、美国、加拿大、泰国、老挝等近20国300余名代表参加,围绕"共商澜湄共同体、共建水经济走廊、共享跨境协同成果"主题,开展跨境教育与人才培养、水电行业创业与跨文化管理、商旅文化、澜湄合作学术研究、水经济开发和共建澜湄走廊、博士生专场等六场分论坛,得到了新华社万象分社、老挝国家通讯社、《中华时报》、中国国际广播电台老挝万象分台、老挝通、老挝资讯网等媒体的报道和支持;二是河海大学和老挝国立大学签署MOU;三是老挝吉达蓬集团和中旅总社(江苏)国际旅行社有限公司签署MOU;四是河海大学商学院与老挝国立大学经管学院签署MOA;五是发布《世界水谷·万象宣言》,提出"跨界协同、成果共享、文化交融"水谷倡议。

论坛实况：如图 7-19—7-22 所示。

图 7-19　会议现场

图 7-20　河海大学和老挝国立大学 MOU 签约仪式

第七章 "世界水谷"论坛与"海外中国"论坛

图 7-21 河海大学校长徐辉为获奖嘉宾颁奖

图 7-22 论坛闭幕式

(6) 首届两山·水谷对话(跨界创新:水治理与水外交)会议

会议时间:2019年4月13日

会议地点:清华大学

会议目的:中国是全球河流最多的国家之一,国际河流数量和跨境共享水资源均居世界前列。同时也面临着水资源短缺、水环境污染、水生态破坏、旱涝灾害等多重问题,水安全态势异常复杂。为推动我国水治理技术与模式创新发展,提升我国在周边"水外交"合作中的话语权,河海大学世界水谷研究院/商学院、两山智库、清华大学公共管理学院跨界创新研究中心共同主办以"跨界创新:水治理与水外交"为主题的首届两山·水谷对话。

主办单位:河海大学世界水谷研究院/商学院、两山智库、清华大学公共管理学院跨界创新研究中心。

支持单位:金砖国家智库合作中方理事会。

承办单位:中化环境控股有限公司、江苏省"世界水谷"与水生态文明协同创新中心、两山智库世界水谷发展委员会。

论坛演讲嘉宾及演讲主题:见表7-6。

表7-6 演讲嘉宾及演讲主题信息表

阶段一:主题演讲

嘉宾	单位	演讲主题
张九桓	中国前驻泰国、新加坡、尼泊尔大使,察哈尔学会国际咨询委员会委员,中国公共外交协会副会长	澜湄合作:水外交的新篇章
黄晓勇	中国社会科学院国际能源与安全研究中心主任、博士生导师,两山智库联合创始人	中国水资源与水外交面临的问题与对策
沈爱华	中国长江三峡集团发展研究院副院长	世界水电开发与中国水电走出去
崔 焱	中国中化集团金融事业部副总裁,中化环境控股有限公司总经理,中化商务有限公司董事长,金砖国家智库合作中方理事会理事	中化环境关于工业污水治理的认识
钟 勇	澜湄水资源合作中心主任	澜湄合作如何因水而兴?
郑春苗	南方科技大学校长办公会成员、环境科学与工程学院创院院长,国家特聘专家	中国水污染治理的策略

阶段二:圆桌对话:跨界创新推动水治理改革

第一节:流域水环境综合治理的技术创新应用

嘉宾	单位
黄德春	河海大学世界水谷研究院执行院长、商学院教授
彭才德	水电水利规划设计总院总工程师
陈敏建	中国水利水电科学研究院副总经理
李维明	国务院发展研究中心资源与环境政策研究所资源政策研究室主任
郑 一	南方科技大学环境科学与工程学院教授、副院长
姜 霞	中国环境科学研究院研究员、博士生导师

第二节:跨境水资源合作与区域合作机遇

嘉宾	单位
周虎城	两山智库联合创始人、秘书长、察哈尔学会常务秘书长
严登华	中国水利水电科学研究院水资源研究所副所长
魏曙辉	中国电建集团昆明勘测设计研究院亚太区副总经理兼老挝办事处主任
倪广恒	清华大学水利水电工程系教授,清华大学跨境河流水与生态安全中心副主任
何 胜	对外经贸大学东盟国家研究中心主任、教授
夏自强	河海大学水文水资源学院/国际河流研究中心教授

第三节:环境产业的跨界创新路径

嘉宾	单位
刘 辉	清华大学公共管理学院院长助理,清华大学公共管理学院跨界创新研究中心主任,金砖国家智库合作中方理事会理事
董 青	水利部景区办规划建设处处长
王 华	水利部水资源司副司长
陶 立	中国国际工程咨询有限公司副处长
董 超	浙江乾冠信息安全研究院有限公司执行院长

阶段三:闭幕式,总结发言

会议成果:一是达成"两山智库·世界水谷"水治理合作意向,成立"两山智库·世界水谷"发展委员会;二是发布两山智库·世界水谷指数研究计划;三是发布生态环境治理相关评价指标体系;四是签订两山智库与中化环境控股有限公司战略合作协议。

会议实况：如图 7-23—7-24 所示。

图 7-23　河海大学校长徐辉致辞

图 7-24　参会嘉宾合影留念

7.4 "海外中国"论坛

7.4.1 "海外中国"论坛宗旨与发展愿景

论坛宗旨:抱团出海,跨境协同

发展愿景:构建海外中国发展新模式

新时代,多重战略机遇与复杂国际形势叠加,中国企业"走出去"面临着危机与机遇并存的局面。"海外中国"论坛协同中外多主体、多要素,围绕学术理论、国际合作、商务实践多个维度,打破行业壁垒、加强跨界融合、摆脱单打独斗、天女散花的传统模式,加强多主体多要素战略协同、构建跨行业跨领域创意创新创业的共同体,为中国企业"走出去"提供政策、金融、智力等多方面重要支撑,构建中国企业"走出去"发展新模式。

7.4.2 "海外中国"论坛发展历程

"海外中国"论坛是由中国"走出去"协同网络国际论坛发展而来。2015年5月,第一届中国"走出去"协同网络研讨会在河海大学顺利召开,随着论坛的不断发展和影响力的不断扩大,2018年将其更名为"海外中国"论坛,更好地服务中国企业"走出去"。历届举办信息如图7-25所示。

7.4.3 历届论坛简况

(1) 第一届中国"走出去"协同网络研讨会

主要参会单位:

老挝国家电力公司、巴基斯坦、中水海外投资公司、苏豪集团、泛华集团、中国安全与发展研究会、上海交通大学以及河海大学等国内外相关单位。

论坛组织单位:

主办单位:江苏省决策咨询研究基地(企业国际化发展)、江苏省国际问题研究中心(国际河流)。

承办单位:河海大学商学院、河海大学国际教育学院。

论坛演讲嘉宾及演讲主题:见表7-7。

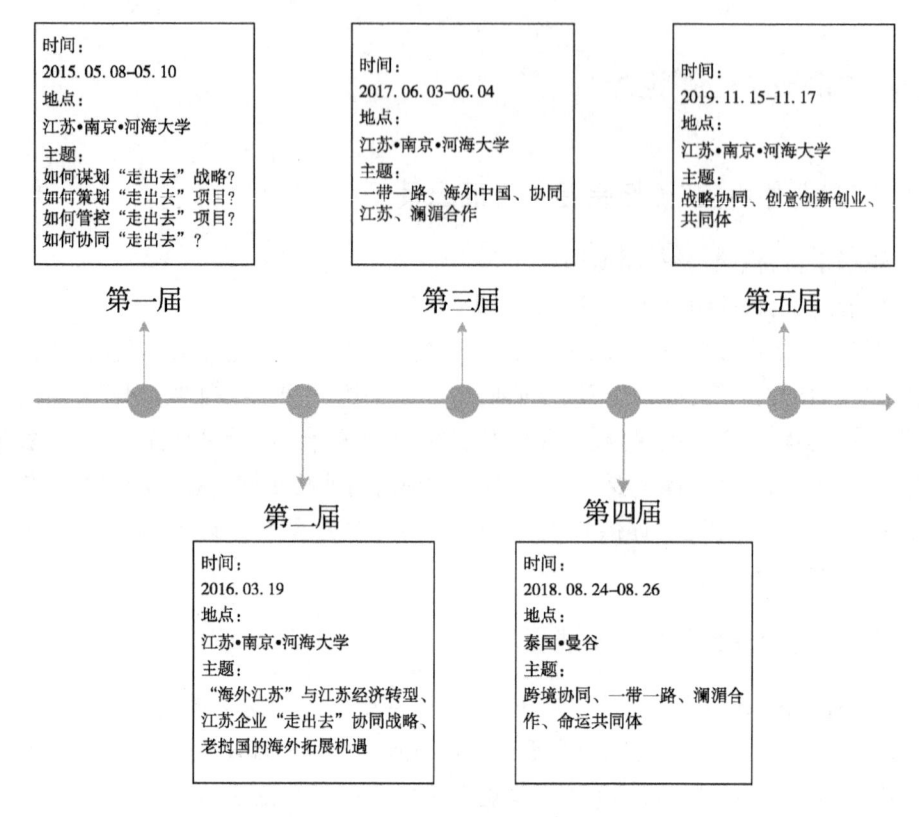

第一届
时间：
2015.05.08–05.10
地点：
江苏•南京•河海大学
主题：
如何谋划"走出去"战略？
如何策划"走出去"项目？
如何管控"走出去"项目？
如何协同"走出去"？

第二届
时间：
2016.03.19
地点：
江苏•南京•河海大学
主题：
"海外江苏"与江苏经济转型、
江苏企业"走出去"协同战略、
老挝国的海外拓展机遇

第三届
时间：
2017.06.03–06.04
地点：
江苏•南京•河海大学
主题：
一带一路、海外中国、协同江苏、澜湄合作

第四届
时间：
2018.08.24–08.26
地点：
泰国•曼谷
主题：
跨境协同、一带一路、澜湄合作、命运共同体

第五届
时间：
2019.11.15–11.17
地点：
江苏•南京•河海大学
主题：
战略协同、创意创新创业、共同体

图 7-25 "海外中国"论坛发展历程

表 7-7 演讲嘉宾及演讲主题信息表

第一场嘉宾专题演讲

嘉宾	单位	演讲主题
沈德才	中水海外投资公司总经理,博士、教授级高工	关于新常态下"走出去"的若干思考
张玉峰 王敏生	水电十一局党委书记 水电十一局总经理助理兼海外事业部总经理	"走出去"是企业发展壮大的必然选择
缪信山	国家开发银行企业局副局长	加强银企协同,助力水电企业"走出去"
周　勇	江苏省苏豪控股集团有限公司总裁、党委副书记,兼任江苏弘业国际集团有限公司董事长、党委书记	"丝绸之路"战略与文化贸易的新机遇

第二场嘉宾专题演讲

嘉宾	单位	演讲主题
习萨瓦 魏曙辉	老挝国家电力公司总裁 中水顾问集团昆明院驻老挝总代表,教授级高工	中国—老挝的战略合作机遇
林少培	上海交通大学教授,工程管理研究所技术总监,英国皇家特许土木工程师	中英海外项目风险管理研究现状与思考
吴彦俊	泛华集团副总裁	中国城市发展创新模式及"走出去"智库支持
罗逾兰	常州新北区(高新区)副区长	经济技术开发区国际合作与企业"走出去"

第三场嘉宾专题演讲

嘉宾	单位	演讲主题
孔德安	中国水电工程顾问集团副总经理	水电工程技术标准走出去战略
尹 路	泛华集团市场经营部高级营销经理	"走出去"战略之下的中国建筑产业现代化
周海炜	河海大学商学院副院长,江苏省国际问题研究中心主任,教授、博导	跨境河流开发的协同网络

第四场嘉宾专题演讲

嘉宾	单位	演讲主题
黄德春	河海大学商学院金融系主任,产业经济研究所所长,教授、博导	"海外江苏"与金融"走出去"的思考
汪 群	河海大学国际教育学院院长,人力资源研究所副所长,教授、博导	"走出去"的人才培养与队伍建设
丁 伟	泛华集团城市发展研发部总经理	中国城市发展创新模式及"走出去"智库支持
泽米尔·阿万	巴基斯坦驻中国科技参赞	"一带一路"倡议与巴基斯坦

论坛成果:此论坛参会人员分别来自中国、老挝、巴基斯坦达等国共60余人,开展14场嘉宾主题演讲和4场嘉宾对话,针对"走出去"战略、"海外江苏""抱团出海与定点落地""跨境河流合作开发""政产学研金协同"等议题展开了深入探讨。

论坛实况:如图7-26—7-29所示。

图 7-26 "世界水谷"创始人,世界水谷研究院院长张阳教授发表主旨演讲

图 7-27 会议现场

图 7-28　圆桌研讨会

图 7-29　参会嘉宾合影留念

(2) 第二届中国"走出去"协同网络研讨会

参会单位：

河海大学、江苏省哲学社会科学界联合会、中国安全与发展研究会、江苏省职业经理人协会、江苏省工业经济联合会、江苏省企业联合会、江苏省企业家协会、江苏省企业发展战略研究会、江苏企业家联盟、江苏省金融业联合会、江苏省企业发展战略研究会、南京汽车用品服务业商会、老挝国家电力公司、江苏省常州国家高新区、无锡市港务有限责任公司、中国电建集团昆明勘测设计研究院有限公司、深圳市天成投资集团有限公司、永安市宝华林实业发展有限公司、南京清木工程咨询有限公司、中冶华天工程技术有限公司、红豆集团有限公司、上海电气集团股份有限公司、中天科技集团、上海飞乐投资有限公司、上海金醒文化传播有限公司、江苏金桥盐化集团金桥/台南投资公司、南通亿能彩钢板有限公司、大丰海港港口有限责任公司、江阴市恒润重工股份有限公司、江苏德威新材料股份有限公司、江苏昆山通用电气有限公司、江苏中电科电力建设有限公司、苏州中来光伏新材料股份有限公司、江苏中超电缆股份有限公司、南京东创电子有限公司、苏州中卫宝佳净化工程有限公司。

论坛组织单位：

联合主办单位：江苏省决策咨询研究基地（企业国际化发展）、河海大学商学院、老挝国家工商委员会、江苏省金融业联合会海外江苏分会、江苏省企业发展战略研究会、江苏省"三会"、江苏省职业经理人协会、江苏企业家联盟、江苏省协同创新中心（"世界水谷"与水生态文明）。

论坛演讲嘉宾及演讲主题：见表7-8。

表7-8　演讲嘉宾及演讲主题信息表

第一场嘉宾专题演讲

嘉宾	单位	演讲主题
康承业	中冶华天工程技术有限公司董事长	抢抓"一带一路"机遇，传承千年丝路精神，大力促进"海外江苏"协同发展
孙明高	深圳市天成投资集团有限公司董事长	打造柬埔寨西哈努克港经济特区经验分享
马金林	红豆集团西哈努克港经济特区经理	中国城市发展创新模式及"走出去"智库支持
张长征	河海大学商学院副教授	海外江苏与江苏经济转型

第二场嘉宾专题演讲

嘉宾	单位	演讲主题
于　金	河海大学商学院教授、博导	中国企业"走出去"的问题与对策
王李峰	中天科技集团国际事业部市场部经理	中天集团海外市场开拓经验分享
丁　源	河海大学商学院副教授	企业"走出去"风险与情报策略
陶志强	南京大件起重运输集团董事长	南京大件集团"走出去"经验分享

论坛成果:此次论坛参会人员分别来自中国、老挝等国共 60 余人,针对"一带一路"倡议、"海外江苏与江苏经济转型"、"企业'走出去'"等议题开展了嘉宾主题演讲和嘉宾对话等多种形式活动。

论坛实况:如图 7-30—7-33 所示。

图 7-30　河海大学校长徐辉发表主旨演讲

图 7-31　"世界水谷"创始人,世界水谷研究院院长张阳教授发表主旨演讲

图 7-32 世界水谷研究院执行院长黄德春教授主持论坛

图 7-33 参会嘉宾合影留念

（3）第三届中国"走出去"协同网络国际论坛

参会单位：

河海大学、管理学学会国际联盟（IFSAM）、东亚管理学学会国际联盟（IFEA-

MA)、中国安全与发展研究会、江苏省哲学社会科学界联合会、水利部国际合作与科技司/澜湄合作中国秘书处、水电水利规划设计总院、江苏省"三会"（工业经济联合会、企业协会、企业家联谊会）、江苏省决策咨询基地（企业国际化发展）、江苏省协同创新中心（"世界水谷"与水生态文明）、江苏高校国际问题研究中心（国际河流）、江苏省企业发展战略研究会、国家工程研究中心（水资源高效利用与工程安全）、国家重点实验室（水文水资源与水利工程科学）、中国华能澜沧江水电有限公司、江苏省苏豪控股集团有限公司、中冶华天工程技术有限公司、老挝国家工商委员会、老挝国家电力公司、红豆集团有限公司、柬埔寨西哈努克港经济特区有限公司、中国银行柬埔寨分行、复旦大学亚太区域合作与治理研究中心、中国国际问题研究院、海洋安全与合作研究中心、中国国际工程咨询公司、中国电建集团国际工程有限公司、中国电建集团昆明勘测设计研究院有限公司、中国南海研究协同创新中心、江苏省职业经理人协会、江苏省金融业联合会、江苏企联研究院暨江苏企业家联盟、江苏省水利学会、水利部国际经济技术交流合作中心、中国水利水电科学研究院、水利部水利水电规划设计总院、水利部水利发展研究中心、水利部长江水利委员会国际合作与科技局、美国阿拉巴马大学亨茨维尔分校、巴基斯坦国立科技大学中国学研究中心、中国电建集团昆明勘测设计研究院有限公司、中国工商银行万象分行、中国银行金边分行、中国水利电力对外公司、中国水利水电第十一工程局有限公司、美亚财产保险有限公司江苏分公司、河海大学深圳校友会、四川省阿坝州清洁能源及水生态文明建设商会、南京牛首山文化旅游区管委会、中共海安县委、加拿大温哥华河海大学校友会、复旦大学博士后校友会江苏分会、澳大利亚澳顺（Allsun）集团有限公司、大贺投资控股集团有限公司、江苏省进出口商会、中国三峡集团三峡发展研究院、泛华集团、丰盛集团、安立丰投资集团、中天科技集团、通用电气、中国地质工程集团公司、江苏久吾高科技股份有限公司等。

论坛组织单位：

主办单位：河海大学、江苏省社科联、河海大学商学院、红豆集团、苏豪控股集团、澜湄中心。

承办单位：河海大学世界水谷研究院、江苏省决策咨询研究基地（企业国际化发展）、江苏省国际问题研究中心（国际河流）。

协办单位：江苏省金融联合会、老挝国家电力集团、中江国际集团。

论坛演讲嘉宾及演讲主题：见表7-9。

表 7-9　演讲嘉宾及演讲主题信息表

嘉宾	单位	演讲主题
泽米尔·阿万	巴基斯坦国立科技大学中国学研究中心副主任,教授,巴基斯坦驻中国大使馆前科技参	"一带一路",巴中经济走廊和"走出去"
陈观福	中国电建集团国际工程有限公司执行副总裁,中国电力建设股份有限公司海外事业部副总经理	携手走进"一带一路"共建共享商业生态圈
宋国友	复旦大学美国研究中心教授、博导、副主任,亚太区域合作与治理研究中心执行主任	"一带一路"与企业海外投资新方向
康承业	中冶华天工程技术有限公司董事长	"一带一路"上的精品工程与品牌塑造
钱文华	红豆集团品牌文化部部长	打造中国第一文化品牌 缔造红豆跨国百年企业
习沙瓦·提拉翁	河海大学老挝校友会会长,老挝国家工商委员会前主席	Business Opportunity in Laos
平行论坛(一):走进老挝		
嘉宾	单位	演讲主题
魏曙辉	昆明院海外工程公司亚太区域总部副总经理兼老挝市场部主任	电建在老挝的发展以及老挝工程市场
吴志明	中共海安县委常委	海安对接"一带一路"倡议推介
于金	河海大学商学院教授,日本亚洲经营学会会员,东亚管理学会国际联(IFEAMA)副总秘书长	老挝心通
平行论坛(二):澜湄共同体		
嘉宾	单位	演讲主题
余菲菲	河海大学商学院市场营销系主任,副教授、硕导	澜湄共同体利益诉求及架构设计初探
赵又霖	河海大学商学院讲师	澜湄环境利益信息监测架构探索
华坚	河海大学商学院国际合作与交流办公室主任,副教授、硕导	中国与湄公河流域国家利益共同体建设的国家实践
平行论坛(三):江苏金融"走出去"与风险防范		
嘉宾	单位	演讲主题
潘韶辉	美亚财产保险有限公司副总裁兼江苏分公司总经理	"一带一路"跨国保险解决方案
吴焱	中国进出口银行江苏省分行授信管理处副处长	发挥政策性银行优势,助力江苏企业走出去

续表

嘉宾	单位	演讲主题
张霆辉	安立丰投资集团董事长	新金融的未来发展与投资机会
詹铭辉	美亚财产保险有限公司责任与特殊金融险部负责人	并购保证保险

平行论坛(四):走进柬埔寨

嘉宾	单位	演讲主题
毛江涛	江苏苏豪"一带一路"资本管理公司总经理	江苏省"一带一路"基金的情况介绍
刘道志	中国银行金边分行副行长	柬埔寨投资经营环境分析及中国银行"走出去"服务实践
虞培洪	西港特区有限公司总经理助理	柬埔寨西哈努克港经济特区——"一带一路"上的投资乐园

平行论坛(五):苏企融入"一带一路"协同发展

嘉宾	单位	演讲主题
杨淇深	香港(江苏)深远智慧产业集团公司董事长	苏企融入"一带一路"旅游发展潮流
吴国林	瑞声光电科技(常州)有限公司董事长	苏企融入"一带一路"经验分享
吕庆华	江苏华鹏集团公司副总裁	
江 昀	江苏金马运业有限公司总经理	
祝 红	江苏中虑律师事务所合伙人、副主任	苏企融入"一带一路"安全风险控制

平行论坛(六):"海外江苏"与企业国际化发展

嘉宾	单位	演讲主题
张长征	河海大学商学院产业经济研究所执行所长,副教授、硕导	企业国际化风险防范
周申蓓	河海大学商学院副教授、硕导	南京融入"一带一路"的战略展望及企业机遇
李卉	河海大学商学院讲师	企业国际化进程中外派人员文化智力开发

平行论坛(七):MBA协同创业

嘉宾	单位	演讲主题
沈银峰	河海大学 MBA 学员	"互联网+智能化应用",技术模式的商业突破
程玉聂	河海大学 MBA 学员	以书会友新模式——享啊
王金鹏	河海大学 MBA 校友	活力创业,赛事前行

续表

嘉宾	单位	演讲主题
蒋 勇	河海大学 MBA 校友	新能源行业政策调整下的创业企业应对方式
周 济	河海大学 MBA 校友	"智能＋球鞋",一路跑出创业行

平行论坛(八):国际工程管理人才培养模式

嘉宾	单位	演讲主题
林少培	上海交通大学工程管理研究所技术总监,教授、博导	基于 ICE 的国际工程管理人才培养模式
陆建彬	江苏省建工集团有限公司副总裁,研究员级高级工程师	基于 IPMP 的国际工程管理人才培养模式
丰景春	河海大学项目管理研究所所长,商学院教授、博导	抱团"走出去"的国际工程管理人才培养模式

论坛成果:一是此论坛参会人员包括来自中国、美国、巴基斯坦、老挝、柬埔寨等 10 余国共计 300 余位专家学者,围绕"一带一路、海外中国、协同江苏、澜湄合作"这一主题展开交流探讨,举办以澜湄共同体、江苏金融"走出去"与风险防范、走进柬埔寨、苏企融入"一带一路"协同发展、"海外江苏"与企业国际化发展、MBA 协同创业、国际工程管理人才培养模式、国际河流合作与开发为分论题的 8 场平行论坛;二是成立"一带一路"水战略联盟。

论坛实况:如图 7-34—7-37 所示。

图 7-34 论坛现场

图 7-35 嘉宾对话

图 7-36 "一带一路"水战略联盟成立

图 7-37　参会嘉宾合影留念

(4) 第四届"海外中国"论坛

参会单位:中国:河海大学,南京牛首山文化旅游集团,南京嘉智投资管理有限公司,江苏省决策咨询基地(企业国际化发展),澜湄水资源合作中心,江苏省金融业联合会,复旦大学,深圳大学,南京市商务局,中国电建集团装备研究院有限公司,河海大学浙江校友会,浙江乾冠网络安全研究院有限公司,华能澜沧江水电股份有限公司,中冶华天工程技术有限公司,中国电建集团昆明勘测设计研究院有限公司,朗坤智慧科技股份有限公司,汉能控股集团有限公司,Luceco Electrical (Jiaxing) Limited,上海材料研究所上材减振科技有限公司,南京金箔控股集团有限责任公司,国电南京自动化股份有限公司,中国电力工程顾问集团华北电力设计院有限公司,南京清木工程咨询有限公司,国信弘盛创业投资有限公司,可缘商旅服务有限公司,中港电力有限公司,优尔西建材有限公司,前沿重工有限公司,岳创科技有限公司,中国长江三峡集团国际投资有限公司,山东清河建工有限责任公司,上善国际有限公司,上海方策管理咨询有限公司,上海恒鼎燃料有限公司,上实投资(上海)有限公司,红星美凯龙家居集团有限公司,中国交通建设股份有限公司。泰国:易三仓大学,安美德集团,中国驻泰国大使馆,泰国中国总商会,泰国工业部,泰国东部经济走廊办公室,Chinathai Communication Construction Joint Venture Co.,LTD.,长江航道局海外业务部,泰国 CCTV,中国工商银行曼谷分行,中国南方电网云电国际泰国分公司,中国铁建泰国公司,泰国康复开发有限公司,国电南瑞科技股份有限公司泰国办事处,江苏金智科技股份有限公司泰国办事处,金凤科技有限公司泰国办事处,中广核集团泰国办事处,Summit Grade Ltd.

Part。柬埔寨:柬埔寨中国总商会,西哈努克港经济特区有限公司,工商银行金边分行。老挝:工商银行万象分行,老挝国家电力公司,老挝河海大学校友会。马来西亚:马来西亚亚太投资银行,马来西亚留学服务中心。加拿大:加拿大河海大学校友会。国际组织:管理学会国际联盟(IFSAM),东亚管理学会国际联盟(IFEAMA),亚洲组织发展网络(AODN),国家电网全球能源互联网发展合作组织。

论坛组织单位:

主办单位:中国河海大学、泰国易三仓大学。

承办单位:中国河海大学商学院、泰国易三仓大学商学院、中国河海大学世界水谷研究院、中国江苏嘉睿城建设管理有限公司、中国河海大学海外中心(老挝)、中国江苏省决策咨询基地(企业国际化发展)。

特别协办:中国南京牛首山文旅集团、泰国安美德集团、中国南京嘉智投资有限公司。

协办:管理学会国际联盟(IFSAM)、东亚管理学会国际联盟(IFEAMA)、亚洲组织发展网络(AODN)、中电建装备研究院、杭州商会、澜湄水资源合作中心、同济大学发展研究院、丝路基金合作中心、柬埔寨西港经济特区有限公司、朗坤科技、华能澜沧江公司、中国南京市商务局、中国江苏省金融业联合会海外江苏专委会、中国浙江乾冠网络安全研究院有限公司、中国深圳大学。

论坛演讲嘉宾及演讲主题:见表7-10。

表7-10 演讲嘉宾及演讲主题信息表

平行论坛(一)论道澜湄:学者交流与教育合作

嘉宾	单位	演讲主题
夏自强	中国河海大学国际河流研究中心教授	湄公河流域水文地理特征分析
李信民	中国国信弘盛创业投资有限公司投资业务五部副总经理/博士	全球化新时代创业投资趋势与对策
王晓玲	中国深圳大学经济学院教授	"一带一路"背景下建立推进中国互联网医疗发展的制度环境
薛 松	中国河海大学商学院博士	"一带一路"背景下国际工程EPC项目风险监控体系的思考
王 琳	中国朗坤智慧科技股份有限公司 总裁助理	跨境工程项目协同平台,共建和谐澜湄区域
田 鸣	中国河海大学商学院博士后	寻找丢失的一环——自然环境与企业绿色战略间的关系

平行论坛(二)泰中合作:泰中经济文化发展交流会暨中国智慧城推介会

嘉宾	单位	演讲主题
张阳	中国河海大学世界水谷研究院院长/教授	致辞
刘丽娅	中国南京市商务局副局长	致辞
黄春顺	泰国安美德集团首席投资官	泰国 EEC 与安美德工业园
陈怀恩	中国江苏嘉睿城建设管理有限公司总经理	"中国智慧城"的定位与发展设想
胡 勇	中国牛首山文化旅游集团副总经理	牛首山文化旅游集团与泰国的文化交流

平行论坛(三)海外江苏·上海·广东:澜湄投资与制度建设

嘉宾	单位	演讲主题
唐 震	中国河海大学商学院副院长/教授	中国工程技术标准"走出去"竞争战略研究
张克听	中国深圳大学经济学院系副主任/教授	政府财政资助与企业创新绩效——深圳的经验与启示
潘海英	中国河海大学商学院 财务金融系主任/证券研究所所长/教授	中国对"一带一路"沿线国家直接投资:经济发展、资源禀赋和制度环境
王国进	中国上实投资(上海)有限公司金融投资董事/总经理/博士	中国企业跨境并购的新特点、新趋势、新对策
杨文斌	中国上海方策管理咨询有限公司总经理/博士	投资便利化对中国对东盟投资影响研究

平行论坛(四)网络安全:共建澜湄网络空间信息安全命运共同体

嘉宾	单位	演讲主题
瞿升腾	广东省水利水电行业协会执行会长	广东水利水电企业积极参与"一带一路"
黄永春	中国河海大学商学院副院长/教授	新兴大国发展战略性新兴产业的追赶时机、赶超路径与政策工具
董 超	中国浙江乾冠信息安全研究院执行会长	共建数据安全,共享安全数据
丁 源	中国河海大学世界水谷研究院院长助理/副教授	海外风险主动防御能力的提升策略
江志聪	中国浙江乾冠信息安全研究院,产品中心总监	澜湄流域水资源管理及水利情报数据应用安全规划设计

论坛成果:此论坛共邀请来自中国、泰国、老挝、加拿大等 10 余国 200 余位专家学者的参与,围绕"跨境协同、一带一路、澜湄合作、命运共同体"的论坛主题开展主旨演讲和 4 场分论坛,并深入春武里安美德工业区参观考察。

会议实况:如图 7-38—7-41 所示。

图 7-38　第四届"海外中国"论坛举办地泰国曼谷易三仓大学

图 7-39　论坛现场

图 7-40　第四届"海外中国"论坛签约仪式

图 7-41　第四届"海外中国"论坛主办单位合影留念

(5) 第十五届东亚管理学会国际联盟大会——"跨国经营：中国、日本与第三国，寻求三赢"专题研讨

会议时间：2019 年 6 月 15 日—6 月 20 日

会议地点：日本京都大学

会议目的：此次专题研讨为海外中国学术品牌的系列活动之一，由中国河海大学和东亚管理学会国际联盟（IFEAMA）联合发起，以"跨国经营：中国、日本与第三国，寻求三赢"为主题开展的海外专题研讨会，旨在通过中日学术思想的碰撞，凝聚合作共识，共谋美好未来。本次会议主要由来自中国、日本、俄罗斯、越南、老挝、蒙古、匈牙利等亚洲各国家、地区的政府部门、企业、高校、科研院所、金融机构、文化及媒体等代表参与，通过聚焦"中、日及第三国合作寻求三赢"，分享政策解读与机遇发现，携手共迈步，共谱新华章。

会议成果：本次会议专题论坛"跨国经营：中国、日本与第三国，寻求三赢"由河海大学世界水谷研究院、商学院承办，吸引了来自日本、中国、俄罗斯、越南、老挝、蒙古、匈牙利等亚洲各国高校、企业家代表参加。河海大学世界水谷研究院院长张阳教授、商学院院长周海炜教授带领河海大学师生与会进行汇报与交流。

会议实况：如图 7-42—7-43 所示。

图 7-42 会议现场

图 7-43　河海大学参会代表合影留念

第八章
世界水谷书院

世界水谷书院是世界水谷"智库、论坛、书院、三创"四轮驱动发展模式中的重要一环，一方面作为书院独立运营，为世界水谷提供文化给养，丰富世界水谷的文化内涵，提升文化竞争力；另一方面也为世界水谷的其他板块提供平台支撑，对接社会资源，凝聚社群网络，搭建活动载体，实现世界水谷平台性、包容性发展。

8.1 世界水谷书院的文化渊源与战略

在世界水谷的范畴内，书院的战略是水谷整体战略的一个支撑系统，它来自水文化的渊源，聚焦水文化核心，并由水文化主导的文明转型和文化引导，深耕水文化内涵，结合中华五千年传统文化，洞察生态文明建设的历史进程，从水文化的角度为生态文明发展提供解决方案。

8.1.1 书院的演变

书院的历史源远流长，在不同的历史时期具有不同的形态和特征，梳理书院的发展演变，有利于理解传统书院的精华，为当代书院的建设提供参考。

（1）古代书院的诞生与兴盛

中国的书院文化始于春秋战国时期，当时民间开办了私人讲学，成为书院的开端。其中最著名的当属儒家创始人孔子，他是中国历史上第一位也是最伟大的私人教师。孔子所创办的私学打破了贵族对教育的垄断，提倡"有教无类"，以"六艺"，即礼、乐、射、御、书、数作为教学内容，教学方法灵活多样，注重因材施教，尤其以启发学生为主。孔子自称"述而不作"，实际上则是"以述为作"，其所述《论语》被奉为儒家经典。孔子的私学有弟子三千之多，其中大贤七十二人。虽然孔子的私学极具规模，但并未建立书院制度。而秦朝统一六国之后，实行"焚书坑儒"，将儒家逼向绝境,除《周易》和技术类书籍外,禁止儒家经典在民间流传。秦朝更是实施法家"以吏为师,以法为教"的教育理念,由各级官吏直接掌握教育,教育直接为中央集权的专制政治服务,失去了独立性。

虽"汉承秦制",但儒学的命运却发生了变化。经过儒学大师董仲舒的建议,汉武帝最终实行"罢黜百家,独尊儒术"的方针,使儒学开始变成了官方的意识形态,为汉王朝服务,同时兴建太学,设五经博士。太学作为官学,相当于国立大学,虽不同与私学,但在办学过程中逐渐形成了以经师为首的"家学",师徒关系也在历史上首次出现。

到了唐代,在科举制度下,书院应运而生。唐朝的书院在发展过程中也朝着两个方向演变。一是针对科举考试的应试类书院,以辞赋为主,注重文章与诗词;二是一部分文人学士在山林之间筑起的书屋,以读书休闲为主。这类书院更注重读书论道、修身养性,如后经朱子修复而成的白鹿洞书院,前身就是唐朝李渤兄弟隐居读书之处,因养一白鹿而得名。

宋代,书院迎来了兴盛发展,其规模、性质与功能也发生了变化,这与理学的兴起有直接关系。北宋初期,一大批儒家学者、思想家掀起了儒学复兴运动,他们在全国各地教授儒家经典,而教学场所正是各大书院。到了北宋中期,理学正式形成,以地域作为名称的学派也先后建立,如周敦颐所创"濂学"、张载所创"关学"、二程的"洛学"、苏轼父子的"蜀学"等,形成百家争鸣的格局。与此相对应的各个书院也如雨后春笋般地兴起。这些书院以讲授儒家经典为宗旨,将儒家著作作为教材,与佛教寺院的教育形成鲜明对比,成为儒学复兴的重要阵地。

南宋时期,朱子在福建建立了理学体系,创立了"闽学"。他所到之处,以建设书院为首要任务,其中包括1183年所建的武夷精舍、1192年所建的沧州精舍等,以及白鹿洞书院、岳麓书院等朱子修复而成的书院,这些书院流传后世,至今仍在文化领域发挥着重要作用。朱子不仅是集大成的思想家,也是对书院发展有着巨大贡献的教育家。明代以后,王阳明继续大修书院,到了清代,书院遍布全国各地,只要有学子读书的地方,几乎都有书院。至此,书院已成为中国古代教育的重要载体。虽然有些书院由于影响巨大,受到朝廷的重视,由皇帝加以"钦定"并给予经费支持,但书院的建制和教学仍实施自主管理,因此,书院的属性仍是私立学校。

著名国学大师钱穆曾表示:"中国传统教育制度,最好的莫过于书院制度。"但到了二十世纪初,全国各地书院大多改为学校,至此书院教育模式归于沉寂。而后,书院又在新文化运动中被全面否定,这导致书院模式被彻底抛弃。在沉默了百余年后,现代社会的人们重新认识到书院的价值,它也再一次成为社会关注的焦点,书院文化再次呈现方兴未艾的发展势头。

(2) 当今书院的发展现状

当代书院继承了传统书院的精神与办学方式,但不完全照搬传统书院的形式,而是以传统书院的精神为基础,立于民族文化的根基,吸收现代教育的优点,针对当今社会的文化需求,借鉴西方教育的理念与方法,站上了新的历史起点。书院为现代社会各个群体提供了接触传统文化的平台,尤其使青少年有了更多的机会感受中华传统文化的魅力,在现行的学校教育中发挥了重要作用。同时,书院通过网络等现代化传播载体,进一步扩大传统文化的受众,通过讲授传统经典,弘扬文化自信,对教化人心、改善风气具有积极作用,加快了和谐社会的构建。也正是在现代书院的不断努力下,传统文化教育的成果得到了社会和政府的认可,弘扬传统文化也已从民间自发行为上升为国家发展战略。

当代书院虽然诞生时间相对较晚,但因其发祥于科学技术迅猛发展的时代,又得到了社会各界的广泛关注与大力支持,因此当代书院的发展速度相对较快,种类也更加多样化。如阳明精舍、长白山书院、平和书院等回归传统的书院,以传统文化教化人心,践行与传播传统文化;如中国文化书院等学术型书院,与北京大学、中国社科院、中国人民大学、北京师范大学、清华大学等知名学府合作出版了《神州文化集成》《国学举要》等一系列影响深远的著作,形成了丰富的传统文化研究成果;如万松浦书院、北洋书院、白鹿书院等文化型书院,开展各类文化研究与传播活动,更具现代文化气质;再如岳麓书院、炎黄国学书院、长白书院等官方书院,将传统文化引入高等教育体系,更加丰富了现行教育体系中传统文化的教育。

(3) 书院蕴含的传统文化精髓

书院经历了千余年的发展历程,虽未成为中国大学文化的组成部分,但其在发展过程中积淀的文化精华,为现代的高等教育提供了宝贵的借鉴,也将是构建21世纪中国特色大学文化的重要组成部分。

作为传承与创新传统经典的主要机构,书院将儒家的人文精神转化为书院精神,使以"道"为核心的人文精神成为书院文化内涵的最显著特征。人文精神注重人格的发展性与完整性,强调人的价值与需要,关注世界与生命存在的基本意义,并且在现实生活中展现价值。儒家文化的本质是对"道"的追求,包括个体的"修身""齐家"和国家的"治国""平天下"。书院作为儒家人文精神的主要践行者,将道德教育作为教育活动的首要任务,并按照儒家的道德理想模式设计人才培养模式,通过书院的章程、学规等制度保证教学成果。在此基础上,为了培养学生实现治国、平天下的理想,书院往往将道德教育与应试教育相结合,鼓励学生追求科举仕进,从而培养"德业"与"举业"并重的人才。

在以"道"为核心的人文精神的基础上,随着程朱理学、王湛心学、乾嘉汉学等一系列学术创新,书院逐渐孕育了强烈的学术创新精神。它以宽松的办学环境为基础,学术大师云集讲学为动力,通过师生相互答疑问难、思维激荡获得新的观点与思想。书院作为一种独特的教育组织形式,没有被纳入官方的教育体制,因而得以保留自主管理权,所受到的限制也相对小得多,这为书院实现学术创新创造了首要条件。很多书院购置了大量的图书资料,并出版学术著作,还汇编了教师讲义、优秀课艺、书院志等,如杭州诂经精舍将其生徒的课艺汇编成《诂经精舍文集》,成为清代汉学研究的重要成果。宽松的学术环境与高度自治的管理,使书院不仅能够聘请学术大师担任主讲,还可以邀请不同的学者前来交流讲学,甚至在书院形成答疑问难的学术讨论盛况。书院学术创新成果与教学活动的结合,不仅为学生的学习提供了丰富的资源,也使学生能够参与到高水平的学术研究中,如江宁钟山书院的著名汉学家卢文弨在书院的教学过程中,通过让学生参与校勘工作来提高汉学研究水平,不仅加快了学术研究的速度,也同时培养了学生的校勘水平。此外,答疑问难的教学方式也是学术创新与教学结合的典范,学术大师的语录与文集中有大量师生答疑问难的记录,这些记录也是学术成果的重要组成部分。

除了学术精神,书院的教化精神也是历经千年传承至今的重要精神之一。历史上,书院的出现使得传统中国的社会教化局面发生了显著变化,书院成为以文化传播与普及为核心,并积极发挥着社会教化作用的重要机构。由于书院不受国家教育体制的管控,创立的条件较为宽松,因此自宋朝以来,书院的数量总是多于官学,不仅如此,书院还遍布全国各地的乡村,使其所能影响的人口数量更加庞大。再加上书院招生的条件比官学更加宽松,实行开放式办学,打破了官学限制学生异地入学的规定,可以自由择师从学,使社会大众有了更多的接受教育的机会,满足"道问学"的需要。在此基础上,书院通过"会讲"的教学形式,将书院的课程直接向社会大众开放,社会的各个阶层都积极参加,参加会讲的人数多达数百乃至上千人,而会讲的内容多以乡约民俗为主,包括遵谕、睦族、节俭、广仁、积德、慎言、劝业等方面,净化民间风气,改善社会风尚。再加上书院的藏书面向社会开放,具有公共图书馆的性质,很大程度上提高了社会整体的文化素养,促进了社会道德水平的提升。

书院经过千余年的发展,在现代社会重新涌现,是华夏文明复兴的标志,它接续着五千年的文化命脉,肩负着创造中华民族新文化的重大使命,要在传承民族传统文化中创造民族文化新的内容。在东西方文明大碰撞、大融合的时代背景下,复兴传统文化并不意味着一味地复古,更不是简单地排斥西方文明。中国未来的文化内容是基于融合、汇通的创造性转化,是兼容东西方文明精髓的产物。这要求书院在现代化发展过程中,明确传统文化载体的定位,不在文化浪潮中迷失方向,在传承优良传统的同时,遵循孔子"三人行必有我师焉"的学习精神与文化气度,大胆吸收西方文化的优秀元素,作为民族文化创新的给养。

8.1.2 世界水谷书院的水文化渊源

水谷书院承载着世界水谷的使命,在书院独立体系的基础上,又因具有水文化的渊源而独具特色。它继承了中国传统书院的优秀特质,同时汲取现代书院的时代特色,并广泛开展国际合作,形成了"传统为魂、现代为用"的水文化特色书院。

(1) 水文化的内涵

在继承这些传统书院优秀特质的基础上,水谷书院脱胎于河海大学,河孕育文明,海凝聚智慧,继承了河海大学特有的水文化基因。老子曰:上善若水,水善利万物而不争。水是生命之源,生态之基,生产之要。水既是生命的源泉,又是人类创造文化的源泉,水作为一种载体,可以构成十分丰富的文化资源,人类创造的所有文明,都离不开水的滋润。所以水文化可以称之为母体文化,是人们在与水打交道的过程中创造的一种文化成果。水文化源远流长,是伴随着人们治理水、认识水、开发水、利用水、保护水和鉴赏水的过程中逐步成长起来的,有着深厚的历史渊源。水文化的发扬与光大对人类有着重要的意义。

(2) 水文化的类别

水文化是我国文化的重要组成内容,对传统文化和当今社会文化的形成与发展有着重要影响。水文化分为物态水文化、制度水文化和精神水文化三个方面。

第一,物态水文化。物态水文化指的是以物质为载体的水文化,它是水文化在物质上的表现形式,主要通过水利工程、桥梁建设以及水域周边的建筑景观来体现。物态水文化中,水环境是一种生活空间,它体现着国家的软实力,同时水环境也是文化遗产,它时时刻刻对人的感官发生作用,影响人的精神世界(情感、心理)以及社会生活的趣味、氛围、品味。尽管这些影响是间接、隐性的,但同样重要。中华民族的传统观念是"重土"。《诗经·北山》:"普天之下,莫非王土。"但有些思想家、政治家同时也重视"水"的价值。《管子·水地》说:"夫民之所生,衣与食也;食之所生,水与土也。"水与土共同构成人的生活基础,"一方水土养一方人"。水中也会出产物质财富,"靠水吃水"。水环境是珍贵的文化遗产,美好的水环境不仅属于当代人,而且具有代代相传的历史文化延续性,并逐渐成为一些城市的"城市名片",如南京的秦淮河、玄武湖,上海的黄浦江,天津的海河,广州的珠江,昆明的滇池,杭州的钱塘江、西湖等,其中杭州西湖已成为世界文化遗产。从古到今的水环境变化很大,这是自然、人类共同作用的结果。有的变化不可逆转,要引起充分重视。以成都府南河为例,历史上,锦江曾经是成都繁荣的基础,美名的来源。后来,水环境遭毁坏。20世纪90年代,成都市进行综合整治府南河工程。1992年开工,1997年竣工。重现了锦江的风采,大大提升了成都的历史文化名城地位。

第二,制度水文化。制度水文化是关于水的治理形态和管理形态构成的外显文化,是水文化具体化、实在化的表现,各种制度的变迁反映出水文化的变迁,主要包括治水行为、法律制度、管理制度等。制度水文化可分为两大部分。一部分是上层建筑,主要包括了与水资源、水事人才、工程建设等相关的法律法规、方针政策、风俗习惯等,能够规范人们的行为,指导人们在水事活动实践中不断创造新的水文化。另一部分主要指人们实际的行动,包括饮水、治水、管水、用水、亲水等实践行为中的文化。饮水文化与人们饮水的理念和方式有关。治水文化是水文化的重要组成部分,主要指人们在水文规划、设计、工程建设过程中所涉及的文化知识、工程艺术等文化行为。管水文化主要强调水资源和水工程的管理,包括水移民、水监测、水安全等。用水文化则强调科学用水、节约用水,蕴含着水资源可持续利用的重要文化意义。亲水文化指的是人水和谐的文化意义,亲水是人的本性,也是社会和谐的需要。总体而言,制度水文化指导和规范着人们的行为,对人水和谐共生、水文化持续发展进步起着重要的作用。几千年来,中华儿女与水旱灾害斗智斗勇,有水的地方都有过我们祖先生存、生活的痕迹,同时,这个民族的文明和文化也是水所孕育出来的。由此可见,水不仅是民族之源,也是文化和文明之源。中华民族对水的规划和管理大致从水利管理、水资源管理等几方面着手,并配合相关法律法规,使制度水文化日趋完善。从西汉的《水令》《均水约束》,到今天以《水法》为代表的一系列水利法律法规等,中国的制度水文化由古代具有制度作用的民间水事规约,逐渐演变到现代水利管理机构设置、防洪法规、农田水利法规、水利工程建设与管理制度、水事纠纷解决机制、水权制度等丰富多彩的兴水治水制度,体现了治国治水思想,其蕴含的文化元素,对于依法治国背景下的当代水利法治建设具有重要启示。近年来,随着水资源、水环境问题的日益突出,以太湖流域为代表的跨界水资源协同治理;以黄河流域为代表的水权、水价制度;以南水北调工程、西南地区水电开发为代表的牵扯工程和社会问题的一系列制度研究和实践纷纷开展,形成了丰富的制度水文化典范。

第三,精神水文化。精神水文化实质上是人类在水利活动中创造的精神财富,也就是水文化精神的非物质载体的形式。精神水文化是水文化的灵魂,它反映出了水文化对人们思想、价值取向和生活方式的影响,主要包括民风习俗、民间信仰以及孕育的民间艺术等。中华民族的传统生活观念是"人必与土地相附"。在古代,一些主动回避主流社会生活的隐居者,先是"归隐山林",后有"归隐江湖"。后者更具有流动性与浪漫性,"江湖"已经成为一个重要的文化概念。亲水是人的自然本性,古代大城市的规模,很大程度上依赖于供水系统的效力;当代人的旅行度假,某种程度上说是一种短暂性的"归隐",从城市转换到乡村,从刚性的土环境转换到柔性的水环境,寻找一种软性的、流动的、有意味的生活氛围。人与水之间的密切关系使得水深刻影响着人们的精神世界,水精神既是民族精神的重要组成部分,也是维系水利事业生存和发展的重要支柱。构建水行业的核心价值体系便是注入水文化的灵魂,其基本内容包括:以人水和谐为核心的价值理念,以大禹治水为核心的民族精神和以水利精神为核心的时代精神。水在文学中早已成为一个"传统意象",在文学作品中出现次数无法量化。在文学欣赏中,常以水之长流不息比喻人生的深邃悠长;以水之浩瀚博大象征精神的高尚伟大;以水之清白洁净标志品格的纯洁无瑕。从传说、神话中的幻想形象,到历史、地理典籍中的实用形象,到诗词歌赋中的审美形象,水与文学之间的联系可谓密不可分。艺术是客观世界的反映,源于现实生活与自然景观,是人们经过主观探索与创造,结合一定的工具和方法,逐渐形成的形神兼备的作品。水对艺术的启迪和影响是直接、长远和巨大的。"非必丝与竹,山水有清音",水对音乐的陶冶促成了无数乐曲的创作。山水画作为中国传统绘画的重要一科,水景也是其中不可忽视的主要内容。水对艺术的影响还体现在书法上,其流泻之美为书法家提供了创作动力与灵感源泉。水为软实力体现。美好的水环境对于促进社会发展、提升生活质量具有重要意义。人类从古到今的环境观,都非常重视水。"藏风聚气,得水为上。"未来水利工作的重要内容之一就是努力营造清新优美的水环境,提高人居环境质量,为构建和谐社会提供重要支撑。水环境需要突出文化品位,才能更好地满足人们的精神文化生活需要。以南京外秦淮河水利风景区为例,鉴于南京市大力的、独特的、值得仿效的、全面的治理并开发了流经市区的秦淮河,联合国人居署于2008年10月6日特授予人类居住特别荣誉奖。优美的水环境可以增强软实力,提升知名度和美誉度。中国古典哲学中,水为生命之源,文明之本的观念深刻影响了治水活动和社会关系,《管子·水地》认为"水者何也? 万物之本原也,诸生之宗室也"。其中有些神奇、神秘的内容,需要继续探索、扬弃、继承,实现创造性的转化。上善若水,善利万物。在美学范畴,从水的几何形态来看,不同水体在审美意义上有区别。水的清浊、曲直、动静等物理形态以及水岸也显示为不同的美学风格。水景观与自然美、社会美、科技美都有联系,既要注意保护水的自然美,也要运用人的社会劳动和科技手段增加水景观的美学含量。

（3）水文化研究的发展

虽然从人文社会科学的角度对水的研究已经有很长的历史,但专门的水文化研究只有几十年的时间,且在历史学、社会学、经济学等学科的角度对水的研究仅起步于20世纪七八十年代,因此,当代水文化研究和建设都还是一个年轻的领域。尽管如此,水文化的概念在国际社会已经形成了一致,并开展了有针对性的理论研究与实际应用,取得了世人瞩目的成就。

水文化之所以受到越来越多的关注,在于它是人类与自然之间的表达,更是人类社会和谐发展的基础。在20世纪60年代以后,全球经济进入了新的快速增长期,各个国家在寻求经济增长的过程中,对资源大量开发,加上城市化速度与人口增长速度的加快,对水资源的需求巨大,由此产生的水资源供给矛盾、过度利用、水污染等资源问题层出不穷,水危机显而易见。在应对水危机、解决水问题的过程中,人类不仅需要工程措施与技术升级,更需要从自身与环境的关系中去思考解决之道。因此,重新认识人类在历史上形成的有利于水资源保护的价值观、世界观,寻求人类经济社会发展与水资源之间的平衡关系,构建人类与水和谐相处的关系、完善水资源管理制度,都成为人类化解水危机的重要途径和手段。时至今日,水危机依然存在,在全球气候变暖、城市化扩张、区域冲突等因素的影响下,甚至还有加重的势头。因此,从人文社会科学的角度关注水、通过价值观念的强化和提升影响人类的水行为、水事决策,已成为化解水危机、实现水资源可持续利用不可缺少的环节。

随着我国改革开放步伐的加快,社会经济快速发展,自然生态环境面临着严峻的挑战,水资源短缺、大气污染以及雾霾肆虐等问题日益严重。当前我们正面临着城市化、工业化的快速发展,水资源需求不断扩大与水资源短缺和水污染严重的矛盾日益尖锐化。当年西方社会所面临的水资源问题,同样也出现在快速发展的中国。我们需要学习西方处理水问题的理念,同时发扬中国传统水文化精神,通过文化建设来构建一个与时代相适应、与水资源体系相协调的水文化体系,以此平衡发展与生态的良好关系,促进人们树立正确的价值观,支撑生态文明建设。

水联系着人类社会与生活的方方面面,人类的自然属性与社会属性都离不开水,也因此产生了与水相关的文化现象,正因为这种共生的关系,人类可以通过水文化来进一步认识人类与水之间的复杂关系,这是水文化对人类最重要的价值意义。

当今社会人们缺乏对水的尊重和认知,构建新时期的水文化体系,需要使社会树立正确的水观念,正确对待水、珍惜水、尊敬水、重视水,实现人与水的和谐共处,同时需要社会力量主动承担弘扬水文化的重任,从文化角度阐释水的内涵,传承发扬中华民族传统水文化的精神,开展水文化研究,树立水形象,并将水文化研究成果与水利事业相结合,将其转化为生态文明建设的实践行动,发挥水文化在生态文明建设中的积极作用,为生态文明建设做出贡献。

8.1.3 世界水谷书院的战略使命和定位

水谷书院的使命与战略定位继承了世界水谷的基本性质和特征。

世界水谷起源于河海大学,以"水"为核心元素,形成了"政产学研金文"协同创新的基本模式,打造世界性水文化创意创新中心。世界水谷的定位与目标如表8-1所示。

表8-1 世界水谷的定位与目标

定位	目标
• 有国际影响力的"水"特色智库 • 全球治水制高点和话语权 • 水文化创意创新中心	• 解决水生态文明建设过程中管理难题 • 形成高水平研究成果、高端创新团队 • 服务江苏、国家和"一带一路"

在世界水谷总体定位与目标的基础上,结合当下生态文明所处的生态治理与技术主导向文明转型与文化引导逐步转移的历史关键节点,世界水谷书院制定了以下战略使命与定位,见表8-2。

表8-2 世界水谷书院的战略使命与定位

传统 国际 创意 智慧
传承弘扬中华五千年文明
全球网络连接整合水资源
智慧科技协同创新水文化

世界水谷书院在传承中华传统文化的基础上,进一步加强水文化的研究与推广,围绕传承、整合与创新,将书院打造成东方特色鲜明的全球水文化权威机构。同时面向全球,构建具有世界影响力的中国传统文化与现代智慧科技相结合的水文化创意平台。建立丰富多彩而又简明高效的水文化传播机制,使水文化走出校园、走进社会、走向民众。在更加广阔的天地,展示水文化深厚内涵与独特魅力,融入新时期文化大发展大繁荣的浪潮。

在战略使命与定位的指导及运营模式的支撑下,水谷书院主要针对以下两个方面的问题提出解决方案:一方面如何以新的表现形式将水谷书院进行表达,以互联网的方式将水谷书院进行传播与推广;另一方面是如何将水文化、智慧水利、创意生态、商业模式与水谷书院的传播结合起来,达到既传承水文化,传播水智慧,又起到商业应用上的成果。

为了实现这两大目标,书院确定了课程、研究与咨询、资源整合、文化传播等方向的核心业务模块。书院依托河海大学、世界水谷研究院等高水平学术科研单位,以水文化为内涵,开发水文化系列特色课程,面向社会各个阶层,形成兼具普适性与专业性的水文化课程体系,并在此基础上,加入国学、传统文化等内容,使课程更加丰富多元。在课程的基础上,书院进一步拓展研究与咨询业务。书院凭借专家智库在水相关领域多年的研究与实践经验,为水利工程、水利风景区等水文化相关行业的企业提供咨询服务,并积极参与国际性水课题研究,为行业提供优秀的研究成果,同时通过水文化培训为企业中高层管理者赋能,强化概念认知,提高综合素养,为行业培养具备水文化修养的高素质人才,提升企业文化,塑造企业核心竞争力。在资源整合方面,世界水谷书院充分发挥平台优势,整合国内外水领域专家学者,构建智库,为行业提供智力支持,同时加强与创新创业的联动,为三创企业嫁接平台资源,在战略、运营、产品、渠道等多个方面为三创企业提供支持,促进水文化创意创新创业的快速发展。在此基础上,世界水谷书院借助河海大学和水利系统的科技平台,通过现代化智慧科技手段,创作展示现代化水文化内容,架设现代化传播通道,实现水文化的内容创新与广泛传播。世界水谷书院积极组织并参与国际性水文化、水科技论坛、会议,与全球水文化学者交流多元水文化,促进水文化的国际化发展。以上核心业务模块如表8-3所示。

表8-3 水谷书院的核心业务模块

类型	业务
课程	国学、国术培训课程与公开课程 水文化专题游学课程 水特色课程开发
研究与咨询	水利工程项目咨询 水利风景区规划设计咨询 水相关世界级课题研究
资源整合	国内外水领域的专家资源的整合 水文化创意创业孵化 水科技、水资源信息化平台
文化传播	世界水谷书院分院建设 书院文化与运营模式输出
基础设施	水文化博物馆 政产学研金文的资源整合基地 国际性水科学、水文化会议、论坛

世界水谷书院致力于水文化的传承、创新、研究与发扬,而水文化具有深远的历史内涵,又与经济社会的发展息息相关,因此世界水谷书院所面向的用户不仅包括水利行业的相关单位组织,更涵盖了社会大众。对于社会大众来说,随着传统文

化复兴与文化自信的国家战略的提出,接触传统文化,学习传统文化思想内涵,是提高现代社会个人竞争力的有效途径。世界水谷书院为社会大众提供了更丰富的传统文化与水文化的学习内容,通过现代化的学习方式,使每一位有兴趣和意愿学习传统文化的个体,有机会与大师面对面交流,感受传统文化与水文化精髓的魅力。而对于水利行业的专业人才,世界水谷书院不仅从技术角度提供专业的知识传授、技术指导及案例分享,更从精神高度,为水利行业专业人才解读水文化的核心内涵,全面提高水利行业专业人才的文化修养,强化水利人才队伍的国际竞争力。具体地,水谷书院的用户定位如表8-4所示。

表8-4 水谷书院的用户定位

用户或项目类型	机构
水利相关组织	水利工程类及其相关联的企业 政府部门 院校 协会
国学与水文化爱好者	国学与水文化爱好者 水利系统高端专家学者 水相关企业家
各类水相关项目咨询	水利工程项目 水利风景区项目 水文化文创项目 水相关创业项目

8.2 世界水谷书院模式

为了进一步扩大世界水谷书院的影响力,书院通过水文化与中国传统文化构建核心竞争力,依托河海大学与世界水谷塑造水文化品牌,并借鉴特许经营的商业模式,打造分院体系,搭建水文化产业平台,以世界水谷书院为原点,辐射全球。书院将自身品牌、商标、产品、专利及运营模式开放授权,向受许单位输出统一的业务模式,由书院统筹各受许单位建立分院,开展运营活动。分院以独立的所有者身份加入世界水谷书院平台,在品牌、人事与财务上保留自主性,在经营业务与模式上与书院保持统一,接受书院的统一指导与管控,形成纽带。这一模式有效促进了更多有志之士投身水文化与传统文化事业,对于缺乏经验而又热爱水文化与传统文化的企业家具有较强的吸引力。对于分院来说,无须拥有书院运营的成功经验,只需要提供物理空间与人员配备,保证分院落地,即可通过世界水谷书院统一的运营模式与产品体系直接开始运营活动,同时在运营过程中保持与世界水谷书院的密切互动,搭建通畅的资源共享渠道,并利用分院体系所形成的网络资源,汲取众家智慧,实现平台引流,进一步加速分院的发展。

世界水谷书院的分院体系允许分院保留品牌自主性,充分体现了世界水谷书院的包容性与多元化的发展理念。中国传统文化是历史积淀的结晶,是祖先传承的丰厚遗产,从文化一统到文化多元,中国传统文化走过了千年,形成了有容乃大的文化气派,造就了兼收并蓄的文化传统,也深化了传统文化的思想内涵。因此,世界水谷书院在拓展分院的过程中,充分尊重历史规律,秉承中国传统文化的精髓,注重将书院的水文化内涵与分院的特色文化相融合,通过包容与整合,使多元文化焕发生命力。世界水谷书院向分院输出的不仅是运作体系与操作规程,更是书院的精神与文化内涵,不仅局限于技术操作层面的指导,更在于经营理念的传递。这一过程是技与道的结合,是商业模式的全面升级,既达到了运营模式的理性化、科学化、精确化,也达到了理念的升华和理想的实现。

在此基础上,世界水谷书院根据战略定位的指导,制定了四个方向的运营模式,包括传承中华古典文明、面向全球的网络连接、开发与孵化文创产业、展示现代智慧科技等。

8.2.1 传承中华古典文明

世界水谷书院的首要使命是对中华传统文化与古典文明的传承与发扬。中华古典文明博大精深,儒家、道家、佛家等诸多学派经历千年的相互竞争相互融合,已经形成了独具中华传统文化的文明体系,成为世界文明中的重要一支,也是当代中国文化自信的基础。因此,传承中华古典文明具有深刻的历史背景和现实需要。

我们所处的时代恰好是人类文明发展的重要转折点,中国在经历了百余年的落后和挫折之后,重新成为具有强大硬实力的国家,人口、土地、矿产、资源,以及主要的经济指标均回归到世界领先地位,复兴的趋势十分明显。然而,仅有物质层面的发达,尚不足以实现全面的复兴。支撑过去2000年中大部分时间的领先国家的元素,除了物质层面以外,更多的是在文化层面,也就是中华古典文明。在当前这个历史转折期,传承古典文明显得格外重要。

除了国家文明这样的顶层需求以外,社会中的方方面面均对古典文明元素有着强烈的需求。近百年来,经过民族自强和现代化努力,中国的社会结构已经发生巨大变化,在这样的过程中,很多传统的道德规范和精神被抛弃和破坏。随着物质文明的不断发展,人们逐步察觉到中华传统古典文明中的精华部分不可丢弃。纯粹的物化世界带来拜金主义、利己主义等各种弊端,传统文明中的诚信、仁义、理性等诸多观念值得传承发扬,物质文明和精神文明相互促进地发展,才能真正实现国家和民族的复兴。

世界水谷书院以古代书院为典范,提倡"神""形"兼具的文化传承,不仅要把传统文化中优秀的教育模式与理念进行传承,更要把传统文化与水文化的思想精华与内涵进行提炼创新,切实做到古为今用,使传统文化和水文化为现代社会指点迷津的同时,为现代化中国的建设提供精神给养。

古代书院将应试教育和素质教育相结合,构建了融教学与学术研究、育智与育德于一体的多功能教育理念。书院教育在很大程度上是一种素质教育,一方面,它强调基础性教育,重视培养具有政治、道德、知识、能力等多方面素质的人才,面向广大学生普遍开展素质教育;另一方面,它注重自身的风气和特色,几乎每一个书院都有自己的"院风""院训"。而古代素质教育的内容大多来自儒家经典,也正是中国传统文化的精髓。中国传统文化与水文化有着深厚的渊源,某种意义上,传统文化是水文化的基础,而水文化又是传统文化的升华。人们通过传统文化熏陶所形成的世界观、价值观与人生观,促生了对水的独特认知,并逐渐发展成为水文化,而随着人类社会的发展,水文化的内涵不断发展。世界水谷书院所传承和发扬的水文化,便是以优秀传统文化的精华为基础,从物质和精神层面树立人水和谐的发展理念,实现"以人化水"和"以水化人"良性互动的人文理念,它包含了传统文化的思想理念、传统美德和人文精神,也包含了水文化的哲学观点。传统文化是国家和民族发展文化事业的基础,如果割断了文化传承,就会失去发展的方向,但若完全依赖传统,便会失去活力,固步自封。中国传统文化和水文化是中华文明演化汇集而成的一种反映中华民族特质和风貌的民族文化,它们源远流长、博大精深,是祖先传承的丰厚遗产,是子孙后代思想观念、行为规范以及人文精神的主导,是中华民族强大凝聚力的源泉。

除了传承古代书院的"神",世界水谷书院也再现了古代书院的"形"。除了书院外部环境、物理空间以及氛围布置融合古典与现代科技元素,世界水谷书院在培养模式方面也借鉴了古代书院的优秀经验。古代书院以自学为主,倡导优游读书,大师讲学多是提纲挈领,每次选取一点着重发挥,随学生深浅自行体会。同时书院也开出书目、分出阶段,定出先后顺序,标注各阶段读书的目的与要求,让学生自行阅读。而书院也会教授一些具体的读书方法,如朱熹的"循序渐进、熟读精思、虚心涵泳、切己体察、着紧用力、居敬持志"。书院提倡学生质疑问难,再针对问题详加剖析,这对提高学生的学习兴趣,增强治学能力有着重要的促进作用。古代书院在学术传授之外,还实行会讲制度,彰显书院各抒己见、多岐可贵、不求苟同的学术精神。会讲最初是书院内的一种活动方式,后逐渐超出书院的范围,同社会上的学术活动结合起来,并且不局限于书院的师生听讲,许多社会人士甚至一般民众都可以参与旁听,这一模式进一步扩大了书院的教育范围,丰富了教学内容,活跃了学术氛围,提高了教学水平。创新思维的培养离不开独立思考、独立探究,同时也需要师友砥砺、互相切磋,会讲的模式极大促进了学术进步与教育创新。而书院师生通过质疑问难、会讲等形式频繁接触,加深了彼此的了解,促进了尊师爱生、水乳交融的师生关系发展。密切的师生关系使老师倾其所知以授后学,诲人不倦,关心学生的进德修业,学生也受老师感染,敏而好学,从而使书院的教学成果更加显著,对学生个人的成长有极大的正面影响。这些优秀的传统教育模式是传统文化传承与发扬的基础,也是世界水谷书院在传承发扬传统文化与水文化过程中重点关注的领域之一。

在传承中国传统文化与水文化的实践过程中,世界水谷书院以人为基础,首先开展书院水文化专家库的建设,对优秀的传统文化进行提炼,并在学术研究与社会实践的基础上,开发水文化为核心的国学、禅学以及传统文化课程,使传统能够为今所用,让更多的人从传统文化中受益,从而唤起社会对传统文化的重新认知。书院借鉴传统的升堂讲说、读书自修、质疑问难、讲会会讲等形式,在保留传统体验、增强传统代入感的同时,融入现代智慧科技手段,提高教学质量与学习效率。在此基础上,书院结合自身水文化基因,对水文化内容进行创新,针对水文化行业开展深度的研修、咨询与顾问服务,并开设弟子班,强化水文化行业从业人员的文化修养,提高对水文化的理解。

在世界水谷书院的发展规划中,书院将各水利风景区作为轴心点,设立世界水谷分院,同时为各水利风景区提炼具有代表性的水文化理念与核心价值,将其与书院文化相结合,构建各具特色的文化竞争力,实现各水利风景区统筹与差异化发展的协调,同时将各水利风景区作为水文化的窗口,扩大水文化传播的覆盖范围,更有效地使社会大众走进水文化、了解水文化、热爱水文化。

8.2.2 面向全球的网络连接

知识和文化不分国界,世界水谷书院不仅传承中华古典文明,也传播海外知识精华。

西方发达国家的近代科学技术和文化总体上领先世界,直到当代,仍然在诸多领域处于领先地位,拥有众多世界级文化和科研机构,并且在持续地进行创新活动,具有重要的地位。尽管现代科学技术文化知识被分为多种学科,但是学科之间存在密切的联系,诸多新兴创新领域都诞生于跨学科领域。这种现象,在水领域表现尤为明显。各个国家和地区,往往在不同的学科领域具有优势。当考虑到学科的细分领域,以及各地流域状况的现实情况时,更是如此。发达国家和发展中国家,都有需要学习和借鉴的知识。因此,当代的水生态文明和水文化研究,离不开全球性的创新体系。

水谷书院不仅是海外科学技术文化知识的传播平台,也是商业和科技活动的实践平台。在这里汇聚了来自多个国家的相关信息和知识资源,能够为有关学员和企业提供丰富的、有价值的机遇。

水谷书院已经建立广泛的全球合作网络,其中涉及美国、德国、老挝、柬埔寨、泰国、巴基斯坦等国的学术和科研机构,以及管理学学会国际联盟(IFSAM)和东亚管理学学会国际联盟(IFEAMA)等国际学术组织,见表8-5。书院与这些机构之间,存在紧密的合作关系,能够整合多个国家的资源,形成创新和学习的立体环境。

表 8-5 主要合作伙伴网络

区域或类型	机构
美洲	美国哥伦比亚大学水中心 美国斯坦福大学源创国际研究院
欧洲	德国弗劳恩霍夫研究院
亚洲	老挝国立大学 沙湾拿吉大学 柬埔寨生命大学 泰国易三仓大学"一带一路"研究中心 巴基斯坦科技大学中国学研究中心
国际组织	管理学学会国际联盟(IFSAM) 东亚管理学学会国际联盟(IFEAMA)

8.2.3 开发与孵化文创产业

20世纪30年代,德国人瓦尔特·本雅明提出了"文化产业"一词,后由霍克海默和阿多诺明确了其概念,认为文化产业是商品化生产制度在现代文化中的应用,是使得文化的生产具有物质性实体性的产业基础。"创意产业"则是指以创意与知识资本作为投入,进行产品和服务创新,生产出具有高附加值的产品(有形和无形)进行销售流通的循环过程。在文化产业与创意产业的发展基础上,2001年"文化创意产业"概念被提出,它是"以创作、创造、创新为根本手段,以文化内容和创意成果为核心价值,以知识产权实现或消费为交易特征,为社会公众提供文化体验的具有内在联系的行业集群"。可以说,文化创意产业的发展能够推动文化的沟通与交流,促进文化多样性,有效发挥文化价值,创造文化体验。基于此,世界水谷书院提出文创协同的概念,从水文化着手,"创意创新创业"三创一体,致力于推动文创产业的发展。

(1) 创意

创意作为来自大脑的强大能源,是基于一定要素为组织创造产品、服务的新知识和新想法,能够有效地深入挖掘和激活资源组合方式进而提升资源价值。简言之,创意是新产品、新工艺、新服务的构想,是问题识别与想法生成,是发散性的思维理念。因此,以水文化为核心发展文创产业的第一步便是创意思维的提出。水文化作为一种文化资源,在漫长的历史进程中,逐渐形成"物质—制度—精神"三个模块构成的完整体系文化,内涵丰富,形式多样,具有极大的挖掘价值。水文化的创意发展便是要基于现有的水文化内涵和形式,与地域文化、传统文化、社会消费流行、相关科学技术、国家政策方针等相结合,进行思维发散与延伸,聚焦于产品和企业特色,逐步建立起创造性的构想,进而形成具有指导意义的实践方案。

(2) 创新

创意是具有创造性的想法和思路,如果不经过创新过程所创造的市场,将无法突破产品维度。创新一词最初由熊彼特从经济层面进行了界定,被认为是生产要素的新组合。随着创新理念的不断发展,聚焦到企业创建和产业发展层面,人们认为创新是"以区别于常规或常人思路的见解为导向,基于现有的知识和物质资源,在特定环境中,为满足社会需求,筛选、提炼、改进、开发并创造新事物、新方法、新环境等的行为"。从本质上说,创新是创意思维的外化、物化、形式化,是尝试将创意思维付诸广泛实践的系统化过程,是文创产业落到实地的关键环节。

从历史角度看,水文化发展范式的变迁透视了不同时代的历史演进及其规律。水文化创新是现阶段水文化发展的必然选择。水文化从最初以水利实践为载体,已逐步涉及影视、景观、饮食等方方面面,与日常生活密不可分,这也促使水文化创新快速发展。具体而言,水文化创新可以从内容创新、模式创新、技术创新等多种方式展开。

中华文化源远流长,博大精深,其中水文化以江河湖泊等水资源和水利工程等实体建筑为载体,发展至今,留存了包括制度、风俗、诗词曲艺等在内的广泛的文化内容,并且随着社会的发展与进步不断地丰富和变化。文化创意产业背景下,可以通过将水文化与中华传统文化相结合,重拾文化信心,追求文化的现代化自觉,激发文化原创力,重视文化的全球化语境,不断丰富水文化内涵,推动文创产业的发展与进步。总体而言,水文化的内容创新旨在拓展水文化边界,从"水"出发,和与之联系密切的传统文化、地域文化、时代文化等其他多种文化进行交流与融合,从而丰富水文化的内涵,为以水文化为核心的文创产业的发展注入源源不断的新文化资源。

水文化的模式创新主要是指文创产业的商业模式创新,文创产业的发展需要突破内容产品运营的传统模式,融入新的商业发展趋势,寻找新的着力点,如发展以品牌塑造为核心的、以新文化资源开发为核心的、以内容产品产业链为核心的等多样化的商业发展模式。商业模式的创新注重当代消费者和文创产品的市场变化,能够跟随产业发展步伐,采用更为先进的管理和运营理念,有利于文创产业在新时代下的新发展。举例而言,正逐渐从信息技术产业拓展到文化传媒产业的 IP 理念,已慢慢为人们所接受,并形成其独特的 IP 运营商业模式。随着 IP 运营商业模式受到越来越多企业的关注和效仿,百度、阿里巴巴、中文在线等企业提出 IP 战略指导运营,IP 模式也将进入文创产业,成为新的不可忽视的发展趋势。

水文化文创产业的技术创新与互联网和广电技术融合后诞生的数字内容产业的发展息息相关。随着物联网、大数据、云计算、AI 等现代科技的诞生与飞速的发展,文创产业将迎来新的革命。智能化生产、大规模个性化定制、跨媒体融合等技术创新也将推动文创产业走向新的高度。此外,科技的创新能够使技术与水文化资源相融合,实现水文化生产链条的无缝隙链接,使得文化创意过程被数字技术重塑,从而提高效率,创造新的体验,引领文创产业持续性发展。

(3)创业

创业,从广义上来说是指创造新的价值,从狭义上来说是指创业者发现商业机会、利用机会并承担风险,根据已有的知识能力进行合理的资源配置、以产品或服务的形式展现给消费者、实现个人价值并为社会创造财富和价值的过程。从创意到创新,从创新到创业,无论是思维的发散还是可操作性方案的收敛,最终都要落实到实践。文创产业的落地需要基于创意思维和创新思路,整合现有资源,通过组织、运营、管理等手段来实现价值,达成目标。在此理念下,书院为文创产业提供开发与孵化的平台,并通过对水文化创意创新的研究,为社会主义水文化发展提供理论支持。

书院的文创开发板块主要包括书院分院的孵化和特色文创开发两个方面。

在书院分院孵化方面,书院采用内部统筹与外部拓展的双轮驱动模式。在内部以文化理念为指导,构建市场化管理标准、运营制度以及核心业务体系,并在市场化运营的过程中组建社群,积累资源,逐步梳理一套可复制的运营模式;在外部拓展合作资源,如水利风景区、水利工程等,合作开展分院的基础建设,套用内部输出的可复制运营模式,并由内部统筹资源分配,使分院能够快速度过种子期,实现独立运营。

分院运营过程中,在核心业务体系的基础上,书院将针对合作方自身文化特征,定向开发具有合作方特色的业务体系,如与牛首山合作的沐英湖分院,将禅学作为亮点之一,依托牛首山佛教圣地,开设禅修课程、游学、禅文化创新等业务。与之对应,沐英湖分院的文创开发更聚焦于禅文化与水文化的结合,如禅水一心为主题的瑜伽养生、禅文化水景观等。从文化内涵到装饰细节,分院在水文化的底蕴中衍生出禅文化,两种文化的融合使分院整体调性别具一格,在传承世界水谷书院的同时也打下了牛首山禅文化的烙印,不仅实现合作双赢,更使两种文化熠熠生辉。

在特色文创开发方面,书院以水文化为核心理念,注重文创开发与产业二次开发。书院将优质文创项目引入孵化平台,对接水文化、科技、产业等领域的专家学者,协助开发文创产品与服务。在此基础上,书院倡导产业的二次开发,将水文化与产业结合,在产业创新的过程中彰显精神文化元素,如提升水利工程的文化境界和艺术美感、水利工程与园林艺术的结合、治水项目与生态项目的结合等。通过文化力量的注入,盘活资产,提高项目的社会价值。

世界水谷书院提出文创协同的概念,通过"政产学研金文"多方资源的整合,最大限度发挥平台效应,打造区域文创产业生态聚集,助力文化创意产业升级,挖掘文创产业商业机会,为双创产业增添发展动力。

8.2.4　展示现代智慧科技

世界水谷书院依托于河海大学建立,河海大学拥有卓越的水利科学与工程学科体系,为水谷书院奠定了强大的智慧科技潜力,也为书院提供了接触世界尖端科技的多种渠道,使书院能够在传播水文化的同时,向社会大众展示智慧科技的成果和魅力。

河海大学是中国最具水利特色的高水平大学,拥有水利工程和环境工程两个一流学科建设项目,以及大批相关的高水平学科,涉及理、工、经、管等多个学科门类。河海大学在百余年的教学和科研活动中,完成了大量水利科学方面的工程研究和设计项目,积累了大量的数据资料和科研成果,每年还有大量全新的科研成果出炉,具有非凡的现代科技力量。

除了河海大学本身的资源以外,水谷书院借助世界水谷的力量,能够整合全球顶尖水利科学学者资源,设立世界水谷大数据中心,构建世界水谷基础数据库、业务数据库、数据交换共享平台、数据智能分析平台以及数据中心运营管理平台,呈现世界一流的水相关科研成果,针对社会相关问题开展针对性课题研究,提供解决方案,为水相关项目专利成果转化提供协助。

在支持系统方面,当代的数据、网络和智能技术已经得到长足发展,智慧科技能够全方位融入现代书院的运行中。书院将全面引入物联网技术,联结基于各类异构网络的感知设备,使具有异构特征的信息、数据得以交叉、融合和统一呈现,将历史性数据和实时性数据有机整合;全面引入云计算技术,包括私有云、公有云、社群云,以支撑混合云服务的模式推动水相关数据、信息、知识和文化在全世界范围及不同领域需求人群中的广泛传播;全面引入边缘计算技术,大力推动第三方开发者创造新的应用,促进使用者和开发者的协调统一,使水谷大数据中心的存储和算力得以无限扩展;全面引入下一代信息通信技术,为"世界水谷云"的终端用户提供极高速、大并发量、移动性强、自由切换、安全可靠的网络服务。创建世界水谷书院大数据中心,依托大数据、物联网、云计算、下一代通信网络等信息技术共同支撑水产业、水文化、水教育的协同创新发展,详见图8-1。书院还将引入虚拟现实技术,包括混合现实、虚拟现实和增强现实,将其应用于展示、教学、宣传等方面,同时将全球范围内各大水利工程以VR、AR的形式在博物馆内呈现,以智慧科技为文化传播赋能,颠覆文化内容的生产与传播方式,打造全新的文化展陈模式,彰显智慧科技带来的无边想象力。

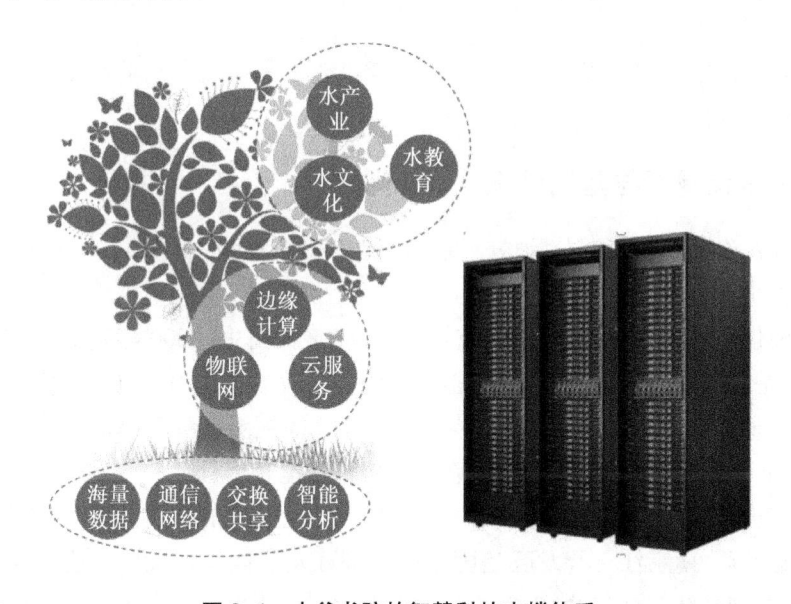

图 8-1　水谷书院的智慧科技支撑体系

智慧科技将抽象的水文化具象化,通过多种生动的方式呈现,让社会大众进行感知、体会和领悟,这也为书院开辟了新的流量入口,使书院文化的传播覆盖更多受众。书院以高新技术为基础,以创新为动力,打破传统文化产业边界,将各种水文化资源与现代科学技术相融合,构建新的文化生产方式,同时利用智慧科技,打破物理界限,在互联网及移动互联网端构建线上内容,以线下为基石,线上为抓手,实现裂变式传播,打造水文化产业标杆。伴随接入的网络节点的增加和数据存储的常年积累,从事实到数据,从数据到信息,从信息到知识的不断演化,使基于水科学的人工智能在水谷书院得以率先实践和推广。水谷书院通过对用户行为的跟踪、分析和预测,为受教育者提供个性化的教育解决方案;通过对研究对象的了解、掌握和分析,为研究者提供融合性的知识库、案例库;通过对产业发展的数据定位、溯源和挖掘,为管理者提供预警、预判和决策的依据。世界水谷书院不仅是一个教育教学的场所,更成为围绕水资源、水管理、水安全、水文化、水产业的综合性高端智库。

当下,智慧科技在文化产业中的应用已初显成效。世界水谷书院将智慧科技与水文化结合,科技为文化增添动力,文化为科技点燃活力。这其中的宝贵经验将为行业整体文化底蕴的提升提供借鉴,同时为企业文化竞争力的打造提供指导。

8.3 世界水谷书院(南京江宁)应用

南京市江宁区的世界水谷书院,是书院建设的一个实例,在此简要介绍一下该书院的规划与体系。

8.3.1 区位规划与基础设施

世界水谷书院沐英湖分院位于南京市江宁区佛城西路沐英湖畔,北邻将军山,西邻牛首山。

江南佳丽地,金陵帝王州。南京拥有6000年文明史,2600年建城史和500年建都史,是中国四大古都之一,同时也是中国南方政治文化中心,历史遗存丰富,文化底蕴厚重。南京牛首山为佛教南宗的发祥地,也是佛教释迦牟尼顶骨舍利日常供奉地,同时兼具文化、旅游、商业、宗教等多重功能及属性。

南京市江宁区位于南京市区的南部,相比中心城区的其他部分,这里经济发达、地域开阔。南京江宁开发区是国家级经济开发区以及首批国家生态文明建设示范区,北接高铁南京南站,南邻禄口国际机场,大量企业云集于此,将军山、牛首山、翠屏山、牛首山河等山川汇聚与此,河海大学、南京航空航天大学、东南大学等著名大学也落户其中,为世界水谷书院提供了绝佳的地理环境。

南京江宁也拥有众多文化遗迹,在河海大学周边不远,就有南唐二陵、郑和墓、将军山、牛首山等,为世界水谷书院营造了浓厚的历史文化氛围,尤其是牛首山的佛顶宫,具有重要的佛教地位,渲染出浓厚的禅文化氛围。世界水谷书院(南京江宁)将水文化与禅文化相融合,形成了禅水一心的独特文化标签。世界水谷书院(南京江宁)的地理位置示意如图8-2所示。

世界水谷书院(南京江宁)的功能规划包括水生态景观、水文化区、国学区、国术禅修区、商业区、民宿区,以及徒步栈道和生态园林等,如图8-3所示。

在世界水谷书院,规划建设国际会议会址,国际性水科学、水文化会议、论坛召

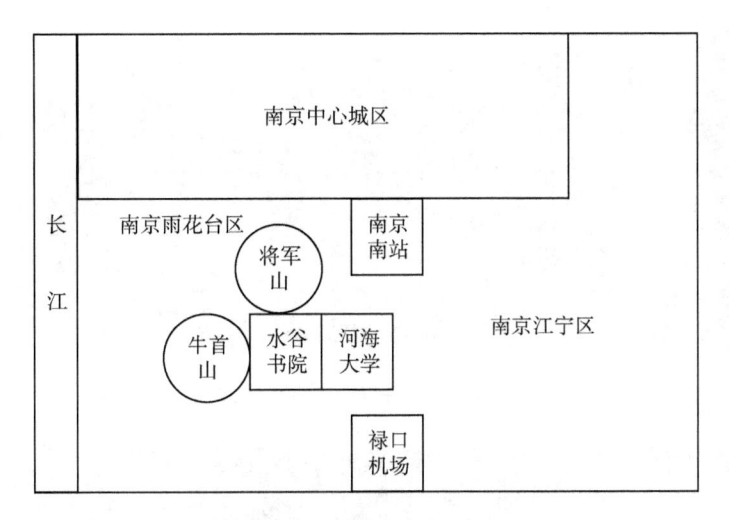

图 8-2　世界水谷书院(南京江宁)的地理位置示意图

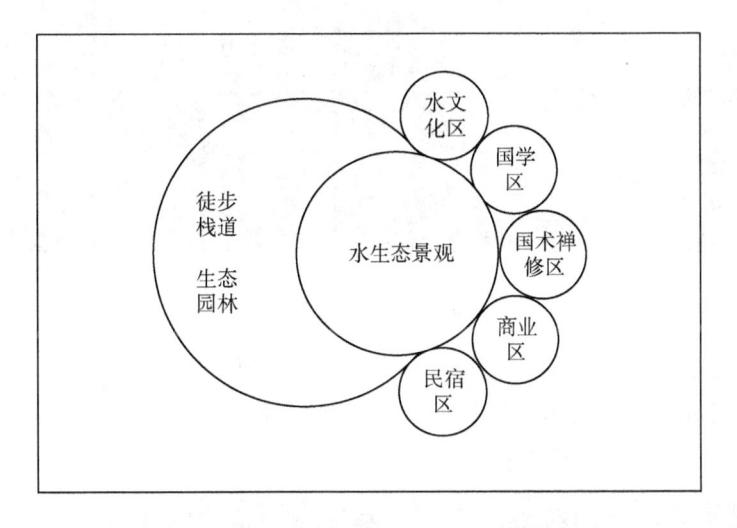

图 8-3　世界水谷书院(南京江宁)的功能规划

开的永久会址。在传承中华古典文化之余,水谷书院也是建立全球网络连接的理想场所,每年一届的"世界水谷"论坛,以及其他相关的会议,均可以接入水谷书院。示意图见图 8-4。

　　水谷书院还规划建设水主题实景博物馆,打破传统的初创陈列式建筑博物馆概念,打造开放式博物馆,设置露天展柜、五觉体验馆、水利设施展示和历史文化雕塑等,既保持传统博物馆的展示、收藏、教育、科普互动等基本功能,又结合声、光、电、全息成像、手机 App 等现代化高科技手段,体现"互动性、体验式、场景化、科技感"的实景博物馆理念。示意图见图 8-5。

图 8-4　国际会议永久会址示意图

图 8-5　实景博物馆

　　水谷书院充分利用南京江宁的自然环境,打造禅修竹林,将禅文化与水文化结合,在近水幽静的竹林深处开辟禅修、打坐、冥想的地点,同时用于开展讲经、参禅、佛学沙龙等活动。示意图见图 8-6。

图 8-6　禅修竹林

水谷书院也为文创项目提供孵化空间,以水文化、水传说、水制度等内容为基础,开发优质文创产品。示意图见图 8-7。

图 8-7　灵犀文创

水谷书院中设有临水修建花圃,观花采花之余,在花海中闻花、识花、插花、品茶,摆脱压力,调节身心。示意图见图 8-8。

图 8-8　水艺花圃

水谷书院也是创意孵化的理想基地,结合水利、文化和科技等相关资源,打造创业孵化基地。示意图见图 8-9。

图 8-9　创意孵化基地

书院大数据中心承担了赛博空间中水谷书院技术支撑角色,使水领域的数据、信息、知识得以汇聚、交换和辐射,详见图 8-10。

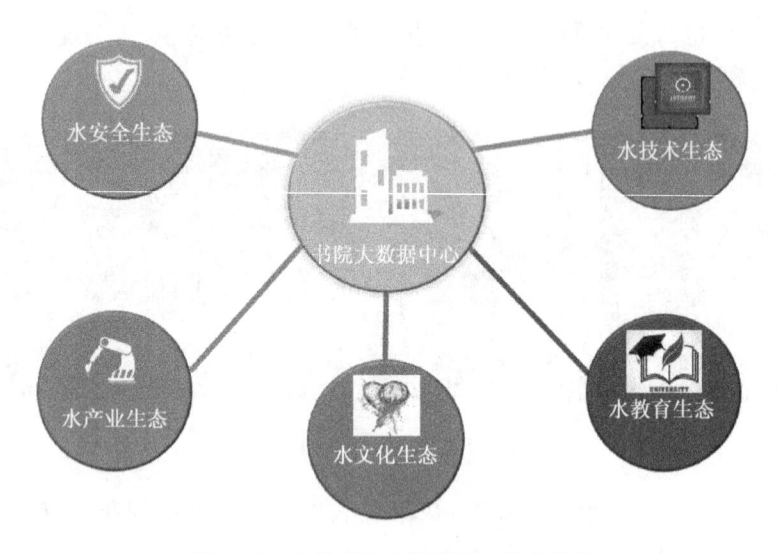

图 8-10　水谷书院大数据中心业务生态

书院大数据中心的建设分为五个层次,分别是基础设施层、数据资源层、支撑平台层、系统应用层和交互展现层,详见图 8-11。基础设施层为世界水谷书院的访问者和开发者提供统一的基础技术架构,高速、移动和安全的信息通信能力以及大容量的存储和高性能的计算能力。数据资源层为世界水谷书院的教育教学和研究咨询提供跨领域、跨部门、跨层级、融合性的涉水数据、涉水信息和涉水知识,这些数据、信息和知识经过清洗、整理、交换和融合,并且共同基于地理空间的位置信息,成为有机结合的数据共同体。支撑平台层为各类不同的系统应用提供统一的接入端口和服务机制,这包括集成化并支持移动终端和台式终端应用的智能门户系统以及一个混合的云服务架构,使书院的业务可以延伸至世界的每个角落,并以私有、公有或者社群的形式为需求迥异的用户提供服务;支撑平台层提供数据共享、交换、接入管理和智能分析的能力。系统应用层是一个可扩展的、安全的和健壮的应用空间,它面向水安全、水管理、水教育、水产业和水文化提供系列性的业务和服务,并向第三方开发者开放数据标准和技术接口,促进书院体系的不断扩充和业务运营的良性发展。交互展现层是水谷书院的各项应用与最终用户之间的界面,它支持各种计算机终端和可视化页面,并支持水谷大数据中心的集成化运营维护。以上五个层次共同组成了世界水谷书院大数据中心的信息基础设施,为水谷书院的日常运营、文化输出、技术创新和知识再造打下了良好的技术基础和提供了充沛的信息资源。

交互展现层	运营中心	移动终端	多媒体	统一通信	社交媒体
系统应用层	水安全	水管理	水教育	水产业	水文化
支撑平台层	数据共享交换	数据智能分析	物联网平台	智能门户系统	云服务平台
数据资源层	数据资源池	基础数据库	业务数据库	地理空间库	流媒体库
基础设施层	传感网络	数据中心	通信网络	信息专网	基础架构

图 8-11 水谷书院大数据中心系统架构

8.3.2 讲学与自修体系

书院作为中国教育史上独树一帜的教育组织形式,在其数千年的发展演变过程中,历史性的开创和沉淀了自身颇多鲜明的特点,像教学形式多样,教研统一;强调学生自学,教师启发;实行开放教学,百家争鸣;鼓励争辩研讨,教学相长;注重藏息相辅,寓教于乐;尊崇儒学义理,经世淑人等,为历代教育家所取鉴。

世界水谷书院汲取传统教学方式的精华,与现代智慧科技相融合,以古诵今,传承与创新并举。

第一,升堂讲说

作为古代书院中最为基本教学形式之一的升堂讲说,是指在同一时间和地点,教师就特定内容面对众多学生进行讲解的一种教学方式。古代书院的大师面向学生集体讲说,因此而聚集了大批士子。这种方法更加自由、灵活,同时贯彻了因材施教的原则,升堂讲说的教学模式吸收了班级授课制和个别教学的优点,学生可以在这种课堂压力相对较小的环境下自由听讲,师生之间可以就学术问题畅所欲言,既培养了学生的独立思考能力,又能使学生在老师的启发下更好地将知识融会贯通。

书院借鉴升堂讲说的模式，通过线下公开课、网络公开课等形式，邀请水利行业专家学者、政府领导、国学大家等，为社会大众讲授水文化、传统文化等普适性文化课程，让更多的人有机会接触水文化精髓，通过大师的讲解，了解水文化，学习水文化，以水文化所蕴藏的智慧指导工作学习生活。

第二，自我研修

学生在书院山长大师的耐心指导下用心读书，独自理会，这是古代书院中能够反映自身特点的重要形式。书院的教师充当领路人、指导者的角色，生徒常常把大量时间都放在独自读书学习上，培养自主性，提高了自主学习和终身学习的能力。将更多的时间留给学生自主学习，这有利于学生主动探索知识，并根据个人兴趣、履历及学习能力的不同，以适合自己的方式进行学习。这样的方式既保留了学生的个性，避免了教育的同质化结果，更为学术创新提供了基础。

书院为学生在提供藏书的基础上，更多地以智慧科技手段，制作教学视频、VR实景、AR互动等丰富的学习素材，搭建在线学习资源，供学生自修。

第三，质疑问难

书院的名师圣儒注重激发学生的学习兴趣，启发学生的创造思维，他们追求多元化，尊重文化的多样性，积极地、努力地倡导学生发出不同的声音。在共同学习、共同研讨平等的对话之中，大师对于学生读书学习中所遇到的困难，根据不同学生的体会领悟程度，允许他们有各自的见解、不求统一标准答案。学生读书重在自己的理解，老师对学生读书的难点和疑点进行讲解。

书院以导师制、师徒制的形式，开展一对一的因材施教，同时辅以小型沙龙、研讨会等活动，引导学生通过所学知识解决实际问题，实现以问题为导向的教学。

第四，讲会会讲

所谓"讲会"，是指书院之间、学派之间的师生聚集在一起，自由讲学、积极辩论或是针对一个学派的观点真伪阐发论述，从而提高自身及旁众知识水平的一种教学活动。讲会是书院教学的主要形式之一，历史上最著名的讲会当数"鹅湖之会"，在此次讲会中，吕祖谦邀请陆九龄、陆九渊兄弟前来与朱熹就"理学"与"心学"之间的理论展开辩论。尽管这次辩论最终不欢而散，但却成就了中国古代思想史上的第一次著名的哲学辩论会。

书院为学生提供平台，鼓励学生结合自身工作学习经验以及企业发展情况开发案例，并将这些实际案例运用于教学之中。在此基础上，延展更广阔的平台，如项目交流会、技术交流会、投融资交流会等。

第五，研学旅行

我国古代历史上优良的教学方法甚多,在优游山水石林之间获得知识学问便是其中之一。优游、考察活动的精神旨归并非在于赏玩,而在于传道授学。古代著名的书院大多建于名山胜水之处,其周围景色秀丽,环境幽静,有利于圣贤耐心钻研、苦心求学。考察名山大川,游历古迹,是书院大师培育生徒的重要教学途径。

书院依托世界水谷的行业资源,为学生提供丰富的考察实践机会,包括企业、水利工程项目、水利风景区等。

第六,课试

课试是书院检查教师教、学生学极为重要的一种考试手段,其目的在于改进缺陷、弥补不足、保障教学的顺利开展。书院对学生设置了多种多样的考试种类,并实施分等给赏制。

书院的教学活动强调目标为导向,并结合学生及企业的实际情况,教学结果的呈现方式包括论文、研究报告、项目报告等多种与实践相结合的形式。

8.3.3　世界水谷书院(南京江宁)的运营模式

世界水谷书院(南京江宁)是世界水谷书院战略模式的落地实践,书院秉承"传统、国际、创意、智慧"的战略定位,围绕"传承弘扬中华五千年文明,全球网络连接整合水资源,智慧科技协同创新水文化"的战略目标,从水文化与传统文化传播、文创产品开发与项目孵化、资源整合与拓展等方面设计运营模式,使世界水谷书院的理念从理论走向实践。

在水文化与传统文化传播方面,世界水谷书院(南京江宁)依托世界水谷书院专家学者的研究成果,在纷繁复杂的水文化现象中为大众选取科学的、健康的、先进的部分进行传播,旨在以水文化内涵对社会做出正面引导,同时向大众普及水文化精髓,通过文化引导促进社会文明进步,促进和谐社会的构建。在此基础上,世界水谷书院(南京江宁)依托自身国际资源优势,在继承发扬祖先的水文化智慧的同时,积极面对世界其他地域的水文化影响,发挥中国水文化的理解力与亲和力,接受、消化、融合其他国家的水文化,为中国水文化赋予更强的生命力,也促进不同国家、不同文化、不同智慧之间的相互理解与沟通。通过这种跨文化互动,世界水谷书院(南京江宁)对中国水文化的创新与发展提供了更广阔的空间,使中国水文化更加富有时代精神和世界影响。

为了营造水文化与传统文化传播的载体,世界水谷书院(南京江宁)与水利风景区合作,以水文化为水利风景区赋能,提高水利风景区的文化内涵,增加社会、经济和环境效益。而随着水利风景区文化建设的逐步完善,也促进了水文化与传统文化的结合与传播。水利风景区是传播和传承水文化的重要载体,每个河流水域都具有独特的性质与风貌,以这些水资源为依托建立的水利风景区是人类与自然景观和谐相处的理想地域,体现了人们对水的治理、开发、利用、配置、节约、管理、保护等一系列活动,这些活动也正是传播水文化最基础的载体。在此基础上,世界水谷书院(南京江宁)还通过一系列讲坛、论坛、沙龙、展览等体验活动,主动传播水文化与水智慧。

在文创产品开发与项目孵化方面,世界水谷书院(南京江宁)主要从文创产品开发和产品孵化支持两个方面着手,推动文创产业的发展,其中尤其以 IP(知识产权)为核心,形成创意分享和价值共享的众创、众智、众扶、众包等形式,为文创产业化的创新发展提供可能性。随着经济一体化和全球化的趋势,文化衍生产品系统设计也在这个背景中应运而生,其理念也在不断完善和发展,这对于区域内的文化传统继承和创新既是机遇又是挑战。文化衍生产品系统设计是一个将文化符号以视觉和产品造型的现代设计语言表述的过程,这一过程基于文化衍生产品的角度对传统的产品系统设计理论进行了整合。在社会经济和区域文化状态的基础上构建产品系统是文化衍生品系统设计的任务,在地域文化语义和系统设计的转化过程中,研究探讨文化与产品的关系。

文创开发,即文化创意产品开发,是文创产业发展的核心步骤。文创产品是指源于文化主题,经由创意转化,并具有市场价值的艺术衍生品。文创产品作为文创产业的载体,一方面能够满足人们的物质需求,另一方面也强调精神上的满足。世界水谷书院以水文化为核心理念,结合当代新型科技、审美趋势、文艺热点,对接水文化、产品开发、营销推广等多领域专家,以满足当代人们的物质与精神需求为宗旨,进行文创产品开发。开发类别如表 8-6 所示。

表 8-6 文创产品开发的类别

类别	内容介绍
模型复制品类	对世界知名水利工程、水利风景区进行复制,外观精制,与实物相同比例,这类产品价格较高,具有极高的观赏价值与纪念意义,亦有一定的收藏价值。
文化衍生品类	带有水文化主题和禅文化主题的创意产品,蕴含文化附加值,并结合日常使用功能。
出版品类	包括水利科普读物、相关学术期刊、水利风景区导览手册等,涵盖专业级别可供研究的学术资料,以及平民化的阅读杂志。
体验类	在博物馆内主要设置 VR、AR、MR 等现代智慧科技的体验设备,以供实景体验水利工程与水利风景区。

世界水谷书院的文创产品开发注重水文化与文创其他业态的跨界融合,不断

创新自制 IP,寻求新的发展空间。在"互联网+"时代,世界水谷书院以生态化思维重新打造更加适应市场的文创产品体系,立足时代大势,深挖"互联网+"大背景下的政策红利,形成创意、创新、创业、创投有机联动的局面。同时以水文化 IP 为核心,通过内容渗透,获得全产业链布局和多渠道传播。通过精品化水文化 IP,推动文创行业的提质增效和转型升级,繁荣文化市场。

在此基础上,世界水谷书院基于自身文创开发资源,构建文创孵化体系,帮助拥有文创产品设计理念、文创产品开发创意的项目团队或企业进行文创项目孵化,提高文创开发效率,推动文创产业蓬勃发展。

世界水谷书院的文创孵化体系不仅为文创项目提供一般的商业与金融服务,更从内容生产着手,提供内容产业链上下游资源对接,同时由专家团队作为文创开发顾问团队,为项目提供专业指导,进行技术把控。世界水谷的文创专家团队覆盖水文化、传统文化、特色产品设计、品牌创意、市场营销、智慧科技等多个领域。在文创专家团队的支持下,书院积累大量对国内外文创产品需求和文创产业发展趋势的研究成果,能够为文创项目提供合理化发展建议,并协助企业树立全球化品牌意识,着重文创产品的外向型营销,同时能够为优质文创项目整合资源,开拓海外市场,提高国际竞争力与影响力。

在资源整合与拓展方面,世界水谷书院(南京江宁)立足南京,辐射全球,为水文化、水文创拓展更大的发展空间。世界水谷书院(南京江宁)整合水科学、水哲学与水文化专家学者资源,通过学术研讨、科研报告、顾问咨询等多种形式,向社会、行业、企业及大众呈现研究成果,利用资源整合的优势,实现水文化的跨界整合与跨文化融合,为水文化的创新发展提供理论支持。书院的研究成果不仅为水文化的发展提供理论支撑,更为行业与企业的发展提供智力支持,如针对水利风景区、水利行业、水文创项目等开展的咨询顾问服务。通过水文化的跨界融合,以及行业资源的整合,为企业的发展提供新的动能与方向。

第九章
三创实践：澜湄流域的世界水谷与海外中国

世界水谷与海外中国在澜沧江-湄公河流域国家实现交汇，打造"三创"实践的落地示范。一方面，澜湄作为我国重要的跨境河流，水资源管理与合作成为此区域稳定的重中之重，世界水谷深入澜湄流域国家开展研究与谋划，为区域水发展提出建设性建议，促进合作深化。另一方面，澜湄合作作为"一带一路"倡议中的先行机制，为中国企业"走出去"提供了发展沃土，海外中国积极响应，通过对共建合作园区建言献策，引导中国"政产学研金文"多主体多要素"抱团出海"，成果显著。

9.1 澜湄流域和国家

9.1.1 澜湄自然特征

澜沧江-湄公河(Lancang-Mekong River)作为中国西南地区大河之一，贯穿中国西南与东南半岛，是亚洲唯一一条一江连六国的国际河流，是亚洲第三大河。澜沧江发源于青藏高原唐古拉山北麓查加日玛的西侧，属青海省玉树藏族自治州杂多县境，上游格尔吉河和鄂穆楚河自青海流入西藏，于昌都汇合后称澜沧江，流经西藏进入云南，于云南西南部西双版纳州勐腊县南腊河口流出国境，出境后始称湄公河。湄公河流经老挝、缅甸、泰国、柬埔寨流入越南，于胡志明市(西贡)附近注入南海[1]。

(1) 流域地理特征

① 流域地形差异巨大

澜沧江-湄公河所经地形起伏剧烈，地理条件复杂多变。在中国境内，澜沧江流域地势总体上西北高东南低，由北向南呈条带状分布。西藏昌都以上为上游，属

---

[1] 陈丽晖,曾尊固,何大明.国际河流流域开发中的利益冲突及其关系协调——以澜沧江-湄公河为例[J].世界地理研究,2003,01:71-78.

青藏高原,除高大险峻的雪峰屹立外,一般山势较平缓,具有平浅河谷特征;西藏昌都至云南四家村为中游,属高山峡谷区,河谷深切于横断山脉之间,河谷窄深;云南四家村以下为下游,下游分水岭显著降低,河道成束放状,地势趋平缓,在出国界处河道高程仅400～500 m。

中国境外的湄公河流域地形可分为5个区域:北部高原、安南山脉(长山山脉)、南部高地、呵叻高原和湄公河平原。北部高原包括老挝北部,泰国的黎府和清莱省山区,到处是崇山峻岭,高程达1 500～2 800 m,只有少量的高地平原和河谷冲积台地。安南山脉从西北向东南延伸800余km,北部和中部的山坡较陡,南部为丘陵地区。南坡和西坡受西南季风的影响,雨量较大,而中部河谷较干旱。南部高地包括柬埔寨的豆蔻山脉,东面为绵延山地,西南为丘陵地。呵叻高原包括泰国东北部和老挝的一部分,为长宽各约500 km的蝶状山间盆地,支流蒙河和锡河流经这里。湄公河平原为大片低地,包括三角洲地区。湄公河在孔南瀑布(Khone Falls)流入柬埔寨,在孔南瀑布与桔井之间,激流险滩与冲积平原交错。在磅湛(Kampong Cham)以下,河床坡度变缓,河水流经平原上的广阔冲积带。在金边附近,湄公河与洞里萨河(Tonle Sap)汇合,并通过后者与洞里萨湖连接起来,洞里萨河的流向因季节而异。湄公河在金边以下分为两条支流:湄公河自身与巴塞河。三角洲自此一直伸展到海边。三角洲总面积约为64 750 km²。

② 流域构造复杂

流域所处构造部位隶属青藏高原滇缅印尼"歹"字形构造体系上、中段与三江—滇中经向构造体系的符合部位,由北至南主要构造线呈NW—NNW—近SN向展布。区内构造复杂,断裂发育,青藏境内的博日松多—碧土断层、类乌齐—卡贡断层、正昌竹卡断层,以及云南境内的曹涧、永平、安乐、大石头断层等,均为区域内规模较大的断裂。澜沧江断裂带是区内重要的深断裂带,基本平行且靠近澜沧江河谷展布,该断裂带沿走向呈波状延伸,倾角陡,近于直立,两侧分布了众多的南北向复式褶皱,伴生了一些近东西向的恒张断裂。

(2) 流域水资源分布

澜沧江-湄公河全流域位于东经94°～107°、北纬10°～34°之间,其干流全长约4 880 km,总落差约5 060 m,流域面积约79.5万km²。

① 中国境内澜沧江水资源分布

在中国境内澜沧江段整个流域面积约16.74万km²,出境处多年平均流量约2 350 m³/s,干流全长约2 153 km[1],天然落差约4 583 m。中国境内澜沧江的特点

---

[1] 何大明.澜沧江-湄公河水文特征分析[J].云南地理环境研究,1995,01:58-74.

是河流较长、流量大、落差集中(我国境内落差达 4 583 m,占全河的 91%),丰富的径流量和巨大的落差蕴藏着丰富的水力资源。

澜沧江支流众多,流域面积大于 10 000 km² 的支流有 3 条,流域面积大于 1 000 km² 的支流有 41 条,流域面积大于 100 km² 的支流有 153 条。一般支流较短,多为 20~50 km,天然落差特别大,河长超过 100 km 的有 22 条[①]。主要支流有子曲、昂曲、金河、麦曲、通电河、沘江、永平河、漾濞江、罗闸河、小黑江、威远江、黑河、流沙河、南班河、南阿河、南腊河、南拉河等,湖泊有洱海等。

② 境外湄公河水资源分布

中国境外段一般称为湄公河,长约 2 727 km,中缅界河 31 km,老缅界河 234 km,老泰界河 976 km,老挝境内 789 km,柬埔寨境内 490 km,越南境内 230 km。缅甸境内主要有南垒河(上游中国境内称南览河)。湄公河老挝境内主要支流有南塔河(Nam Tha)、南乌江(Nam Ou)、南康河(Nam Khan)、南俄河(Nam Ngum)、南屯河(Nam Theun)、色邦非河(Se Bang Fai);泰国境内主要有蒙河、锡河;柬埔寨境内主要有桑河(Se San)、洞里萨河(Tonle Sap)、斯雷博河(Sre Pok)等,其中桑河和斯雷博河发源于越南。

蒙河为澜沧江-湄公河流域最大支流,流域面积约 15.4 万 km²。在允景洪和琅勃拉邦区间中国境内主要支流有南班河,缅甸境内主要支流有南垒河(Nam Lwe),泰国境内主要支流有南湄果河(Nam Mae Kok),老挝境内主要支流有南塔河、南乌江等。

澜沧江-湄公河全流域水资源在上下游国家中的分布情况见表 9-1。

表 9-1 澜沧江-湄公河水资源分布

国别	流域面积 km²	占全流域%	径流量 m³/s	占全流域%
中国	165 000	21	2 140	16
缅甸	24 000	3	300	2
老挝	202 000	25	5 270	35
泰国	184 000	23	2 560	18
柬埔寨	155 000	20	2 860	18
越南	65 000	8	1 660	11
总计	795 000	100	15 060	100

资料来源:世界银行《Mekong Regional Water Resources Assistance Strategy (2004)》。

---

① 邹宁,王政祥,吕孙云.澜沧江流域水资源量特性分析[J].人民长江,2008,17:67-70.

9.1.2 澜湄流域各国概况

(1) 流域各国的经济概况

① 缅甸

缅甸是一个以农业为主的国家,从事农业的人口超过60%,农产品有稻米、小麦、甘蔗等,其工业程度是东南亚地区最低的国家之一。自1989年实行对外开放政策和市场经济制度后,缅甸工业化进程开始启动。尽管缅甸经济起点低、底子薄、困难很多,但国民经济一直保持持续增长的态势。目前,缅甸经济建设的进程加快,正处于摆脱贫困境况的关键时期,其发展动向日益引起人们的关注。

自2011年3月缅甸民选新政府上台执政以来,致力于自由市场经济体制转型,大力发展经济,优先改善民生,并重构国际关系,重视吸引外资工作。2015年缅甸GDP增长率为8.3%,其中农业增长占比28.6%,工业增长占比35%,服务业增长占比36.4%[①]。近年来,缅甸二、三产业发展速度加快,其占国民经济的比重也不断提高。在工业方面,由于起点低,基础差,资金缺乏,加上西方的经济制裁,缅甸工业化走的是替代进口的路子,鼓励国内外私人资本的投资。

随着西方国家放宽对缅甸的经济制裁,缅甸对外贸易逐步获得发展。目前缅甸的贸易重心仍然受限于亚洲地区,主要是泰国、新加坡、中国、印度、日本与马来西亚。其工业化与当年工业非常落后时期的东南亚国家一样,走的是利用初级产品换取外汇积累的道路。与此相对,其出口产品基本以农、渔业初级产品和矿产品为主。

② 越南

越南红河和湄公河流域人口密集,农业发达。全国四分之三的人口属于农业人口,耕地及林地占总面积的60%,主要农产品有粮食作物稻米、马铃薯等,经济作物主要有香蕉、咖啡、蚕丝等,还有相对发达的渔业,近年来工业发展较快。1976年越南统一后,特别是在1986年实行经济改革后,历经沧桑的越南社会和经济取得了长足的进步。2001年越共九大确定建立社会主义定向的市场经济体制,并确定了三大经济战略重点,即以工业化和现代化为中心,发展多种经济成分、发挥国有经济主导地位,建立市场经济的配套管理体制。目前越南的市场经济体制已基本确立,并日益完善,为经济持续稳定增长提供了体制保证。

2015年越南国内生产总值(GDP)增速约为6.68%,创2008年以来新高,工业和服务业占GDP的比重为82.5%,从事农业领域的劳动者占社会劳动总数的比

---

① 钟梅,秦羽.缅甸:2015年回顾与2016年展望[J].东南亚纵横,2016(1):19-25.

率下降至45%。越南政府采取一系列经济刺激政策,实行全面的经济改革,重视工业发展,特别是重工业的发展,确定农、轻工、重工的发展顺序,保持国内稳定环境,对经济发展起到非常大的作用。

对外贸易方面,越南和世界上150多个国家和地区有贸易关系。2013年以来越南对外贸易保持高速增长,对拉动经济发展起到了重要作用。2010年货物进出口贸易总额约为1556亿美元,贸易逆差124亿美元,其中出口716亿美元,增长25.5%,进口840亿美元,增长20.1%。服务贸易进出口总额157.8亿美元。东盟自由贸易区的建设为越南产品提供了一个潜力巨大的市场,同时也将为越南吸引外资创造更多的有利条件。越南被认为是东盟地区较为稳定和安全的国家,而且拥有丰富的廉价劳动力,基础设施和相关的投资法规也在日趋完善,这也使越南对外资的吸引力不断增强。

③ 老挝

老挝是东南亚国家联盟成员国,也是最不发达的国家之一,于1997年7月加入东盟。老挝是个农业国家,工业基础薄弱,共和国建立之初,老挝党和政府实行了一系列的经济发展措施,比如农业合作化、工业国有化、商业统购统销和计划经济政策等。这些经济措施没有促进老挝的进一步发展,建国初期老挝经济基本处于停滞和徘徊状态。自从1986年实行革新开放以来,老挝逐步建立了市场经济体系,老挝的经济得到了较快的发展。

21世纪以来,老挝通过调整产业结构,积极开展对外务实合作,使经济保持稳定增长态势。2001年到2005年,老挝经济年均增长6.2%;近10年来,老挝经济步入上升期,年均国内生产总值(GDP)增长7.7%,尤其是2006年老挝党"八大"后,积极实行"资源换资金"战略,大力吸引外资,经济快速增长。2015年,老挝GDP达128亿美元,同比增长7.5%,人均GDP达1970美元,贫困家庭比例减少至6.59%[①]。

老挝产业结构不断优化,服务业发展成为拉动老挝经济增长的首要因素。老挝是传统的农业国,2004年农业仍是国民经济支柱。2004年,老挝农业、工业、服务业占GDP比重为46.6%、27%及25.5%。"六五"规划(2006—2010年)期间,分别占比30.4%、26.1%、37.2%,到2015年分别占比23.7%、29.1%及39.8%[②]。

同时,老挝政府重视吸引外资,发展对外贸易。老挝对外贸易近10年间(2004—2013年),吸引外资协议金额增长33倍,对外贸易增长5倍。2004年,老挝吸引外资、对外贸易全额分别为5.33亿美元、9.36亿美元。2013年分别为

[①][②] 徐延春. 谈老挝经济及其发展战略[J]. 东南亚纵横,2006(12):8-13.

183.8亿美元、47.12亿美元。2015年底老挝正式加入东盟共同体,东盟内部投资障碍进一步消除,老挝吸引外资的金额预期逐年增长,特别是在矿产、酒店及服务业等领域得到了快速发展。

④ 泰国

泰国位于东南亚的中心,是通往印度、缅甸和中国南部的天然门户。泰国是东南亚国家联盟成员国之一,实行自由经济政策,在20世纪90年代经济突飞猛进,跻身成为"亚洲四小虎"之一。进入21世纪,受1997年亚洲经济危机影响,泰国政府将恢复和振兴经济作为首要任务,采取积极的财政政策和货币政策,扩大内需,刺激出口,并全面实施"三年缓偿债务""农村发展基金""一乡一产品"及"30铢治百病"等扶助农民计划,经济持续好转。到2010年,泰国经济全面复苏,尽管经历了政局问题和自然灾害等负面因素影响,但仍实现7.8%的高增长。

近几年,受内乱影响,泰国经济增长受到严重打击。2013年,泰国国内政治动乱旷日持久并愈演愈烈,政府和民间投资、消费、旅游业、民生都受到严重拖累而出现下滑,泰国经济面临全面衰退风险,GDP增长率仅为2.8%。2014年5月底,军政府接管泰国政权后,维和委将促进经济复苏、恢复投资者信心作为施政的优先重点,整顿上届政府遗留问题,并重新审视各项政策。但受国内外市场需求下降,国内工业生产不力,出口不振等诸多因素限制,2014年泰国GDP增长率下降至0.7%。

2015年,泰国经济略有增长,但对外贸易依旧下滑。2015年全年泰国经济增长了2.8%,主要归因于政府财政支出缩减、投资的改善以及家庭支出的增加。全球经济放缓导致对外贸易恢复乏力。泰国作为世界五大农产品出口国之一,原油和农产品价格下降,使2015年泰国出口下滑了5.7%,连续第三年收缩。随着国内政治局势的稳定,泰国政府大量投资基础设施建设,建立境外经济区,并提出一揽子措施推动中小企业和相关产业发展,泰国经济逐步得到复苏。

⑤ 柬埔寨

柬埔寨是传统农业国,工业基础薄弱,属世界上最不发达国家之一,贫困人口占总人口28%。柬埔寨政府实行对外开放的自由市场经济,推行经济私有化和贸易自由化,把发展经济、消除贫困作为首要任务,将农业、加工业、旅游业、基础设施建设及人才培训作为优先发展领域,推进行政、财经、军队和司法等改革,提高政府工作效率,改善投资环境,取得了一定成效。

2014年,柬埔寨国内生产总值(GDP)达658 917亿瑞尔,约合162.7亿美元,同比增长7.1%,人均GDP增至1 122美元,同比增长8.3%。其中,农业增长2.58%,工业增长9.56%,服务业增长7.48%。

工业被视为推动柬国内经济发展的支柱之一,但基础薄弱,门类单调。1991年底实行自由市场经济以来,国有企业普遍被国内外私商租赁经营,柬埔寨的制衣业、建筑业、旅游业开始活跃。2012年全年柬埔寨出口服装46亿美元,同比增长8%,占当年出口比重的83.7%。制衣业继续保持柬埔寨工业主导地位和出口创汇龙头地位。

随着柬埔寨对外开放政策的不断扩大、外贸体制的变革和不断完善,柬埔寨的对外贸易持续增长。2014年,柬埔寨对外贸易总额达181.35亿美元,同比增长14%。其中,出口76.96亿美元,同比增长11.5%;进口104.39亿美元,同比增长15.5%。中国是柬埔寨重要的贸易伙伴和投资来源地,占柬埔寨对外贸易总额的20.72%。2015年底,柬埔寨加入东盟经济共同体,将促进柬埔寨对外贸易的进一步发展,加强资本往来以及货物、服务、投资和技术工人的自由流动,也将为国内农产品、旅游业和现代服务业的发展带来积极作用。

(2) 流域经济合作概况

20世纪80年代末以来,随着世界局势特别是东南亚地区形势的日趋缓和,国际关系中经济优先的原则日益凸显,澜沧江-湄公河及其流域的综合开发再次被提上了各国经济发展的议事日程,引起了流域各国的高度重视。近年来流域各国的跨境经济互动频繁,经济一体化发展趋势明显,形成了多种双边及多边经济合作机制。

① 湄公河流域的多边区域经济合作机制

澜沧江-湄公河流域的多边经济合作非常活跃,由于特殊的历史、地缘经济和政治特点,该流域范围内的合作国际参与度很高,不仅澜沧江-湄公河沿岸各国及东盟积极参与,日、美、欧等发达国家、地区以及亚洲开发银行等国际组织也参与,形成了多重合作机制并行的状况。

a. 大湄公河次区域经济合作(GMS)

大湄公河次区域合作(Greater Mekong Subregion,简称GMS)是在亚洲开发银行的倡议与协调下,由中国云南(中国广西于2005年加入)和缅甸、老挝、泰国、柬埔寨、越南等国于1992年创建。在中国与东盟经济合作中,GMS居于核心地位。该合作从发起以来,已形成了一套由领导人会议、部长级会议、高官会议和工作组与论坛及国家协调员组成的完整机制,并建立了秘书处。

GMS的主要投资合作领域包括交通、能源、通信、旅游、投资贸易、人力资源开发和环境保护等9大合作领域,每个领域分别成立了相关的专题论坛和工作小组。GMS对该地区基础设施建设、贸易投资便利与自由化、次区域的互联互通等都发挥了重要作用。

b. 东盟-湄公河流域开发合作(AMBDC)

东盟-湄公河流域开发合作(ASEAN-Mekong Basin Development Cooperation,简称 AMBDC)是在马来西亚和新加坡的倡议下,由东盟 7 国与中国、老挝、缅甸、柬埔寨于 1996 年 5 月召开的第一次部长级会议上签署的《东盟-湄公河流域开发合作框架》所确定的。它由东盟 7 国和湄公河沿岸国老挝、缅甸、柬埔寨和中国为该合作机制的核心国。

在老挝、缅甸和柬埔寨三国加入东盟后,日本和韩国于 2003 年加入,AMBDC 成为东盟 10 国与中、日、韩在湄公河次区域地区开展合作的格局。但由于韩、日并没有参加东盟湄公河流域开发合作的部长级会议,该机制最终演变为中国和东盟关于澜沧江-湄公河次区域开发合作的一个机制。

c. 湄公河流域可持续发展合作(MRC)

湄公河委员会(Mekong River Commission,MRC,简称"湄委会")是根据 1995 年泰、老、越、柬四国签署的《湄公河流域可持续发展合作协定》而成立的,1996 年中国和缅甸以对话国身份参与了该委员会的一些合作,它是在 1957 年"下湄公河委员会"基础上建立的新的湄公河组织。MRC 的合作重点是以湄公河水资源的开发利用为核心的灌溉与干旱治理、航运、水电开发、洪水治理、渔业、流域管理、环境、旅游八大领域。

湄委会由理事会、联合委员会和秘书处 3 个常设机构组成。理事会由各成员国派 1 名部级官员参加,有权作出政策性决定,每年至少举行 1 次理事会会议。联合委员会由各成员国派 1 名厅级官员参加,具体执行理事会作出的决定,每年至少举行两次联合委员会全体会议。设在老挝万象的秘书处向理事会和联合委员会提供技术和行政性服务,负责湄委会日常工作,并接受联合委员会的监督。现任湄委会秘书处首席执行官哈达(An Pich Hatda)于 2019 年 1 月就任。

d. 中、老、缅、泰毗邻地区增长四角

中老缅泰"黄金四角"(Quadripartite Economic Cooperation,简称 QEC),是 1993 年由泰国政府正式提出,主要指澜沧江-湄公河的结合部、中老缅泰四国的毗邻区,包括中国云南思茅地区和西双版纳州 8 市县,老挝上寮地区 5 省,缅甸东部掸邦 4 县 1 特区,泰国清迈府和清莱府,总面积约 18 万平方千米,人口近 500 万。其目标是通过扩大与北部周边国家的经贸合作,推动泰北地区的发展,并维护与改善自身在大湄公河流域的战略地位与利益。

该合作涉及航运资源开发、水电资源开发、旅游资源开发、交通道路建设、生态环境保护、贸易与投资以及替代种植等方面,侧重于澜沧江-湄公河的交通运输合作。

e. 澜湄合作机制(LMC)

澜湄合作机制(Lancang-Mekong Cooperation,简称 LMC)是由中国倡导的由澜沧江-湄公河流域中、缅、泰、老、越、柬 6 个国家建立的对话合作机制,2014 年 11 月由李克强总理在中国-东盟领导人会议上提出。澜湄合作机制强调由流域内各国共同主导、共同协调,采取政府引导、多方参与、项目为本的合作方式,推动本地区发展,这也是我国倡导建立亚洲命运共同体的具体措施。

目前澜湄合作机制已经确立了政治安全、经济和可持续发展、社会人文三大重点领域,互联互通、产能、跨境经济、水资源、农业和减贫五个方面的有限合作领域。澜湄合作机制由于依托澜沧江-湄公河联系纽带,强调域内各国共同主导,而且强调流域水资源合作作为重要的合作领域之一,因此,未来中国更可能运用该机制与各国开展跨境水资源的协调与合作。

澜湄合作建立了包括领导人会议、外长会、高官会和各领域工作组会等在内的多层次、宽领域合作架构,确立了"3+5 合作框架",即以政治安全、经济和可持续发展、社会人文为三大支柱,优先在互联互通、产能、跨境经济、水资源、农业和减贫领域开展合作。六国外交部门均已成立澜湄合作国家秘书处或协调机构。澜湄水资源合作中心、澜湄流域安全执法合作中心、澜湄合作环保合作中心等相继成立。

② 中国与流域五国的双边经济合作

a. 中泰贸易与投资合作

2016 年实现泰中两国双边贸易额接近 1200 亿美元,并且一直保持快速的增长势头,中国已经成为泰国旅游的最大客源国。中国是泰国第二大贸易伙伴,泰国是中国在东盟国家中第三大贸易伙伴。两国双向投资情况良好。

中泰两国贸易的商品主要有原材料、能源、机电产品,消费品,农副产品,电子产品五大类,贸易商品的种类与数量都持续增长。两国的商品结构特点方面,首先是两国的进出口商品结构渐渐趋于一致,与以往相比,当前两国的贸易商品主要以电子产品为主,取代了以往的农副产品及纺织品;其次,中泰贸易的互补性依旧存在并将长期存在。这一贸易结构特点主要体现在热带水果、橡胶产品、大米等农副产品及原材料等方面,这主要与两国之间气候、资源等方面的差异有关;再次,两国之间的贸易商品主要倾向于劳动密集型企业的产品,这也极大地体现出由经济发展所带来的产品结构的显著变化。总结两国在贸易发展中的贸易结构特征发现,中泰两国伴随着相互间贸易发展程度的不断加深,两者之间的贸易依存度也不断增强。

两国在科技、文化、卫生、教育、体育、司法、军事等领域的交流与合作也有稳步发展。泰国是较早到中国投资的国家,现在泰国投资的中小项目,尤其是资源密集型和劳动密集型的中小企业,正从原先的沿海地区向中西部地区转移,而大型项目则大多设在经济发达、交通运输方便、市场容量较大的沿海地区。泰国在中国的投资主要有食品、纺织、服装、塑胶、电力、交通机械等工业项目,饲料、家禽家畜和水产养殖业等农业项目,以及房地产开发等。规模较大项目的投资者全部都是泰国的跨国公司和大企业集团,绝大多数采用与中方合资、合作的形式,且泰方投资占比较高。大型合资企业的合作年限与泰资所占比例的大小成正比,泰资占不到50%的项目合作年限较短,一般为10~30年;泰资占50%以上的项目合作年限较长,一般都在30~50年。

中国在泰国投资的行业主要有两种类型,一种是利用泰国原料的加工业;另一种是泰国薄弱的工业,如化工、机械等制造业。大多以设备、技术和劳务折价投资为主。就目前而言,中国投资占泰国引进外商直接投资总额的比重不大,但有增长的趋势。

b. 中缅贸易与投资合作

近年来,中缅经贸合作取得了长足发展,合作领域从原来单纯的贸易和经援扩展到工程承包、投资和多边合作。双边贸易额逐年递增。我国对缅主要出口成套设备和机电产品、纺织品、摩托车配件和化工产品等,从缅主要进口原木、锯材、农产品和矿产品等。为扩大从缅甸的进口,我国先后两次宣布单方面向缅甸共计220个对华出口产品提供特惠关税待遇。

2015年4月1日至2016年3月31日,缅甸与中国的双边贸易额突破94亿美元。缅甸是中国在东盟地区的重要工程承包市场和投资目的地。2013年上半年,中缅双边贸易额达43.8亿美元,同比增长25.9%,其中我国出口31.1亿美元,增长11.7%,进口12.8亿美元,增长82.4%,我国为缅甸最大外资来源国。

c. 中越贸易与投资合作

中越2015年双边贸易额958亿美元,较2014年增长了14.6%,中国连续12年成为越南最大贸易伙伴国,同时也是越南第一大进口来源地和第四大出口市场。从中越两国贸易产品种类上来看,中国对越南出口主要是原材料和机械设备。2013年,越南主要从中国市场进口产品为:机械设备和零配件产品18%,纺织、皮革和制鞋原材料15%,电话及零配件15%,电脑及电子产品占12%,钢铁和各类产品占9%。越南出口中国产品则主要以农副产品为主,其中农林水产占向中国出口总额的31.2%,同时也占越南对外总出口额的20.9%。可以看出,越南向中国出口的农产品对越南的对外出口意义重大。

据越南计划投资部统计,中国大陆对越南的投资排名为第20位。中国在越南投资的项目涉及轻工机械、化工、建材、制糖、饮料、造纸、电力、交通设施等。中越最大的合资项目是位于胡志明市的灵中出口加工区。中国公司在越南承包的工程项目不算太多,主要有:哈尔滨电站工程公司承包的协福电厂、中国海外工程公司承包的一号国道河内至若西段公路、中国水利电力对外公司承包的清化省拜尚水坝工程、中国冶金建设集团公司承包的海防市供水工程等。

d. 中老贸易与投资合作

2016年1—10月中老两国双边贸易额18.2亿美元。从品种来看,中国对老挝主要出口商品是机电产品、纺织品、服装、高新技术产品、汽车、摩托车等;自老挝进口商品主要是铜矿、铜材、农产品、锯材、天然橡胶等。

老挝作为云南重要的贸易合作伙伴,2015年,云南与老挝的贸易额达到8.82亿美元。与此同时,老挝已成为云南对外投资的第一大市场,截至2016年3月,云南省在老挝共设立境外投资企业219家,中方协议投资额40.2亿美元,实际投资额19.85亿美元。除了中国(以云南企业为主)积极在老挝投资外,老挝国内也有一些比较有实力的投资集团有较强意愿到云南投资贸易、物流等行业,中老两国都希望这些投资意向能尽快取得实质性进展。

e. 中柬贸易与投资合作

中柬两国经贸关系发展较快,合作领域不断拓宽。1996年,两国签订了贸易、促进和投资保护协定,并于2000年成立两国经济贸易合作委员会。2014年,中柬双边贸易额37.6亿美元,我国出口32.8亿美元,进口4.8亿美元。

中国一直是柬埔寨最大外资来源国和第一大贸易伙伴。2015年,柬埔寨全国投资总额达到46.44亿美元,同比增长18%,其中中国以8.65亿美元对柬投资额高居其外资来源国首位,占投资总额的18.62%,比其他所有国家对柬投资额总和还要多6.5%。2015年,中国对柬非金融类直接投资3.9亿美元,累计直接投资约36.1亿美元;新签承包工程合同额14.2亿美元,增长0.5%,完成营业额12.1亿美元,累计合同额121.1亿美元,完成营业额76.6亿美元。2016年上半年,中柬贸易额达23.4亿美元,同比增长10.2%。

中柬在各个领域的交流与合作不断扩大。两国先后签署了文化、旅游、农业等合作文件,两国议会、军队、警务、新闻、卫生、文教、信息、水利、气象、建设、农业、文物保护等部门领导人先后进行了互访。中国在进出口贸易中呈现为贸易顺差。柬埔寨从中国进口的主要商品有:轻工机械、建筑材料、日用百货、加工食品等。中国从柬埔寨的进口品种单一,数额也较小,主要是木材等几种资源性产品。

目前在柬埔寨的中资公司已有50多家,投资领域涉及建材、橡胶加工、胶合板生产、打井、公共工程、电力、筑路、造纸、纺织、成衣、农业、水产养殖等领域。四川省电力局与柬埔寨签约,为金边铺设了110千伏、长23公里的电网。中国轻工业机械总公司也在金边市建立了中端集团投资发展有限公司。

③ 湄公河流域五国之间的经济合作机制

a. 柬老越"发展三角区"

柬老越三国领导人峰会1999年在老挝首次举行,此后一般每两年在三国轮流举行一次。通过历届领导人峰会,三国在推动经贸投资、确定优先发展项目、举办贸易展销会、推动旅游、加强青年交流以及寻求其他合作伙伴支持等方面达成一致,同时还签署了一系列三角区发展规划与优惠发展政策协议,进一步扩大了经济合作。

截至2014年底,越南是柬埔寨第五大外资来源地,越南在柬埔寨共有134个投资项目,注册资金总额达33.6亿美元,集中于经济作物种植、采矿、油气勘探与经营、电信、金融、银行等领域。据统计,2014年,越柬贸易额达30多亿美元,其中越南对柬出口额达26.6亿美元,越南已成为柬埔寨第四大贸易伙伴。

b. 柬泰贸易与投资合作

据泰国驻柬使馆经商处统计,2014年,柬泰双边贸易额突破50亿美元,其中柬埔寨从泰国进口额为40亿美元。柬埔寨发展理事会数据显示,在该理事会注册的来自泰国的公司共162家,注册投资额约3.8亿美元,在国际公司投资中排第8位。仅2014年就有17家新的泰资公司进入柬埔寨进行投资。

2014年,"柬泰跨国铁路桥"正式开工建设,竣工后将柬泰两国铁路网连接起来。铁路桥建成后,将成为连接柬泰边境地区的柬埔寨班迭棉吉省和泰国沙缴府的重要交通枢纽,对加速柬西部省份经济社会发展,改善当地交通运输状况,提高当地民众生活水平等都具有重要意义。

c. 老越贸易与投资合作

越南与老挝一直保持着传统友谊。两国双边贸易额在2013年达12.5亿美元,比2012年增长27%,2014年上半年,双边贸易额达到8.88亿美元,比上年同期增长33%。"老越贸易展"是两国工业与商业部为推进两国间的贸易和投资合作共同举办的一项活动,截至2014年已举办数届,已成为老越两国企业交流与合作的一个重要平台。越南长期保持老挝外资来源前三位,截至2014年底,越南对老挝的投资项目共400个,投资总额累计达到50亿美元。越南也是老挝出口商品的主要目的地,2014年,老挝对越南出口总额同比增长64%。

d. 越缅贸易与投资合作

越南与缅甸的关系一直稳步推进中,双方积极促进政治、经济、文化等方面的交流。2014年,越缅贸易额达4.8亿美元。其中,越南对缅甸出口额为3.5亿美元,进口额为1.3亿美元。2012—2014年,越南对缅出口额平均增长率达150%以上。两国元首会面,缅甸承诺为越南企业在缅甸投资提供便利条件,并促进两国农业、金融业、信息通信、能源产业、电力等多个方面合作。越南的化肥、家用塑料、食品、电器、化妆品、药品、建材等生产企业也开始日益重视缅甸市场。

9.1.3 澜湄流域的开发情况

迄今为止,湄公河流域的合作开发过程,可分为以下三个时期:

(1) 联合国主持下的合作开发时期

第一个历史时期,是在联合国湄公河下游调查协调委员会主持下的湄公河流域开发时期。1957年,联合国成立了湄公河下游调查协调委员会(即老湄公河委员会),专门负责对湄公河下游流域开发进行规划、建设。

根据老挝能源业务部(DEB)2010年1月老挝电站统计数据显示,在此期间,老挝规划建设了南东电站、色拉斑电站以及南俄河上的梯级水电站——南俄1水电站,其中南俄河是老挝最早进行梯级水电开发的河流;同期,泰国与柬埔寨也分别成立了本国湄公河委员会,对本国流域进行勘探、规划。

这一时期,在联合国主持下,湄公河流域开发计划的调整与工程建设有了一定的发展,在泰国与老挝境内建成了水库、水电站与输电线路,增加了灌溉面积。但是,因越南战争及其他因素影响,整个工作进展缓慢。这种合作开发是联合国对湄公河下游流域个别国家的合作开发。

(2) 多极参与的合作开发时期

20世纪中期对湄公河的开发利用的特点是参与主体突破了亚洲国家范围,很多欧美国家开始参与进来。例如,20世纪70年代以前,美国曾多次参与了湄公河的开发。越战结束后,美国的直接参与有所减少,主要是通过国际机构和跨国公司发挥影响,例如通过国际水资源协会(IWRA)、国际河流组织(IR)、国际环境与发展协会(IIED)等国际性组织对湄公河的水资源开发、环境保护等愈发关注。

欧洲及其他西方国家大部分是通过官方的开发援助和直接投资、捐助开发和研究等方式参与湄公河的合作开发。如澳大利亚、新西兰、瑞典等国积极参与湄公河开发,以官方开发援助和人力资源开发为主。英法等国则主要集中在对原殖民地国家做重点的投资、捐助和合作。

日本一直是湄公河开发的重要捐助国。20世纪80年代末,日本在向东南亚大举推出直接投资的同时,也对湄公河流域进行了大量调查研究。这种合作开发是个别国家对湄公河流域的个别国家进行合作开发。

(3) 亚洲开发银行倡导下的大湄公河流域合作开发时期

20世纪90年代,湄公河流域合作开发进入了在共同规划下多国联合与湄公河流域多国合作的时期。

1991年—1995年,亚洲开发银行根据中、老、缅、泰、柬、越六国政府的要求,进行了两次比较大规模的大湄公河次区域经济合作可行性研究,最后的框架性报告得出大湄公河次区域经济合作是大势所趋、人心所向的结论,这为未来至今天的合作奠定了坚实的基础。

1992年,亚洲开发银行推出大湄公河次区域合作计划,制定了交通、能源、电讯、环境、旅游、人力资源开发、贸易与投资、禁毒八个优先发展项目,以促进流域内各国的经济合作。这八个优先项目由103个子项目组成,供流域内各成员国参照,组织项目实施。而后,经过初期规划、项目选择,亚洲开发银行大湄公河次区域合作项目现已进入项目实施阶段。在此,亚洲开发银行为湄公河流域国家的基础设施累计提供贷款7.7亿美元,帮助融资2.3亿美元,已经在运输和能源流域完成九个项目。亚洲开发银行还提供了32个累计2 500万美元的技术援助[①]。此外,亚洲开发银行还利用自身的影响和担保作用,呼吁西方发达国家尤其是私人投资者为这些备选项目提供融资。

自1992年大湄公河流域合作开发项目启动以来,其发展过程大致又可分为三个阶段:第一阶段(1992~1994年)为起步阶段,以研究、论证、交换意见为主;第二阶段(1995~2000年)为实施阶段,各国提出了相关构想、政策措施,启动了一批具体项目;第三阶段是2001年至今,合作步伐迅速加快。目前,已形成了多种机制并行运作的态势,并在若干领域取得了实质性进展。该流域的合作开发已成为世界关注的一个热点。以欧盟为例,欧盟及其他欧洲国家以亚欧首脑会议为契机,已在"共同合作湄公河开发计划"方面达成共识,表示积极支持合作开发。其中,欧盟以东盟为平台积极参与合作。2004年,欧盟开始与东盟开展一项经贸合作行动,即"东盟-欧盟跨区域贸易谈判机制"。2010年,第十八届欧盟—东盟部长级会议决定双方建立全面的政治伙伴关系,2011年5月,东盟和欧盟举行了首届商务峰会,就农产品、服务业、交通、基础设施建设等合作进行了探讨。

与西方国家积极介入大湄公河次区域合作相比,中国与该区域的合作相对较晚,随着中国经济的快速发展和企业走出去步伐的加快,大湄公河次区域成为中国对外投资的重点区域,也是我国倡导一带一路的重点合作区域。同时在美国重返亚洲战略的背景下,该区域的国际政治关系复杂,中国与大湄公河次区域的合作具有重要的战略意义。

---

① 柴瑜.大湄公河次区域经济合作研究[M].北京:社会科学文献出版社,2007.

9.2 老挝沙湾水经济区

9.2.1 基本情况

(1) 历史背景

① 土地层面：沙湾水经济区是老挝重要的地理中心和农业主产区，地形平坦开阔，土地资源丰富，雨季雨水充足，农业开发条件好。但由于老挝技术条件和基础设施建设落后，导致沙湾水经济区土地开发程度低，大量优质土地被闲置。土地利用方式粗放，缺乏土地资源开发和保护指引，无序开发、乱砍滥伐现象较为突出。

② 农业层面：老挝以小农经济为主，刀耕火种，粗放式农业生产，产量低，经济效益差，农户生产积极性低。老挝属热带季风气候，全年分为旱季和雨季：旱季为每年11月至次年的4月，天气炎热而干燥，平均气温约28 ℃，最高温度可达38 ℃；雨季为每年5月至10月，天气炎热而潮湿，平均气温约14 ℃，最低气温可达0 ℃。该地区由于缺乏灌排水利设施，导致旱季无水可用，冬季农业被荒废，农民靠天吃饭，抵御灾害能力差。此外该地区日照时间长，产品质量好，但市场定位低、销路差，同时无配套加工业，缺乏完整产业链，导致农业附加值低。

③ 交通层面：沙湾水经济区虽然地处老挝交通要道，其交通水平优于老挝其他地区，但与发达国家水平相比仍然存在明显差距。究其原因：一是交通设计标准低，服务水平差，从根本上导致交通水平低；二是道路桥梁缺乏管理维护，桥涵老旧失修，通行能力差，无法承受未来逐渐增长的交通需求量。

(2) 建设基础

老挝沙湾水经济区因具有独特的区域优势，多年来深受老挝政府和人民的重视，老挝各政府部门从不同角度对沙湾水经济区开展了相关研究和规划工作。老挝林业部开展《建造色邦非河流域灌溉和防洪管理项目》等，老挝国家电力公司开展《老挝色邦非3级水电站预可行性研究》《老挝色邦亨2级水电站预可行性研究》等，湄委会拟定《甘蒙三角洲灌溉开发计划》等，但上述研究均是从沙湾水经济区局部出发进行的单一目标研究，不成系统，缺乏可操作性和可持续性。此外日本、法国、印度等国援助修建了小范围的灌溉系统，但由于缺乏效益回收机制，没有运行维护管理资金和措施，这些小水利工程数年后均被废弃，无法发挥预期效益，对推动整个区域经济社会发展的作用十分有限。

为真正指导和促进沙湾水经济区的长期快速发展，从整个区域经济社会发展的高度进行总体规划，探索出一条以高效利用水资源和土地资源为基础的区域综合性开发之路,将沙湾水经济区的区位、资源优势转变为经济社会发展的动力,打造成为老挝国家发展新引擎。2013年8月初,昆明勘测设计研究院提出了《老挝色邦非色邦亨流域水资源综合开发利用初步构想》;2013年9月初,河海大学商学院与昆明勘测设计研究院对沙湾水经济区开展了现场踏勘,提出了《老挝色邦非色邦亨两河流域发展纲要(2015～2030)》《沙湾水经济发展项目(SVWEP)基本构想——老挝发展新引擎》;2014年6月,受老挝政府委托,老挝工商联合会与昆明勘测设计研究院签署《老挝沙湾水经济发展项目合作备忘录》,授权昆明院启动老挝沙湾水经济区的总体规划工作;2014年10月,中国电力建设股份有限公司将老挝沙湾水经济区综合开发规划列为股份公司第一批海外重大项目,并提供了前期研究经费支持。中国的援助得到了老挝政府的充分肯定和高度赞扬,为老挝沙湾水经济区建设注入了新鲜血液。

9.2.2 总体规划

(1) 老挝沙湾水经济区建设意义

甘蒙、沙湾拿吉两省具有较好的发展基础和极具价值的发展前景,老挝国家领导人在国际社会上对该区域进行过多次宣传,表现出对其进行综合开发的强烈意愿,中国政府、高校和企业与老挝政府的长期合作与帮扶,彼此之间建立了良好的公信力,深受老挝政府的认可和信赖。双方在相互信任的基础上,共建老挝沙湾水经济区,对两国而言具有重要意义:

① 进一步扩大合作范围,是深化中老两国全面战略合作伙伴关系的重大举措,实现国际事务相互支持与共赢的友好局面;

② 作为中国全面推进"一带一路"倡议的重要项目之一,是中国在东南亚地区落实"一带一路"倡议的主要抓手;

③ 是解决老挝国家粮食安全、食品安全、提高基础建设水平等重大民生问题的重要手段;

④ 为中国加快实施"走出去"提供了无限的机遇,帮助中国企业在金融服务、农业开发、电力、装备制造、交通运输、城镇建设、运营管理等方面高端切入老挝市场,获得实施开发项目的优先选择权,为创造全产业链式、综合性开发提供了无限商机;

⑤ 提高中国对外贸易地位,推动中国从贸易大国向贸易强国转变,从吸收外资大国向资本输出大国转变。

(2) 规划范围

老挝沙湾水经济区是老挝政府2014年以来重点投资发展的地区,该区地处老挝中部与南部过渡区域,地理位置介于E104°16′～106°47′,N15°52′～18°15′之间,东与越南接壤,西与泰国隔湄公河相望,南与老挝沙拉湾省相连,北与老挝波利坎赛省毗邻[①]。在行政区划上主要包括沙湾拿吉省和甘蒙省,土地总面积为 38 063.6 km², 约占全国总面积的 16%, 人口 135 万人, 约占全国的 20%, 是老挝重要的经济中心和农业核心区;其中沙湾拿吉省下辖 15 个县,面积 21 774 km², 人口约 91 万, 首府为凯山丰威汉市, 为老挝第二大城市, 省名意即"天堂之省";甘蒙省下辖 9 个县,面积 16 315 km², 人口约 38 万, 首府为他曲。

老挝沙湾水经济区地势东高西低,东部老、越边境为长山山脉构成的高原,西部为湄公河谷地和湄公河及其支流沿岸的盆地和平原。地貌类型主要包括了甘蒙高原和沙湾拿吉平原;甘蒙高原在中部的甘蒙省境内,平均海拔 1 000 m, 多被森林覆盖。沙湾拿吉平原分布在甘蒙以南的湄公河东岸,海拔 100~200 m, 地势平坦。研究区属热带季风气候,气温高,全年分为旱季和雨季。区内河流水系主要由西部边界的湄公河及其位于老挝境内的一级支流色邦非河、色邦亨河组成[②]。

(3) 老挝沙湾水经济区项目优势

① 区位优势

老挝沙湾水经济区处于两大经济合作圈和"一带一路"重要节点上。1992 年老挝等 6 国发起大湄公河次区域经济合作(GMS),1997 年老挝加入东南亚国家联盟(东盟,ASEAN),老挝沙湾水经济区位于大湄公河次区域经济大通道的中心位置,处于东盟合作经济圈和大湄公河次区域合作经济圈的共同范围之内,是大湄公河次区域中部经济大通道的必经之地。老挝作为中国"一带一路"倡议构想在东南亚的重要合作伙伴,这使得沙湾水经济区与中国、泰国、越南及柬埔寨等各国之间交流更加密切。

打造"陆联国"重要枢纽。老挝是东南亚地区唯一的内陆国家,被周边的中国、缅甸、泰国、柬埔寨和越南五个国家包围,称为"陆锁国"(land-locked Country)。特殊的地理位置使其一直饱受交通不便、招商引资不力、经济发展后继乏力等问题的困扰,成为该地区经济最为落后的国家之一。2014 年老挝独创"陆联国"(land-linked Country)概念,将内陆国家的劣势转变为地理位置上的优势,让老挝成为连接周边国家的过境枢纽,特别是成为中国与东盟地区互联互通的关键节点,积极推进与中国及东盟国家之间的互联互通。为此老挝不断加强与中国的项目合作,积极响应中国"一带一路"倡议。2012 年,老挝国会审议通过修建中老边境磨丁口岸

---

① 黄巧,彭玉玲,秦文杰. 老挝沙湾水经济区土地利用适宜性评价[J]. 国土资源遥感,2018,30(04):156-162.

② 袁沫汐,彭玉玲,林爱文,张建东,秦文杰. 老挝沙湾水经济区生态用地利用评价[J]. 水土保持通报,2017,37(01):234-240.

至首都万象(即中老铁路老挝段)的铁路项目。

沙湾水经济区是老挝地区重要交通枢纽。13、12、9号公路穿越全境,通往国内及邻国主要城镇。2014年7月底泰国军政府维稳会已通过两项投资总额达7 414亿泰铢(1人民币约合5.1泰铢)的高铁规划,两条高铁线路分别经过泰国北部的清孔和廊开穿过老挝,最终与中国境内的铁路相连。2015年沙湾—老宝(老挝)高速铁路220 km已经由马来西亚规划投资建设。2018年老挝首都万象至占巴塞省巴市491 km高速公路项目开工建设。未来沙湾水经济区拥有凯山丰威汉—万象,凯山丰威汉—巴色两条国内航线和凯山丰威汉—曼谷一条国际航线,未来沙湾区将成为老挝南北大通道更为重要的中心位置。

沙湾水经济区在老挝拥有重要的经济地位。沙湾水经济区是老挝第一个经济特区,老挝10个经济特区中,沙湾水经济区占3个,GDP占老挝全国的22%。沙湾水经济区有四座对外口岸,其中对泰(国)口岸两座(他曲—那空帕侬和凯山丰威汉—穆达汉),对越(南)口岸两座(纳保—查立和得里萨—老宝)。

沙湾水经济区城镇建设基础较好。沙湾拿吉省首府凯山丰威汉市为老挝第二大城市,甘蒙省首府他曲市是老挝第四大城市,区内中小城镇密集,交通便利,基础设施建设相对完善。

② 资源优势

清洁资源优势。老挝沙湾水经济区降雨丰沛,拥有丰富的水资源、太阳能、风能等清洁能源,区内有色邦亨河、色邦非河和南腾河等三条集雨面积大于3 000 km² 的湄公河一级支流,且开发空间巨大。经初步评估,色邦非、色邦亨河可布置5个梯级水电站,总装机容量290 MW,年平均发电量达1 086.5 GWh;8个风电场,总装机容量为910 MW;4个光伏电站,总装机容量为240 MW。甘蒙省拥有老挝目前最大的水电站——南吞2号电站,装机容量1 080 MW,清洁资源利用前景广阔。沙湾水经济区河流分布信息见表9-2。

表9-2 沙湾水经济区河流分布信息表

河名	色邦亨河	色邦非河	南腾河
面积(km²)	19 400	8 560	3 370
河长(km)	370	190	138
年降水(mm)	1 500	2 300	2 500
年径流(m³/s)	497	432	222
高程范围(m)	143—1 613	150—1 397	155—2 288

续表

河名	色邦亨河	色邦非河	南腾河
主要支流	Sepone Sethamouk Sechamphone	Nam Gnom Nam Oula Senoy	Nam One Nam Noy Nam Xot

土地资源优势。老挝沙湾水经济区地形平坦开阔、土地肥沃,土地总面积380万平方千米,耕地面积达43万平方千米,实际种植面积30万平方千米,人均耕地面积3 200平方米,可开发耕地面积30—40万平方千米。丰富的土地资源能够有效减少经济区的建设成本,肥沃的土地也提高了当地经济作物的产量,有效带动经济发展。

③ 产业优势

农业种植业资源发达。沙湾水经济区是老挝重要的国家农业经济区,主要生产稻谷、玉米、薯类等粮食作物和甘蔗、大豆、果蔬等经济作物。该地区光照充足,雨水充沛,生态环境优异,农产品零污染、零添加,品质较高。2000年以来,老挝粮食产量实现自给自足,余量可供出口。亚洲是全球大米的主要产地,东盟五国(越南、老挝、柬埔寨、缅甸和泰国)大米出口量占全球总出口量的2/3,而沙湾水经济区稻谷产量约占老挝全国1/3,2012年东盟五国成立国际大米联盟。

畜牧养殖业优势明显。沙湾水经济区畜牧养殖业发达,其中水牛35.7万头,占全国30%;黄牛49.4万头,占全国29%;羊10.4万只,占全国22%;猪38.7万头,占全国13%;家禽346万只,占全国11%。

④ 历史人文与生态景观优势

老挝沙湾水经济区历史悠久、人杰地灵,居民大多信奉老挝国教——佛教,民风淳朴,其中沙湾拿吉省是老挝前国家主席凯山·丰威汉,现任国家主席本扬·沃拉吉的故乡,文化教育设施、人才培养在全国处于领先地位。沙湾区人口集中分布于该区西部,东部地区人口密度低,全区分布5个自然保护区,自然生态风光独特,生态环境良好,基本无工业污染,每年都会吸引大量游客前来观光旅游,生态价值突出。

(4) 规划思路

针对老挝沙湾水经济区,通过资料收集、分析及现场调查、踏勘、咨询,了解规划区经济社会发展现状,分析区域发展面临的问题。并深入了解当地政府和民众的发展思路和需求,结合老挝国内和国际相关区域发展特点、方向分析,分析外在需求。通过内外、横纵对比,摸清区域全方位发展所具备的优势,据此合理确定沙湾水经济区功能定位和发展目标。

沙湾水经济区未来的发展一方面应充分利用自身土地资源优势,修建基础灌溉设施,改善基础灌溉水平发展,进一步提高种植业、畜牧业和养殖业的发展水平,并建设先进加工厂,引进加工设备设备和技术,实现农产品深加工,延长产业链,提升产品附加值,促进产品出口。另一方面进一步改善交通条件和城镇建设水平,发挥生态优势,吸引国内外游客,发展旅游业。与此同时,该区应充分利用水能、风能、电能等清洁能源优势,保障当地用电需求并实现出口,提高经济收入。老挝沙湾水经济区规划思路如图9-1所示。

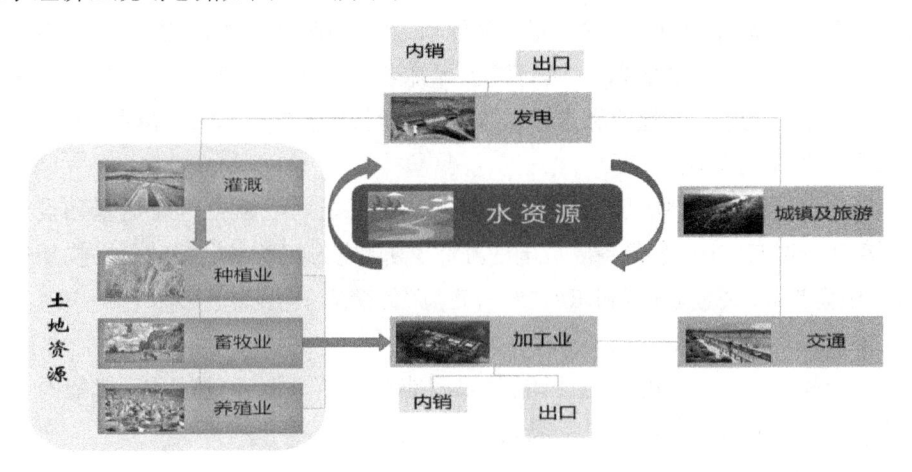

图 9-1 老挝沙湾水经济区规划思路

(5) 功能定位

老挝沙湾水经济区结合自身区位、资源、产业、历史人文与生态景观等优势,在未来以将其打造成水经济综合开发试验区、现代化生态农产品生产及加工基地、对外交通中枢、清洁可再生能源示范区、最具发展活力城镇群、知名生态休闲旅游度假区、老挝发展新引擎等七大功能目标(如图9-2所示),带动地区及老挝经济发展。

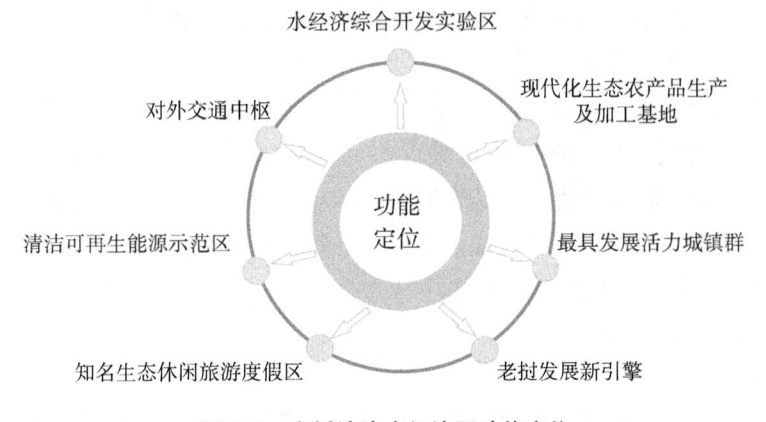

图 9-2 老挝沙湾水经济区功能定位

① 水经济综合开发实验区

水是生命之源、生产之要、生态之基、生活之首。老挝沙湾水经济区应充分利用当地丰富的水资源,进行水资源综合开发、利用、治理、保护和管理。率先探索水经济综合开发模式,走出一条以综合高效利用水资源带动地区生产发展、人民生活富裕、生态环境良好的现代化文明和可持续的发展之路。

② 现代化生态农产品生产及加工基地

以水为纽带,盘活土地资源,充分吸取当地零污染、零添加的农业种植、养殖传统,引进现代化技术、设备和人才,打造世界知名的农产品品牌,大力发展现代生态农业种植业、畜牧业、养殖业和农产品加工业,延长产业链,增加产品附加值。

③ 对外交通中枢

充分利用得天独厚的区位优势,大力开展公路、铁路、航空等交通基础设施建设。实现老挝与中国、东盟各成员国的互联互通,成为实现老挝"陆联国"构想的突破口,中南半岛"黄金通道"和东西"经济走廊"的交通中枢。

④ 清洁可再生能源示范区

充分利用当地丰富的水能、风能及太阳能等清洁资源,打造水能、风能及太阳能综合利用的清洁可再生能源示范区。

⑤ 最具发展活力城镇群

以凯山丰威汉市和他曲市为核心,合理布局特色中小城镇群,打造老挝最具活力和最适宜居住的新型城镇。

⑥ 知名生态休闲旅游度假区

沙湾水经济区拥有五大自然保护区,喀斯特山水地貌,两河及东部山脉风光,城市文化景观、生态农业湿地、新能源示范基地等生态旅游资源。沙湾水经济区应充分发挥区域生态环境优势,加快推进旅游要素开发进程,提升旅游设施建设及管理服务水平,形成综合服务功能基本完备的现代旅游产业体系。

⑦ 老挝发展新引擎

以综合利用、优化布局,生态经济,人水和谐为理念,综合高效利用水资源和土地资源,促进区域农业种植业、畜牧业、农产品加工业、可再生清洁能源业、旅游业等各产业全面发展,加快促进区域交通和城镇化基础设施建设,实现水经济区综合开发,最终将沙湾水经济区打造成为老挝发展新引擎,成为带动老挝全国经济社会快速稳定可持续发展的重点支撑。

(6) 商业模式构想

① 公益性项目

对于公益性、关乎社会民生的重要基础设施建设项目,建设资金来源主要为世界银行、亚洲开发银行、他国政府等对老挝的贷款、捐款和援助。

② 准公益性项目

对于准公益性、具有一定收益能力的建设项目采用 PPP 模式，项目建设资金的主要来源为企业投资（含银行贷款）和老挝政府出资，根据老挝政府的财政现状，老方政府出资考虑用政策、资源和特许经营等方式替代。

③ 经营性项目

对于经营性、收益能力较好的建设项目，企业直接进行投资，采用 BOT、ROT、BOO、BT+EPC 等方式参与项目规划、设计、投资、建设、运营、管理等全过程。

9.2.3 发展状况

（1）当前建设成果

项目建设前期，相关单位等先后同老挝总理府、能矿部、工商联合会、国家电力公司、甘蒙省政府、沙湾拿吉省政府等老挝政府部门或企业以及中国驻老挝大使馆、国家开发银行（总行及云南省分行）、中国工商银行（老挝万象分行）等中国相关政府和金融机构进行了交流、座谈及咨询。在两国各级政府部门的大力支持下，收集到了大量一手资料，为项目建设顺利进行提供了保障。

① 水电项目

综合考虑农业开发、灌区分布、加工业布局和城镇化发展，完成了河流水能资源特点及规划河段分析，完成了水电开发必要性分析，确定了规划原则，提出了河流开发任务，完成了河流主要断面的径流计算，初拟了河流开发方案，完成了规划梯级及相关区域的现场踏勘，开展了坝址及淹没影响敏感对象的测量工作，完成了相关梯级枢纽区地形图数字化工作。

② 新能源项目

完成了室内选址工作，根据现场勘测结果，最终规划 8 个风电场，(M. Phin 风电场—100 MW, Sepon 风电场—150 MW, Phou Xanga He 风电场—160 MW, Chi Dan 风电场—90 MW, Ban Mene—120 MW 风电场, Ban Nong Ko 风电场—120 MW, A Tue 风电场—100 MW, Ban Heu 风电场—90 MW), 总装机容量为910 MW; 4 个光伏电站场址（Nong Pom 光伏电站—70 MW, Phon Song 光伏电站—20 MW, Ban Bong 光伏电站—50 MW, Pa OK 光伏电站—100 MW）, 总装机容量为 240 MW。

③ 交通建设

建成区域干线路网。完成了老挝沙湾水经济区交通情况现状分析，制定了综合交通发展目标、交通发展策略及构想。根据交通现状分析结果，提出 13 号公路、

12 号公路及 9 号公路的合理道路标准,提高运营水平;以 122 号、10 号、23 号公路为基础,建立南北向的运输通道,形成方格网式的干线网络结构,覆盖本区 90% 以上人口,建成区域干线路网和次干线路网。

建设综合公路网络。结合水经济规划、城镇规划及其他产业布局,优化路网结构,规划一定数量的交通枢纽节点,最终形成分布合理、层次清晰、对产业规划直接服务的综合公路网络。

建立综合交通网络系统。结合泛亚铁路布局规划,规划 1 条横跨规划区域的国际铁路,结合横向公路大动脉,真正实现规划区位于"交通要冲"的战略位置的意义。结合老挝政府航空发展规划及区域航空交通需求,规划满足未来吞吐量及服务。

④ 城镇及旅游建设

通过现有资料整理分析,结合交通等规划初步成果,确定了沙湾水经济区城镇建设空间布局、功能定位和总体空间结构,确定了城镇化对象分级,完成了城镇化规模预测。确定了旅游规划的重点,初拟了区域旅游主题形象,形成了初步的规划思路。

建设范围。沙湾拿吉省:确定建成核心发展城市——凯山丰威汉市,二级发展城市——赛布里县,三级发展城市——维拉布里县。凯山丰威汉市、赛布里县联合色诺经济特区建成绿色农产品生产、加工、仓储、物流园区。维拉布里县建交通枢纽区,主要用于加工产品的运输。甘蒙省:核心发展城市——他曲市,二级发展城市——马哈塞县,他曲县建两个工业园区,主要用于商贸和承接转移轻工业。马哈塞县建交通枢纽区,主要用于游客集散。拟定沙湾水经济区 2025 年人均占地面积为 100 m²,2040 年人均占地面积为 120 m²,以此为基础对各规划水平年新增城镇用地规模进行预测。

空间布局与战略定位。围绕沙湾水经济区资源优势,设计一区两带,两片多点的空间布局。一区:沙湾水经济区;两带:旅游文化产业经济带和绿色经济示范带;两片:甘蒙片区和沙湾拿吉片区;多点:多个城镇化区域。将其建设成老挝城镇建设的新引擎、外向型特色产业基地、产城融合的示范区、绿色发展的样板区、多样旅游的引领区。

(2) 未来规划

① 中期目标

预计到 2025 年,完成干流水电项目及灌区配套设施建设,基本解决洪涝灾害问题;完成 26.68~33.35 万平方千米土地的农业开发及配套加工产业;完成区域公路主干网的建设;完成 2~3 座风电厂、光伏电站的建设;城镇群及生态旅游业建设初具规模。沙湾水经济区初具雏形,规划区总人口 170 万人,粮食产量 200 万吨,畜禽数量 940 万只,GDP 90 亿美元,人均 GDP 5 300 美元,城镇率接近 50%,达到东南亚平均水平。

② 远期目标

预计到2040年,完成支流水库及灌区配套设施建设;完成500～700万亩土地的农业开发及配套加工产业;完成区域公路、铁路及航空网的建设;完成清洁可再生能源示范区建设;完成城镇群及知名生态度假区建设。沙湾水经济区全面建成,经济社会快速发展,实现与周边国家互联互通。规划区总人口230万人,粮食产量超过400万吨,人均GDP突破1.2万美元,城镇率达到60%,成为带动老挝全国经济社会快速发展的强大新引擎,达到东南亚国家最发达水平。

9.3 柬埔寨西哈努克港经济特区

9.3.1 基本情况

西港特区是红豆集团与光明、华泰、益多等三家无锡民企联合柬埔寨国际投资开发集团有限公司共同开发的经济特区,是为企业"走出去"实现跨国发展的理想投资贸易平台,由中方控股股东红豆集团全权负责。

西港特区是中国首批设立的八个境外经贸合作区之一,是唯一一个签订国家间框架合作协议的境外经贸合作区。是柬埔寨当地生产、生活配套环境完善后的国际化工业园区,吸引力来自世界各国的近百家企业入驻,为企业搭建了"投资东盟,辐射世界"的立项投资贸易平台,被称为柬埔寨的"深圳"。

西哈努克港经济特区作为中柬两国间的重要合作项目,西港特区受到了中国和柬埔寨两国政府领导人及各级政府部门的高度重视。2010年12月13日,两国政府在北京正式签订《中华人民共和国政府和柬埔寨王国政府关于西哈努克港经济特区的协定》,明确了西港特区的法律地位。2012年6月,西港特区揭牌。同时,在双边框架协定下,2012年12月,西港特区协调委员会在无锡召开第一次会议。在两国政府的大力支持下,西哈努克港经济特区发展迅速。2015年4月,中国国家主席习近平在万隆会议会见柬埔寨首相洪森时,提出要在"一带一路"框架内加强基础设施互联互通合作,营运好西哈努克港经济特区。在中柬两国政府的关心和支持下,西港特区坚持以"特"为先,将命运共同体意识落地生根,成为柬埔寨建设规模最大、发展速度最快、配套设施最完备、就业岗位最集中的特区[1]。在

---

[1] 吴国玖,于珺建,周刚. 江苏企业践行"走出去"战略的新样板——柬埔寨"西港特区"的发展与启示[J]. 群众,2019(09):47-49.

新的历史机遇下,西港特区将继续加快特区经济发展步伐,努力把西港特区建设成为中国境外经贸合作区的成功典范,成为"一带一路"上的璀璨明珠。

9.3.2 总体规划

(1) 项目优势

① 区位优势

西哈努克省位于柬埔寨西南部,是柬埔寨第三大城市,省会西哈努克市,也是柬埔寨唯一的国际港口城市。西哈努克港经济特区(以下简称"西港特区")位于西哈努克市东郊,总面积11.13平方公里,特区紧邻4号国道,离首都金边212公里,距西港国际港口12公里,距西哈努克机场仅3公里,距离市区约10公里,海陆空交通便利,区位优势十分明显。

② 配套服务设施完善

第一,特区具有建设与管理的职能。西港特区的建设、经营和管理的主体都是西港特区公司,大大减少了开发商与管理者之间相互推卸责任的现象。第二,水、电供给相对充足。特区自建水厂、发电厂,并与市政水、电并网,在以西港市供给为主的同时,可以随时应对突发停水停电事件。第三,行政服务现场办公。引进柬埔寨发展理事会、海关、商业部、劳工局、商检、西哈努克省政府代表组成的"一站式"行政服务窗口,为企业提供登记注册、进出口报关、商品检验检疫、申请原产地证、企业用工以及劳资矛盾协调等服务。第四,清关物流区内完成。特区综合服务中心不仅有加华银行的分支机构,而且有两家报关公司和一家船务公司,企业进出口的货物均可在区内完成清关和运输手续办理。第五,生活设施逐步完善。特区内建设有宿舍、酒店、生活服务区和集贸市场,把柬埔寨加华银行和物流清关公司等服务性机构引进来,为区内企业生产经营、接待客商及员工安居乐业创造条件,营造"引得进,留得住"的良好运营环境。第六,建立风险防控体系。西港特区为保证区内企业人员及财产的安全,引进了当地警察署,建立了专业的安保队伍,同时还与中国出口信用保险公司合作,投保海外投资险,有效规避国家征收、战争、汇兑限制等政治风险,而入住西港特区的企业也可同等享受中国出口信用保险公司给予的低费率政策。第七,积极开展校企合作。与中国无锡商业职业技术学院合作,一起建设西港特区培训中心,语言和技能的培训按照入区企业人力资源需求进行提供。与当地大专院校进行对接,向区内企业推荐适用的管理人才,并建立劳动力市场,于每月10日在区内举办人力资源劳工招聘会,将柬埔寨全国各地的就业要求和企业的招工要求有效地对接起来。

③ 优惠的税收政策

凡是进入柬埔寨西港经济特区的企业均享有宽松优惠政策,尤其是税收方面(见表9-3),西港特区的优惠政策较其他东南亚国家更为宽松,吸引了大量国内企业到柬埔寨西港特区投资,带动双边贸易的发展。

表9-3 企业入驻西港特区税收优惠政策

税种	具体内容
出口税	免税
进口税	免税;用于生产的机械设备、建筑材料、零配件、原材料等
企业所得税	最多可获 6—9 年的免税期,免税期过后所得税税率为 20%
增值税	生产设备、建筑材料等增值税率为 0%
	原材料:服务于出口市场的产业,增值税率为 0%,服务于内销市场的产业,增值税率为 10%
租赁税	税率 10%

(2) 建设意义

① 推动柬中两国经贸发展

西港经济特区的成立和建设为柬中两国的经贸发展带来重大机遇。中国政府与中资企业先后帮扶柬埔寨修建水电站、桥梁、公路、铁路、城市交通等设施,为柬埔寨的基础设施建设与社会发展做出了重大贡献。而且前往柬埔寨旅游与投资的中国人和中资企业越来越多,为柬埔寨的商业旅游业、公共服务业及工业发展带来了巨大收益。柬政府近年来也不断加快工业领域发展步伐,先后已开发建设 30 多个经济特区,为入驻柬方的中资企业提供了较为方便的管理与产业基础设施建设,为更加便捷、高效的生产和运营创造了良好的必要环境。同时,特区在开发建设的过程中,中国的科学与技术、信息与人才输送到柬埔寨,为中国在海外创造一个新的贸易平台,打下了良好的经济基础。

② 促进柬中两国人文交流

柬中两国从古代就已经开始发展、注重两国彼此间的人文交流,在中国的宋代和柬埔寨吴哥时代,两国的国王经常互相派出使臣、商人及和尚去研究和学习对方的文化、文字、佛法以及商业等,直到现代两国在人文交流关系上依然保持着良好的进展。近年来,越来越多的中国企业在柬埔寨投资建厂与观光旅游,对柬埔寨人的生活方式、生活习性及历史文化有了更深的了解。与此同时更多的柬埔寨居民走出国门,去感受中国悠久的文化渊源、文明古国的魅力与韵味。柬政府每年都会精心筛选出成绩优异的学生到中国学习、访问,促进了两国的人文交流。因此,在柬中合作开发的西港经济特区也成为推进两国人文交流的重要载体。西港特区入驻的企业大多数为中国企业,促进了两国人民在语言、历史、文化等方面的交流。除此之外,西港特区还通过开展多种形式的公益活动,如助学、帮困等,与当地人民建立了更加深入的友谊,进一步促进两国人民的人文交流[①]。

③ 推动柬埔寨工业发展

西港特区的成立与建设是柬埔寨工业发展史上的一个重要里程碑,不仅为当地及周边地区的现代化建设创造了良好的必要条件,同时,更加深入地推动了柬埔寨的产业发展,西哈努克港经济特区前期以纺织服装、箱包皮具、五金机械、木业制品等为主要产业,后期将发挥临港优势,重点引进机械、装备、建材等产业。以轻纺服装、机械电子和高新技术为主,同时发展保税、物流等配套服务业,建成集工业、商业、居住、文化及公共生活服务相配套的现代化工业城镇。

④ 改善当地居民生活质量

柬政府一直在努力发展、力求创新,争取更进一步改善全国各个行业及领域人民的生活质量、提升幸福指数,力争到2030年实现全国居民收入水平步入中高等发展中国家层次的奋斗目标。因此,西港特区的发展也为改善柬埔寨和当地人民的生活起到重要的促进作用。在开发建设西港特区之前,这部分地区是一片杂草丛生、沟壑纵横、虫蚁遍布的荒芜之地,而短短几年,西港特区已建成集工厂、超市、学校、医院等生活服务设施于一体的现代化工业园区,不但改善了当地基础设施建设,并为当地居民提供了稳定的工作和收入保障,提升了当地居民的生活质量。

9.3.3 发展状况

(1) 建设情况

截至2019年,西港特区6平方千米区域内初步实现"五通一平",建成一个大型污水处理厂和185栋工业厂房,其中一期厂房152栋,二期厂房33栋,并配套建设了综合服务中心大楼和员工公寓、邻里中心、社区卫生服务中心等设施;建立了劳动力市场,定期在区内举办人力资源劳工招聘会;联合无锡商院共同开展培训工作,为区内员工提供语言及技能培训,培养产业工人;成立江苏"一带一路"法律服务中心,提供专业法律咨询服务,成为生产、生活配套,环境完善的国际化工业园区。目前,西港特区已引入来自中国、欧美、东南亚等国家及地区,包括工业、服务

---

① 陈拉纳(Chhoeun Ratana)."一带一路"倡议下柬埔寨西哈努克港经济特区发展策略[D].哈尔滨:哈尔滨师范大学,2016.

业在内的企业(机构)165家,代表性企业名单见表9-4,已有140家企业生产经营,(其中规模最大的为我国的红豆国际制衣有限公司,是西港特区的主导企业,也是西港特区最早的拓荒者),创造就业岗位近3万个,工业产值对西哈努克省的经济贡献率已超过50%。2018年,园区员工月均收入220美元,远高于柬埔寨服装行业月均100美元的最低工资标准,懂中文的员工每月收入可达600美元。西哈努克省年人均收入3 358美元,已跃居柬埔寨全国前列。

表9-4 西港特区入驻代表性企业名单

编号	企业名称	编号	企业名称
1	红豆国际制衣有限公司	21	GuiFeng Optoelectronics Technology
2	山东森林木业(柬埔寨)有限公司	22	Romantic Lerther (Cambodia) Co,Ltd
3	欧菲娅皮件(柬埔寨)有限公司	23	海聆梦(柬埔寨)有限公司
4	Asle Electronic (Cambodia) Co,Ltd	24	诺曼蒂克(柬埔寨)皮具有限公司
5	Izymi Electronic (Cambodia) Co,Ltd	25	Oceanus (Cambodia) Co,Ltd
6	Cambodian Gateway Uuderwear Co, Ltd	26	Fazzini Home Textile (Cambodia) Co,Ltd
7	瑞贝卡发制品(柬埔寨)有限公司	27	浙江东宸建设有限公司
8	顺成实业(柬埔寨)有限公司	28	南京尧化土石方工程有限公司
9	克里沙发皮业(柬埔寨)有限公司	29	Hexxon International
10	科莱雅皮件(柬埔寨)有限公司	30	Corporation Co,Ltd
11	J. D. Y Pharm Co,Ltd	31	Link Star Logisitics Co,Ltd
12	江夏服饰(柬埔寨)有限公司	32	Royol Cargo Combined Logictics Inc
13	威尔斯(柬埔寨)钢业工程有限公司	33	均辉船务(柬埔寨)有限公司
14	辉煌鞋业有限公司	34	加华银行
15	万海衣架(柬埔寨)有限公司	35	Jinchenyuan(Cambodia) Co,Ltd
16	柬埔寨圣瑞斯服装有限公司	36	Horseware Products(Cambodia) Co,Ltd
17	Caffco International (Cambodia) Co,Ltd	37	Galey Global (Cambodia) Co,Ltd
18	柬埔寨全星家用纺织有限公司	38	苏州云鹰纺织品有限公司
19	Cambodian Handlift Product Co,Ltd	39	海天饮料(柬埔寨)有限公司
20	邱氏聚氨酯材料(柬埔寨)有限公司	40	骑士湖(柬埔寨)木材工业有限公司

数据来源:柬埔寨西哈努克港经济特区官网信息整理(www.ssez.com)。

(2) 发展定位

西港特区是柬埔寨发展最好的经济特区,在发展定位上,施行产业规划与当地国情的深度融合,把企业"走出去"实现跨国发展的意愿与柬埔寨工业发展的阶段性需要有效对接,确保特区建设可持续发展,将其建设成配套功能齐全的生态化宜居新城,成为柬埔寨的"深圳",并力争打造为"一带一路"上的民心工程、样板园区,实现股东、员工、顾客、供方、合作伙伴、政府、环境、社会(社区)的"八方共赢"。

(3) 发展规划

西港特区总体规划面积11.13平方公里,在发展定位上前期以纺织服装、箱包皮具、木业制品等为主要发展产业,二期将发挥临港优势,重点引入五金机械、建材家居、精细化工等产业。全部建成后,将形成300家企业(机构)入驻,8—10万产业工人就业的配套功能齐全的生态化样板园区。

(4) 发展模式

西港特区是我国民营企业在规避国际贸易壁垒,破解资源短缺、环境容量限制、劳动力成本上升等发展瓶颈的大背景下,加快"走出去"步伐,以市场决策推动转型升级的产物。特区公司以园区建设为主体,坚持"八方共赢"的理念,与"一带一路"建设秉持的"共商、共建、共享"的六字原则一脉相承,形成了民营企业境外园区合作发展的"西港模式"。

① 注重共赢共享,积极构建融入当地的命运共同体。

红豆集团在谋划发展定位时,明确要求抓住西港特区的"特"字,以"三个同步"实现在周围特区中脱颖而出。一是发展方向与当地目标同步对接。红豆集团把中国企业"走出去"发展的意愿与柬埔寨发展经济、消除贫困的中心任务相结合,统筹规划,分阶段实施。在落差达70米的热带雨林推进"五通一平",与柬埔寨加强基础设施建设战略相呼应;优先引导农工商结合,统筹安置周边民众就业,与柬埔寨加快农业发展任务相对接。二是基础建设与招商引资同步推进。西港特区在短短10年中,建成了柬埔寨最宽的道路、各园区中最具规模的综合性大楼、最规范的标准厂房,引进纺织服装、五金机械、轻工家电等出口加工生产企业,实现了建好一个厂房,引进一家企业的目标。三是促进就业与改善民生同步提升。西港特区致力于一手抓建设,一手抓就业,全面提升核心竞争力。依托特区的发展,通过产业集聚和就业安置,带动了周边农民向产业工人转变,改变了当地农民靠天吃饭的传统习惯,西港特区"特"在有效推动了园区小环境与周边大环境的深度融合,成为柬埔寨消除贫困、加快农村发展的新样板。

② 注重政企互动,打造特区发展良好外部环境。

西港特区积极争取我国各级政府的支持,主动对接柬埔寨政府,把政府主导、企业运作、市场决策作为民营企业成功"走出去"的基本要素,以政府三大"主导"和企业三大"主体"形成了市场决策和政府支持互动、企业抱团"走出去"和政府协调解决问题互补的新机制：一是政府主导布局、企业主体实施。2012年,商务部和柬埔寨发展理事会联合启动了支持推动西港特区发展协调机制,使西港特区在我国总体战略布局中成为一个节点。坚持把企业主体实施的经济项目同周边民众过上美好生活的愿望与当地发展前景对接起来,突出体现命运共同体意识,编织起更加紧密的共同利益网络,有效呼应了国家总体外交战略。二是政府主导支持、企业主体运营。西港特区是在政府主导支持下发展起来的境外民营园区。在迄今投资建设的资金中,我国政府和江苏省政府提供了必要的商务发展专项支持。柬埔寨首相洪森对西港特区高度赞赏,四次访问特区,亲自督查、督办建设和运营中出现的问题。三是政府主导服务、企业主体决策。江苏省政府把西港特区所在的西哈努克省纳入了海上丝绸之路建设的重点工作地区,为园区建设提供了多方位、多层次服务。通过积极搭建招商平台,推介企业入驻,多次召开协调推进会议,形成了政府主导与企业决策互补共赢的局面,推动西港特区步入良性发展轨道。

③ 注重多元发展,规避境外投资风险。

西港特区坚持用好、用活、用足柬埔寨在欧美等发达国家享有的特殊贸易优惠政策和额外关税减免优惠。通过三个"意识",积极规避各种风险。一是本土意识。始终注重入乡随俗,凸显柬埔寨特色,聘请当地律师作为法律顾问,严格按照柬埔寨法律法规行事。园区和管理公司充分尊重当地人的本土意识、风俗和习惯,实现了与当地社会高度融合,形成了中国企业在海外以加快本土化建设防范风险的新模式。二是保险意识。建立了突发事件应急预案,对入驻企业实行严格的安全生产保障规范。与中国出口信用保险公司合作,投保海外投资险,有效规避当地国家征收、战争、汇兑限制等政治、经济风险,做到了出情况、有对策,出问题、有保险。三是国际意识。着力打造跨国企业"投资东盟、辐射世界"的集群式投资贸易平台,以国际化视野面向世界开放,推动全球企业入驻。已引进欧盟、美国、日本等国企业及柬埔寨本土企业17家,非中资企业占园区企业总量的14%,企业多元结构基本形成。

9.4 泰国中国智慧城

9.4.1 基本情况

(1) 项目背景

在建设"一带一路"的背景下,中国进一步打开开放的大门,坚持"引进来"和

"走出去"并重,遵循共商共建共享原则,加强创新能力开放合作,形成陆海内外联动、东西双向互济的开放格局。江苏省立足于自身资源禀赋和发展经验优势,抓住机遇,积极支持和推动"一带一路"国际合作项目,努力构建江苏全面开放新格局。

2017年7月,泰中商务委员会主席、泰国安美德集团董事长邱威功先生一行参观考察江苏南京江宁区,对江宁近年来新区建设、产业升级及产城融合发展的成果赞叹不已,表示希望借鉴江宁区在规划、建设、招商和管理运营方面的成功经验,与中方合作在泰国开发建设"中国智慧城"项目。按照泰方的邀请,江宁区派出考察小组分别于2017年9月和11月赴泰国实地调研,了解泰国投资环境和园区发展情况。

"中国智慧城"项目是在泰国政府发展工业4.0和建设东部经济走廊的大背景下,安美德集团依托已经完成开发的春武里产业园(43平方千米,747家企业),进一步打造的升级版园区。按照中泰双方沟通的合作建议方案,双方合作的基础一方面是依托中方在高科技园区规划、建设、招商和管理方面的成功经验,另一方面依托安美德在泰国建设产业园的资金、基础设施、公用工程、政府关系等方面的优势。双方拟成立合资公司作为项目运作主体,泰方由安美德集团出资占大股,中方由江宁区组织区内若干民营企业联合出资占小股,区政府和相关园区不参与实际投资,仅为项目提供指导和服务。中方将派出专业管理人员在合资公司任职,负责项目的规划、建设、招商和运营服务。

(2) 投资单位

"中国智慧城"项目是由泰国安美德集团与中国江苏嘉睿城建设管理有限公司共同策划投资的新型高科技产业园区项目。项目将高起点、高标准打造集高新技术产业的研发、孵化、中试、加速和配套服务等软硬件一体的产业发展平台,为包括中国在内的全球高新技术企业服务,努力成为中国"一带一路"倡议下,符合泰国工业4.0战略的中国海外投资标杆园区。

① 泰国安美德集团

泰国安美德集团从1988年开始从事工业地产业务,1997年股票上市,先后开发建设了泰国春武里、罗勇、中泰工业园、越南边和、隆成等多个园区,总开发面积超过100平方千米,近1 300家企业落户,超过30万人在园区就业,创造GDP 500亿美元,占泰国GDP总量的11%。安美德集团是东南亚地区最大的工业地产运营商,其中安美德春武里工业是泰国最大的产业园。邱威功先生是安美德集团的创始人和董事长,位列《福布斯》杂志泰国富豪榜37位。

② 江苏嘉智投资管理有限公司

江苏嘉智投资管理有限公司是一家集工程建设、产业投资、地产开发、园林景观、文化艺术、园区运营管理于一体,坚持基础产业和现代产业相结合的多元化现代企业,致力于打造城市现代化建设的开发商与运营服务商。嘉智团队拥有多年国家级开发园区的建设管理和运营经验,全面参与了南京开发区、江宁开发区、滨江开发区等项目建设发展的全过程,并在合肥、郑州、连云港等地帮助建设开发园区,在非洲尼日利亚与央企合作,走出国门建设国家级海外工业园。

(3) 区位规划

中国智慧城规划区域交通便利,区位优势明显。项目位于泰国东部经济走廊(EEC)春武里府安美德那空园区北侧,距春武里市区约 5 千米,距泰国首都曼谷市区约 60 千米,距素万纳普国际机场约 40 千米,距林查班深水港约 46 千米,总规划面积约 5 平方千米,首期开发面积 1 平方千米。将面向中国重点引进高新技术研发、产品设计、软件开发、孵化器等高科技企业和大型企业的东盟区域总部,努力打造成为引领泰国东部经济走廊产业升级的标杆项目。

(4) 项目定位

① 项目整体定位

中国智慧城以"筑巢引凤、陪伴成长"为理念,以合作开发的经营模式,通过创新驱动、产业引领,功能复合、宜人怡人,智慧物联、感知定制,绿色生态,永续家园等全方位产业空间打造,助力企业实现长期可持续经营,创造良好的营商环境,与产业、与城市成为生命共同体,使中国智慧城成为"跨境融合典范,智慧新城样板"。

② 产业定位

中国智慧城旨在创造经济增长动力,改善人口结构,提升城市价值,建设四大产业集群:汽车新能源技术研发集群、文化创意设计集群、智能制造产业集群、服务型总部经济集群,发展创新型经济,引入科技型人才,以服务型经济科技引领产业升级。

9.4.2 功能规划

(1) 业态功能规划

中国智慧城以建设新都市商务中心、新都市智慧中心、高科技及应用技术研发与加速基地为目标导向,配置区域总部、全球研发中心、孵化中心、中试中心、加速器、会议展示中心、生活服务等功能设施,促进城市—产业—企业融合发展。

中国智慧城业态功能主要分为四大板块:一是综合板块,主要包括总部基地、研发基地、孵化基地、产业配套等;二是智慧制造板块,主要指总部基地建设;三是智慧社区,主要包括公寓、商业街等人文居住环境及生活配套设施建设;四是商务中心,建设酒店、会所等商务配套设施。

(2) 物业发展规划

① 外在美感与内在功能并存

中国智慧城公寓、厂房等建筑设施既注重外在设计的现代感,又注重提升内部功能多样性。为客户打造一个现代化的中试制造区,满足企业中试、生产制造、办公等需要,厂办一体,可分割综合使用,多层厂房配置电梯,并拥有良好的采光和通风。园区配置独立停车位,每个厂房单元都有各自相对独立的疏散出口,道路以直线为主,路路相通,直达建筑单体入口,便于物流。

② 独栋办公产品设计

独特办公产品设计在配套、单体以及环境等方面优势更加明显。一是配套现代化,企业独栋内具备一流的硬件配置,如无线宽带上网、足够的数据接口、星级商务会所、商务活动所必需的社交及休闲场所,让工作和生活紧密结合在一起。二是建设个性化,企业拥有独栋冠名、形象展示的特权。企业独栋的每一栋楼都是独立的,可根据企业的特色来进行建设外观设计和内部构造的个性化设计。三是环境公园化,独栋办公楼更注重整体环境设计,能够尽可能地将风、水、阳光、植物引入室内,形成健康的室内生态。

③ 产品灵活多样化

办公场所面积 300—1 000 m^2 不等;标准厂房单层面积 2 000—2 500 m^2 不等,整栋不宜超过 10 000 m^2;中式独栋单层 500—700 m^2 不等,整栋不宜超过 2 000 m^2;并采用框架结构形式,户型方正,可以实现横向打通和百变组合,提高使用率。

④ 量身定制自主空间

根据企业的生产办公特殊需求,进行物业的"量身定制",单独规划设计、制造,交由企业使用,并提供入住后服务。定制的企业空间可以满足企业发展的硬性和软性需求。在硬性方面,企业可以根据自己的面积需求、设备的尺寸、建筑载荷、层高要求、规划各部门的空间大小,按需定制,避免浪费空间,节省企业运营所产生的办公购置成本。在软性方面,个性的建筑形象与企业文化相结合,建筑成了企业的符号,既展示了企业品牌形象,同时提升了办公舒适度。

⑤ 配套设施齐全

一方面基本商业配套功能齐全,主要包括餐饮、食堂、便利店、运动场(馆)、休闲等生活性配套设施和银行、邮局等生产性配套设施。另一方面配备高端生物设施,例如商务会所,高端酒店等。

(3) 智慧园区规划

基于 SMAC(社交网络、移动化、大数据分析、云计算)创新驱动,贯穿园区规划、建设、招商、运营各阶段,为园区打造智慧的基础设施、智慧的用户端、智慧的云服务,全面提升园区的竞争力。

① 智慧园区功能

智慧园区功能在宏观上实现:一是整合资源,优化资源配置,调整园区发展结构,帮助企业拓展发展空间,加快园区产业转型升级;二是服务外包完善产业链,提升资源使用率,让更多人参与进来,促进园区大平台建设;三是创造共享建立园区健全信息共享机制,实现企业间资源与合作的互通共享,降低园区运营服务成本;四是驱动创新,完备的创业载体和开拓性的增值服务,全面驱动园区整体创新力和竞争力的提升。在微观上实现:一是企业增值服务,引入园区本地资源和外围资源,对接线上平台,让企业聚焦核心业务发展;二是个人生活服务,活动、交友、外卖、出行、班车、购物、娱乐等,通过社交网络互联,让园区用户生活无忧;三是园区本地服务,物业办事、政务对接等业务线上化、平台化,提高园区企业和个人的办事效率。

② 智慧园区云服务平台

智慧园区搭建面向企业、员工在线情景化服务大厅的云服务平台,在云平台上能够实现医疗、商旅、票务、银行、美容健身、汽车服务、饮食配送等本地服务以及信息查询、广告发布、园区论坛、即时通信、休闲购物等线上服务,打通线上线下资源,打造整体在线、即需即用的园区泛网络平台。